Aus Freude am Lesen

Er ist Inbegriff des Widerstands gegen den Naziterror. Doch sein Leben ist kaum bekannt. Barbara Ellermeier gewährt tiefe Einblicke in die Gedankenwelt eines jungen Mannes auf der Suche nach Wahrheit und Sinn. Mit der Kraft des Wortes und mit illegalen Mitteln arbeitete er am Sturz der Nazis, bis er nach der gescheiterten Flugblattaktion in der Münchner Universität verhaftet und kurz darauf hingerichtet wurde.

BARBARA ELLERMEIER, geboren 1980, studierte Geschichte und Archäologie an den Universitäten Freiburg im Breisgau, Regensburg, Passau und Basel. In Weimar promovierte sie über die Entstehung von Geschichtsbildern. Mit der Widerstandsgruppe um Hans Scholl beschäftigt sich die Historikerin seit 2003. Barbara Ellermeier lebt am Mittelrhein.

Inhalt

Barbara Ellermeier

Hans Scholl

Biographie

btb

Verlagsgruppe Random House FSC® N001967
Das für dieses Buch verwendete FSC®-zertifizierte
Papier *Lux Cream* liefert Stora Enso, Finnland.

1. Auflage
Genehmigte Taschenbuchausgabe April 2014
btb Verlag in der Verlagsgruppe Random House GmbH, München
Copyright © der Originalausgabe 2012 by Hoffmann und Campe
Verlag, Hamburg
Umschlaggestaltung: © semper smile, München nach einem
Entwurf von Katja Maasböl, Hamburg
Druck und Einband: CPI – Clausen & Bosse, Leck
LW · Herstellung: sc
Printed in Germany
ISBN 978-3-442-74640-8

www.btb-verlag.de
www.facebook.com/btbverlag
Besuchen Sie auch unseren LiteraturBlog www.transatlantik.de

Für Diego Grone
Sit tibi terra levis.

»Wer je die Flamme umschritt ...«
Allein im Gefängnis

Ein Neuzugang im Untersuchungsgefängnis Stuttgart, und das kurz vor Weihnachten. Hans Fritz Scholl, 19 Jahre alt, ledig. Rekrut in der Garnison Stuttgart-Bad Cannstadt, 18. Regiment, 9. Schwadron.

Morgens ist der junge Soldat noch in seiner Kaserne gewesen. Scharfschießen steht diese Woche auf dem Programm. Doch während seine Kameraden ins Gelände ausrücken, hat er Uniform, Handschuhe, Koppel abgegeben und Zivilkleidung anziehen müssen.

Sonntagskind, so nennen ihn seine Eltern immer. Heute ist Montag, und er ist verhaftet worden. Ein Mann begleitet ihn durch die langen Gänge. An der Tür hängt ein rotes Schild: »Jugendlich«. In die Zelle! Knappe Befehle, barscher Ton. Bisher ist Hans Scholl derjenige gewesen, der Befehle erteilt hat. Mit 14 trat er in die Hitlerjugend ein, wurde bald Jungenschaftsführer, dann Jungzugführer. Mit 16 war er verantwortlich für 160 Jungen. »Wer aus irgend einem Grund nicht in den Dienst kommen kann«, tippte er auf der Schreibmaschine die Regeln ab, »muss sich vorher bei mir entschuldigen.« Sieg und Heil! Er durfte sogar als Fahnenträger an Hitler vorbeimarschieren, beim Nürnberger Reichsparteitag. Er war einer von 50 Mann aus Ulm, und sie haben 4000 Jungen und Mädchen ihrer Stadt repräsentiert. Kommando Achtung! Die linke Hand zum Koppelschloss. Kommando Augen rechts! Alle blicken den Führer an. Der Blick bleibt bis zum Kommando »Rührt euch!« nach rechts gerichtet. Rückwärtsblicken ist verboten.

Hinter ihm fällt die schwere Holztür zu, und der 19-Jährige ist allein. Stunden verstreichen, ohne dass etwas passiert. »Meine lieben Eltern«, notiert Hans am 14. Dezember 1937 auf einen Zettel. »Ihr werdet sehr erschrocken sein, als Ihr gehört habt, daß ich verhaftet bin.« Der Bleistift zittert, während er schreibt. »Ob ich im Heer weiterdienen kann, weiß ich noch nicht.« Muss er vor Gericht? Wie wird man ihn bestrafen? Und die Jungs aus seiner Gruppe?

Rasch wird es draußen dunkel, und Hans Scholl legt sich auf die Pritsche. Es ist das erste Mal seit langem, dass er nachts allein ist: Fast das ganze Jahr hat er in den Sammelunterkünften des Reichsarbeitsdienstes und in der Kaserne verbracht. In dieser Nacht sind keine Kameraden um ihn. Keine Geschwister – Sophie, Werner, Elisabeth, Inge –, mit denen man vor dem Schlafengehen flüstern kann. Keine Mutter, die einem »Schlaf, Herzenssöhnchen, mein Liebling« singt, wie in der Kindheit, immer noch.

Nicht im eigenen Bett zu schlafen, ist er gewohnt. Früher sind sie alle 14 Tage losgezogen, auch wenn die Eltern sich Sorgen machten. Allein fuhren sie, die Ulmer Jungs, in den Böhmerwald, übernachteten mit ihren Schlafsäcken im Freien. Sie waren im Württembergischen, am Oberstaufen, auf Langeoog, im Allgäu Ski fahren … Sogar im Schnee haben sie gezeltet. Ihre längste Reise ging nach Schweden. »Es ist ein Land, wie wir es suchen«, schrieb einer ins Fahrtenbuch.

Wenn er nur dort sein könnte! Die nicht endenden nordischen Wälder. Hans erinnert sich an kleine Seen, die matt schimmern. An das blaugrüne Wasser. An rote Vogelbeerbäume in den moorigen, einsamen Gegenden. »Unsere Jungenschaft heißt von heute ab Jungenschaft Trabanten«, hatte er den Jungs gesagt. »Die Trabanten sind die Reiter, die an der Spitze des Heeres für ihren König kämpfen. Der Kampf geht weiter, wenn wir zurückkommen. Womöglich noch härter als zuvor. Unsere Fahrt beginnt eigentlich erst jetzt. Jeder von uns ist anders gestaltet, und es ist gut so. Schön ist es aber, wenn eine Jungenschaft zusammenklingt, wie eine Harmonie. Wir wollen uns verstehen lernen, dann wird diese Fahrt gelingen.«

Mit der Bahn waren sie nach Hamburg gereist, dann getrampt bis Stockholm und zum Storuman-See, fast einen Sommermonat lang. Zehn Jungen aus Ulm zwischen 14 und 16 Jahren, darunter auch sein jüngerer Bruder Werner. Er, Hans, damals noch keine 18, hatte alles organisiert.

Mit ein paar schwedischen Sätzen schlugen sie sich durch. Fahren Sie nach …? Können wir mitfahren? Was kostet das Brot? Können wir in der Scheune schlafen? Danke, auf Wiedersehen, gute Nacht.

Manche der Leute, die sie beim Trampen mitnahmen, sprachen Deutsch. Nur einmal hatte sie jemand wegen der Siegrune am Koppelschloss zurechtgewiesen, wegen der Jungvolk-Uniform. Ein Treffen mit den Sturmfalken, der Nazi-Jugend in Stockholm, war damals nicht zustande gekommen.

Wie sehr ihm das Feuer fehlt! Der herbe Rauch in der Kohte, ihrem Zelt. Am Feuer rösteten sie Kartoffeln, bereiteten sich Fladenbrot, Hafergrütze, Tee und Kaffee. Am Feuer lasen sie einander aus der Edda, den nordischen Sagen, vor und sangen gemeinsam. »Schließ Aug und Ohr für eine Weil / vor dem Getös' der Zeit. / Du heilst es nicht und hast kein Heil, als wo Dein Herz sich weiht. / Dein Amt ist hüten harren sehn / im Tag die

Ewigkeit. / Du bist schon so im Weltgescheh'n / befangen und befreit. Die Stunde kommt, da man Dich braucht, / dann sei Du ganz bereit, und in das Feuer, das verraucht, / wirf Dich als letztes Scheit.«

Ihre Fahrt war zunächst genehmigt worden von der Mittelstelle für volksdeutsche Jugendarbeit in Berlin. Dann, kurz bevor es losgehen sollte, wurde die Genehmigung zurückgezogen. Aber sie wollten trotzdem fahren! In einer Nivea-Creme-Dose hatten sie mehr Geld mitgenommen, als erlaubt war. *Wer je die flamme umschritt / bleibe der flamme trabant!* So stand es in einem Gedicht von Stefan George. Die Wälder Lapplands rauschen in unseren Träumen, so kam es ihm damals vor, wenn die glutrote Sonne hinter den Wolkenfetzen unterging und es Nacht wurde.

Jetzt verhört die Polizei seine Trabanten. Manche sind in Untersuchungshaft, andere sollen sogar im Konzentrationslager sein. Wer wird als Erster die Nivea-Dose erwähnen? Die nicht genehmigte Reise? Das Schwarzfahren in der Eisenbahn? Vielleicht müssen die Jungs vor Gericht gegen ihn aussagen … Schließlich hat er die Schwedenfahrt organisiert, überhaupt alle Aktivitäten mit ihrem kleinen Kreis.

Es wird Dienstag, und es wird Mittwoch. Einmal befragen ihn die Beamten. Dann muss er zurück in seine Zelle, die ihm viel zu eng ist. Am Mittwochabend versammeln sich die Soldaten aus seiner Schwadron, um in der Wilhelma Weihnachten zu feiern. Diesmal ohne Hans. Überall in Stuttgart brennen die öffentlichen Lichterbäume, und in Ulm bereitet die Mutter den Heiligen Abend vor. Ob er bis dahin entlassen wird? Weihnachten war er bisher doch immer daheim! Letztes Jahr hat er den Christbaum geholt und schön geschmückt. Wer übernimmt das, wenn er nicht da ist?

Zäh fließen die Stunden dahin, wenn man nichts zu tun hat.

Hoffentlich schickt die Mutter ihm bald Bücher, damit er wenigstens lesen kann. Wann darf er hier endlich wieder raus? Es ist zum Verzweifeln. Ob er ins Zuchthaus muss?

Donnerstag. Wenn er frei wäre, könnte er die Offiziershose abholen, die er sich bestellt hat. Es war der letzte Stoff, den der Schneider hatte: Wie so oft hat Hans, das Sonntagskind, Glück gehabt. 48 Reichsmark kostet das Anmessen und das Nähen, eine Unmenge Geld! Aber wenn er doch die Reserveoffizierslaufbahn einschlagen wird … Wenn, wenn. Womöglich ist dieser Weg nun versperrt.

Es wird Freitag, der 17. Dezember 1937, und Hans Scholl erhält endlich Besuch. Nur nächste Angehörige werden vorgelassen, und nur von acht bis halb zwölf. Dass der Vater gekommen ist! Hans weiß doch, wie viel er zum Jahresende in seinem Steuerbüro zu tun hat.

Was machst du denn für ein Gesicht?, will Robert Scholl wissen, als sie sich sehen. Er bedauert die »Elendszeit« seines Sohnes. Wie oft hat es Streit und Tränen gegeben. Immer wieder Diskussionen um die Mitarbeit im Deutschen Jungvolk, in der Hitlerjugend. Einmal war Hans in Tränen ausgebrochen, hatte geschrien: »Unsere Lehrer sagen aber ganz anders als du. Und sie müssen doch auch etwas wissen!«

Immer wieder hatte Hans den Vater geärgert. In seinem Zimmer hängte er eine Hitler-Radierung auf. Jeden Abend, wenn Robert Scholl von der Arbeit kam, nahm er das Bild herunter und legte es in die Schublade. Hans hängte Hitler wieder an die Kinderzimmerwand. Tagelang ging das so, bis der Vater resignierte. Manchmal hämmerte Inge, die Älteste, zur Unterstützung auf dem Klavier herum und sang lautstark: »Das Vaterland muss aus dem Leid genesen, weil du uns führst … Ein Adolf Hitler wird die Wege bahnen …«

Manchmal erzählt die Mutter: Zuerst konnte Vater sich mit

dem kleinen, mageren, schwarzen Hansele gar nicht anfreunden. Dann die Streitereien wegen Hitler. Bei der Hitlerjugend fanden ihn manche eingebildet und arrogant. Andere sagten, er sei mutiger, beweglicher, entschlossener als alle anderen. Nun haben Gestapo-Männer die Wohnung der Eltern durchsucht, mehrfach sogar. Robert Scholl versucht zu trösten. Hans sei ihm doch ans Herz gewachsen! Er übergibt die Weihnachtsgeschenke der Geschwister, die Kleidung und das Neue Testament, alles, was die Mutter mitgeschickt hat. Um seinen Sohn aus dem Gefängnis zu holen, trifft er sich mit einem Rechtsanwalt und mit Hans' Vorgesetztem, dem Schwadronchef Jörg Scupin. Im Militäreffektengeschäft Pfeiffer bezahlt er die Offiziershose. Schließlich bestellt er extra eine »Selbstlehrmethode der engl. Sprache«, damit Hans während seiner Haftzeit etwas lernen kann. Die Mutter hat ihm geschrieben: »Es wird auch wieder ganz hell werden, laß Dich fallen in Gottes Arme, die der größten Not gewachsen sind und stark genug, Dich nicht ins Dunkel fallen zu lassen.«

»Ich habe jetzt viel Zeit zur Besinnung«, notiert Hans Scholl, als die Besuchszeit vorüber ist, »und vor meinen Augen zieht in den buntesten Farben meine ganze sonnige Jugendzeit vorüber. Zuerst kindliches Spielen, bald ernstes Arbeiten, und zuletzt der rastlose Einsatz für eine Gemeinschaft. Wie wenige hatten doch eine solch überaus große und stolze Jugend!«

In der Zelle ist es kalt, aber das macht ihm nichts aus. Er läuft auch im Winter mit kurzen Hosen herum, wenn die Mütter den anderen Jungen längst Überhosen bereitlegen. Hart sein gegen sich selbst, das hat er jahrelang trainiert.

Angeregt von älteren Freunden, wählte Hans eine kleine Gruppe von Jungs aus, denen er sich besonders widmete – seine Elite. Mit dieser »A-Mannschaft« praktizierte er sogenannte bündische Traditionen, die von der offiziellen NS-Jugendarbeit abwichen. Ihre innere Kraft ist ihre stärkste Waffe, und die haben sie bei den Heimabenden gewonnen. Wenn er an ihre Fahrten denkt, dann fühlt er sich stolz und frei. Das Wochenende vergeht mit Gedanken an früher.

Als Hans nach dem Abitur nach Göppingen zum Reichsarbeitsdienst musste, lockerte sich der Kontakt zu seiner »Truppe«. Per Brief ließen sich die Fahrten nur schwerlich organisieren. Oft musste er kurzfristig wegen seiner Arbeitsdienst-Verpflichtungen absagen. Die Jungs in Ulm beschwerten sich, dass er nichts mehr von sich hören lasse. Ihre Gruppe zerfiel. Im Sommer fuhren sie nicht mehr gemeinsam weg. »Nun ist das eben vorüber«, schrieb Hans einem Trabantenfreund scheinbar ungerührt nach Ulm. »Wir sind einen Schritt vorwärts gegangen. Nun gilt es in die Zukunft zu schauen. Heil! Dein Hans.« Er selbst hing noch an seinen Kameraden. Wie um die schönen Momente festzuhalten, ließ Hans sich einen Briefkopf anfertigen. »Trabanten« stand da über einem Schwert mit einer weißen Blüte.

Nun ist das vorüber. Er sitzt in der Zelle für etwas, das lange vorbei ist. Die Klappenöffnung in der Tür geht auf, und das Essen wird hereingereicht. In Schweden war das Brot süß und weich, man konnte nie genug davon bekommen.

In seiner Zelle zerkrümelt Hans Scholl das Gefängnisbrot. Aus den Krumen legt er Buchstaben, einen Namen. Lisa. Er wollte sie so gern wiedersehen. Inge, seine ältere Schwester, sollte ihr schreiben und sie für die Weihnachtstage einladen, darum hatte er gebeten. Montag, Dienstag, Mittwoch, Donnerstag. Wenn Lisa wüsste, dass er im Knast sitzt.

Es wird wieder Freitag. Heiliger Abend. Am 24. Dezember 1937 geht auf einmal die Zellentür auf, und Hans' Vorgesetzter tritt ein. Rittmeister Scupin will seinen Mann aus dem Gefängnis holen.

»Scholl, Sie sind einer meiner besten Soldaten!«, versichert er. Er hat bereits mit einem Kriegsrichter und dem Amtsgerichtsrat gesprochen. Bei der Strafkammer dringt der Schwadronschef darauf, das Verfahren zu beschleunigen. Schriftlich reicht er eine Befürwortung ein, dass Hans aus der Haft entlassen werden soll. Dass sein Soldat inzwischen gemeinsam mit zwei anderen Häftlingen untergebracht ist, gefällt ihm nicht; auch dagegen legt er Beschwerde ein. Auf diese Intervention hin wird Hans zum Jahreswechsel 1937/38 tatsächlich entlassen. Der Schwadronschef genehmigt ihm sogar einige Tage Urlaub. Hans Scholl fährt nach Hause, nach Ulm, in den Adolf-Hitler-Ring 139.

Wie schaust du denn?, fragt Inge erschrocken, die älteste Schwester von fünf Scholl-Kindern; später schreibt sie: »Nie werde ich sein blasses Gesicht vergessen, als er, nachdem er vorläufig […] auf freien Fuß gesetzt worden war, zur Türe hereintrat, eine Stille und Trauer im Gesicht, die einem ins Herz schnitt.« Hans fühlt sich schuldig. Seinetwegen wurden die Geschwister verhaftet, ihre Wohnung durchsucht, die Eltern wieder und wieder von der Gestapo überprüft. Die Mitschüler hänseln Sophie und Werner in der Schule.

»In den ersten Tagen meiner Haft war ich oft der Verzweiflung nahe«, gesteht Hans seinem Vater und der Mutter. »Aber ich verspreche Euch: Ich will alles wieder gut machen; wenn ich wieder frei bin, will ich arbeiten und nur arbeiten, damit Ihr wieder mit Stolz auf Euren Sohn sehen könnt.« Nicht seine Trabanten, sondern Eltern und Geschwister fangen ihn in der Krise auf. Ob Hans angeklagt wird? Mit welcher Strafe muss er rechnen?

Die Konfrontation mit der Geheimen Staatspolizei, die Angst hat die ganze Familie »zusammengeschmiedet«. Sie wollen das Schwere miteinander tragen, sich gegenseitig lieben und stärken, versichern sie einander: die Eltern, Robert und Magdalene Scholl. Inge, die Älteste, und Hans, Elisabeth, Sophie und Werner. »Da habe ich auf einmal große Kinder, die trotz allem, was kommt, still und bewusst ihren Weg gehen«, notiert die Mutter. »Solange dies währt, mag kommen, was will, wir Scholls wollen innerlich weiterwachsen, uns freuen all des Schönen und Herrlichen, das uns diese Erde schenken will, aber dabei einander helfen, die Seele nicht zu verlieren.«

Im Gefängnis hat er sich entschlossen, Medizin zu studieren, erzählt Hans seiner Familie. Das Leid dort hat ihn angerührt. Er will helfen, Leid zu lindern, und das könnte er als Arzt. »Und nun habe ich auch wieder Vertrauen zu meiner Zukunft«, versichert er seinen Eltern. »Ich glaube wieder an meine eigene Kraft; und diese Kraft verdanke ich zuletzt doch nur Euch. Ich fühle jetzt erst ganz den Willen des Vaters, den er selbst hatte, und den er mir übergab: etwas Großes zu werden für die Menschheit.«

»Das ganze Netz des Trüben um sich zerreißen und frei sein.«
In der Kaserne und vor Gericht

»Jäh und leidenschaftlich« habe sich Hans Scholl von der Hitlerjugend abgewandt. Es gab Streit wegen einer Fahne, und er soll einen Vorgesetzten geohrfeigt haben. »Von da an war er nicht mehr Fähnleinführer«, berichtet Inge Scholl später in ihrem Erinnerungsbuch *Die Weiße Rose*. Die Geschwister folgen ihm: Werner, der Jüngste. Sophie. Elisabeth, genannt Lisl oder Liesel. Inge, die Älteste. Tatsächlich sind die Scholls 1937 in den NS-Organisationen eingebunden wie die meisten anderen Deutschen auch. Hunderte Briefe und Aufzeichnungen, die seit dem Jahr 2005 im Münchner Institut für Zeitgeschichte zugänglich sind, ergeben ein dichtes Bild des Jahres.

Werner ist »Pimpf« in der Hitlerjugend, Sophie Gruppenführerin im Bund Deutscher Mädel; zu ihrer Konfirmation am Palmsonntag steht sie sogar in der BDM-Uniform vor dem Altar. Die Geschwister nehmen an Tanzkränzchen der HJ – Hitlerjugend – teil und besuchen Konzerte in der NS-Kulturabteilung. Inge hat zwar ihr zeitraubendes Engagement als Ringführerin aufgeben müssen, weil ihr Vater sie im Büro braucht. Dennoch arbeitet sie weiter bei den Jungmädeln mit. Sie ist diejenige, die Hans über die Entwicklungen in den Ulmer NS-Kreisen auf dem Laufenden hält, etwa wenn eine Kameradin aus dem Bund Deutscher Mädel »ausgeschlossen, d.h. also beurlaubt« wird oder der Kreisleiter zum stellvertretenden Gauleiter aufsteigt. Am 20. April 1937, dem »Führergeburtstag«, schildert sie, wie das Jungvolk »ganz prima« vorbeimarschiert. Und sie unterschreibt mit »Gruß und Heil, Deine Inge«. Inge Scholl verschenkt Bücher wie das *Soldatentagebuch* und *Die letzten Reiter*; der Roman des von Himmler mit Sondervollmachten ausgestatteten SS-Obersturmführers Edwin Erich Dwinger, der in seinen Schriften massiv für den Nationalsozialismus und den Krieg im Osten wirbt, ist damals ein großer Erfolg. Hinein notiert sie ein Goethe-Zitat: »Allen Gewalten zum Trutz sich erhalten.« Zum selben Geburtstag verschenkt der Vater Hitlers *Mein Kampf* mit der Widmung: »Reifen, doch jung bleiben«.

Wie zahlreiche andere Deutsche auch ist Robert Scholl zwangsläufig Mitglied in einer der nationalsozialistischen Berufsvereinigungen, dem NS-Rechtswahrerbund. Um sein Treuhandbüro zu betreiben, muss er beim Finanzamt, bei Kreisleitung und Gauamt eine Berufserlaubnis beantragen. Unter seinen Kunden sind immer weniger Juden und immer mehr Nationalsozialisten.

Die Mutter – Magdalene Scholl, genannt Lina – ist eingeladen, wenn die Ulmer NS-Frauenschaft ihre Adventsfeier veranstaltet. »Bei Göbel«, der Ulmer Kunsthandlung in der Frauengasse, »ist ein wunderschönes Führerbild ausgestellt, Original, Ölgemälde«, berichtet sie beeindruckt. »Ich muß es immer wieder anschauen.« Wie selbstverständlich erwähnt Lina Scholl die Beerdigung eines jungen Mannes, an der »die ganze abkömmliche H.J.« teilnimmt. Sie erzählt auch davon, wie der befreundete Dr. Dietrich in München den »Führer« gesehen hat – »kannst Dir denken, welche Freude für den Kreisleiter«.

»Deutsches Volk, gib uns die Zeit von vier Jahren – dann

richte und urteile über uns«, hatte Adolf Hitler verkündet, als er im Januar 1933 an die Macht gekommen war. Nun, 1937, ist Zeit für eine Bilanz: Nach den chaotischen Jahren der Weimarer Republik, der Weltwirtschaftskrise, der Massenarbeitslosigkeit hat die Nationalsozialistische Deutsche Arbeiterpartei tatsächlich die Voraussetzungen geschaffen, dass es aufwärtsgeht. Nach außen hin, in Europa, ist Deutschland wieder stark; es hat die Demütigungen des Versailler Vertrags abgeschüttelt. In Europa sei Hitler zu diesem Zeitpunkt »der populärste politische Führer einer Nation« gewesen, die Propaganda zeichnet »das Image des großen Staatsmanns und genialen Führers der Nation«, wie Ian Kershaw rückblickend schreibt. Auch nach innen ist die Autorität des Regimes gefestigt und eine brutale Diktatur errichtet worden. Sämtliche Parteien außer der NSDAP sind verboten, die Gewerkschaften zerschlagen; Zehntausende sitzen in den Konzentrationslagern ein. Die Demokratie ist durch das Ermächtigungsgesetz abgeschafft worden.

Eine Kindheitserinnerung, die Inge Scholl notiert: Des Vaters Gesicht schmal und ernst, und sie sehen ihn viel seltener als die Mutter, weil er arbeiten muss. Parallel zum allgemeinen Aufschwung in Deutschland geht es auch den Scholls finanziell besser. 1933 sind sie von einer beengten Wohnung am Stadtrand in die Olgastraße 81 gezogen, die bald darauf in Adolf-Hitler-Ring umbenannt wird, wo das Haus die Nummer 139 erhält. Oft hat die Mutter sich entschuldigt, wenn sie den Kindern nichts zustecken konnte, und sie auf später vertröstet, »wenn bei Vater das Geld besser eingeht«. Um zu sparen, hat sie selbst Marmelade eingekocht und Schwarzbrote gebacken.

Im Frühjahr 1937 wird Robert Scholl nach bestandener Prüfung »öffentlich beeidigter Buchprüfer«, er beschäftigt Schreibfräuleins und lernt Inge an mitzuarbeiten. Langsam wird sein Kundenstamm größer, und das Einkommen der Familie wächst. Nun schicken die Eltern ihren Kindern öfter Geld: hier 10 Reichsmark, da 10 Reichsmark. Auch Hans wird regelmäßig bedacht, als er das Elternhaus verlässt. Wie alle deutschen Männer absolviert er nach dem Abitur seinen Arbeitsdienst, den die Nationalsozialisten zur Pflicht gemacht haben. Kritik daran äußert er nicht: Es sei gut, wenn die jungen Männer einmal von zu Hause fortkämen, schreibt er an die Mutter. »Man macht hier große Erfahrungen«, und: »Ich bin eine Stufe höher gestiegen.« Seine Briefe unterzeichnet er bisweilen mit »Heil! Dein Hans«. Anschließend muss er zwei Jahre Militärdienst ableisten. Er hat sich zur Kavallerie gemeldet, damit er reiten kann.

Nach seiner Haft, nach dem Heimaturlaub fährt Hans Scholl am 6. Januar 1938 wieder nach Stuttgart-Bad Cannstatt. Sein Schwadronschef hat ihm zugesichert, dass er nicht eingesperrt wird. In der Taubenheim-Kaserne beginnt sein Dienst: Scharfschießen ab 7.00 Uhr vormittags, nachmittags Fahrschule.

Lisa, diesen Mädchennamen hat sich Hans im Gefängnis vorgesagt, wieder und wieder. Jetzt fasst er sich ein Herz und fährt an seinem nächsten freien Tag mit dem Omnibus die gut 20 Kilometer nach Leonberg. Wie er es anstellt, ist nicht bekannt – aber er kann seine Auserwählte tatsächlich treffen. Die 14-jährige Lisa Remppis sagt an diesem Sonntag, dem 9. Januar 1938, zu, dass sie Hans an einem der nächsten Wochenenden besuchen wird.

Nach außen hin absolviert Hans Scholl seine militärische Ausbildung: Exerzieren, Fahrschule, Kradfahren – »heute war es ganz herrlich, mit dem Motorrad durch den Schneematsch zu flitzen« –, Bedienung des Entfernungsmessers, Gefechtsschießen, Geschützexerzieren mit Gasmaske. Er absolviert die Fahrprüfung Klasse 3, kurz darauf Klasse 1, nimmt an einem kurzen Manöver auf dem Truppenübungsplatz Heuberg teil. Die Stunden auf dem sumpfigen Gelände findet er »äußerst interessant«: »Mich überkam ein richtiges Jagdfieber, als ich auf die fahrenden Panzer (Attrappen) schoß«.

»Es gibt Stunden«, gesteht er den Eltern, »da ist alles in bester Ordnung, und dann ist wieder dieser trübe Schatten da und überdeckt alles. Ich kämpfe dauernd mit Minderwertigkeitsgefühlen. Ich kann mir nicht helfen, aber es ist so. Meinen Kameraden und Vorgesetzten muß ich natürlich dauernd Theater [vor]spielen. Hoffentlich wird das bald anders.«

Die nächsten Monate in der Kaserne werden für den jungen Mann zur Zerreißprobe. In sein altes Leben kann er nicht zurück. Seine Jugendgruppe ist aufgelöst, seine Freunde wird er vor Gericht wiedersehen. Seinetwegen sind die Geschwister, seine Eltern von der Polizei bedroht worden. Er wird den Spott seiner Kameraden ertragen müssen. »Oft vergesse ich alles und bin froh und ausgelassen; aber dann kommt wieder der dunkle Schatten und macht alles trübe und leer«, schreibt er seiner Schwester Inge. »Nur der Gedanke an eine Zukunft, die besser sein wird als die Gegenwart, hält mich dann wieder aufrecht. Du weißt gar nicht, wie ich mich auf mein Studium freue.« Arbeiten und nur arbeiten, damit seine Eltern wieder stolz auf ihn sein können, das hat er sich vorgenommen. Robert und Lina Scholl bestärken ihn darin. Bis er wirklich Medizin studieren kann, soll er im Heer »mit frischer Dienstfreudigkeit« Einsatz zeigen. Schwadronschef Scupin habe sich für seine Freilassung eingesetzt, nun soll Hans es ihm danken, indem er sein bester Soldat wird.

Als Hans einmal einen Tag Sonderurlaub bekommt – es ist eine Belohnung für gute Ergebnisse beim Pistolenschießen –, fährt er sofort nach Ulm. Sooft er kann, reist er an den Wochenenden zu seiner Familie. »Ich bin so froh«, gesteht die Mutter, »besonders für dich und Vater, daß Ihr Euch gefunden habt, das wird auch nie anders werden, glaube ich, Vater ist so froh seither.«

Wenn Hans nicht zu Hause ist, wollen die Eltern ihn mit Briefen aufbauen: Selbst Robert Scholl, der die Korrespondenz sonst gern seiner Frau und Inge überlassen hat, schreibt nun öfter. An einem Abend Ende Januar 1938 sind Mutter und Elisabeth zum Gottesdienst gegangen (in die Kirche geht der Vater grundsätzlich nicht mit, er ist nicht religiös), die drei anderen, Inge, Werner und Sophie, wollen ein Konzert der NS-Kulturgemeinde anhören. Der Vater bleibt allein in ihrer Wohnung und verfasst einen langen Brief für Hans. Die Gestapo hat sie erneut aufgesucht. Achim, einer der Trabantenfreunde, war mit ihnen zum Spaziergang verabredet – sofort vermuten die Beamten eine »bündische Betätigung«. Ihr hättet vorsichtiger sein müssen, mahnt der Vater. Ihr wisst doch, dass man euch mit Argusaugen beobachtet. Er hat die Militärgesetze durchgeblättert, mit dem Rechtsanwalt gesprochen. Immer wieder fragt er sich, ob er Hans »nicht genug Kamerad und Freund« gewesen ist.

Hans notiert dazu: »Vielleicht bin ich in diesen Tagen mehr zum Mann geworden, als ich vorher geahnt habe, und wenn ich später an diese Zeit zurückdenke, dann weiß ich, wem ich es zu verdanken habe, daß ich da nicht gescheitert bin.« Wenn die Mutter ihm die Pakete mit der sauberen Wäsche schickt, packt sie ihm oft einen Kuchen ein, »so hat man hier unmittelbar ein bißchen Heimat«, freut sich Hans.

Die Nivea-Creme-Dose bei der Lapplandfahrt hat ein Nachspiel: Beim Schöffengericht in Bad Cannstatt wird Hans Scholl Anfang Februar 1938 wegen »Devisenvergehen« angeklagt. Wenigstens kommt der Fall nicht vor das Ulmer Gericht! Die Eltern und Geschwister erzählen Hans, dass sich manche Freunde von ihnen zurückgezogen haben. Im Frühjahr 1938 werden dann Sophie und Elisabeth sowie deren Freundin Susanne

Hirzel als Jungmädel-Führerinnen abgesetzt. Dass die Gestapo bei ihnen war, dass sie inhaftiert waren, hat sie aus ihrem bisherigen Gefüge herausgerissen. Die Scholls reagieren darauf, indem sie als Geschwisterkreis enger zusammenrücken.

In der Zelle hat er die Liebe gefunden, notiert der 19-Jährige. Während der langen Stunden und Tage im Gefängnis hat er an Lisa gedacht. Das erste Treffen, um das Hans gebeten hat, ist von ihrem Vater unterbunden worden.

Doch dann treffen sich der Soldat und die Schülerin in Ludwigsburg, dann zum Fasching in Stuttgart. Und Hans sagt ihr, dass er sich verliebt hat. Dass er seit Monaten an sie denkt.

Ihre beiden Familien kennen sich schon, seitdem Lisa ein Säugling war und im »Korbwägele« lag. Die Remppis' haben in Backnang in demselben Haus gewohnt wie Lina Scholls Schwester Elise. Sophie und Lisa sind eine Zeitlang miteinander zur Schule gegangen, und die beiden Mädchen haben eine so enge Freundschaft entwickelt, dass sie fast »wie Schwestern« sind. Immer wieder fährt Hans nach Leonberg, manchmal mit seinem Bruder Werner, manchmal allein.

Was politisch im Deutschen Reich los ist, tritt in den Hintergrund. Generaloberst von Fritsch gibt seinen Posten auf (Hitler hat ihn gezwungen, seinen Rücktritt einzureichen; durch falsche Zeugen ist er der Homosexualität bezichtigt worden). Hans Scholl hört in Bad Cannstatt die Worte des scheidenden Generaloberst. Adolf Hitler nutzt die Gelegenheit, um zahlreiche Stellen in der Heerführung neu zu besetzen. Zugleich richtet er das Oberkommando der Wehrmacht (OKW) ein, das seinem unmittelbaren Befehl untersteht.

Am 28. Februar 1938 – es ist wieder ein Montag – muss Hans zum Gericht. Anschließend schreibt er seinen Eltern, setzt sich in den Omnibus und fährt nach Leonberg, in die Adolf-Hitler-

Straße 18, zu Lisa. Erst um Mitternacht ist er wieder in der Kaserne. Dienstag, Mittwoch, Donnerstag: der junge Soldat schwankt zwischen »ungeheurer« Angst, dann wird er innerlich ruhig. Freitags erzählt er seinem Leutnant von der Anklage, und es ärgert ihn, dass nun alle Unteroffiziere von der Devisengeschichte wissen. Vielleicht kann er sich in eine andere Schwadron versetzen lassen?

Den Samstag verbringt Hans mit Lisa, sie besuchen gemeinsam den Rotwildpark. Seinen Eltern schreibt er: »Ich habe so ein unbestimmtes Gefühl, daß alles gut ausgehen wird. Ich freue mich maßlos auf den Tag, da alles vergessen sein wird und ich wieder ein anderer Mensch sein werde.« Seine Familie, seine Freundin sind sein Rückhalt: »Mein ganzer Körper, jede Sehne, jede Ader sehnt sich nach Leben, ich muß meine Kraft ausnützen.«

Während Hans Scholl wartet, ob er angeklagt wird oder nicht, geht er weiter seinen Soldatenpflichten nach. »Als Hitler in Stuttgart war, stellten wir eine Ehrenformation. Er hat dann die Front abgefahren. Ich sah sein schemenhaftes Gesicht aus nächster Nähe.« Zum »Führergeburtstag« am 20. April 1938 wird er an einer Parade auf dem Stuttgarter Wasen teilnehmen. Sie frieren ziemlich, und immer wieder gehen Schneeschauer auf sie nieder. Zur Feier des Tages erhalten sie eine Flasche Bier.

Deutsche Truppen marschieren am 12. März 1938 in Österreich ein. Auch in der Garnison von Bad Cannstatt richten die Soldaten Fahrzeuge und Geschütze her. »Und dann ist es doch nichts geworden«, berichtet Hans Scholl enttäuscht. »In unserer erregten Phantasie hatten wir allerhand Luftschlösser gebaut: Abend in Wien, Spaziergang an der Donau.« Er beneidet Truppen aus dem nahen Kornwestheim und aus Ludwigsburg, die das Glück hatten, die »Vergnügungsfahrt« mitzumachen.

Sie können nur am Radio zuhören, wie der »Führer« mit Ovationen empfangen wird. Adolf Hitler proklamiert: Von der »Vorsehung« sei er dazu auserwählt, seine Heimat Österreich und das Deutsche Reich zusammenzuführen. Die europäischen Mächte halten still, als die Nationalsozialisten das neu erworbene Gebiet mit Zwang, Bürokratie und Gewaltexzessen überziehen.

»Aber was wird alles noch kommen?«, schränkt Hans ein. »Bei uns wird ja ordentlich mit dem Säbel gerasselt. Sonst enthalte ich mich jeder Stellungnahme zu den politischen Ereignissen. Mir ist der Kopf schwer. Ich verstehe die Menschen nicht mehr. Wenn ich durch den Rundfunk diese namenlose Begeisterung höre, möchte ich hinausgehen auf eine große einsame Ebene und dort allein sein.«

Während Hans Scholl in der Garnison seinen Dienst absolviert, sitzen einige der »Trabanten« wenige Kilometer von ihm entfernt im Gefängnis ein. Auch Ernst Reden, dem Hans zahlreiche Anregungen für die Jugendarbeit verdankt, ist verhaftet. Ihm werden homosexuelle Handlungen mit Untergebenen vorgeworfen – und dieser Vorwurf wird auch gegen Hans Scholl erhoben. Der 19-Jährige muss zum Amtsgericht. Ein Beamter nimmt seine Personalien auf. Was wird nun weiter?, will der junge Soldat wissen. »In den nächsten Tagen wird Ihnen die Anklageschrift zugestellt, und dann wird das Hauptverfahren eröffnet«, heißt es knapp. Wenn diese Post bei der Dienststelle ankommt, werden alle seine Kameraden von der Sache erfahren.

In den folgenden Wochen bereiten sich die Scholls auf den Prozess vor. Die Eltern wollen Hans beruhigen. Geh doch mal zu dem Handlinienleser!, empfiehlt der Vater sogar. Dieser sagt: Hans solle alles an sich herankommen lassen; er habe nichts zu befürchten. »Ferner sagte er noch«, berichtet Hans nach Hause,

»daß ich in meinem späteren Leben in allem Glück haben werde. Mit den Frauen sei es so eine Sache (Ha Ha).«

Erzählt der Familie Remppis keinesfalls von den »Ulmer Ereignissen«, bittet Hans seine Eltern. Er muss erst selbst über alles hinwegkommen! Endlich muss er ihnen von seiner Beziehung zu Lisa berichten. Es ist Monate her, dass er sich verliebt hat. Sie sind abends zusammen an der Donau spazieren gegangen. Später denkt er oft an diesen Moment. Es war eine von jenen Sommernächten, in denen man zu allem bereit sei. Doch er hat geschwiegen. Erst viel später, nachdem er aus dem Gefängnis gekommen war, suchte er das Mädchen auf. »Bald liebte ich Lisa«, notiert er für sich selbst. »Und ich küsste sie. Und ich liebte sie mit einer Leidenschaft, die so gross war, dass ich mich ganz in ihr verlor.«

Seinen Eltern gegenüber sucht er Bedenken zu zerstreuen. »Ich habe in Lisa einen Menschen gefunden, den ich ganz lieben kann«, erzählt er und beschwichtigt sie zugleich: »Ihr dürft das nicht falsch verstehen. Ich weiß, daß Lisa noch ein halbes Kind ist. Und ich nehme ihr dieses Kindsein nicht. Ich kann mit ihr gerade nicht philosophieren. Sie ist so natürlich und unverbraucht; und grade das brauche ich.« Die beiden schreiben sich Briefe, sie besuchen sich, und Lisas heiteres Wesen macht ihn froh.

Zwei Monate Ungewissheit sind vorüber. Am 24. Mai 1938 ist die Anklageschrift in der Post, endlich. »Ich habe auf [sic] die Verhandlung keine Angst«, schreibt er den Eltern. »Kann ich mich auch vor der öffentlichen Gerechtigkeit nicht verantworten; vor mir selbst kann ich mich verantworten.« Als Angeklagte sind auch mehrere Jungs aus Hans' Trabantengruppe aufgelistet, darunter sein Bruder Werner – genau das hat er befürchtet.

Die Eltern beruhigen Hans: Über den Anwalt haben sie schon neue Informationen erhalten. Weil Österreich nun zum

Deutschen Reich gehört, werden gewisse Straftaten amnestiert, das heißt, die Jungen werden erst gar nicht angeklagt. Ein entsprechender »Einstellungsbeschluß« für Werner liegt ihnen bereits vor. Vielleicht, hofft der Vater, profitiert auch Hans noch von dem Straferlass? Zugleich rüstet er sich für die Verhandlung am 2. Juni 1938. Sollte es zu einem Strafregistereintrag kommen, dürfte Hans nicht studieren.

Robert Scholl hält ständig Kontakt mit Schwadronschef Scupin und dem Rechtsanwalt. Kurz vor dem Verhandlungstermin schreibt Lina Scholl noch an einen der Zeugen und besucht die Familie eines anderen Ulmer Jungen, der bei der Verhandlung aussagen soll. Gemeinsam setzen die Eltern einen Brief an den Vorsitzenden des Sondergerichts auf, den Lina Scholl säuberlich abschreibt. An Hans senden sie Ermunterungen, jeder auf seine Art. »Sei Gott befohlen mit allem!«, schreibt die Mutter. »Nun Hans! Sei tapfer und unverzagt! Wir stehen zu Dir!«, versichert der Vater. »Es wird noch einmal alles Gerechtigkeit finden.«

Für den 2. Juni 1938 übernimmt Robert Scholl die Führung: Am Vortag soll Hans Urlaub nehmen. Robert Scholl will sich mit ihm am Hauptbahnhof Stuttgart treffen, noch einmal mit dem Rechtsanwalt sprechen. Sein Sohn soll unbedingt sein Gepäck mitbringen. Dann könne er, wenn er freigesprochen würde, gleich mit ihnen nach Hause fahren. »Ich hoffe und glaube, dass der schwere Tag für Dich gut vorübergehen wird«, bekräftigt Robert Scholl. Damit Hans mehr Ruhe hat als in der Kaserne, übernachten Vater und Sohn in einer Pension.

Bisher war ihr Umgang miteinander durchaus problematisch, schon seit mehreren Jahren. Als Hans elf Jahre alt war, war die Familie aus Forchtenberg weggezogen – dem württembergischen Ort, in dem die Kinder aufgewachsen sind. Mit seiner liberalen Orientierung war Robert Scholl als Bürgermeister gescheitert. Nicht wieder gewählt, verklagte er mehrere Einwohner und wurde seinerseits verklagt. »Sittliche Verfehlungen« (ein Seitensprung) machten das Familienleben schwierig. Der Arbeitslosigkeit folgten Geldsorgen, Anfeindungen und mehrere Umzüge. Seitdem sie in Ulm sind (Robert Scholl hat dort ein Steuer- und Treuhandbüro übernommen), kann er nur zusehen, wie sich Hans eine eigene Welt aufbaut. In die christliche Jugendgruppe des CVJM, wie es die Mutter gerne gehabt hätte (sie war, bevor sie geheiratet hat, Diakonisse; ihr evangelischer Glaube gibt ihr Kraft), ist Hans schon bald nicht mehr gegangen. Mit vollem Einsatz arbeitet er für den »Dienst« in der Hitlerjugend, dann im Deutschen Jungvolk. Gelegentlich kommt es zu Prügeleien mit den katholischen Jugendlichen, und einer beschimpft Hans deswegen immer als »Sauhund«. Das Herumziehen mit den anderen Jungen, die Fahrten … und nun die Anklage. Wenn er verurteilt wird, muss er wieder ins Gefängnis. Und sein Medizinstudium kann er vergessen. *Der Kampf geht weiter, wenn wir zurückkommen. Womöglich noch härter als zuvor.*

Vielleicht erinnern sich Vater und Sohn auf dem Weg zum Gericht an den Morgen, als Gestapo-Beamte bei den Scholls klingelten. Am 11. November 1937 verhafteten sie Inge, Werner und Sophie. Warum nur?, fragen Magdalene und Robert Scholl erschrocken. »Ihr seid der Geheimbündelei verdächtig«, sagt einer der Männer.

Was geschieht mit ihren Kindern? Die Eltern bleiben im Ungewissen.

»Ich war ganz verwundert, daß die Herren nach Inge fragten, der ja nicht mal irgendein unrechter Gedanke zuzutrauen ist, geschweige etwas anderes«, grübelt die Mutter. »Erst am 9. November sprach sie zu mir vom Führer, wie er damals in München sich um ein verletztes Kind angenommen habe, ich weiß nicht mehr, war es geschossen, oder getreten worden, aber sie war so erfüllt von der edlen Tat.«

Mehrfach erkundigt sich der Vater im Neuen Bau bei der Württembergischen Polizeidirektion. Ihre Kinder sind schon in Stuttgart, sagt ihnen eine Frau. »Wir hörten, sie seien im offenen Wagen des Überfallkommandos hingeführt worden«, notiert die Mutter später. Abends schreibt sie an Hans nach Stuttgart-Bad Cannstatt, in die Kaserne: »Heute war die Gestapo bei uns u. suchte nach Büchern u. Kothen. Es war recht ruhig und alle zu Hause. Welche Bücher mitgenommen wurden, weiß ich nicht, ein Kothenstück und eine blaue Blouse.« Die akribische Auflistung der Polizei verrät, dass gezielt »bündisches« Material beschlagnahmt wurde: ein Kohtenstück, eine schwarze Kordel, eine Riegelbluse. Ein eingerahmtes Bild »Die Kohte«. Ein Fahrtenmesser. Schon seit 1936 geht die Gestapo gegen sogenannte »bündische Umtriebe« vor. Sie haben sich nicht daran gestört, als in allen Zeitungen stand: Die letzten Reste dieser Abweichler werden nun beseitigt!

Sophie kommt direkt wieder frei, Inge und Werner werden verhaftet: Gemeinsam mit den Jungs aus Hans' ehemaliger Truppe müssen sie einen offenen Lastwagen besteigen. Es beginnt zu schneien, doch es ist nicht wie sonst, wenn sie zum Skilager fahren. Ohne warme Kleidung, ohne zu wissen, was mit ihnen passiert, werden sie über die neue Autobahn nach Stuttgart geschafft und in Gefängniszellen gesperrt. Sie werden verhört, weil sie verbotenerweise bündische Traditionen gepflegt haben (in Amtsdeutsch lautet der Vorwurf: »Verg. i. S. d. § 4 d. VO d. Reichspr. v. Volk u. Staat v. 28. 2. 33 in Verbdg. m. d. VO d. Wttbg. Innenmin. über die bündische Jugend v. 11. 5. 1937«).

Als Werner und Inge nach mehr als einer Woche heimkommen, nimmt das Familienleben bei den Scholls seinen gewohnten Lauf: Werner macht seine Hausaufgaben, die Mutter verteilt Schokolade, Sophie lernt für eine Mathematikklausur und zieht mit ihren Freundinnen los, um sich Ulm bei Nacht anzusehen. »Wärst Du heute abend bei uns gewesen, du hättest nichts gemerkt von der Angst vor der Gestapo oder von Gefängniszellen«, berichtet die Mutter an Hans. »Jetzt lachen wir oft darüber, was die Gestapo anbetrifft und sie muss oft für manchen Witz herhalten.« Doch ihr Kontakt mit der Geheimen Staatspolizei hat sie verunsichert. Die barschen Antworten, überhaupt die Ungewissheit, was mit ihren Kindern geschehen wird … »Es ist schließlich doch anders, wenn man am eigenen Leib verspürt, oder nur vom Hörensagen kennt«, gesteht die Mutter. »Wir Scholls halten zusammen«, hat sie damals in ihrem Brief an Hans bekräftigt. Auch wenn in diesen Tagen erstmals die kollektive Verdunklung geprobt worden ist (die Kriegsvorbereitungen des Regimes werden sichtbar) – in ihnen drinnen soll es hell sein, »hell u. froh u. voll guten Willens«. Wie nebenbei notiert die Mutter, sie jedenfalls sei innerlich noch nicht fertig mit der Verhaftung ihrer Kinder, »das gruselt jeden«, und vielleicht komme sie nie mehr darüber hinweg. »Allen Gewalten zum Trutz sich erhalten«, das haben sich die Scholls vorgenommen.

Mittwoch, der 2. Juni 1938. Gemeinsam gehen Vater und Sohn in die Urbanstraße, zum Gericht. Vor der Verhandlung stöhnt der Rechtsanwalt: Der Senatspräsident Cuhorst sei so ein scharfer Hund. Alles hänge davon ab, ob er einen guten Tag habe oder nicht.

Rittmeister Scupin, Hans' Vorgesetzter, wird während der gesamten Verhandlung anwesend sein und beim Richter ein gutes Wort für Hans einlegen. Pünktlich um 8.00 Uhr beginnt die Verhandlung. Nun urteilen die Erwachsenen über eine

Gruppe, die es längst nicht mehr gibt. Sie analysieren Erlebnisse, die Jahre zurückliegen. Sie dringen ein in die Jungenwelt, aus der die Trabanten bisher Eltern, Lehrer, Vorgesetzte haben heraushalten können.

Plötzlich geht eine Saaltür auf. Lina Scholl und Werner betreten die laufende Verhandlung. Ein Wachmann pfeift die Mutter deswegen an, aber sie setzt sich wortlos neben den Vater. Um 6.08 Uhr ist sie mit ihrem Jüngsten in Ulm losgefahren und um 8.03 Uhr am Stuttgarter Hauptbahnhof angekommen. Sie sieht ihren Sohn auf der Anklagebank, »in Uniform, sah gut aus«, neben seinem Freund Ernst Reden. Der ist ganz abgemagert und bleich, sie erkennt ihn erst gar nicht. Auch die zwei, »die vom K. Lager kamen«, aus dem Konzentrationslager, sehen mager aus. Die Befragung dreht sich um Eberhard Köbel, genannt »Tusk«, eine zentrale Figur in der bündischen Jugend. Die Erwachsenen sezieren die Jungenwelt: Sie verlesen Briefe der Angeklagten, auch von Hans. Es geht um die Heldenfibel, um die Kohten, um ihre Lieder, die Fahrt nach Schweden. Um das Geld, schließlich um den Vorwurf, dass es zu homosexuellen Beziehungen mit Untergebenen gekommen sei. Die Mutter sieht, wie peinlich Hans die Angelegenheit ist. Einer der Jungen sagt aus, die Gestapo habe ihm zugesetzt, um eine entsprechende Aussage zu erhalten, und ihn beschimpft. Es sei nichts dergleichen vorgekommen! Der Staatsanwalt spricht, die Verteidiger halten dagegen, die Angeklagten kommen zu Wort. Die Strafen werden genannt. Bei dem älteren Angeklagten, Klaus Zwiauer, sei die Fortsetzung der bündischen Arbeit sogar als Hochverrat zu bewerten! Für Hans wird ein Jahr Gefängnis gefordert. Als die Richter sich zur Beratung zurückziehen, bleibt er auf der Anklagebank sitzen. Laut hört man den Senatspräsidenten reden, doch man versteht nur einzelne Wortfetzen. Ein Jahr. Eine »furchtbare Dreiviertelstunde« bricht an.

Die Mutter sieht, wie Hans sich über die Augen wischt. Das Sonntagskind, das in seinem späteren Leben mit allem Glück haben wird. Studieren oder nicht studieren? Inhaftiert sein oder frei?

»Im Namen des Deutschen Volkes!« verkündet Senatspräsident Cuhorst das Urteil. In der Strafsache »wegen Fortsetzung der bündischen Jugend u. a.« erhält Hans Scholl einen Monat Gefängnis, eine Strafe, die dank der Amnestie aufgehoben wird. Frei! Keine Haft. Und auch keinen Eintrag ins Strafregister! Hans ist »ganz benommen«. Bald darauf wird ihm die Staatsanwaltschaft mitteilen, dass auch das Verfahren wegen Devisenvergehen eingestellt worden ist.

»Hans ist frei, ganz frei!«, schreibt die Mutter mit riesigen Buchstaben auf die oberste Seite eines Blattes, das sie an Inge schickt. Inge, die für ein paar Monate in der Gegend von Bremen arbeitet, antwortet mit Glückwünschen. »Daß dem Gott die Feuer wieder glühen, schaffen wir die neue Welt soll blühen, jo heijo, heijo …«, steht auf ihrer Postkarte. In Ulm schenkt ihnen der Mann, der ein Stockwerk höher wohnt, 20 Reichsmark für Hans. Und dem Vater kommt es vor, als seien sie von einem »schweren Alpdruck oder bösen Traum« befreit. Während sich die anderen lautstark für Hans freuen, ist von ihm selbst keine Reaktion überliefert. Er verbringt in Ulm »herrliche Ferien«. Mit den Geschwistern geht er zum Schwimmen an die Iller. Sophie, Elisabeth und Werner sind dabei, ihre Freundinnen Anneliese und Erika sowie Sophies Freund Fritz. An einem Morgen – es ist Lisas Geburtstag – steht Hans vor Sonnenaufgang auf und beobachtet in einem verlassenen Donaumoor Vögel.

Mitte Juni 1938 fährt er nach Leonberg, zu Lisa, wie so oft. Wahrscheinlich übernachtet er sogar bei seiner Freundin, denn ihre Eltern sind verreist. Frau Remppis ist empört. Hinter ihrem

Rücken! Es gibt Streit, und Hans will sich rechtfertigen. »Wissen Sie was Soldat sein heißt«, schreibt er. »Wissen Sie, welche Kraft man braucht, sich […] gegen eine Umgebung von Schmutz und Niedrigkeit zu stemmen, um rein und groß zu bleiben? Nein, das wissen Sie nicht. Auch Lisa weiß das nicht. Aber der Gedanke an ein Mädel, das noch rein ist und das man unbegrenzt lieben kann, war mein Gebet.« Aufgrund des Altersunterschieds – Lisa Remppis ist gerade 14 Jahre alt und Hans 19 – muss er sich Fragen gefallen lassen, doch das gefällt ihm. Einmal notiert er sogar, Lisa sei wieder älter geworden, »und das ist nicht gut«. Seiner Schwester Inge gegenüber hat Hans schon mehrfach kritisiert, wie Mutter und Vater Remppis ihre Tochter erziehen. Er stört sich an den Verboten, wenn sie sich nicht treffen dürfen. Heute schreibt er sich alles von der Seele, macht Notizen für einen Brief an Lisas Mutter. Immer wilder werden seine Vorwürfe: Bei Lisa konzentriere sich die ganze Zuneigung auf die Mutter, vom Vater bekäme sie ja nicht das, was sie brauche. Dann entschuldigt er sich für sein taktloses Herantreten. Ob er seinen Brief absendet? Jedenfalls gelingt es ihm, die Mutter seiner Freundin zu besänftigen. Sie sei großzügig, er achte und verehre sie doch als eine Frau, die über kleinbürgerliche Erziehungsideale hinausgehe. Und er bittet aufrichtig um Verzeihung. Vermutlich hat Hans das Gespräch gesucht, redegewandt, wie er ist. »Überall gewann er die Herzen und verstand, wie wenige, Menschen von etwas zu überzeugen«, beschreibt ihn seine Schwester Inge. Ihr erklärt Hans: Mit Frau Remppis sei das eben so, erst eine kleine Auseinandersetzung, im Grunde lächerlich. Dann verlaufe alles ganz sentimental und sei rasch vergessen. Schon bald ist er wieder in Leonberg eingeladen. Was kann ihn aufhalten? Ihn, den eloquenten, den klugen Soldaten? Mit seinem gewinnenden Wesen, mit der Unterstützung seiner Familie im Rücken kann ihm alles gelingen. Er ist jung, er ist frei, und ihm stehen alle Wege offen.

Drängt das Verfahren die Scholls in den Widerstand? Bei Sophie beginnt sich Unmut zu regen. Zelten, wegfahren, Klampfe spielen – wieso wird man dafür derart bestraft? Sie und die anderen Geschwister wissen nichts von dem Vorwurf der Homosexualität, nur Inge. Einstweilen reiht Hans sich im Heer ein. »Frei und froh sollen wir unsern Alltäglichkeiten nachgehen, den andern zu lieb und sich selbst auch froh machen durch treue Pflichterfüllung«, hat ihm seine Mutter nach dem Verfahren mit auf den Weg gegeben. Hans soll dem Schwadronschef durch sein Bemühen danken, einer seiner besten Soldaten zu sein. Der junge Mann packt beim Neckar-Hochwasser mit an, schafft die ganze Nacht am Stauwehr, bis seine Einheit morgens um fünf todmüde und nass in die Kaserne zurückkehrt.

Als Sophie und Werner Scholl, begleitet von Lisa Remppis, nach Norddeutschland fahren, um Inge zu besuchen, sagt Hans ab: Er werde vom Vaterland gebraucht. An Inge schickt er eine Postkarte und unterschreibt mit »Heil und Sieg!«.

In München wird erstmals eine Synagoge zerstört, Hans Scholl macht das Reichssportabzeichen. In Nürnberg beginnt der »Parteitag Großdeutschlands«, Hans besucht Lisa. Hitler weist die Wehrmacht an, die Zerschlagung der »Rest-Tschechei« vorzubereiten, Hans besteht seine Reserveoffiziersprüfung. Während Hitler seine Forderungen nach einem Anschluss des Sudetenlands entwickelt, absolviert Hans ein Manöver nach dem anderen: Hohenzollern, Heuberg, Malsch nahe der französischen Grenze.

Als er noch in der Hitlerjugend war, suchte er die Gemeinschaft. Zusammen absolvierten sie Mutproben. Er ließ sich aus den hohen Wipfeln einer Fichte herunterfallen und kam unversehrt am Boden an. Sie überwanden Staketenzäune. Hart sein gegen sich selbst, das haben sie geübt. In der Hitlerjugend und im Bund Deutscher Mädel gilt das Motto »Jugend von Jugend geführt«. Hunderttausende deutsche Jugendliche fühlen sich von diesem Konzept angesprochen: Dank der großzügigen Portion Eigenverantwortlichkeit können sich halbe Kinder eine Welt ohne die Eltern einrichten. Fast beiläufig werden sie durch regelmäßige »Schulungen« mit der nationalsozialistischen Weltanschauung vertraut gemacht. Und eine paramilitärische Ausbildung mit Geländeaktivitäten, Abhärtung und Sport bereitet die Jungs auf das Soldatendasein vor. »Wir wollen sie gar nicht mehr loslassen«, das hat Adolf Hitler für diese Form der Jugendarbeit proklamiert.

Jetzt setzen sie beim Militär fort, was in der Hitlerjugend begonnen hat. »Fröhlich« seien sie vom Manöver zurückgekehrt, berichtet Hans einmal. Lustiges hätten sie erlebt, aber auch »Trübes«. Er sehnt sich nach einem guten Wort, fühlt sich angewidert. »Überall war ordinäres Gebaren und albernes Gerede.« »Geschwätz, wo man hinsieht/-hört«.

Ständig sprechen die Soldaten über den Krieg, über militärische Fragen. »Und nur ganz wenigen kommt der Gedanke«, kritisiert er, »warum überhaupt Krieg? Die allermeisten würden blind und dumm mit einer gewissen Neugierde oder Abenteuerlust losmarschieren. Masse. Der Begriff wird mir immer verhasster.« Nur im Geheimen wehrt er sich dagegen. »In meiner Brusttasche trage ich die Knospe einer Rose. Ich brauche diese kleine Pflanze, weil das die andere Seite ist, weit entfernt von allem Soldatentum und doch kein Widerspruch zu dieser Haltung. Man muss immer ein kleines Geheimnis mit sich herumtragen, vor allem bei solchen Kameraden, wie ich sie habe.«

»Wie gern bin ich zuhause«, schreibt Hans den Eltern. »Ich merke es immer erst, wenn ich wieder fort bin. Alles ist so schön und voller Erinnerungen.« In Wirklichkeit fährt er sehr viel häufiger zu seiner Freundin Lisa. Immer wieder mahnen Robert und Lina Scholl: Melde dich doch vorher ab, wenn du nicht heimkommst! Sonst sorgen wir uns! Einmal ist der Vater extra zum Bahnhof gelaufen, um Hans abzuholen. »Warst Du heute in Leonberg?«, will die Mutter wissen. Sie haben vergeblich auf ihren Sohn gewartet. Dabei machen sie sich in diesen Sommermonaten noch mehr Gedanken um Hans als sonst. Seit dem Frühjahr weist der Vater regelmäßig auf die Kriegsgefahr hin. »Deutschland, und nicht nur Deutschland wogt dieser Tage. Es gibt keine stille Insel, keine Beschaulichkeit mehr. Das einzelne Menschenschicksal zählt nicht«, hat er im April 1938 formuliert. Im Ersten Weltkrieg hat Robert Scholl in den Lazaretten das Elend des Krieges gesehen, und er ist Pazifist. Seine beiden Brüder sind gefallen. Hitler, davon ist er überzeugt, wird einen neuen Krieg anzetteln. Es ist dem Steuer- und Wirtschaftsberater schwergefallen, mit anzusehen, wie seine Kinder sich in den Jugendorganisationen der nationalsozialistischen Partei engagiert haben. Wie empfindet er es jetzt, dass sein Sohn Soldat ist?

Spätestens im Herbst, vermutet er, werde die Entscheidung Krieg oder Frieden fallen. Jedes Mal, wenn er seinen Kindern schreibt, notiert er seine Gedanken zur aktuellen politischen Lage: die Spannungen um die Tschechoslowakei, die Münchner Konferenz, Hitlers Expansionsbestrebungen. Robert Scholl rechnet mit »einem neuen Weltkrieg«. »Ein moderner Krieg würde mit der furchtbaren Luftwaffe kaum eine grössere Stadt unversehrt lassen. Das Ende wäre wohl anders, als sich die meisten denken.« Er rechnet mit 20 bis 30 Millionen Toten.

Wenn es Krieg gibt, dann darf Hans bestimmt nicht studieren, sondern muss ins Feld. Die »Aktiven« müssten ja immer dorthin, wo es am gefährlichsten ist. »Es ist doch sinnlos, wenn so ein zukunftsreiches junges Menschenleben, kaum begonnen, schon wieder ausgelöscht werden soll«, klagt er. »Wenn Du ins Feld kommst, telefonierst Du uns vorher noch«, bittet Robert Scholl eindringlich. »Wenn möglich kommen wir dann noch zu Dir.« Zufällig hört die Mutter im Radio eine Rede des Propagandaministers Goebbels, und sie ist »erschüttert« über die Kriegstiraden. Die Leute wollen doch keinen Krieg! Alle sehnen sich nach Ruhe und Frieden! Sie sorgt sich, dass Hans ins Feld muss. Dass er leidet oder irgendwo stirbt, ohne dass die Mutter ihm helfen kann.

Hans antwortet mit keinem Satz. Nur an seine Schwester Inge schreibt er: »Noch nie in meinem Leben bin ich so sehr Patriot im eigentlichen Sinn des Wortes, als gerade in den ersten Oktobertagen dieses Jahres. Erst wenn man sich fragen muß, ob das Vaterland überhaupt noch die Bedeutung hat, wie es vielleicht einmal war; wenn man allen Glauben an Fahnen und Reden verloren hat, weil die Begriffe abgegriffen und wertlos geworden sind; dann erst setzt sich das reine Ideal durch.«

Wie steht er zu Deutschland, zu den Nationalsozialisten? Die wenigen Briefe Hans Scholls aus dieser Zeit, seine kapriziösen Formulierungen geben keine rechte Auskunft. Was geht dem jungen Soldaten durch den Kopf, während Deutschland zum Krieg rüstet? Jeden Tag wird er ausgebildet, um zu kämpfen. Ein, zwei Freunde hat er in der Schwadron gefunden, mehr nicht. Immer öfter beschwert er sich über die Dummheit, das Geschwätz, das ordinäre Gebaren seiner Soldatenkollegen. In der Brusttasche trägt er eine Rosenknospe. Das ist sein Geheimnis, das die anderen Soldaten nicht ahnen. Nach einem der zahlreichen Besuche in Leonberg schenkt Lisa ihrem Freund die letzten blühenden Rosen, denn er hat bald Geburtstag. Sie findet es rührend, wie Hans diese in den Händen hält. Ganz sorgsam und nicht recht wissend, wie er die zarten Blumen überhaupt fassen soll, steigt der Soldat mit seinen klobigen

Stiefeln in den vollbesetzten Omnibus und fährt zurück in seine Kaserne.

Nachdem Hans Scholls Gerichtstermin vorbei ist, rast das Jahr 1938 an ihm vorüber. Die aktive Militärzeit endet, und er zieht nach Tübingen. Mit Macht arbeitet er auf sein Medizinstudium hin. Er besucht eine Sanitätsschule, beginnt mit dem Lernen für das Latinum, visitiert bei Operationen und beim Sezieren von Leichen. Gelegentlich besucht er seine Freundin (Lisa sei noch schöner geworden, notiert er). Mit dem Vater berät er, welcher Studienort am besten sei: Tübingen reizt ihn nicht, vielleicht München? Oder Freiburg im Breisgau?

Die politischen Ereignisse kommentiert er an keiner Stelle, auch nicht den Pogrom vom 9. auf den 10. November 1938: die Nacht, in der die Synagogen brennen. Gezielt dringt die SA in dieser Nacht in die Wohnungen jüdischer Familien ein. Sie schlitzen Betten auf, schütten Federn auf die Straße, demolieren Einrichtungen, zerstören die Schaufenster von jüdischen Geschäften. Terror im Sturmschritt, minutiös geplant. Die nicht betroffenen Deutschen sehen weg, oft beteiligen sie sich an der Menschenjagd und den Misshandlungen. Tatenlos stehen die Polizisten daneben: Über 100 Juden werden ermordet, 30 000 verhaftet und in KZs eingeliefert. Hans Scholl wird in Tübingen mitbekommen haben, dass SA- und SS-Männer wie in zahllosen anderen deutschen Städten die Synagoge demolieren und niederbrennen. Auch in Ulm brennt die Synagoge. SA-Männer treiben dort am Weinhof Juden zusammen, und mehrere hundert Ulmer quälen ihre jüdischen Mitbürger. Später werden sie in »Schutzhaft« abgeführt. Sind die ehemaligen Nachbarn aus dem Haus, das die Scholls bewohnen, darunter? Gelegentlich erwähnt Lina Scholl jüdische Nachbarn, die nun ausgezogen seien in eine »nette, billige« Wohnung. Sie schreibt vom ehemaligen Hausbesitzer Jakob Guggenheimer (er hat das Haus verkaufen müssen), dessen Familie emigrieren wolle und der nun noch vorher gestorben sei. An diesem Tag erwähnt sie keinen der jüdischen Nachbarn, als sie an Hans schreibt, wohl aber erinnert sie an den 11. November: Ein Jahr ist es her, dass die Gestapo bei ihnen geklingelt hat.

Selbst im Hunderte Kilometer entfernten Dresden hört Victor Klemperer – nicht im Radio, das hat er als Jude längst abgeben müssen – von den Ulmer Quälereien: Den Rabbi jagen sie mit angezündetem Bart um den Marktbrunnen. Immer wenn Dr. Julius Cohn sich ins Gesicht greift, schlagen ihm die Leute auf die Hände. Seine Verletzungen sind derart schlimm, dass er bis zum 5. Dezember 1938 in der Klinik bleiben muss.

Einen Tag darauf notiert Hans in Tübingen: »Der Dienst an den Kranken ist die große Menschlichkeit, und man muss froh und dankbar sein, daß man als gesunder Mensch anderen helfen kann.« Keine einzige Bemerkung zu den Pogromen. Der 20-Jährige ist mit sich selbst beschäftigt. Nachdem seine alte Welt zusammengebrochen ist und er seinen Freundeskreis verloren hat, baut er sich etwas Neues auf. Im kommenden Frühjahr wird er aus dem Militär entlassen, dann will Hans in München ein Medizinstudium beginnen. Er will die Haft, die Gerichtsverhandlung hinter sich lassen, daher geht er weg aus Ulm, weg aus Stuttgart und Bad Cannstatt, weg aus seiner schwäbischen Heimat.

Zum Jahresende 1938 zieht er Bilanz. »Bin ich wahrhaft besser geworden?«, überlegt er. »War mein Streben nützlich und hat es zu einem Fortschritt geführt? Es ist jetzt vieles anders geworden. Aber manchmal kommen Stunden, da kommt man sich klein und lächerlich vor in dieser menschlichen Hülle. Man möchte alles, was uns fesselt, abschütteln und frei und klar in eine andere Welt treten.«

»Der Krieg wirft uns weit zurück.«
Von München nach Paris

Am 13. April 1939 meldet sich der Medizinstudent Hans Scholl an seinem neuen Wohnort an. Er hat sich für München entschieden. In ihrer geistigen Ausrichtung traue er den Münchnern nicht allzu viel zu, hat der Vater eingewandt, dann aber schließlich doch zugestimmt.

Die »Hauptstadt der Bewegung«, so heißt die bayerische Stadt. Berlin ist die Hauptstadt des Reiches, aber München ist das Zentrum der Parteibürokratie: Hier residieren die Reichsleitung der NSDAP, der »Stellvertreter des Führers«, Rudolf Heß, mit seinem Stab, der Reichsschatzmeister Schwarz, das oberste Parteigericht. Den imposanten Aufmarschbereich am Königsplatz säumen Verwaltungsbauten und zwei »Ehrentempel« für die Toten des gescheiterten Hitler-Putsches von 1923. Neben der Reichspressestelle befinden sich in München das Redaktionshaus der Parteizeitung *Völkischer Beobachter*, der parteieigene Eher-Verlag und die Firma von Hitlers Fotograf Heinrich Hoffmann, der das Monopol auf die »Führer«-Porträts innehat. Das »Haus der Deutschen Kunst« ist gerade fertiggestellt. Südlich von München entstehen auf dem Bavaria-Gelände Propagandafilme wie *SA-Mann Brandt* oder *Hitlerjunge Quex*.

In München sind 1933 die Bücher missliebiger Autoren als »marxistische, jüdische, pazifistische Zersetzungsschriften« beschimpft und anschließend feierlich verbrannt worden. In nur vier Wochen ist die große Synagoge in der Herzog-Max-Straße einfach abgerissen worden, die erste Zerstörung einer Synagoge im Deutschen Reich. Im Alten Rathaus gab Propagandaminister Joseph Goebbels mit einer antisemitischen Hetzrede den Anstoß für den Vandalismus und die Judenpogrome vom November 1938; per Telefon erteilten die Gauleiter und andere Parteifunktionäre Weisungen an die heimischen Dienststellen, die sie an die lokalen Einheiten weitergaben. Von der »Arisierungsstelle« aus steuern die Nationalsozialisten die systematische Enteignung der Juden. Abschreckend wirkt das nahe Konzentrationslager Dachau, in das seit 1933 zunächst Kommunisten, Sozialdemokraten und Katholiken eingeliefert worden sind, Zeugen Jehovas, Homosexuelle, Sinti, Roma und Juden. Allein während des Novemberpogroms sind 10 000 Juden in das KZ verschleppt worden. »Sei still, sonst kommst du nach Dachau!«, warnen sich die Münchner, wenn einer gegen die von der Partei vorgegebene Richtung verstößt.

Als Hans Scholl nach München kommt, um Arzt zu werden, will er alles abschütteln, was ihn fesselt. Frei und klar möchte er in eine andere Welt treten.

»Ich will Dir versprechen, mein Bestes zu tun«, beteuert er seiner Mutter gegenüber. »Wenn ich auch oft versagt habe, so war doch (das kann ich ruhig sagen) der Wille zum Guten immer wieder da. Und das ist doch vielleicht das Einzige, was uns Menschen zu einem höheren Wesen gemacht hat.« Für sich selbst notiert er ein Motto.

Wenn die finsteren Stunden kommen, will ich arbeiten! Ich will kurze Zeit die Augen zupressen, damit ich mich von innen

sehen kann. Und wenn gar nichts helfen sollte, will ich hinaus-
gehen, immer gehen, immer weiter, bis ich müde bin. Dann werde
ich mich besiegt haben! Das will ich mir für immer vornehmen!!

Der junge Mann bezieht sein Studentenzimmer, geht erstmals in die Medizinvorlesungen. Fast jeden Tag steht ein Be-
hördengang an. Hans Scholl meldet sich bei der polizeilichen
Behörde an, besorgt sich eine Fahrpreisermäßigung für Studie-
rende (»befindet sich, soweit amtsbekannt, nicht in selbständiger
Lebensstellung«), absolviert die »Pflichtuntersuchung I« und
die Untersuchung bei der Röntgendurchleuchtungsstelle des
Studentenwerks (»völlig normale Lungenverhältnisse«). Beim
Militär hat er eine Vereinbarung unterschrieben, dass er sich
regelmäßig bei seinem »Stammtruppenteil« meldet und über
seine Fortschritte berichtet. Falls er sein Medizinstudium abbrechen sollte oder das Fach wechselt, muss er das vierte Halbjahr seiner Militärzeit »bei der Truppe nachdienen«.

Für die Immatrikulation an der Universität muss Hans
Scholl neben Pass, Zeugnissen, Lichtbildern etc. auch ein Füh-
rungszeugnis der Hitlerjugend vorlegen sowie eine Bescheini-
gung, dass er den Reichsarbeitsdienst absolviert hat. »Alle Mitglieder der Deutschen Studentenschaft sind verpflichtet, ihre
arische Abstammung durch Urkunden nachzuweisen«, vermerkt das Vorlesungsverzeichnis. Anzugeben sind die Geburts-
daten, das »Bekenntnis« und die Abstammung der Eltern und
Großeltern. »Wer den Ariernachweis nicht urkundlich belegen
kann, geht der Mitgliedschaft in der Deutschen Studentenschaft
verlustig.« Auch Hans Scholl legt seinen Arierschein vor. An
die Quästur muss er 190 Reichsmark bezahlen, davon sind allein 90 Mark Gebühren.

Der 20-Jährige kommt an eine Universität, die längst gleich-
geschaltet ist. Die »Dozentenschaft« ist von Juden »gesäubert«.
Auch bei den Medizinern sind Ärzte, Assistenten entlassen wor-

den: Das »Gesetz zur Wiederherstellung des Berufsbeamten-
tums« wies im April 1933 an, dass »nichtarische« Beamte und
Angestellte in den Ruhestand zu versetzen seien. Die meisten
seiner Kommilitonen sind Frauen, ehemalige Soldaten, Kriegs-
versehrte. Seit einem Jahr sind keine »Volljuden« mehr immatrikuliert und nur noch wenige »Halbjuden«. In den Hörsälen
hängen schon seit März 1933 Schilder: Jüdische Studenten dürfen sich erst nach Vorlesungsbeginn setzen, und in den vorde-
ren Reihen ist ihnen der Zutritt verboten. »Sollte dieser wohlge-
meinte Rat nicht beachtet werden, so sehen wir uns gezwungen,
zu schärferen Maßnahmen zu greifen.« Andere Juden haben
zwar ihr Examen bestanden, die ihnen zustehende Approbation
verweigert das Bayerische Staatsministerium für Unterricht
und Kultus jedoch plötzlich. Wieder andere finden keinen Professor, der ihre Dissertation betreut, sodass sie keinen Doktor-
titel erlangen können. Neue Fächer wie »Volksgesundheitslehre«,
»menschliche Erblehre und Rassenpflege«, »Rassenhygiene«
stehen auf dem Plan.

In die NS-Studentenorganisationen tritt Hans Scholl nicht
ein. Insgesamt sind 30 Prozent der Studenten Mitglied im nationalsozialistischen Studentenbund, 40 Prozent in der Partei und
über 50 Prozent in Parteigliederungen erfasst. Als in München
»Gaustudententag« ist, fallen die Vorlesungen aus. Hans ärgert
sich, aber vielleicht muss er nicht »mitmachen« und kann stattdessen mit dem Rad ins Gebirge fahren.

Sein neues Zimmer liegt gleich neben der Universität: Amalienstraße 95, dritter Stock, bei Fräulein Gerstenberger. Wenn
Hans in der Nachbarschaft spazieren geht, kommt er in der
Zieblandstraße 22 an einer Arztpraxis vorbei. Dr. Benno Flehinger ist »Krankenbehandler« – Hals-Nasen-Ohrenarzt darf sich
der jüdische Mediziner nicht mehr nennen. Seine Approbation,
die Erlaubnis zu praktizieren, wurde ihm im Oktober 1938

automatisch entzogen. Doch das faktische Berufsverbot für alle jüdischen Ärzte hat sich als vorschnelle Maßnahme erwiesen: Als sich die »arischen« Kollegen beschweren, proklamiert Reichsärzteführer Wagner: »Es kann nicht unser Ziel sein, die Wartezimmer der deutschen Ärzte mit Juden zu bevölkern.« Ausgewählte Mediziner erhalten schließlich ihre Zulassung zurück, darunter auch Dr. Flehinger – auf Widerruf. Er darf nur noch Juden, keine »arischen« Patienten mehr behandeln.

Als Hans Scholl sein Studium beginnt, gibt es insgesamt zehn solcher »Krankenbehandler« für die jüdische Bevölkerung von München. Manche von ihnen werden auch die Arbeitslager betreuen müssen.

Schon am 1. April 1933 postierten sich SA- und SS-Männer vor den jüdischen Arztpraxen und hinderten Patienten daran, sie zu betreten. Seitdem hat ein systematisch geplanter Verdrängungsprozess stattgefunden: Die nationalsozialistische Partei bekämpft die »Verjudung« der Ärzteschaft, und die Ärztekammer hat sich der »Gleichschaltung« angeschlossen. Noch im Jahr der Machtergreifung Hitlers kündigte die Stadtverwaltung allen jüdischen Ärzten an städtischen Krankenhäusern, dann allen jüdischen Schulärzten. Erfahrene jüdische Chefärzte wurden »wegen Dienstunfähigkeit« in den Ruhestand versetzt. »Deutsche, kauft nicht bei Juden!« Die Boykott-Aufrufe der Partei durchziehen bald alle Lebensbereiche. Die »Nürnberger Rassegesetze« von 1935 haben die Isolation der jüdischen Mitbürger vorangetrieben. In den jüdischen Kliniken und Praxen durften keine »arischen« Sprechstundenhilfen mehr beschäftigt werden. Zahllose Mediziner werden als »Abtreiber« und »Triebtäter« diffamiert. Manche müssen sich jeden vierten Tag bei der Gestapo melden, andere zwingt man gegen ihren Willen, die Auswanderung voranzutreiben, und das, obwohl sie ihre Patienten vor Ort nicht im Stich lassen wollen. Wer auswandert, muss sein Haus, seine Praxis weit unter Wert verkaufen, auch medizinische Spezialgeräte aus den Kliniken und Praxen. Das gesparte Vermögen wird zwangsweise auf Sperrkonten verschoben, und der deutsche Staat kassiert, soviel es geht, durch willkürlich verhängte Einziehungsverfügungen, Reichsfluchtsteuerbescheide, Vermögensverfallserklärungen. Zu den in Deutschland verbliebenen jüdischen Ärzten strömen nach den Misshandlungen und Verhaftungen vom November 1938 besonders viele jüdische Patienten. Wenn sie ein »arischer« Deutscher aufsucht, riskiert er, dass sein Name im Hetzblatt *Der Stürmer* veröffentlicht wird. Gerade im April 1939, als Hans Scholl ein Zimmer sucht, sind zahlreiche jüdische Mitbürger gezwungen umzuziehen: Das »Gesetz über Mietverhältnisse mit Juden« treibt sie aus ihren Wohnungen, sie werden in speziellen Siedlungen zusammengefasst.

In den folgenden Wochen richtet sich der Student Hans Scholl in München ein. Sein Tagesablauf, seine Kameraden, sein Umfeld, das alles ist weithin unbekannt, denn für das Jahr 1939 fehlen die regelmäßigen Sonntagsbriefe. Wahrscheinlich fährt er jedes Wochenende nach Hause. »Er verliebte sich geradezu in die Medizin«, erinnert sich die große Schwester Inge, »und sprach mit heiterer Feierlichkeit, wenn er am Sonntag den Braten zerlegte, die lateinischen Namen der Knochen und Muskeln aus.«

Er lernt Anatomie, Physiologie, anorganische Chemie. Fast jede Woche kauft er sich ein neues Buch. Mit seinen Lehrmaterialien geht er sorgsam um. Nur mit einem dünnen Bleistift hakt er ab, welche Themen er bereits bearbeitet hat.

Die Pfeife im Mundwinkel, spricht er weiterhin Schwäbisch, mitten in Bayern. Er legt sich am Isarufer in die Sonne, er erkundet die Großstadt. Auf den riesigen Kreuzungen stehen

Schupos, die den Verkehr regeln, und heimlich beneidet er sie. Wie gern würde er das auch einmal probieren!

In München verbringt er einen regnerischen Mai, einen sonnigen Juni. Vor einem Jahr, erinnert ihn die Mutter, war die Gerichtsverhandlung.

Sein Umzug sollte ein Schnitt sein. Du musst dein Leben ändern, heißt es in einer Gedichtzeile von Rainer Maria Rilke, seinem Lieblingsdichter. Je länger er in München ist, desto ausgefeilter werden seine Briefe, inhaltlich wie äußerlich. Bisher hat Hans immer mit einem breiten Füllfederstrich geschrieben und alte deutsche Buchstaben verwendet wie Vater und Mutter. Von dem Moment an, da er in München ist, gewöhnt er sich eine andere Schrift an: lateinische Buchstaben, moderner, feiner, mit dünnen Linien. Grundsätzlich lässt er das »ß« weg und schreibt dafür zwei »s«.

Er darf als Erster der fünf Scholl-Kinder studieren. Das hätten sie sich vor einigen Jahren noch nicht leisten können!, betont der Vater immer wieder. Begeistert schreibt er an Hans: »Wenn auch die alte Burschenherrlichkeit mit ihrer Freiheit [...] dahin ist, so besteht für Dich doch unvermindert die Möglichkeit, an den Brüsten der Wissenschaft und daneben auch der schönen Künste zu säugen und einen Beruf zu erlernen, mit dem Du später anderen Menschen dienen kannst.«

Inzwischen verdient Robert Scholl mit seinem Steuer- und Treuhandbüro deutlich mehr als früher. Die Eltern suchen in Ulm eine größere Wohnung. Waren sie 1933 vom Stadtrand an den Stadtring gezogen, so ziehen sie nun, 1939, mitten in die Altstadt: an den Münsterplatz 33. Vom Fenster im dritten Stock aus sieht man die filigranen Türme des Münsters, hört den Glockenklang herüberwehen. Hans soll beim Umzug helfen. »Lauf nicht aus Versehen in den Adolf-Hitler-Ring!«, ermahnt ihn Inge.

Lisa, seine Freundin aus Leonberg, hat ihn in München

besucht. Die Pfingsttage haben sie gemeinsam verbracht, ansonsten schreiben sie sich. Manchmal steht Hans mitten in der Nacht auf, um einen Brief für Lisa zu verfassen. Er dichtet für sie: »Nun will ich Dich auf Händen tragen / Nun will ich alles für dich wagen / Du bist so gut und rein / Wir werden neue Brücken schlagen / Und Gott wird unsre Liebe weihen.« An einem Sommerabend bekräftigt er: »Ich weiss nicht, was die Zeit bringen wird. Doch glaube ich an Lisas grosse Liebe. [...] Ich will nicht fallen. Nein. Steigen. Aufwärts! Mit Dir ins Unendliche. Siehst Du den Himmel? Die Sterne glänzen für uns.« Er beschwört sie, zu antworten, »irgendetwas«. Er fährt zu seiner Freundin, oft ohne dass seine und ihre Eltern davon wissen. Wenn er in München ist, richtet er sich auf: Es sei gut, dass er so allein ist. Fern von Lisas Körper kann er »die wahre reine grosse Liebe« erst richtig erkennen. »Ich werde auf dieser Liebe eine Zukunft aufbauen müssen. Ein Leben darauf errichten«, notiert er für sich. »Ich weiss, dass Lisa mein Schicksal ist. Wir werden dieses Band niemals lösen können.«

Am 29. Juli 1939 endet Hans Scholls erstes Semester. Doch frei hat er nicht: Schon vor Semesterschluss sind die Münchner Studenten zu einem »freiwilligen« Ernteeinsatz abkommandiert worden. Hans muss nach Masuren – und Lisa fährt zu ihm. Statt Sophie und Inge Scholl in Ulm zu besuchen, wie sie zu Hause vorgibt, macht sie sich auf den Weg zu Hans. Die praktisch veranlagte Inge schreibt »Beruhigungsbriefe« an Lisas Mutter, während Sophie wie auf Kohlen darauf wartet, dass ihre Freundin sich endlich meldet. Sie befürchtet einen »Mordsskandal«, wenn die Sache ans Licht kommt.

Die Briefe von Hans, die er aus dem kleinen Ort Grabnick schickt, sind nicht gerade beruhigend: Bei ihnen herrsche eine »merkwürdige Kriegsstimmung«, alles sei schmutzig, die Menschen sehr eigen und schnell bereit, sich mit dem Messer zu verteidigen. Einmal holt er sich, als die anderen noch schlafen, eine Stute aus dem Stall und reitet sich »wach«, an manchen Nachmittagen geht er schwimmen. Zugleich sehnt er das Ende seines Ernteeinsatzes herbei: »Mich drängt es nach Freiheit, nach dem ungebundenen Fahrtenleben.« Es werde viel Schnaps getrunken, schreibt der 20-Jährige nach Hause. Sofort wendet die Mutter ein: »Gibt es auch etwas Vernünftiges zu trinken? Schnaps ist doch nichts für dich.« Sie notiert Gerüchte über Ostpreußen. Ein Mann aus Ulm habe seinen Bauern erst lehren müssen, wie man einen Vorgarten anlegt und pflegt. Sie hat auch von Morden gehört: »Die Russen« hätten einen Inspektor am Scheunentor gekreuzigt und eine ganze Familie an ihren Zungen auf dem Tisch festgenagelt. Das seien keine Einzelfälle gewesen! Lina Scholls Bemerkungen zeigen, dass die vom Propagandaministerium gezielt verbreitete Hetze gegen Polen und Russen ihre Wirkung nicht verfehlt. Zielstrebig bereitet das Regime den Krieg vor.

Es sind die Tage des »Hitler-Stalin-Pakts«: Die beiden Machthaber schließen am 23. August 1939 einen Nichtangriffsvertrag, zusätzlich vereinbaren sie die Aufteilung Polens zwischen dem Deutschen Reich und der Sowjetunion. Ist Lisas und Hans' heimliches Treffen in Ostpreußen aufgeflogen? Wie sind die beiden wieder nach Hause gekommen? Gab es Ärger? Keine einzige Zeile verrät es. Inge Scholl notiert später lediglich: »Der Kriegsbeginn überraschte Hans während eines erzwungenen Studentenernteeinsatzes in Ostpreußen. Mit dem letzten Schiff kam er über die Ostsee und legte gerade in den ersten, stummen Kriegstagen daheim an, wo sämtliche junge Männer wie vom Erdboden weggefegt waren.«

Am 1. September 1939 beginnt morgens um 4.45 Uhr der deutsche Angriff auf Polen. England und Frankreich erklären daraufhin Deutschland zwei Tage später den Krieg. »Ist Hans schon eingezogen?«, fragt Lisa aus Leonberg nervös bei Sophie nach. »Wenn Hans noch bei Euch ist, sag ihm bitte, er könne kommen, wann er wolle.« Die 16-Jährige ängstigt sich umsonst. Ihr Freund ist Anfang September für einige Tage in Ulm, gemeinsam mit Sophie geht er schwimmen und zeichnen. Wieder hat er, das Sonntagskind, Glück: Er muss nicht in den Osten, sondern darf weiterstudieren. Seine Eltern und Sophie, die oft Angstträume um ihn hat, sind extrem erleichtert. Doch er selbst notiert: Er will an die Front! Auch wenn die anderen das nicht verstehen! »Mich verlangt es nicht nach einem ›Heldentum‹ im Kriege«, kritzelt er auf ein loses Blatt. »Ich suche Läuterung. Ich will, daß alle Schatten von mir weichen. Ich suche mich, nur mich. Denn das weiss ich: Die Wahrheit finde ich nur in mir.« Die folgenden Sätze sind oft als ersten Widerstand bei Hans Scholl gedeutet worden: »Anfangs waren wir froh, dass endlich der Krieg entfesselt worden ist. Er muss die Erlösung von diesem Joche bringen. Deutschland hat dieses Joch verdient. Vielleicht dauert dieses Massenmorden lange Zeit. Vielleicht müssen die Menschen Europas sehr umgepflügt werden. Werden wir dann eine Stufe höher steigen? Unsere ganze Hoffnung hängt an diesem fürchterlichen Kriege!« Muss Deutschland den Krieg erleiden, um sich vom nationalsozialistischen Regime zu befreien? Aus den Zeilen spricht auch Abenteuerlust, Aufbruch. Aus ihnen sprechen Themen, die den Soldaten und Medizinstudenten in den kommenden Jahren beschäftigen werden: seine Suche nach Wahrheit, nach Läuterung. Sein Ziel ist es, eine Stufe höher zu steigen, reiner und besser zu werden – sei es im Münchner Hörsaal oder an der Front in Polen.

Auch die Münchner Studenten spüren die Kriegsauswirkungen. Manche ihrer Professoren und Dozenten sind eingezogen worden, ganze Institute geschlossen. Damit die Studenten schneller ins Berufsleben entlassen werden können, sollen nun statt zwei Semestern im Jahr drei Trimester angeboten werden. Das bedeutet kürzere Vorlesungszeiten, weniger Ferien und faktisch eine Erhöhung der Studiengebühren. Weil andere Universitäten schließen, schnellen in München die Hörerzahlen nach oben. Von den 6734 Immatrikulierten sind allein 4312 Medizinstudenten!

Zugleich verschlechtert sich die Lebensmittelversorgung deutlich. Unter den Studenten kursieren völlig entgegengesetzte Informationen, woher sie ihre Lebensmittelkarten bekommen sollen. Fleisch, Fett, Gemüse und weitere Nahrungsmittel sind rationiert. Laut Hans Scholl herrschen »fürchterliche Zustände«: Eine ganze Stunde muss man in der Mensa der Universität für ein Mittagessen anstehen. Lina Scholl beginnt, ihrem Sohn regelmäßig Lebensmittelpakete nach München zu schicken: Mehl, Margarine, Butter – »die Kopfarbeiter brauchen Fett« –, Reis, Rauchfleisch, Malzkaffee und Schweineschmalz. »Vielleicht gibt es harte, schmerzliche Jahre«, ahnt sie.

Knapp drei Wochen benötigen die deutschen Truppen, um die polnische Armee zu besiegen. Anschließend liquidieren Einsatztruppen Adlige, Geistliche, die intelligente Schicht Polens, mehr als 60 000 Menschen. Etwa 670 000 werden als billige Arbeitskräfte ins Deutsche Reich verschleppt, Kriegsgefangene wie Zivilisten. Daneben werden etwa 1,5 Millionen Polen aus ihren Siedlungsgebieten vertrieben, um Platz für deutsche Neusiedler, vor allem aus dem Baltikum, zu machen, das nunmehr zur sowjetischen Einflusssphäre gehört. Für die jüdische Bevölkerung werden Ghettos errichtet, später wird man sie in Vernichtungslager transportieren. Die Grenzen des Deutschen Reiches sind damit um mehr als 150 Kilometer nach Osten verschoben. Bald sollen hier Deutsche angesiedelt werden, gute Bauern, und das Land soll als »deutsche Kornkammer« dienen. Das ehemals polnische Gebiet, versehen mit einer Militärverwaltung, wird in diesen Wochen zum Schauplatz einer »Orgie von Grausamkeiten«, wie Ian Kershaw es nennt, entfesselt von den höchsten Chargen des nationalsozialistischen Apparats. Die Polen, so Hitler, seien mehr Tier als Mensch. Bürgermilizen und die SS führen sogenannte ethnische »Säuberungen« durch, willkürliche Hinrichtungen, Umsiedlungen, Liquidierungen.

Am 8. November 1939 jährt sich der Hitler-Putsch von 1923. Wie jedes Jahr versammeln sich die Parteigrößen und die Männer der ersten Stunde in München, um im Bürgerbräukeller die Rede des »Führers« anzuhören. Um 21.07 Uhr verlässt Hitler den Saal, um am Bahnhof einen bestimmten Zug zu erreichen. Dreizehn Minuten später explodiert ein Sprengsatz, verwüstet den Saal, reißt die Deckenkonstruktion herunter. Georg Elser, ein Möbelschreiner von der Schwäbischen Alb, hat die Bombe gebaut und im Lokal deponiert. Er ist zu dem Entschluss gekommen: Um einen Krieg mit dem Westen zu verhindern, muss er Hitler, Göring und Goebbels umbringen. Obwohl er sein Attentat mit großer Präzision plant, misslingt der Tyrannenmord. Elser wird verhaftet und verschwindet im Gefängnis, später im Konzentrationslager Dachau. »Wie geht es Dir«, will die Mutter daraufhin von Hans wissen, »München besonders steht ja heute im Zeichen eines Attentats, das mich erschüttert.« Und Sophie notiert: »Ich habe um ihn« – Hans – »eine ganz blödsinnige Angst, ganz und gar grundlos.«

Von der Großfahndung berichtet Hans Scholl nichts. Er hat Ärger mit seiner Mutter, weil er ohne ihr Wissen zu einer befreundeten Malerfamilie gefahren ist, um deren neugeborenes Kind anzusehen. »Wir lassen Dir doch Deine Freiheit«, beteuert die Mutter, enttäuscht darüber, dass er des Fahrgeldes wegen gelogen hat, »und hätten nie etwas an dem Besuch bei Kleys auszusetzen gehabt.« Bei Lisa sehe er doch, was passiere, wenn Kinder den Eltern gegenüber nicht »wahrhaft« seien. Überdies stiehlt

jemand Hans im Umkleideraum der Münchner Hochschulturn-
halle 15 Reichsmark. Daraufhin arbeitet er für einige Zeit bei
den Städtischen Verkehrsbetrieben, um Geld zu verdienen.

Er, der »Wanderer und Freibeuter und Holzfäller«, wollte
frei und klar in eine andere Welt treten. Er wollte arbeiten, und
nur arbeiten, damit seine Eltern wieder stolz auf ihn sein können. So lernt er Physiologie, präpariert mehrmals wöchentlich
an Menschen- und Tierleichen, wo sich zwölf Studenten um
einen Tisch drängen. Er perfektioniert seine Anatomiekennt-
nisse, lernt erneut für das Latinum. Doch bei der Prüfung fällt
er durch. Wiederhole es, drängt die Mutter. Hans wehrt ab:
Seinen letzten Rest Freiheit will er nicht noch mit Vokabeln-
pauken füllen.

Weihnachten geht vorbei, es folgen die ersten Trimesterwochen
im Januar. Der eisige Winter hat Europa fest im Griff; bis minus
25 Grad sinken nachts die Temperaturen. »Es ist unbarmherzig
kalt«, schreibt Hans nach Hause. Still liegt die Stadt unter einer
Decke aus dichtem weißen Schnee. Während der Student Medizinvorlesungen besucht und Leichen seziert, bereiten der »Führer« und sein Oberkommando der Wehrmacht ganz andere
Operationen vor. Wie leblose Patienten zerrt Hitlerdeutschland
seine Nachbarländer auf den Sektionstisch, eines nach dem anderen. Polen hat man schon im Herbst 1939 die Flanken aufgerissen und es brutal zerteilt. Nun, im Frühjahr 1940, sinken Dä-
nemark und Norwegen zusammen wie vom Äther betäubt. Als
Nächstes soll es nach Westen gehen: gegen Frankreich. In einem
Jahr will Hitler, das hat er gerade verkündet, Europa neu geordnet haben. Für solche Pläne sind Soldaten nötig, und auch in
München werden Divisionen aufgestellt. Viele werden aus dem
Studium herausgerissen und verbringen nun ihre Zeit mit Exerzieren und Kolonnefahren.

Dieses Trimester sei vorerst das letzte, in dem sie studieren dürften, erzählt Hans Scholl seinen Eltern. Ein Student nach dem anderen werde eingezogen, und auch die Studentinnen müssen zum Erntedienst. »Dieses Semester dauert nur acht Wochen«, berichtet er von den Zuständen an der Universität und kommentiert ironisch: »Zum Lachen!«

Immer wieder schreibt Hans nach Hause, mit diesem und jenem Kommilitonen habe sich doch kein engerer Kontakt ergeben. So habe er seine kostbare Zeit für sich allein. Nun findet er endlich einen Kameraden: Hellmut Hartert aus dem mecklenburgischen Neustrelitz. Zwischen ihnen, erzählt dieser später, entwickelt sich schon nach kurzer Zeit die engste Freundschaft, die er bis dahin erlebt hat. Gemeinsam machen sie Ausflüge zu den bayerischen Barockkirchen, fotografieren die Skulpturen.

Hellmuts Familie besitzt ein Ferienhaus in Bad Tölz. In diesem Winter verbringen die beiden mehrere Wochen dort. Sie lesen, sie diskutieren, sie schreiben; dabei sollen auch Antworten auf die schlechten Reden ihrer militärischen Vorgesetzten entstanden sein. Und Hellmut stellt Hans einem Bekannten seiner Eltern vor: Professor Borchers, Chefarzt an einer Klinik in Aachen. In dessen Tochter Ute verliebt sich Hans »leidenschaftlich« (mehr ist kaum bekannt).

Und die andere Beziehung, zu Lisa? Mit der er sich ein gemeinsames Leben aufbauen wollte? Hans schreibt ihr, und er schreibt über Beliebiges, nicht mehr von Liebe: »Vor wenigen Tagen bin ich auf einen hohen Berg gestiegen. Die Sonne schlief noch. Der Schnee war festgefroren. Manchmal krachte es unter meinen Schritten. Als es mit den Skiern nicht mehr weiterging, schnallte ich sie ab und kletterte. Dann erwachte der Tag und das gute Licht spendete die ersehnte Wärme. […] Ins Dunkel hinuntergleiten und alles, alles hinter sich zu lassen und an kein

Morgen mehr denken? – Nein! Ruh dich aus, dass deine Über-spanntheit von dir abfällt und fahr dann der Sonne entgegen, sagte der gute Geist zu mir. Aus diesem Sonntag wurde ein wahrhafter Sonnentag.«

Ein knappes Jahr ist es her, da hat Lisa ihn wegen seiner Ideen bewundert. Sie wäre wohl zu solchen Gedanken nicht fähig, weil sie zu feige sei, sie zu Ende zu denken, hat sie damals geschrieben. Nun mokiert sie sich darüber, dass Hans sein Spre-chen und Schreiben umformen will. Er will intellektueller klin-gen, schreibt ihr sogar mit der Schreibmaschine.

»Sie wird allmählich etwas erwachsen«, kommentiert Lina Scholl, und Lisa fordert von Hans Antworten. Warum schreibt er ihr so distanziert? »Du brauchst nur einen Wunsch zu äu-ßern, ich werde ihm toll gern Folge leisten! Du siehst, wie ich die größten Mühsale auf mich zu nehmen gewillt bin, aber das ist so der Zeitgeist«, will sie ihn zu einer Antwort bewegen.

»Hans schrieb neulich, du habest ihn vergessen«, mahnt dann sogar Sophie an, als sie sich bei ihrer Freundin Lisa Remp-pis meldet. Das Ganze sei ziemlich kompliziert, erwidert Lisa, und mit Briefen mache man alles nur schlimmer. Um Ostern herum gibt es Streit, den sie nicht mehr klären können, bevor Hans eingezogen wird. Er gibt Lisa nicht einmal seine Feldpost-nummer, über die man ihm Briefe an seinen jeweiligen Trup-penstandort schicken kann.

Das Trimester endet am 10. März 1940. Schon fünf Tage vor Semesterschluss vermeldet Hans an die Eltern, er sei gestern bei der »Sanitätsabteilung 7« in München eingerückt. Doch sie hätten ihn gleich bis zum Samstag beurlaubt. Weil er seine Wohnung schon gekündigt hat, fährt er nach Bad Tölz. Am be-sagten Samstag meldet sich Hans erneut in der Kaserne – und wird nochmals weggeschickt. Sogar seine alte Wohnung mietet er wieder an. Er radelt an den Ammersee, fährt ein weiteres Mal zu Borchers, wo es Kaffee und guten Kuchen gibt. Wolltest du nicht das Latinum wiederholen, will die Mutter wissen. Er wehrt erneut ab, verschiebt es auf später.

Am 19. März 1940 erfährt Hans endlich: Seine Einheit bleibt vorerst in München – als Marschkompanie müssen sie aber mindestens vierzehn Tage lang auf Abruf bereitstehen, »zu unserem allgemeinen Bedauern«. Bei den Eltern beklagt er sich: Es sei ärgerlich, »nichtstuend in der Kaserne die Zeit zu vertrödeln«.

»Soll der Krieg noch später beginnen?«, überlegt er. »Manche geben schon der Hoffnung Ausdruck, dass er allmählich ganz versande. Jedoch bin ich ganz anderer Ansicht ... Wenn jetzt plötzlich Frieden geschlossen würde, hätte der Krieg seinen Sinn verloren, und alle Opfer wären umsonst gewesen.« Das klingt nach Abenteuerlust – nach der Sehnsucht, dass endlich etwas »passiert«. Doch für Hans Scholl hat der Krieg eine andere, tiefere Bedeutung.

Kurz nach dem Überfall auf Polen im September 1939 hat Hans seine Gedanken formuliert: »Mich verlangt es nicht nach einem ›Heldentum‹ im Kriege. Ich suche Läuterung. Ich will, dass alle Schatten von mir weichen. Ich suche mich, nur mich. Denn das weiss ich: Die Wahrheit finde ich nur in mir. Anfangs waren wir froh, dass endlich der Krieg entfesselt worden ist. Er muss die Erlösung von diesem Joche bringen. Deutschland hat dieses Joch verdient. Vielleicht dauert dieses Massenmorden lange Zeit. Vielleicht müssen die Menschen Europas sehr umgepflügt werden. Werden wir dann eine Stufe höher steigen? Unsere ganze Hoffnung hängt an diesem fürchterlichen Kriege!« Die Tage werden wärmer, und Hans Scholls Einheit wird versetzt – nach Kempten im Allgäu. Hier warten sie weiter auf ihren Einsatz, beinahe den ganzen April lang.

Die Männer sind einberufen worden für einen Krieg, der noch gar nicht richtig begonnen hat. Schon am 3. September des Vorjahres hat Frankreich dem Deutschen Reich den Krieg erklärt. Doch dann verharrt die französische Armee hinter der Maginotlinie, ihrem ausgefeilten Befestigungssystem aus Beton und Stahl. Acht lange Monate. Auch Hitlerdeutschland verhält sich still, und so bleiben beide Armeen in diesem seltsamen Schwebezustand.

Wird es Kämpfe geben? Und wird man ihre Einheit abkommandieren an die Front? Aus Hans' Briefen spricht Unruhe, Ungeduld. Seine Kameraden beschreiben das stundenlange Exerzieren, die stumpfsinnigen Appelle. Hans notiert nur: »Denn wir haben überhaupt nichts zu tun, außer zu warten.« Sie führten ein »geruhsames (zu geruhsames) Leben«. Er freue sich auf den Frühling wie noch nie, »trotz allem«, solche Sätze schreibt Hans immer wieder. »Der April zeigt heute sein schönstes Gesicht. Ich spüre große Lust hinauszugehen, zumal wir eigentlich immer frei sind.« Wenn die Sonne scheint, fühlt er sich »wie der Löwe im Käfig«.

Die Stimmungen in diesen ersten warmen Tagen vor Ostern sind eigentümlich: Rastlosigkeit in den Briefen der Söhne, Sorgen in den Briefen der Mütter und der Väter, von denen manche selbst in den Schützengräben Frankreichs einen Weltkrieg erlebt haben. Auch das sind Facetten des Krieges. Die Fernmeldeeinheit von Sophies Freund Fritz ist bereits mit der Heeresgruppe B in die Niederlande eingerückt, dann weiter nach Belgien und Frankreich. Von ihm kommen nun die ersten Päckchen aus dem Westen: Bücher und Zigaretten schickt er, Seifenpulver, eine Tafel Schokolade und Pralinen. Hanspeter, der Sohn der befreundeten Nägele-Familie, ist immer noch nicht abkommandiert an die Front. Mit seinem Vater zusammen besucht er die Scholls in Ulm, abends gehen sie mit Inge spazieren. Immer noch nicht abkommandiert. Vielleicht bleibt ihr Hans ja ebenfalls da?, hofft die Mutter.

Ganz kurz besucht Hans seine Familie noch einmal. Er will wiederkommen, wenn der Vater 49 Jahre alt wird, und seinen Kollegen Hellmut Hartert mitbringen. Doch der Plan zerschlägt sich: Hinfahren zur Feier am 13. April 1940 kann Hans nicht, genauso wenig wie zu den Geburtstagen von Sophie und der Mutter Anfang Mai. Wieder einmal heißt es, das Bataillon komme bald an die Front, daher wird den Soldaten in Kempten der Urlaub gesperrt. Hoffentlich sei an seinem Ehrentag schönes Wetter, schreibt Hans dem Vater, und er könne sich für einige Stunden von seiner Arbeit ausruhen. Er möge hinauswandern, sich Schlüsselblumen und Anemonen anschauen. Nach dem »ertragreichen Frühling« wünscht er für das neue Lebensjahr »einen heissen Sommer, dem ein gesegneter, früchteschwerer Herbst folgen möge. Der Winter wird den Tand, der vom Vorjahre noch geblieben ist, schon unter einer weissen Decke begraben.«

Weiter warten die Soldaten, wartet die Familie, wartet Hans, was mit ihnen geschehen mag. Einmal muss die Einheit plötzlich nach München abrücken, um sich dort »feldmarschmäßig« einkleiden zu lassen. Doch schon zwei Tage später sind sie zurück in Kempten. Daraufhin kursiert das Gerücht, ihr Bataillon solle in acht Tagen an die Front kommen. »So leben wir immer in einer gewissen Erwartung. Jedoch mache ich mir nicht viel daraus.«

Es folgen endlose Lastwagenfahrten, bei denen man kaum die Füße ausstrecken kann. Draußen rauscht die Landschaft vorbei, Städte, Orte, Wälder. Es geht tatsächlich westwärts, aber nur in die Nähe von Zweibrücken. Dann »machten wir eine Reise zur Westfront«, schreibt Hans lapidar. »Aber bald wurden wir nach München zurückgeholt.«

Er wird nach Kassel abgestellt. Auf dem Weg dorthin kann er einen Zwischenstopp in Ulm einlegen und seine Familie besuchen. Von hier aus schreibt er an seine Schwester Elisabeth:

»Was weiter mit mir geschehen soll, weiss ich noch nicht. Es ist eigentlich gar nicht sehr wichtig. Denn ich bin überall der, der ich bin; und überall blühen jetzt die Bäume, und nachmittags kann man sich schon auf eine Wiese in den Schatten einer Birke legen. Es kommt ja nicht so sehr auf die Umwelt an, sondern darauf kommt es an, was wir der Umwelt verleihen.« Es ist eigentlich gar nicht sehr wichtig. Das klingt, als wolle Hans seine Familie beruhigen – und mehr noch sich selbst.

Schon vier Tage später schickt er Elisabeth einen weiteren Brief. Nicht aus Kassel, da war Hans nur, um einen neuen Befehl entgegenzunehmen: Er kommt nach Bad Sooden-Allendorf. Ein überschaubares Kurbad mit Sanatorien und Heilanstalten, vielen Fachwerkhäusern und verwinkelten Gässchen. Auch Hans Scholl spaziert durch die Gassen der kleinen hessischen Stadt, die damals 4500 Einwohner zählt. In den Villen und Pensionen logieren die Gäste aus ganz Deutschland. Sie baden im solehaltigen Wasser, atmen die gute Luft am Gradierwerk, danach flanieren sie im Kurgarten. Einmal wöchentlich spielt das Orchester auf zum Wunschkonzert.

Zunächst, das gesteht Hans in seinem Brief, sei er nicht begeistert gewesen über seinen Einsatzort, an den er »verbannt« worden sei. Er wollte lieber dorthin, »wo Heldentaten am laufenden Band vollbracht werden«. Doch jetzt bekommt er die Möglichkeit, in Göttingen, unweit von Bad Sooden, sein Medizinstudium fortzusetzen, bis seine Einheit abberufen wird. Es sei zwar einfacher, als Soldat unbekümmert in den Tag zu leben, als zu studieren – »aber wir wollen Menschen werden«.

Die Zeit in Bad Sooden bedeutet eine Atempause für Hans Scholl. Ihm gefällt die Landschaft: »Drunten im Tale fließt ein braunes Gewässer, die Werra. Sanfte Berge steigen an ihren Ufern empor. Und überall, so weit das Auge reicht, sind Wälder, Wälder.« An den milden Abenden geht er am Fluss spazieren, unterhält sich mit den Fischern, »die tief in die Nacht hinein am Ufer stehen und Pfeifen rauchend ihren stillen Beruf ausüben«. In diesem Tal könne man sicher »überglücklich« sein. Einquartiert ist er bei einer adligen Dame namens Frau von Stamford, bei der Hans sich wohlfühlt. Sein Zimmer in der Villa am Schulplatz findet er fast vollkommen: »Da kann ich arbeiten.« In jedem Brief aus Bad Sooden betont er, wie sehr er sich auf das Lernen freut. Sich seine Zeit selbst einteilen zu können, genießt er nach den vergangenen Wochen besonders. Seine Prüfung hat er nicht aus den Augen verloren. »Das wäre doch wieder ein kleiner Schritt vorwärts in meinem Soldatenleben. Nachher solls wieder an die Front«, erläutert er seine Pläne. Zum Ende des Krieges, das rechnet Hans den Eltern vor, will er mit seiner Berufsausbildung fertig sein. Wenn er dieses Trimester ohne Unterbrechung studieren dürfte, könnte er in diesem Sommer zur Physikumsprüfung antreten. Bis dahin sind es noch knapp drei Monate. Die Eltern wollen ihn nach Kräften unterstützen. Der Vater überweist ihm Geld, die Mutter schickt Lehrbücher, Lebensmittel und schwarzen Tee, falls er nachts arbeiten muss. »Iß nur auch genügend und schlafe auch«, mahnt Lina Scholl, er soll nicht hungern bei der doppelten Belastung mit Militärdienst und Studium. Und was wird mit der Lateinprüfung?, will sie wissen.

»Ich will mich in den nächsten Wochen anstrengen«, antwortet ihr Hans im Geburtstagsbrief an sie, »dass ich in meiner Wissenschaft wieder einen Schritt weiter komme. Aber ich will nie einseitig sein. So darf neben harter Arbeit die Seele nicht verdursten.«

Am 3. Mai 1940, es ist ein Freitag, fährt Hans erstmals die vierzig Kilometer nach Göttingen. Für 15 Reichsmark hat er sich eine Monatsfahrkarte gekauft und für 30 Mark neue Lehrbücher. Das Trimester läuft bereits seit dem 15. April, und er muss in den Studienbetrieb hineinfinden. Am 10. Mai 1940, es ist wieder Freitag, durchqueren deutsche Truppen die Niederlande, Luxemburg und Belgien. Sie bereiten damit den Angriff auf Frankreich vor. Es ist der fünfte Tag des neuen Semesters, und Hans Scholls Einheit erhält Marschbefehl. Der Westfeldzug beginnt.

Während die deutschen Truppen darangehen, in einer Zangenbewegung Richtung Frankreich vorzustoßen, schwimmt Hans zum ersten Mal in der Werra: »Hier muss es im Sommer erst schön sein!« In den nächsten Tagen muss er nach Frankreich, in den Krieg. Wo wird er den Sommer verbringen? Und den Herbst? Abermals beginnt die Ungewissheit.

»Du kannst Dir denken, dass mein Semester zuende ist«, erfährt seine Schwester Elisabeth aus einem seltsam abgeklärten Brief von Hans. »Wir werden bestimmt viel Arbeit bekommen.« An Mutter und Vater schreibt er ganz ähnlich: »Ihr könnt Euch denken, dass ich mich innerlich wieder etwas umstellen musste, da ich mich schon tief in der Arbeit befand und mich schon sehr auf meinen kleinen Fortschritt gefreut hatte. Aber die nächste Zeit wird mich wohl meinem Beruf näher bringen als der Hörsaal. Vielleicht auch nicht.«

Das klingt halb resigniert, halb hoffnungsvoll. Hans hat schon überlegt, wie er trotzdem seine Medizinkenntnisse ausbauen kann. Das Trimester wird ihm angerechnet. Das heißt, er darf zwar nicht weiterstudieren, aber er kann selbst lernen und dann – ohne Vorlesungen besucht zu haben – zu den Physikumsprüfungen antreten.

Für die Zeit an der Westfront ist er für den Operationssaal eingeteilt; er soll bei den Eingriffen assistieren. Hans hofft, dass er von den älteren Ärzten etwas lernen kann. Einen Teil seiner Medizinbücher will er mitnehmen nach Frankreich.

Wie ein gut geölter Motor läuft die Kriegsmaschinerie an. Über den Telefonapparat dringen die Befehle vom Oberkommando der Wehrmacht bis in die hintersten hessischen Kasernenstuben. Ein Unteroffizier muss immer das Telefon bewachen. Auch Hans Scholl sitzt einmal dort und wartet die ganze Nacht, ob der Apparat klingelt. Den Standort verlassen dürfen die jungen Männer nicht, obwohl das Wetter blendend ist und Hans gern wandern würde.

Am 15. Mai 1940 – es ist ein Montag – wird die Einheit verlegt. In westlicher Richtung, heißt es nur. »Was uns dort erwartet, wissen wir noch nicht. Für mich persönlich bedeutet dieser Abmarsch eine Erleichterung. Denn in den letzten Tagen haben wir immer nur gewartet«, schreibt Hans Scholl den Eltern.

Hastig hat Mutter Scholl noch ein Päckchen für Hans zusammengepackt: Butter, Käse, Rauchfleisch und Zwieback gehen auf den Weg nach Bad Sooden. Doch schon wenige Tage später bringt der Postbote es zurück. Für Soldaten gilt momentan: Postsperre – das Päckchen wird nicht mehr befördert. Ist Hans überhaupt noch in Bad Sooden? Oder schon an der Front? Die Eltern sind unruhig, ständig denken sie an ihren Sohn, aber auch an Ernst Reden und Fritz Hartnagel. Die drei jungen Männer sind irgendwo inmitten der deutschen Truppen, die gerade immer weiter in die Gebiete der westlichen Nachbarländer einmarschieren. Lina Scholl klagt in diesen Tagen: »Mein lieber Hans, heute ist Pfingsten, wo ist der Geist des Friedens, der Liebe, der Freude?«

Im selben Moment, in dem sein Aufbruch Gewissheit wird, kommt zu Hause die Ungewissheit: »Hans und Hanspeter« – der junge Mann aus der befreundeten Nägele-Familie – »sind auch versetzt worden und wir wissen noch nichts von ihnen«, erzählt Sophie Scholl ihrem Freund Fritz. »Auch hier spüren wir etwas vom Krieg, denn kaum eine Minute bleibt das Ohr verschont von dem Geräusch der Flugzeuge.«

Schlagartig hat Hitlerdeutschland den Schwebezustand zwischen Krieg und Nichtkrieg beendet. »Soldaten der Westfront«, heißt es im Tagesbefehl des »Führers« vom 10. Mai 1940, »der heute beginnende Kampf entscheidet über das Schicksal der deutschen Nation für die nächsten tausend Jahre. Tut jetzt Eure Pflicht. Das deutsche Volk ist mit seinen Segenswünschen bei Euch.«

Die Offensive erfolgt mit voller Wucht, mit anderen Waffen und neuen Strategien, die die französische Armee nicht erwartet hat. Am Boden rücken die deutschen Truppen auf breiter Front Richtung Westen vor. Sie besetzen wichtige Verkehrsknotenpunkte, errichten Behelfsbrücken und entfernen die hastig errichteten Straßensperren. Zu Hunderten überziehen Soldaten der Fallschirm- und Luftlandetruppen die Gebiete. Sturzkampfbomber, Stukas genannt, stürzen aus dem Himmel auf ihre Ziele zu und werfen ihre Bomben ab, während sie mit den Heulsirenen ein schauerliches Kreischen erzeugen.

Die deutsche Luftwaffe beginnt ihr Dauerbombardement. Der Angriff richtet sich gegen Flugzeuge und Flugplätze, aber auch gegen Truppenansammlungen, Transportzüge, Bahnanlagen, Marschkolonnen und LKW-Transporte. Tank- und Munitionslager werden zur Explosion gebracht. Allein am ersten Tag, das verkündet zumindest das Oberkommando der Wehrmacht, werden drei- bis vierhundert feindliche Flugzeuge am Boden vernichtet, am zweiten Tag dreihundert feindliche Flugzeuge abgeschossen. Die Kriegsmarine versenkt Zerstörer, Tankdampfer, Kreuzer und Handelsschiffe. Zwei Tage nach dem Angriff ist Luxemburg »in deutscher Hand«, am dritten und vierten Tag durchbrechen die Deutschen bereits die Front beim französischen Sedan, am fünften Tag kapituliert Holland.

Zur selben Zeit hat Hans Scholls Einheit Deutschland verlassen. Sie seien immer noch auf dem Vormarsch, steht im ersten erhaltenen Brief vom Westfeldzug. Er stammt vom 19. Mai 1940 – dem Muttertag – und geht an die Eltern. Als sie irgendwo in der Eifel eine Pause machen, ziehen die Männer ihre Hemden aus und legen sich in die pralle Sonne. Wo sie eingesetzt werden sollen, hat man den Soldaten noch nicht mitgeteilt.

»Heute ist Ruhetag«, berichtet Hans am 22. Mai 1940. »Wir haben die Ruhe nötig.« Die Schrift sieht ungelenk aus auf dem karierten Papier. Viel kann er nicht schreiben; seine Handgelenke schmerzen. Er ist als Meldefahrer eingesetzt und die ganze Strecke bisher mit dem Motorrad gefahren. Zuerst hat er dies als Vergnügen empfunden, später strengte ihn das Fahren auf den staubigen Feldwegen und schlechten Straßen mehr und mehr an. Die Fahrt durch Luxemburg hat ihm gefallen: »Gute Straßen, saubere Häuser, schöne Menschen«. In Belgien sei dagegen schon etliches zerstört, alle Straßen aufgerissen, die Dörfer voller Flüchtlinge. Er will die Eltern beruhigen: Es gehe ihm gut, versichert er, und er könne seltene Kostbarkeiten wie Eier und Milch bekommen. »Mit den Bauern habe ich schnell Freundschaft geschlossen. Ich erlerne sehr schnell ihre Sprache. Ich bin der Dolmetscher für die ganze Einheit.« Ein französisch-deutsches Taschenwörterbuch, rot eingebunden und 671 Seiten stark, ist ihm dabei eine Hilfe. Seinen Brief schreibt Hans in Neufchâteau, einer belgischen Stadt in den Ardennen. Zwei Tage werden sie dort bleiben. »Dann geht's weiter.«

Eine Woche später berichtet Hans: Sie befinden sich in Saint-Quentin – also schon im Norden von Frankreich – und warten wieder einmal auf den nächsten Befehl. »Hier haben wir die besten Häuser als Quartier bezogen«, lesen die Eltern in Ulm. »Mir wars im Stroh viel wohler. Bin ich denn ein Dieb oder ein anständiger Mensch. Und was hier alles gestohlen wird.« Es ist das erste Mal, dass Hans Scholl das hässliche Gesicht des Krieges erwähnt.

Fast gleichzeitig bekommt Sophie Post von der Westfront. Ihr Freund Fritz ist als Leutnant mit seiner Fernmeldeeinheit zunächst in den Niederlanden, dann in Belgien eingesetzt. Genau wie Hans berichtet er: Obwohl auf Plündern die Todesstrafe steht, wird vieles einfach mitgenommen und geraubt. »Man sieht hier erst, wie grauenhaft ein Krieg gerade für die Zivilbevölkerung ist. Stell Dir mal vor, daß französische Soldaten in Eurer Wohnung hausten und alles durcheinanderwühlen!« In diesen Tagen fährt Fritz mehrfach durch Neufchâteau. Dass der Bruder seiner Freundin ebenfalls dort ist, ahnt er nicht.

Hans klingt missmutig in seinem Brief vom 29. Mai 1940: Er findet kein Gefallen am »Etappenleben«. Sie haben nichts zu tun. Es ist heiß, aber sie dürfen nicht schwimmen gehen. Und: »Es gibt hier aber auch nicht einen einzigen Menschen, mit dem ich etwas Vernünftiges reden kann.« Jeden Tag muss er 300 Kilometer zum Befehlsempfang fahren. Wie lange er wohl dafür unterwegs ist, angesichts zerstörter Straßen und Brücken? Drei Unfälle hat Hans mit dem Motorrad. Einmal ist seine Niere gestaucht, die zehnte Rippe gebrochen. Von seiner Verletzung schreibt Hans nur beiläufig nach Hause. Gleich darauf folgen ganz knappe Sätze: »Ich liege die meiste Zeit im hohen Gras. Ich übersetze ein ausgezeichnetes Buch von André Gide. Macht mir bitte keine Vorwürfe, dass ich nichts anderes arbeite. Aber es ist gerade in diesen Tagen ausgeschlossen. Ich kann nicht so nüchtern bleiben beim Anblick dieses Elends.«

Ich liege, ich kann nicht. Der redegewandte Hans Scholl wird plötzlich ganz stumm. »Es ist gut, dass ich mich immer beschäftigen kann. Leere Stunden kenne ich nicht, nur traurige.«

Den Krieg deutet er in seinen Briefen nur an. »Wir wohnen in einem sehr ruhigen Dorf. Es gibt viele herrenlose Pferde auf den Weiden. Niemand ist da, der das Gras mäht. Aber es ist friedlich hier. Nur von ferne hört man das Grollen.«

Niemand ist da, der das Gras mäht. Viele Höfe sind verlassen. Von den verwilderten Pferden fängt Hans sich eines ein und reitet, obwohl seine Verletzung schmerzt. Gern würde er durch weitläufige Wälder galoppieren, wo keine ausgebrannten und zusammengeschossenen Fahrzeuge am Straßenrand liegen und auch keine grässlich stinkenden Pferdekadaver. Keine gefallenen Soldaten, die niemand begräbt. Man hört keinen Kriegslärm und keine Rufe von Verletzten, die einen um Hilfe anflehen. Wenn man reitet, ist es für einige Momente still.

In den holländischen, belgischen und französischen Gebieten sind oft ganze Stadtteile abgebrannt. Manche Dörfer sind nur noch wüste Trümmerhaufen. Andere Gebäude – Häuser, Schulen, Klöster und manches Château – sind von den Deutschen als Quartiere beschlagnahmt worden. Millionen von Franzosen befinden sich im Mai und Juni 1940 auf der Flucht.

Unter der Wucht des deutschen Angriffs ist nicht nur an der Front das Chaos ausgebrochen, sondern auch dahinter. Viele Franzosen hören die Nachrichten auf dem kommunistischen Geheimsender Radio Humanité. Was sie nicht wissen: Die Informationen sind getürkt; dahinter stecken die Deutschen, die gezielt falsche Meldungen verbreiten. »Wir lassen nun zwei Schwarzsender gegen Frankreich los. Das wird eine schöne Zersetzungsarbeit, von der ich mir viel verspreche«, hat Propagandaminister Joseph Goebbels einige Monate zuvor in seinem Tagebuch notiert. Seine Radiosender beschießen Armee und Bevölkerung in Frankreich mit gezielter Propaganda, schüren die Angst. Jeden Tag kursieren neue Gerüchte, etwa dass deutsche Fallschirmjäger sich als französische Soldaten verkleidet hätten oder sogar als Nonnen und Mönche. »Flieht! Flieht! Flieht!«, sendet Radio Humanité dauernd über den Äther. Überstürzt verlassen die Menschen ihre Wohnungen und ziehen auf den überfüllten Straßen nach Süden. Unterwegs begegnen sie den Armeen, die nach Norden marschieren, um die verlassenen Heimstätten zu verteidigen. Die Menschenmassen stören die militärischen Abläufe, sorgen für Wirrwarr und schüren Panik.

Inmitten des Chaos rücken die deutschen Truppen geordnet vor, jeden Tag tiefer nach Frankreich hinein. »Alles war mit der größten Selbstverständlichkeit vor sich gegangen. Die Deutschen waren da, sie waren gekommen wie Touristen, die aus einem Autobus steigen«, erinnert sich ein Elsässer an diese Tage. Neun Jahre ist er alt, als die Deutschen im Juni 1940 in seiner Heimatstadt Colmar einmarschieren. »Oberst Koch, Kommandant des Sturmregiments ›Adolf Hitler‹, verlangte die sofortige Lieferung von 2300 kg Brot, 557 kg Wurst, 290 kg Butter, 7 kg Tee, 23 kg Kaffee, 290 Liter Rum und 23 000 Päckchen Zigaretten, zusätzlich zwanzig Geiseln, vorzugsweise frankophile Beamte.«

Während die deutschen Truppen ihren Vormarsch fortsetzen, schreibt Lina Scholl jeden Tag nach Frankreich, an Hans. Wo Du wohl bist! Wie geht es Dir, bist Du gesund? Schläfst Du genug? Hast Du genug zu essen? Wie ist denn die Verpflegung hinter der Front? Jeder Brief ist voller Elternsorgen. Wie erleichtert sie sind, als endlich eine erste Postkarte ankommt! Hans soll sich weiterhin oft melden, bittet sie, »kannst Dirs ja denken. Es heißt ja jetzt nicht mehr ›Im Westen nichts Neues‹.« Doch dann bleibt der Briefkasten leer vierzehn endlose Tage lang. Die Postverbindung ins Feld und zurück nach Deutschland funktioniert noch nicht richtig. In Ulm warten die Leute jetzt regelrecht auf den Briefträger, auf gute oder traurige Nachrichten – auch, während in Ulm Kirmes ist. Die Musik von den Buden und Karussellen auf dem Münsterplatz dringt zu den Scholls hoch. Sirenen wecken sie nachts. Fliegeralarm. Langsam kriecht der Krieg in den Alltag der Deutschen, formt den Tagesablauf, beherrscht die Gedanken. Selbst wenn Lina Scholl von ihrem Garten erzählt, bemerkt man dies. Sie schreibt Hans von den Himbeeren, die gerade reifen, von Äpfel und Birnen: »Mögen wir sie im guten Frieden genießen können und dürfen.« Ihre Briefe sind voller Erinnerungen an die Normalität, an die Zeit vor dem Krieg: »Wir freuen uns, bis Du wieder unter uns sitzest, wie schön hatten wir es die ganzen Jahre, u. wie freute man sich, wenn Du so oft über einen Sonntag heim kamst. Es ist ja jetzt eine sehr ernste Zeit für die Völker u. für uns kleine Leute. Aber wir wollen sie mit dem gleichen Ernst hinnehmen und trotzdem nicht unglücklich sein.« In den letzten Wochen sei viel geschehen, klagt sie, »man hätte es nicht geglaubt. Es sind auch viele gefallen, hüben wie drüben.« Ein einziges Mal erinnert sie an das Latinum, das noch aussteht. Sie hofft, dass Hans bald weiterstudieren kann. Im Feldlazarett habe er bestimmt Tag und Nacht zu tun, vermutet die Mutter, da ihr Sohn kein Wort darüber verlauten lässt. Er soll tüchtig essen, damit er es aushalten kann. Beide Eltern haben lange in Pflegeberufen gearbeitet, Lina Scholl als Diakonisse und Robert Scholl während des Ersten Weltkriegs als Sanitätssoldat. »Nerven und Geisteskraft« wird es kosten, alles mit anzusehen. »Das Sehen ist das Schlimmste, das Hören noch schlimmer, das Helfen ist das Beste u. lenkt ab.« Sie appelliert: »Es gehört mehr als eigene Kraft dazu. Bete.«

Nicht einmal drei Wochen ist es her, seit Hans Scholl sein Studium hat abbrechen müssen – wie lange mag es ihm selbst vorkommen? Bei der Anmeldung in Göttingen ist etwas schiefgegangen, und er muss dringend einige Unterlagen nachreichen, wie Inge ihm auf einer eilig verfassten Postkarte mitteilt. Falls Hans dies nicht bis zum 5. Juni erledigt, ist die Immatrikulation für dieses Trimester nicht mehr möglich. »Vater hat sich aufgeregt«, schreibt die Schwester knapp. Unter ihre Abschiedsworte kritzelt sie: »Hoffentlich reicht es noch mit Deinen Papieren, die Zeit ist ja so entsetzlich knapp.« Der 5. Juni 1940 verstreicht. Am Tag darauf schreibt Hans an die Eltern, den Fehler bei der Immatrikulation habe die Universität München gemacht. »Jetzt bin ich«, fährt er fort, »zu dem guten Entschluss gekommen, (den Vater wahrscheinlich billigen wird), dieses Semester fallen zu lassen und mich erst dann einzuschreiben, wenn ich tatsächlich studieren kann. Es kommt ja doch darauf an, etwas zu lernen.« Die Prüfung ist in weite Ferne gerückt. Es wird nicht gehen, dass Hans sich während seines Kriegseinsatzes aufs Physikum vorbereitet.

Wegen der massiven Kämpfe um Soissons und Reims sind zahllose Verwundete zu versorgen. »Wir mussten plötzlich abmarschieren. Wir hatten unheimlich viel zu tun«, berichtet er nach Hause. Eigentlich sollten sie in Reims ein Lazarett einrichten, doch dies wird abgesagt. Vermutlich haben die Franzosen die Stadt wieder zurückerobert. Hans wird nach Mourmelon versetzt, einem Militärstützpunkt in der Nähe von Reims. Auf dem Weg dorthin müssen sie im Freien übernachten; es regnet erstmals nach vielen Sonnentagen.

Die Welt zerfällt in zwei Hälften: die an der Front, wo die Soldaten in direkter Gefahr sind, und die zu Hause, in der die Mütter, Väter, Brüder und Schwestern, Freunde, Freundinnen und Verlobten nur geduldig abwarten können, was das Radio für Neuigkeiten von der Front bringt. Robert Scholl hat sich extra einen neuen Rundfunkempfänger zugelegt. »Ein ganz großer Tag geht seinem Ende zu«, verkünden die Nachrichten am Abend des 14. Juni 1940. »Wir alle wurden heute Zeugen eines geschichtlichen Ereignisses von tiefer sinnbildlicher Bedeutung. Unsere siegreichen Truppen marschieren seit heute vormittag in Paris ein.«

Der Wehrmachtsbericht um 21.00 Uhr gibt über alle deutschen Radiosender bekannt: »Paris wurde […] kampflos besetzt und durchschritten. Über dem Schloß von Versailles, in dem 1871 deutsches Schicksal gestaltet und 1919 die deutsche Schmach besiegelt wurde, weht die deutsche Fahne.« Damit erklärt das Oberkommando der Wehrmacht den ersten und zweiten Abschnitt des Krieges für beendet – nach nur zehn Tagen! »Der dritte Abschnitt der Verfolgung des Feindes bis zur endgültigen Vernichtung hat nunmehr begonnen.«

Während deutsche Truppen am 14. Juni 1940 im Gleichschritt auf den Champs-Élysées marschieren, beginnt Hans Scholl in Mourmelon ein Operationsbuch. Akribisch notiert er zu jedem Patienten den Namen und, falls es ein Deutscher ist, seine militärische Dienstgradbezeichnung sowie die entsprechende Einheit. Bei den anderen steht nur »Franzose«. Gasbrand, Schussfraktur, Schussbruch, Brustwandsteckschuss: Es ist Kriegschirurgie, was hier betrieben wird. Mit dem, was der Medizinstudent in den wenigen verkürzten Münchner Semestern (und den fünf Tagen in Göttingen) lernte, hat dies nicht viel gemein. Manchmal verschreibt er sich bei den einfachsten klinischen Fachbegriffen. Wer denkt nun an die blasse Theorie, die Physiologie- und Anatomievorlesungen der Vorklinik, das nicht bestandene Latinum? Die Studenten müssen hauptsächlich Verbandswechsel durchführen. Bis zu fünf Mal täglich werden die von Blut und Eiter durchtränkten Binden ausgetauscht. Allein am ersten Tag in Mourmelon stehen auf Hans Scholls Liste elf Verwundete. Welche Schicksale verbergen sich hinter den nüchternen medizinischen Abkürzungen? Ein Gefreiter hat Splitter von einer Panzerabwehrkanone in der Brust, ein anderer einen komplizierten Unterschenkelbruch. Einem Pionier amputieren sie zwei Finger. Viele Patienten sind so alt wie Hans oder sogar noch jünger. Auch Franzosen versorgen sie in ihrem Feldlazarett. Zwei haben Granatsplitterverletzungen in der Brustwand. Einem anderen entfernen sie die zerschossene Kniescheibe. Einer liegt seit über 33 Stunden mit einem zerschossenen Bein da; außerdem steckt ihm ein Geschoss im Handgelenk. Im Feldlazarett operieren sie ihm den Splitter heraus, amputieren das Bein. Vier weitere französische Soldaten haben Brüche und Schusswunden.

Ein Unteroffizier mit Bauchdurchschuss und Leberverletzung wird eingeliefert und nach 31 Stunden erstmals behandelt. Einem Schützen amputieren sie einen Fuß und ein Bein; seine eigene Handgranate hatte ihn schwer verletzt. Beide sterben, und sie sind nicht die Einzigen. Wenn dies passiert, kritzelt Hans mit einem dicken schwarzen Bleistift die entsprechende Uhrzeit unter den Namen und ein Kreuz.

Knochenbrüche, Bauchschüsse, Amputationen. In den Wochen des Westfeldzugs werden insgesamt 111 034 deutsche Soldaten verwundet, errechnet das Oberkommando der Wehrmacht. Wie viele französische Soldaten und wie viele Zivilisten zu den Opfern zählen, gibt keine Statistik an. Sogar sonntags findet im Lazarett von Mourmelon eine Visite statt, erst bei den deutschen Verwundeten in Bau 4, dann bei den französischen in Bau 6. Hans Scholl schreibt sich auf, bei wem sie die Verbände wechseln müssen, wer von den Patienten eine Infusion bekommt, wen sie einem anderen Arzt vorstellen wollen und wer in die Seuchenstation verlegt werden muss. Allein während vier Tagen in Mourmelon hat der junge Mann bei elf Amputationen, 34 Inzisionen, einem Bauchschnitt und 16 Gipsverbänden mitgearbeitet. Zwischen Elternberuhigungen und Marschberichten notiert Hans Scholl einen Satz, der verzweifelt klingt: »Ich weiss nicht, ob ich unsere Metzelei noch lange mit ansehen kann.«

Normalerweise ist es die Mutter, die ihren Kindern regelmäßig schreibt: jede Woche zwei, drei und mehr Seiten. Doch auf diesen Mahnruf hin greift Robert Scholl zu Briefpapier und Füller. Womöglich kann er Hans aufgrund seiner eigenen Kriegserfahrungen raten, wie man diese irre Zeit übersteht? Auf nur einer, allerdings engbeschriebenen Seite bringt der Vater keine Durchhalteparolen zu Papier, sondern nüchterne Einschätzungen: Die jetzige Zeit werde sich tief in Hans' Seele einprägen, für immer. »Das europäische Frankreich zählt nur noch auf Tage. Ich glaube aber, dass wir entbehrungsreichen Jahren entgegengehen.« Und: »Ich rechne mit einem sehr langen Krieg.« Mit wenigen Sätzen spricht Robert Scholl die Zeit nach dem Frankreich-Einsatz an: Was das Studium anbelangt, soll Hans sich alle Möglichkeiten offenhalten. In seinen Gedanken sei er immer bei ihm. Den Brief unterschreibt der Vater »in tiefer seelischer Verbundenheit«.

Viele erinnern sich in diesen Tagen an den Ersten Weltkrieg. Lüttich, Namur, Verdun, Sedan: Die Namen sind denen, die 1914 bis 1918 an der Front kämpften, noch bekannt. Auch ein Gefreiter namens Adolf Hitler erlebte den zermürbenden Stellungskrieg als Meldegänger. Bis Paris waren die deutschen Truppen damals überhaupt nicht gekommen. Nun haben fünf Wochen Blitzkrieg gereicht, um kampflos in Paris einzumarschieren, knapp zwei weitere Wochen, um Frankreich zu besiegen. Die *Grande Nation* ist militärisch am Ende. Plötzlich geht alles ganz schnell: Die französische Regierung tritt zurück; der schon 84-jährige Marschall Philippe Pétain soll eine neue Regierung zusammenstellen. Fast umgehend lässt er bei Hitler anfragen, unter welchen Bedingungen eine Einstellung der Kämpfe erfolgen könnte.

Adolf Hitler befindet sich am 17. Juni 1940 in dem westbelgischen Dorf Bruly-de-Pesche, als man ihn über die Absicht der Franzosen informiert. Der »Führer« stampft mit dem Fuß auf, klopft sich auf die Schenkel, lacht vor Erleichterung. Was für ein Triumph!

Während im Führerhauptquartier gefeiert wird, nimmt Hans Scholl im Lazarett an der Montagsvisite teil und notiert sich für jeden Patienten die jeweils nächsten Schritte. Danach enden seine Eintragungen für Mourmelon im Operationsbuch.

Am selben Tag wollen Sophie und Inge in Ulm Feldpostpäckchen zum Postamt bringen. Hört Vater Scholl schon auf einem ausländischen Sender, was sich an der Westfront tut? Dann, wieder um 21.00 Uhr, wird in den deutschen Radionachrichten bekanntgegeben, dass an der Westfront die Kapitulation Frankreichs bevorsteht. Bevor die beiden Schwestern schlafen gehen, schreiben sie nach Frankreich: Sophie an ihren Freund Fritz, Inge an Hans. Schwarze Regenwolken schweben über den roten Siegesfahnen, heißt es in Inges Brief. Der Regen drückt die Pflanzen nieder, und das Korn biegt sich unter den schweren Tropfen. Aber dies sei notwendig, damit die Pflanze schöne Blüten oder eine reife Frucht hervorbringen könne. Es ist nicht klar, wen Inge mit diesen Worten aufmuntern will – ihren Bruder oder sich selbst.

»Es gibt eigentlich wenig zu berichten. Was wir sehen und mitmachen müssen, lässt sich mit Worten doch nicht beschreiben. Wenn wir doch wenigstens baden könnten. Aber es liegen so viele Leichen im Fluss. Das stinkt.« Mehr notiert Hans nicht zum aktuellen Kriegsgeschehen, als er sich am 21. Juni 1940 meldet. Doch dann zählt er einige Entwicklungen auf, die mit der anstehenden Kapitulation Frankreichs zusammenhängen: In einer halben Stunde werden fünf gebratene Hühner serviert, »mit Sekt natürlich. Alles auf Kosten Frankreichs.« Außerdem hat Hans nun einen jungen Franzosen als Burschen. Erdbeerbowle, Sekt, gebratene Hühner. Die deutschen Truppen bereiten die Besatzung vor, beschlagnahmen Wohnungen und Autos.

Die Zahl der Flüchtlinge auf den Straßen nimmt langsam ab. Stattdessen sieht man Gefangene. Jeden Tag werden es mehr. Wenn die Zahlen stimmen, die man abends im Radio hört, dann kommen allein in der ersten Woche fast hunderttausend Soldaten in deutsche Gefangenschaft. Zum Ende des Westfeldzugs werden es fast zwei Millionen Franzosen sein, darunter rund 29 000 Offiziere und fünf Oberbefehlshaber. Es sind endlose Kolonnen, die die Straßen entlangziehen, oft über zwanzig Kilometer und mehr. In langen Reihen marschieren die Gefangenen, zerlumpt, traurig, verschwitzt, verwundet, todmüde. Nur ganz wenige deutsche Soldaten bewachen sie. In der Sommerhitze treibt man die Menschen vorwärts wie Vieh. Manchmal bekommen sie Wasser und Lebensmittel von den Dorfbewohnern. In den Straßengräben stapeln sich Soldatenhelme, die nun keinem mehr nützen. Sie riechen nach Leder, Haaren und Schweiß, nach dem Debakel der Niederlage. Auch Hans Scholl sieht, wie sich die Gefangenenströme vorbeischleppen, an ihrem Lazarett in Mourmelon und auf der nahen Rue Maréchal Foch.

In Frankreich sind viele Straßen nach Marschall Ferdinand Foch benannt. Im Ersten Weltkrieg war er Oberbefehlshaber über die gesamte Westfront. Er nahm von den Deutschen die unterzeichnete Erklärung des Waffenstillstands entgegen.

Mit der Niederlage kamen die Restriktionen: Für das Deutsche Reich galten rigide Rüstungsbeschränkungen. Ab 1920 wurde das Saarland im Auftrag des Völkerbundes von Frankreich verwaltet; ab 1919 besetzten alliierte Truppen für 15 Jahre das Rheinland. Das Deutsche Reich verlor Gebiete wie Elsass-Lothringen und den polnischen Korridor. Es sollte Reparationszahlungen an die siegreichen Staaten leisten – hohe Raten, jährlich fällig bis 1988. Viele im Versailler Vertrag festgehaltene Punkte sind in der Weimarer Republik und durch die National-sozialisten bereits unterwandert oder rückgängig gemacht worden. Nun soll am 21. Juni 1940 »die Schmach von Versailles« endgültig ausgelöscht werden.

Es ist eine umgekehrte Wiederholung; für die Verhandlungen sucht Adolf Hitler eine besondere Kulisse aus: den Wald von Compiègne, zwischen Saint-Quentin und Paris. Es ist der Ort der Waffenstillstandsverhandlungen von 1918, wo ein Marschall-Foch-Denkmal an die damalige deutsche Niederlage erinnert. Der »Führer« bestimmt, dass derselbe Eisenbahnwagen herbeigeschafft wird, in dem 1918 getagt worden war. Der Waggon ist inzwischen im Museum; wie soll man ihn herausbekommen? Kurzerhand brechen deutsche Soldaten ein Loch in die Wand. Zurück bleibt nicht nur eine kaputte Mauer, sondern auch ein Vorgeschmack, was sich die deutschen Besatzungstruppen alles erlauben werden.

Armeegeneral Huntziger betritt mit seiner Entourage die seltsame Verhandlungsstätte, sie setzen sich an den Tisch. Es riecht muffig in dem alten Abteil. Schweigend grüßen die Deutschen sie – Adolf Hitler mit Göring, Raeder, Brauchitsch, Keitel, Ribbentrop und Heß –, dann wird verhandelt. Am folgenden Tag, dem 22. Juni 1940, unterzeichnen die Franzosen. Es sei »der glorreichste Sieg aller Zeiten«, verkündet Hitler. Propagandaminister Goebbels lässt die Prozedur von Compiègne per Radio nach Deutschland übertragen. Zuletzt ist ein Lied zu hören: »Denn wir fahren, wir fahren gegen Engelland …« Im ganzen Deutschen Reich wehen die roten Hakenkreuzfahnen, eine Woche lang hört man das Festgeläut der Glocken, und die Kinder haben schulfrei. Auch Sophie Scholl muss nicht ins Fröbelseminar, wo sie ihre Ausbildung zur Kindergärtnerin macht. Hoffentlich kommst du bald heim, schreibt sie ihrem Freund

Fritz. Dann gibt sie zu: »Ich habe Angst um Hans, doch bin ich mir sicher, daß ihm der Krieg nichts anhaben kann.«

Wir fahren gegen England. Der Sieg über Frankreich, das ist offensichtlich, wird nicht das Ende des Krieges sein. »Jetzt haben wir gezeigt, wozu wir fähig sind«, soll Hitler siegestrunken zum Chef des Oberkommandos der Wehrmacht gesagt haben. »Glauben Sie mir, Keitel, ein Feldzug gegen Rußland wäre dagegen nur ein Sandkastenspiel.«

Das Oberkommando der Wehrmacht gibt am 25. Juni 1940 bekannt: »Der Feldzug in Frankreich hat nach einer Dauer von nur sechs Wochen mit einem unvergleichlichen Sieg der deutschen Waffen geendet. Seit heute 1.35 Uhr herrscht Waffenruhe.«

Der Waffenstillstandsvertrag ist gerade unterzeichnet, da fahren in aller Frühe drei Autos ins besetzte Paris hinein. Im ersten Mercedes sitzt Hitler neben dem Fahrer. Nur drei Stunden wird der »Führer« in der Stadt sein und nacheinander die wichtigsten Sehenswürdigkeiten abhaken wie ein Tourist. Paris inspiriert Hitler. Noch auf der Besichtigungstour verteilt er Aufträge: Albert Speer soll die Neugestaltung von Berlin vorantreiben; in den kommenden Wochen sieht man die beiden gemeinsam Marmorsorten aussuchen. Hermann Giesler beauftragt er, in München sein Grabmal zu bauen. Auch Gieslers Bruder Paul ist Architekt. Doch er hat eine politische Laufbahn eingeschlagen. Knapp drei Jahre später wird er uns begegnen, als Gauleiter von München-Oberbayern: Dann wird Paul Giesler einen Hochverratsprozess gegen drei Studenten verantworten, die an der Universität Flugblätter verteilt haben.

Am Tag, als Adolf Hitler sich durch das menschenleer wirkende Paris chauffieren lässt, meldet sich Hans erstmals wieder bei den Eltern. Mit einer Gruppe von vierzig Mann soll er französische Flüchtlinge versorgen. Auf der Rückseite seines Briefes hat er sorgsam aufgemalt: *Service de santé pour refugiés* – Sanitätsdienst für Flüchtlinge. Bucey-en-Othe heißt Hans Scholls neuer Aufenthaltsort. »Kleines Straßendorf im Tale der Vanne«, beschreibt er es. »Ein bisschen scheu und schmutzig deine Bewohner. Lieblich aber deine Umgebung, sanfte Hügel und Täler und riesige Wälder, die uns besonders beglückten, weil wir sie an früheren Orten Frankreichs so sehr vermissten.« Im Garten vor dem Haus wachsen Kräuter und Blumen. Bald werden die Rosen in voller Blüte stehen. Nur ein Fluss fehlt ihm zu seinem Glück. Die Gruppe richtet sich in einem Haus ein, das am Ausgang des Dorfes liegt. Zuerst müssen sie es gründlich sauber machen. So gut wie möglich kennzeichnen sie das Haus als Hilfsstelle für Flüchtlinge, die jedoch ausbleiben. »Sie hatten es sehr eilig, wollten nach Hause. Was blieb uns anderes übrig, als uns das Leben schön zu gestalten. Bald hörte man Motoren rasseln, Pferde wiehern, Mädchen lachen.« Der Küchenmeister Sepp kocht gut für die Gruppe. Immer wieder schildert Hans den Eltern, wie sie sich die schönsten Lebensmittel besorgen: Einmal sammeln sie Erdbeeren, zu denen es Schlagsahne geben wird. Ein anderes Mal wollen sie abends ein Schwein schlachten, wobei Hans die Schritte vom herumlaufenden Ferkelchen bis zum fertigen Spanferkel mit dem Fotoapparat dokumentiert. Für den nächsten Tag sind gebratene Enten vorgesehen. Auch habe er siebzig Eier gekauft – für umgerechnet nur zwei Reichsmark! Ein Oberarzt gibt in Bucey-en-Othe den Grundsatz aus: »Es soll uns nicht schlechter ergehen als denen, die uns in die Einsamkeit gesandt haben.« Also werden in einer Laube köstliche Weine und Schnäpse serviert; ein Postschaffner erzählt Witze aus dem Böhmerwald. Hans legt sich einen jungen Hund zu, der von Tag zu Tag frecher wird. Rückblickend wird Hans den Dienst in Bucey-en-Othe als seine schönste Zeit in Frankreich bezeichnen. Hier, auf seinem Landposten, könne er es aushalten bis zur Heimreise, äußert er in seinen Briefen nach

Ulm. Wenn man Sophie nach ihrem Bruder fragt, antwortet sie: Hans gehe es sehr gut. Er habe alles, was er sich wünsche: ein Pferd, einen Hund, ein Haus und die Aussicht auf Studienurlaub.

Nur seiner großen Schwester gegenüber äußert Hans seine wahren Gedanken. Lesen könne er überhaupt nichts, gesteht er. Sein Kopf sei gefüllt bis an den Rand: »Wir führen ein ordentliches Landsknechtsleben. Es kommt darauf an, viel zu erleben, um nicht zum Nachdenken zu kommen. Feige?«

So bricht die Passage ab. Es ist der erste erhaltene Brief von Hans an seine Schwester Inge. Und es ist der erste, in dem seit langer Zeit wieder etwas aufblitzt von der Realität des Krieges. Sonst ist er auffällig darum bemüht, die Elternsorgen zu zerstreuen.

Seinem »Feige?« widerspricht Inge ganz entschieden. Hans empfinde das »viel Erleben« als Ablenkung, aber sie nenne das anders: Es gebe eben Zeiten in jedem Menschenleben, in denen man nicht erkennen oder sichten könne. Dann sei man darauf angewiesen, tiefe Atemzüge zu nehmen, um sich über Wasser zu halten. Dies ist nicht feige, sondern tapfer, befindet Inge in der ihr eigenen energischen Art.

Sobald die Scholls erfahren haben, dass sie Päckchen »ins Feld« versenden dürfen, packen Inge und die Mutter etwas zusammen. Ein Hemd, eine Unterhose (einmal erhebt der Vater Einspruch, als die Mutter einen Schlafanzug schicken will), zwei Taschentücher, eine Tafel Schokolade, ein Paar Socken – nur 250 Gramm schwer dürfen die Sendungen sein. Inge saust noch auf die Post, kurz bevor sie schließt. Die Älteste der fünf Scholl-Geschwister will Hans während seiner Zeit an der Front ganz besonders unterstützen. Alle paar Tage wird sie ihm schreiben und etwas schicken – Gedichte, Bücher, Aufsätze, Bilder.

Eine der ersten Karten, die Hans Scholl in Frankreich erhalten haben dürfte, zeigt ein Stillleben mit Blumen. Die Hoffnung blühe zäh und treibe immer neue Blüten, schreibt Inge auf die Bildrückseite. »Manchmal scheint ein Schicksal oft so ausweglos, daß man bangt um seinen Herzschlag. Und doch schlägt es weiter.« Sie empfindet es als Glück, dass sie noch so jung sind. Vater und alle anderen ließen ihn grüßen, »dieser kleine, treue Gartenzaun Deiner Familie um Dich, mein Bruder«. Einige Tage später erklärt Inge ausführlicher, was sie vorhat: Sie will in sich selbst Ordnung und Klarheit schaffen, die die Brüder bei ihrer Rückkehr von der Front bräuchten. Hans soll immer daran denken, dass in Ulm manche Herzen für ihn schlagen. Bei aller Lüge in der Welt seien Menschen darum bemüht, einen Kreis von Wahrheit um ihn zu bilden.

Auch wenn Krieg ist, läuft zu Hause alles in gewohnten Bahnen. Sophie und Inge lassen Hans daran teilhaben: Sie berichten vom Frühling in Ulm, vom Orgelspiel in der nahen Söflinger Kirche, von ihrer gemeinsamen Wanderung mit Elisabeth auf der Schwäbischen Alb. Inge erinnert den Bruder ans Schwimmen in der Iller. Wie sie gemeinsam ein Bild betrachtet haben. Was Inge bei Musik von Schubert und Beethoven empfindet. Werner zählt auf, welche Bücher er für Hans gekauft hat. Gleich von mehreren Familienmitgliedern erfährt Hans in Frankreich, dass die Scholls im Brombeerstrauch ein Vogelnest entdeckt haben: »ein kleines Kunstwerk« mit gelbweißen Eiern, das von einem grauen Vogel ängstlich bewacht wird. »Wir wollen alles tun, um wenigstens dieses kleine Leben zu behüten«, beschließt Sophie, und es klingt beklommen.

Nicht nur die Scholls, sondern auch andere aus dem Freundeskreis halten regelmäßigen Kontakt zu Hans. Fast immer geht es um alltägliche Erlebnisse. Ute Borchers erzählt von ihrer Gartenarbeit beim Bauern, vom Dauerregen in Bad Tölz, vom Hochwasser und von ihren Badefreuden. Eve, ein Mädchen aus der befreundeten Nägele-Familie, berichtet, dass sie nicht mehr zum Bund Deutscher Mädel geht. Kaum einmal blitzt der Krieg durch. Auch als die Scholl-Geschwister eine große Wanderung machen, erfährt Hans davon. Sie alle sind bei der Familie des Malers Kley eingeladen, schauen Bilder an, trinken »echten Kaffee«. Wieder ist es Inge, die eine Postkarte hervorholt und an Hans zu schreiben beginnt, die anderen unterzeichnen nur – auch Hans' Freundin Lisa – oder kritzeln wenige Sätze dazu. Was man eben so schreibt: Wir denken oft an Dich. Komm gesund wieder. Wir sitzen hier im Frieden, wie das wohl auf Hans wirken wird? Diese Alltagsberichte von zu Hause, die man zuweilen für banal halten kann.

Als Lisa sich ratsuchend an Sophie wendet – Hans hat ihr nicht zurückgeschrieben –, nimmt diese den Bruder in Schutz. Es gebe Probleme bei der Briefbeförderung von Frankreich nach Deutschland. Dann wird Sophie ganz direkt: Die Probleme, die sie mit Hans zu Ostern hatte, soll Lisa vergessen. Dies dürfe jetzt keine Rolle mehr spielen. Sie als Frauen hätten nun die Verantwortung, den Männern zu helfen, damit der Krieg ihnen nicht schaden könne. Lisa soll ihrem Freund »die Herzlichkeit geben, die jetzt alle so nötig haben, besonders Hans«.

Inge verweist Hans in ihren Briefen oft auf Schriftsteller: dass Menschen wie Hans Carossa, Ernst Jünger und Karl Benno von Mechow diese Zeit miterleben, gebe ihr eine gewisse Bestätigung und Genugtuung. Sie sendet ihm ein Gedichtbändchen von Hermann Hesse und erinnert den Bruder an das, was sie gemeinsam gelesen haben: »Viele gute Freunde hast Du, Lebende und Vergangene!« Und sie schickt Hans eine kleine Mundharmonika, mit der er sich die Zeit vertreiben und die leeren Minuten ausfüllen soll.

»Ihr schreibt mir sehr viel«, hat Hans notiert, »und dafür bin ich Euch ausserordentlich dankbar. Mir selbst fällt das Briefeanfertigen schwer, obwohl ich genügend Zeit hätte und der

Krieg zunächst zu Ende ist.« Die Schrift ist ganz anders als sonst, enger, gedrängter. »Eure Briefe sind für uns der grösste Reichtum, denn unser Handwerk ist nicht beglückend. Eure Briefe, und die Pferde, auf denen wir abends durch die Wälder reiten.«

Als er Inges Brief mit der Mundharmonika bekommt, ist er nicht mehr auf dem »Landsitz« in Bucey-en-Othe. Seine nächste Station ist Versailles, die ehemalige Residenz der französischen Könige mit ihren Schlössern, Parks und Gartenanlagen. Kaum ist er dorthin versetzt worden, fährt Hans heimlich nach Paris. Und endlich finden sich in seinen Aufzeichnungen Bemerkungen über das Land, in dem er als Teil der Besatzungsmacht stationiert ist.

»Die Franzosen sind gute Patrioten«, berichtet er seinen Eltern. »Das erfahre ich jeden Tag. Ich habe mit einigen französischen Schwestern gute Freundschaft geschlossen. Sie arbeiten mit mehr Liebe als unsere Rote-Kreuz-Schwestern.« Einer der größten französischen Ärzte habe Selbstmord begangen, weil er nicht unter deutscher Herrschaft leben wollte. Merkwürdige Patrioten, wundert sich Hans, denn gerade jetzt bräuchte Frankreich doch starke Männer. Ein anderes Mal schreibt er dem Vater: Das französische Volk wisse nicht, worum der Kampf geht, nur wenige. Vieldeutig merkt er an: Auf diese setze er alle Hoffnung. An der Verbindung von Krieg und Läuterung hält er noch immer fest, wenn er befindet: »Das französische Volk besinnt sich allmählich wieder. Auch es hat die Knute verdient.« Kurz vor dem französischen Nationalfeiertag, dem 14. Juli, notiert er: »Ich bin gespannt, wie der *quatorze juillet* gefeiert wird. Mit der é. f. l.« – also *égalité, fraternité, liberté*, den Errungenschaften der Revolution – »wird's aus und vorbei sein.«

Wenige Tage später endet seine freie Zeit. »Einsatz Versailles, 1. Visite«, notiert Hans am 10. Juli 1940 in sein Operationsbuch.

Sie übernehmen ein Lazarett mit mehreren hundert Verwundeten. »Unsere Vorgänger waren Preußen«, berichtet der Soldat an die Eltern. »Sie haben uns die Kranken in jämmerlichem Zustand übergeben. Zu unserer Unterstützung haben wir französische Schwestern. Aber das allermeiste müssen wir selbst arbeiten, täglich durchschnittlich zwanzig Operationen. Heute vormittag zwei hohe Beinamputationen.« Wieder diese wirre Schrift, der man ansieht: Hans Scholl verfasst den Brief in großer Eile und Unruhe. Freie Zeit hat er nur von sechs bis sieben Uhr morgens.

255 Patienten liegen an diesem Tag im Lazarettbereich, wo Hans arbeitet, sieben Neuzugänge kommen hinzu. Mehr noch als in Mourmelon ist Hans Scholl, der während der stark verkürzten Trimester seines Medizinstudiums kaum an einem Krankenbett gestanden hat, mit Verwundungen konfrontiert, die seinen Wissensstand völlig übersteigen. Er möchte zurück an die Universität. Mehrfach stellt er einen Antrag auf Studienbeurlaubung. Großzügigerweise haben ihm die Eltern dieses Trimester die Gebühren bezahlt, obwohl er gar nicht weiterstudiert. Es steht Hans immer noch offen, sich zu den Physikumsprüfungen anzumelden.

Am selben Tag sprechen seine Eltern in Ulm über die Prüfungen. »Wenn Dein Wunsch, das Physikum machen zu dürfen, noch erfüllt wird, bist Du wieder mal ein Sonntagskind«, schreibt die Mutter. Ob Hans in diesem Herbst wirklich zum Physikum antreten kann? Zum Lernen ist er nach dem Dienst oft zu erschöpft. Wenn er freihat, versucht er, viel zu erleben, um nicht nachdenken zu müssen. Es klingt resigniert, wenn er schreibt: »Krankenpflege widerspricht jedem Militärgeiste. Das bekomme ich täglich zu spüren. Bei jeder Operation assistiere ich. Dabei lerne ich natürlich außerordentlich viel. Unfälle gibt es in jeder Nacht. Wir sind das einzige Lazarett weit und breit.«

In seinen Briefen deutet Hans nur an, dass er bis zur Erschöpfung arbeiten muss. Zwanzig komplizierte Operationen pro Tag sind keine Seltenheit.

Zwar finden keine Kampfhandlungen mehr statt, doch Verletzte gibt es trotzdem. »Wir haben fast so viele Ausfälle wie im Krieg. Sie wollen mit ihren requirierten Autos mächtig angeben und fahren sich dabei gegenseitig zu Tode«, kommentiert Hans das Verhalten seiner Kameraden ironisch. »Ihr glaubt vielleicht, man müsste weiser und reifer aus dem Krieg zurückkehren«, resümiert er nach zwölf Wochen Kriegseinsatz. »Dies ist nur bei ganz wenigen Menschen der Fall. Ich glaube, ich war vor diesem Wahnsinn innerlicher und aufnahmebereiter. Der Krieg wirft uns weit zurück. Man glaubt nicht, wie lächerlich ein Mensch geworden ist. Wir verlassen den Operationssaal, drinnen stirbt einer, und wir rauchen eine Zigarette.«

Der Krieg wirft uns weit zurück. Von der Läuterung, die sich Hans Scholl vom Krieg erhofft hat, spricht er nicht mehr. Elend, Überarbeitung, Erschöpfung und »Wahnsinn«, das sind die vorherrschenden Eindrücke während der Zeit in Versailles. Doch auch eine angenehme Abwechslung wird möglich: Er kann die französische Hauptstadt besichtigen. Als Hans vom ersten Paris-Besuch zurückkommt, schreibt er sofort an die Eltern: Was fehlt Euch in Ulm? Er möchte ihnen Pakete schicken, denn er könne dort noch alles einkaufen.

In ganz Deutschland sind Lebensmittel inzwischen rationiert; es gibt sie lediglich »auf Marken«. Vor allem frische Produkte sind rar, Butter und Eier sind Kostbarkeiten. Um überhaupt Kleidung kaufen zu dürfen, benötigt man eine »Kleiderkarte« mit Guthaben. Die hundert Punkte darauf kann man nach und nach einlösen. Für ein Paar Strümpfe braucht man vier Punkte, für einen Herrenanzug sechzig.

In Frankreich stehen die deutschen Soldaten vor den gefüllten Schaufenstern – und kaufen wie im Rausch. Der Umrechnungskurs ist mehr als günstig: 100 französische Franc entsprechen damals 5 Reichsmark. »Deutsche Soldaten kauften die Länder Europas buchstäblich leer. Sie verschickten Millionen Feldpostpäckchen von der Front in die Heimat«, konstatiert der Historiker Götz Aly. Er hat diese Entwicklung in seinem Buch *Hitlers Volksstaat* untersucht. »Adressaten waren hauptsächlich Frauen. Spricht man die betagten Zeitzeuginnen auf diese Päckchen an, bekommen sie noch heute leuchtende Augen: Schuhe aus Nordafrika, aus Frankreich Samt und Seide, Likör und Kaffee, Tabak aus Griechenland, Honig und Speck aus Russland, Heringe *en masse* aus Norwegen, von den Gaben aus Rumänien, Ungarn und zuletzt Italien nicht zu reden.«

Soldaten, die damals wie Schädlinge über die gefüllten Regale herfallen, nennt man in Frankreich »Kartoffelkäfer«. Götz Aly geht noch einen Schritt weiter und bezeichnet sie als »bewaffnete Butterfahrer«. Auch wenn es sich in Frankreich nur um viele kleine Einkäufe handelt: In der Summe schaden sie der Volkswirtschaft ganz enorm. Für Franzosen wird es immer schwieriger, Lebensmittel einzukaufen. Die Inflation greift um sich, und der Schwarzmarkt blüht.

Viele deutsche Soldaten verschicken Grundnahrungsmittel, damit ihre Frauen zu Hause sie gegen andere Dinge tauschen können. Hans Scholl kauft wie alle für seine Familie ein. Doch er sendet fast ausschließlich französische Luxusartikel: Kaffee und Tee. Parfüm und Seife. Für Sophie Strümpfe. Einen wasserdichten Regenmantel. Einen zartblauen Badeanzug. Weiße, feste Söckchen für seine Schwestern. Ein Armband, das er später verschenken möchte. Eine Flasche guten Rotwein. Für die Mutter Wolle und für den Vater Lederhandschuhe. Er wagt es sogar, ein Mikroskop heimzusenden – mehrfach fragt er besorgt: »Ist mein Mikroskop glücklich angekommen?« Für Werner ersteht er einen Fotoapparat der Marke Vogtländer Brillant. Dann ein Polohemd für Sophie; Werner bestellt postwendend das gleiche Hemd für sich und wartet »sehnsüchtig« darauf.

Haben die Scholls im Mai und Juni viele Tage vergeblich auf Post von Hans gehofft, kommen nun im Juli 1940 »fast täglich« Sendungen aus Frankreich. Wie gut die Päckchen riechen! Manchmal kann man schon am Duft erkennen, was sie enthalten, eine Seife etwa oder echten Bohnenkaffee.

Zu Inges Geburtstag möchte Hans ihr einige französische Düfte zukommen lassen, von denen es allzu viele gebe. Als Inge den beiliegenden Brief öffnet, kann sie nur noch die ersten paar Sätze lesen; die dünnwandigen Fläschchen sind zerbrochen und haben die Schrift verwischt. In Deutschland müssten sie Schlange stehen, schreibt Hans, um ein wenig Milch zu erhalten. Den Franzosen schade es nichts, wenn sie gemäßigter lebten; sie seien alle noch zu frei gestimmt.

Die Eltern in Ulm erhalten weiterhin Hans' Unteroffiziersgehalt ausgezahlt, rund 80 Mark. Oft bittet Hans, die Eltern sollen noch zwei oder drei Zehnmarkscheine schicken. Diese kann er in Reichskreditkassenscheine umtauschen, womit er einkaufen will für seine Paketsendungen nach Hause. »Noch hätten wir Euch eine sonnige Zukunft gewünscht und eine unbeschwerte Jugend.« Wieder ein Satz von der Mutter, der klingt wie ein Seufzer. Sie empfiehlt ihrem Sohn, er soll dort, wo er hingestellt worden ist, »in Treue und Fleiß wirken«. Eben noch beklagen die Scholls Auswirkungen des Krieges, dann geht der Brief ohne Umschweife über in eine Bestellung: Für Mutters Couch und Inges Bibliotheksbank soll Hans in Frankreich noch zwei Felle besorgen: »2 × 3,30 m« und »1,70 – 2 m lang, 1 m breit«, »wie Du's eben bekommen kannst«. Jetzt, wo der Urlaub absehbar ist, wird Hans mit Wünschen überhäuft. Ob er eventuell Kakao kaufen könnte und ein halbes Pfund Mandeln, wenn es geht?

Ganze 50 Reichsmark hat die Mutter nach Frankreich geschickt. Wie eng liegen durch den Einsatz im Krieg Sorge und Annehmlichkeiten beisammen.

Das besiegte Frankreich ist inzwischen geteilt worden: Die sogenannte Demarkationslinie trennt die besetzte Nordhälfte vom »neutralen« Süden. Die Grenze durchschneidet Dörfer, und wer sie überschreiten will, sieht sich mit der deutschen Bürokratie konfrontiert. Fast eine Million französische Kriegsgefangene sind als Zwangsarbeiter nach Deutschland verschleppt worden. In jeder Hinsicht bedienen sich die Sieger: Sie beschlagnahmen die Möbel, Kunstgegenstände und andere Besitztümer der jüdischen Bevölkerung und deportieren diese. Sie konfiszieren französische Gemälde, Graphiken, Plastiken, Teppiche, Bücher und Handschriften, während die einfachen Soldaten weiter einkaufen.

Schon seit Anfang August 1940 rechnet Hans Scholl damit, bald heimzukommen. Er beginnt, Teile seines »riesigen Gepäcks« nach Hause zu senden. An den Vater schreibt er: »In meinen Anschauungen und Gedanken werde ich reifer und vor allen Dingen sicherer.« Es klingt wie sein eigenes Resümee des Frankreich-Aufenthalts.

Immer wieder versucht Lina Scholl, ihren Sohn aufzumuntern: »Es kommen auch wieder schöne, sonnige Tage, wo Dich der Jammer der Menschheit nicht mehr bedrückt. […] Wenn Du mal wieder mit Deinen Skiern die reinen Bergeswelt durchläufst, wirst Du manches abschütteln, was sich jetzt ansammelt. Du bist noch jung.« Als sie dies schreibt, befinden sich zwei ihrer anderen Kinder gerade in den Bergen: Inge und Sophie haben sich in Tirol mit Lisa Remppis getroffen. Inge ist von den Tagen in Steeg begeistert: »Die Berge waren wunder-, wunder-, wunderschön!« Die Mädchen pflücken Edelweiß, halten ihre Füße in den eiskalten Gebirgsbach, melken Milch direkt aus dem Euter einer Ziege in den Becher. Von einem Senn bekommen sie Butter und Brot. »Man könnte das Wort ›Krieg‹ beinahe vergessen.« Was Hans gegenwärtig widerfährt, kann Inge sich kaum vorstellen. »Ich meine immer«, erklärt sie ihm, »Du müßtest gleich zur Tür reinkommen und sagen: ›Ich muaß euk was soagn!‹« Während der Zeit in den Bergen träumt Inge, Hans sei schon nach Hause gekommen.

Genau einen Monat nach seinem letzten Brief greift Vater Scholl erneut zur Feder: Wieder spricht er von den gewaltigen Erlebnissen und Eindrücken, die Hans gegenwärtig erfahre. Er ermahnt seinen Sohn, jetzt kritische, aber objektive Vergleiche anzustellen. Wie im letzten Brief schließt sich eine nüchterne Einschätzung der Kriegssituation an. An diesem Tag, es ist der 21. Juli 1940, trifft ein Teil des Ulmer Infanterie-Regiments ein. Auch am Haus der Scholls marschieren sie vorbei. »Der Münsterplatz wird bereits für die Begrüßung hergerichtet«, berichtet der Vater. »Es ist ein eigenartiges Gefühl: Sieges- und Heimkehrfeiern – und doch kein Friede und kein Kriegsende. Ich habe das Gefühl, dass die längere Zeit des Krieges noch vor uns liegt, die kürzere also erst hinter uns liegt. Viel Not und Sorge steht uns noch bevor. Aber auch Hoffnung! Nur müssen wir noch viel Geduld üben.«

»Vor dieser Größe verstummt aller Kleinmut und alle Nörgelei«, hält der Regierungspräsident von Schwaben nach dem raschen Sieg über Frankreich fest. »Man kann ruhig sagen, die ganze Nation ist nun von einem so gläubigen Vertrauen zum Führer erfüllt, wie dies vielleicht in diesem Ausmaße noch nie der Fall war.« Stundenlang jubeln die Massen im Juli 1940, als Hitler aus Frankreich wieder nach Berlin zurückkehrt. Hunderttausende feiern ihn als »größten Feldherrn aller Zeiten«; diese Bezeichnung hat der Chef des OKW Wilhelm Keitel geprägt. Die Menschen glauben, der Endsieg stehe unmittelbar bevor.

Robert Scholl scheint einer von wenigen zu sein, die skeptisch bleiben.

Der August verstreicht, und Hans Scholl ist immer noch in Versailles. Während seine Kommilitonen in München über den Physikumsprüfungen brüten, sucht er die medizinische Fakultät in Paris auf. Dass dort gerade keine Vorlesungen stattfinden, bedauert er sehr. Er hat sich entschlossen, das Semester ausfallen zu lassen und seine Prüfungen zu verschieben. Doch die Eltern lassen sich neue Formulare schicken und füllen sie für Hans aus, ohne sein Wissen, reichen die Papiere in Göttingen ein. Die Zweitschrift des Studienbuches kostete fast sieben Mark, teuer, kommentiert die Mutter, doch dann bieten die Eltern Hans etwas an, das viel teurer ist: »Vater meint, Du sollst das Semester ruhig mal so laufen lassen, wenn Du später willst, kannst Du es nochmal studieren, aber für alle Fälle sollst Du's gelten lassen. Man weiß ja nicht, wie viel Jahre der Krieg noch dauert.« Hans antwortet den Eltern: »Ich hoffe, dass ich bald nach Hause fahren kann, um mein Physikum zu erledigen. Es ist nun doch gut, dass dieses Semester belegt ist. Ihr werdet viel Arbeit gehabt haben, bis es soweit war.«

Statt zu studieren, genießt er den Spätsommer. Die Nachmittage sind unbarmherzig heiß, doch die Abende lang und schön. Wenn es geregnet hat, liegt der Park im Morgennebel. »Fast täglich bin ich beim Baden«, berichtet er Inge. »Paris ist unglaublich vielseitig. Langeweile unmöglich.« Ins Rodin-Museum fährt er zum Fotografieren, »eine einigermaßen dankbare Beschäftigung«, dann hört er *Carmen* in der Pariser Oper, besucht das Théâtre de la Madeleine. »Von Paris und seinen Bewohnern habe ich den allerbesten Eindruck bekommen«, können die Eltern lesen.

Erfreut schreibt die Mutter zurück, »daß Du Paris so kennen

lernst, ist viel wert. Und daß Du so offenen Auges bist und mit Aug und Herz genießt! Das ist sicher eine Art Heilung der schweren und schmerzlichen Erlebnisse im Anfang in Frankreich.«

Mindestens einmal pro Woche fährt Hans Scholl nach Paris. Das sei zwar verboten, »aber ich finde immer wieder ein Mauseloch«, berichtet er. Es sieht so aus, als habe er sich mit seiner gegenwärtigen Situation arrangiert.

Wie schnell sich die Hauptstadt von den Nöten des Krieges erholt hat, verwundert ihn: »Es ist unglaublich, wie sehr mich das Pariser Leben anregt. Man findet sich nicht zurecht in dieser Fülle von Gedanken, Einfällen, Überlieferungen, übersprudelnd, *salto mortale* schlagend und wieder auf beide Beine gestellt. – Aber das ist nichts, das mich zutiefst bewegt. Meine tiefsten Gedanken kämpfen auf anderer Ebene.« Welche Gedanken sind es, die ihn beschäftigen? Dazu notiert er nichts in seinen Briefen. Mit Franzosen – um wen es sich handelt, erfahren wir nicht – diskutiert Hans über Charles Baudelaire, Francis Jammes, André Gide und ist überrascht, mit welch großer Vorsicht diese besprochen werden. Gerade Gide werde von den Erwachsenen als ein »den Menschen verwirrender Geist« abgelehnt. »Er ist ein französischer Nietzsche in vielerlei Hinsicht«, schließt er.

Im August und September 1940 kauft Hans Scholl nicht nur Kleidungsstücke und Kaffee, sondern auch Bücher: Francis Jammes, eine *Anthologic dc la nouvelle poésie française*, außerdem Gedichte von Victor Hugo und François Villon. Zwei Werke von Georges Bernanos, das *Tagebuch eines Landpfarrers* und *Die Sonne Satans*, ersteht Hans für seinen jüngeren Bruder Werner. Es sind einige Autoren aus dem Renouveau catholique dabei, die eine Form von geistiger Erneuerung anstreben. Wie diese Erneuerung aussehen könnte, formuliert Hans noch nicht.

Doch von den in Frankreich gekauften Büchern wird er in den kommenden Jahren zehren. Besonders wichtig wird für ihn Paul Claudel. Noch in seinem letzten Brief vor der Hinrichtung wird Hans über dessen Satz nachdenken: »*La vie, c'est une grande aventure vers la lumière* – das Leben ist ein großes Abenteuer hin zum Licht«.

In jener Zeit beeindruckt ihn Baudelaire am meisten. Gelegentlich übersetzt er französische Gedichte, und ein elfjähriges Mädchen liest ihm abends »schönstes Französisch« vor: »Meine Lehrmeisterin. Oft ist es sehr lustig.« Er, den sie hier »Jean« nennen, erteilt einem jungen Franzosen Deutschunterricht. Seine Bekannten, seine Kollegen, die Patienten bleiben wieder namenlos. Ob er allein nach Paris fährt oder Begleiter hat, erfahren wir nicht.

Wenn er Menschen erwähnt, dann nennt er keine Namen: sie heißen nur die französischen Schwestern, der Kriegsgefangene, der Bursche. Er hat wohl immer noch niemanden gefunden, mit dem er die Eindrücke dieser Zeit besprechen könnte. Umso wichtiger ist die Verbindung nach Hause, zu den Eltern und Geschwistern. Immer wieder bedankt sich Hans für ihre Post. »Gestern nacht habe ich die sehnlichst erwarteten Briefe und Pakete von Euch erhalten. Bei Kerzenlicht saßen wir um den Tisch, und jeder war für einige Minuten daheim.«

Spielen mit dem kleinen Hund, den er »Jo le Petit« getauft hat. Tennis, Schwimmen, Radiohören. Radeln durch die Parks von Versailles – seine Tage sind ausgefüllt, wenn auch nicht mit richtiger Arbeit. Doch er könne nichts Besseres tun. Wenn Inge die Vermutung äußert, er sei durch den Krieg sicherlich barmherziger und reifer geworden, und gerade für einen Arzt sei dies gut, dann schweigt er zu solchen Vermutungen.

Auch wenn Hans Scholl es in den Briefen an die Eltern und Inge nicht zugibt: Letzten Endes ist er wohl einsam und unzufrieden. Wenigen Freunden gegenüber, die ebenfalls als Soldaten eingesetzt sind, schlägt er andere Töne an: Ihr gegenwärtiges Dasein nennt er »geistiges Seeräuberleben«. Er komme mit der »Fremde« nicht klar, steht in einem anderen Brief. »In letzter Zeit habe ich öfters den Gedanken erwogen«, gesteht er abrupt nach einer Schilderung seines angenehmen Lebens in Versailles, »während des Krieges Offizier zu werden, da ich meine ewig subalterne Stellung auf die Dauer nicht ertrage.«

Die erste Septemberwoche in Versailles ist noch »unbarmherzig heiß« gewesen, dann folgt der erste kalte Tag. Der Winter kündigt sich an. Momentan lebten sie im Frieden, schätzt Hans die Lage ein, doch langsam erwache der Widerstandsgeist im französischen Volk. Mit großer Sorge sieht er dem Winter entgegen.

»Du bist nun schon so lange in Frankreich«, antwortet ihm die Mutter, »und alles ist anders, als vorher.« Schon seit über vier Wochen liegt für Hans eine gebügelte Hose bereit. Lina Scholl instruiert Inge genauestens, welche Marmelade sie Hans anbieten soll. Gemeinsam mit ihm wollen sie seinen Geburtstag am 22. September feiern, doch er muss in Versailles ausharren. »Wir erwarten jeden Tag Hans«, notiert Sophie am Tag nach Hans' Geburtstag. »Aber wie's im Krieg ist, nix gwiß weiß mer net.«

Warum die Familie aus Hans' Briefen so wenig über seinen Alltag erfährt, versucht er ihnen zu erklären: »Ich habe tiefe Eindrücke in Frankreich gewonnen, das ist selbstverständlich, aber ich kann sie in meinen Briefen nicht berichten. Ich bin unfähig dies zu tun. Man müsste mit der Sprache umgehen können, wie ein Schnitzer mit seinem willenlosen Holz. Und dies will mir nicht gelingen.« Ein anderes Mal schreibt Hans seiner Schwester Elisabeth, vom Leben in Frankreich könne er wenig erzählen. Er sei zu plump geschaffen, um alle feinen Linien aufzuzeichnen, die sich kreuz und quer durch seine Seele gezogen hätten. Vor allen Dingen sehne er sich nach Klarheit des Lebens.

Für Ende September 1940 bekommt Hans Scholl endlich seinen Heimaturlaub genehmigt, auf den er so lange gewartet hat. Er fährt nach Hause, nach Ulm. Nun kann er im Kreis der Familie erzählen, was man nicht schreiben konnte. Und auch seine Familie wird berichten, womit sie ihn im Feld nicht belasten wollten: etwa, wie schlecht es der Mutter gesundheitlich geht. Zu Hause warten seine Frankreich-Fotos, die inzwischen entwickelt sind: Sie erinnern Hans an das Spanferkelessen auf dem ruhigen »Landsitz« in Bucey-en-Othe, an die Skulpturen aus dem Pariser Musée Rodin, die kleine Französin aus Versailles und immer wieder an den verspielten jungen Hund, der krank geworden ist und den Hans deswegen hat erschießen müssen. Und die Fotos von der Biscaya: Einmal war er einfach losgefahren, ans Meer. Nun zeigt er die Aufnahmen von der rauen See, von den Felsen, den Strandkörben. Er hat sich fotografieren lassen: er, der deutsche Soldat, inmitten der Franzosen am Strand. In all dem Trubel lag ein kleiner Säugling, an seiner Milchflasche nuckelnd, und war eingeschlafen. Wie friedlich das Kind aussah.

Irgendwann in diesen Urlaubstagen erreicht Hans der Befehl: Nach dem 15. Oktober 1940 soll sich der *stud. med.* Hans Scholl bei einer Studentenkompanie einfinden. Zurück nach Frankreich muss er nicht mehr, sondern er darf endlich weiterstudieren.

»Heraus aus dem dunklen Schacht unserer Unwissenheit«.
Auf der Suche nach der Wahrheit

München, Ende Oktober 1940. Es ist keine vier Wochen her, da übte Hans Scholl Deutsch mit einem jungen Franzosen. Nun muss er wieder allein pauken. Er fuhr Fahrrad in umbarmherzig heißer Sonne, jetzt lässt er das Rad stehen und fährt des vielen Schnees wegen lieber mit der Straßenbahn. Was er an französischen Lebensmitteln für die Eltern gekauft hat, teilen diese jetzt mit ihm. Die Ausflüge nach Paris, die Einkaufsmöglichkeit, die vielfältigen Eindrücke und Annehmlichkeiten liegen hinter ihm, aber auch der Lazarettalltag, der »Wahnsinn« und die Überforderung angesichts der schweren Verwundungen, die Einsamkeit, das »geistige Seeräuberleben«.

Er lässt »Jean« in Frankreich zurück, fortan ist er wieder Hans. »Glücklich bin auch ich in München gelandet«, berichtet er an Alfred Reichle, einen Ulmer Freund aus der Trabantenzeit. »Ich habe mich nun allerdings schon zu einem sehr frühen Termin gemeldet und muss also am 13. Januar die Qualen des Examens über mich ergehen lassen.« Nun muss er sich anstrengen, »zumal ich beim Kommiss zu einem Faulenzer ersten Grades geworden bin. Aber so hat das Dasein wieder einen Sinn bekommen.«

Bis zum April 1941 ist Hans Scholl freigestellt, und in dieser Zeit muss er das Physikum bestehen. Noch zehn Wochen, und die Vorlesungen laufen schon seit dem 2. September! Der Anfang in München gestaltet sich mühsam. Er muss sich in Tübingen postalisch exmatrikulieren, in München immatrikulieren, Gebühren entrichten, sich für die Vorlesungen anmelden. Nach Hause berichtet er: »Nachdem ich im Laufe der Tage an die hundert geharnischte Formulare ausgefüllt und die Strecken von Pontius zu Pilatus etlichemale zurückgelegt habe, hoffe ich, mich mit Beginn der neuen Woche bis über den Kopf in die Arbeit stürzen zu können.«

Ein Zimmer hat Hans erst nach langem Suchen gefunden. Nun wohnt er bei der Familie Orthlieb am Perlacher Forst, was damals außerhalb von München liegt. Hier genießt er eine wunderbare Ruhe und gute Waldluft. Seitdem er wieder studiert, hat es ununterbrochen geschneit. »Auf meinem Landsitz ist es wunderschön«, berichtet er. »Ich kann in aller Ruhe arbeiten, vergesse jedoch nicht allabendlich einen großen Spaziergang im Perlacher Forst zu machen.« Pragmatisch mahnt sein Vater an: »Laß Dir nur immer heizen, denn der Geist arbeitet in harmonisch-behaglicher Atmosphäre williger. Wenn Du Dich dieses Jahr noch aufs Physikum vorbereiten willst, mußt Du schwer ochsen.« Das Münchner Leben geht weiter, als sei nichts geschehen. Nun müssen die Eltern wieder regelmäßig mit Geld aushelfen, bei bürokratischen Problemen einspringen, Kleidung und Essen schicken. Die Mutter kann den abrupten Wechsel kaum fassen: »Es ist doch ein eigenartiges Gefühl für uns, daß Du nicht mehr im Krieg bist, aber es war auch fein, wenn von Dir ein Päckchen kam.« Immer wieder sendet Lina Scholl gute Wünsche: »Ich bete für Dich, dass dirs gelingen möge. Es ist ein hartes Stück Arbeit, das glaube ich.«

Für den beurlaubten Soldaten ist es schwer, den Faden aufzunehmen. Er hat vieles vergessen, was er schon gelernt hatte. Rückenmark, Aufbau der Haut, Nerven und Blutbahnen: Wie mögen ihm diese Grundlagen vorkommen, wenn er an seinen Lazaretteinsatz zurückdenkt? An die stinkenden Leichen im Fluss, die Verbandswechsel, den Oberschenkelsaal? »Viel erzählen kann ich Euch nicht«, schreibt Hans nach zwei Wochen Studium, als er sich bei den Eltern wieder einmal für ein Paket bedankt, »denn mein Schädel ist gepfropft voll mit Anatomie, Physiologie und anderen -ologien. Wir rufen uns gegenseitig immer wieder zu: ›Durchhalten, nicht naaachlassen!‹ Aber wenn diese zehn Wochen vorbei sind! Ich möchte gerne zwei Monate älter sein. Aber diese Spekulationen helfen nichts. Nur eines noch: Es ist nicht schön, wie wir augenblicklich studieren, auf die Dauer würden bestimmt die kraftvollsten Menschen die Liebe verlieren – aber nicht naaachlassen!«

Hast du alle bekannten Studenten wiedergetroffen, oder ist jemand gefallen?, will die Mutter in ihrem ersten Brief wissen, den sie nach München schickt. Hans antwortet nicht. Ihm bleibt keine Zeit, um Gedanken an den Krieg nachzuhängen. »Ich stecke jetzt mitten in der Arbeit drin, der zu verarbeitende Stoff wird immer größer statt kleiner.«

Im November 1940 kehrt Hans' Freund Hellmut Hartert nach München zurück. Er darf ebenfalls weiterstudieren. Auch er war den Sommer über in Frankreich, auch er im Lazarett – allerdings als Patient: Durch einen Unfall mit einer Sprengkapsel hat er drei Finger seiner linken Hand verloren. »Ich hoffe, Du nimmst nicht an, dass es Feigheit war«, fragt er Hans. Reifer und wissender fühlte er sich während seines (wenn auch ungleich kürzeren) Kriegseinsatzes werden, und er lernte sich selbst neu kennen. Hans kann mit ihm seine Erfahrungen der vergangenen Monate nicht besprechen. Das Zigaretterauchen vor dem Operationssaal, während drinnen einer stirbt. Die verlassenen Höfe. »Unser« Gemetzel. Sie haben die Zeit im Westen völlig unterschiedlich erlebt. Trotzdem feiern Hans und Hellmut ihr Wiedersehen genau wie vor ihrer Frankreich-Zeit: Gleich an ihrem ersten freien Sonntag, dem 10. November 1940, fahren die beiden nach Bad Tölz – zur Familie Borchers. Weil Hellmut kein Zimmer findet, quartiert er sich bei seinem Freund ein. Wenn ein Paket aus Ulm kommt, teilen sie die Äpfel von Mutter Scholl auf. Etwas beengt und eingeschränkt geht das Studium für die beiden Heimkehrer weiter.

Doch der Krieg folgt ihnen. Die britische Luftwaffe verstärkt ihre Angriffe auf deutsche Städte, und München ist davon nicht ausgenommen. In diesen Tagen berichtet Hans von Treffern um die Feldherrnhalle, »diese Hundlinge«, beschwert er sich. In den Luftschutzkeller geht er nicht immer. Mehr als einmal gesteht er den Eltern, er habe den Fliegeralarm im Bett verschlafen.

Wenig zu essen, wenig Schlaf wegen des Lernpensums und der Luftangriffe. Insgesamt 507,12 Reichsmark hat Hans Scholl in der Zeit vom 1. April bis zum 19. Oktober 1940 verdient. In den ersten Novembertagen 1940 meldet sich die »Standort-Gebührnis-Stelle« der Heeresstandortverwaltung Kempten: Hans sei ja seit dem 19. Oktober in Prüfungsurlaub. Die Kriegsbesoldung stehe ihm daher nur für 19 Tage dieses Monats zu: Das zu viel erhaltene Geld – 30,10 Mark – muss er umgehend zurückbezahlen. Die Eltern ärgern sich, denn sie haben ohnehin Geldsorgen: Zu Weihnachten werden sie nur Selbstgemachtes verschenken, weil es »keinen Pfennig« kosten darf. »Wenn Du Fachliteratur benötigst«, sichert der Vater Hans trotzdem zu, »schaffe sie dir nur gleich an. Am Rüstzeug darf man es zuletzt fehlen lassen, wenn man etwas Rechtes zustandebringen will.«

Dieses Trimester ist das bisher teuerste in seinem Studium: Es fallen 86,40 Mark Prüfungsgebühren an, dazu kommen weitere Gebühren und Kolleggelder in Höhe von etwa 130 Reichsmark. Der Advent beginnt, doch für Hans Scholl bleibt wenig Muße für besinnliche Gedanken. Über Weihnachtsgeschenke habe er sich bisher keine Gedanken machen können, schreibt er nach Hause, und das liege nicht nur am straffen täglichen Lernpensum: »Finanziell bin ich am Ende meiner Kräfte.« Einmal muss er sogar telefonisch um Geld bitten. Der Vater schickt 45 Mark – doch das reicht nicht für die Miete.

Wieder einmal soll Inge für Hans Probleme lösen. Ob sie den Eltern schonend beibringen könne, dass er schon wieder Geld brauche? Er müsse sich Lehrbücher kaufen, einen Wiederholungskurs bezahlen … »Man muss für jeden Mist Gebühren bezahlen, Ihr könnt Euch kein Bild davon machen«, beteuert er. »Das Leben ist jetzt sehr teuer und ich habe keine Zeit, am Essen zu sparen. Ich lebe wahrhaftig bescheiden.«

Ausgerechnet jetzt, Mitte Dezember 1940, meldet sich ein Juwelier aus Paris: Hans Scholl hatte mit ihm während der Paris-Besuche Kontakt. Der *joaillier-fabricant* aus der Rue Montholon im IX. Arrondissement hat für ihn, den deutschen Soldaten, ein ägyptisches Armband reserviert, das Hans nun bezahlen soll. Bis ins Frühjahr wird sich diese Angelegenheit um das Armband hinziehen, und die Zollfahndungsstelle wird sich einschalten. Wie so oft wird er sich nicht mehr bei dem Pariser Schmuckhändler melden.

Von Oktober bis Dezember 1940 bittet der Medizinstudent seine Eltern immer wieder um Geld. Er ist zwar von der Studentenkompanie beurlaubt, aber »leider ohne Löhnung«. Die Familie wird Hans von Oktober an und im kommenden Jahr das Studium finanzieren. Womöglich hat er sich deshalb zu einem besonders frühen Prüfungstermin gemeldet?

Reichlich vier Wochen vor Beginn des Physikums appelliert der Vorsitzende des Prüfungsausschusses: Die potenziellen »Wackelkandidaten« sollen freiwillig zurücktreten, denn gerade im

Krieg würde sehr streng geprüft; dies betrifft auch Hans. Noch ein Trimester warten, wo die Gebühren schon bezahlt sind? »Wir sollen also dafür, dass wir im Krieg waren, noch bestraft werden«, regt er sich auf. Was für eine Schikane! Eine »bodenlose Gemeinheit der Bürokraten«.

Eigentlich wollte der Student am ersten Adventssonntag zu seiner Familie fahren, aber das Lernpensum ist einfach zu groß; er braucht die Wochenenden zum Wiederholen. Seine Mutter versucht ihn aufzubauen: »Wir verstehen es, daß Du vor Weihnachten nicht mehr kommen kannst, Du würdest Dich nur verzetteln und jetzt müssen alle persönlichen Wünsche zurückstehen.« So finden die Scholl'schen Adventsvorbereitungen ohne ihn statt: Die Mädchen singen Lieder, hängen den Kranz aus Tannenzweigen in der Diele auf und zünden am 1. Dezember 1940 die Kerzen an.

In München schneit es unentwegt. Hans packt einen Adventskranz aus, den seine Schwestern ihm geschickt haben. »Heute ist überhaupt der erste vorweihnachtlich duftende Tag«, bedankt er sich. »Meine Arbeit hat mich endlich sehr in ihren Bann gezogen. Sie macht mir Freude. Sie macht mich auch gegen Gefühle stark. Hier die Freude, dort die Trauer, dazwischen die Arbeit.« Zu Weihnachten, das plant er momentan, will er acht Tage lang zu Hause arbeiten – es werden schließlich drei sein.

Zahlreiche Pakete gehen im Dezember 1940 von Ulm nach München los. Weil es immer kälter wird, schickt die Mutter ihm warme Kleidung. Als sie seine Wollhandschuhe nicht finden können, schickt ihm der Vater Lederhandschuhe mit, die Hans für ihn in Frankreich gekauft hat. Schwarzen Tee und Kaffee aus Frankreich gibt ihm die Mutter mit, und so profitiert Hans von seinen eigenen Paketsendungen. Er erhält Butter und Käse, einmal backt ihm seine Mutter ein Kaffeebrot. Sie legt außerdem gemahlenen Kaffee bei, »den Du uns einst schicktest«. Wegen der Zubereitung instruiert sie ihren Sohn genau: »Da tust Du in eine Tasse kochenden Wassers eine kl. Messerspitz hinein; er wird dann wohl hellbraun, aber ziemlich stark und sehr fein. Milch brauchst Du da nicht. Wenn Du nachmittags arbeitest, wird er dir wohltun.«

Auch mit Rose Nägele, einer Bekannten aus Stuttgart, tauscht er sich über Frankreich aus. Eigentlich müsste sie Hans ja auf Französisch schreiben, scherzt sie, damit er nicht aus der Übung komme. Bevor sie den Herrn Medizinstudenten »mit seinen Muskeln und klappernden Gebeinen« wieder in Ruhe für seine Prüfung lernen lässt, will sie ihm sagen: Sie freut sich, wie Hans sich für Land und Leute begeistern kann.

So endet das Jahr mit Erinnerungen an Frankreich – aber Zeit, alles zu bedenken, hat Hans nicht. Noch drei Wochen sind es bis zur Prüfung.

Seine große Schwester legt Hans ans Herz, über dem Lernen die Weihnachtsgedanken nicht zu vergessen. »Du solltest ein mal Deine ganze Wissenschaft für eine Stunde abschütteln«, mahnt Inge eindringlich, »vor allen die Hast und die Mühe, mit der Du sie in Dich aufnehmen musst. Und tief aufatmen in den stillen Kreis des Adventslichts.« Doch auch sie erinnert an Frankreich: »Außerhalb – am Rande dieses Kreises wohl – würden vielleicht die mannigfaltigen Ereignisse und Erlebnisse Deines Frühlings und Sommers und Herbstes 1940 sich lagern. Hinausblicken solltest Du auf sie, wie durch ein Fenster am Abend, wenn die ersten Schneeflocken sich durch die Zweige und Bäume herabsenken.«

Auf diesen Brief hin bedankt sich Hans bei Inge für ihre Unterstützung. »Es klingt vielleicht sehr egoistisch, wenn ich Dir sage, dass ich auf Deine Briefe nicht gerne verzichte [...]. Als ich im Kriege war, kamen sie mir oft wie ferne Boten aus einer besseren Welt entgegen.« Hier die Freude, dort die Trauer, dazwischen die Arbeit, zwischen diesen Koordinaten bewegt sich Hans Scholl bis zur Prüfung.

Wenn die finsteren Stunden kommen, will ich arbeiten! Ich will kurze Zeit die Augen zupressen, damit ich mich von innen sehen kann. Und wenn gar nichts helfen sollte, will ich hinausgehen, immer gehen, immer weiter, bis ich müde bin. Dann werde ich mich besiegt haben! Das will ich mir für immer vornehmen!!

Nur einmal legt er eine Lernpause ein, geht einen ganzen Tag lang Ski fahren, genießt die Lebensmittel aus den Paketen. Er sei krank, schreibt er Inge, und habe daher das moralische Recht, das Lernen auszusetzen und ihr zu schreiben. Mit ihr verbinde ihn ein weit engeres Band als mit allen anderen Menschen, von der Mutter einmal abgesehen. Durch den Briefwechsel während seiner Kriegsmonate seien sie sich sehr nahe gekommen, und das sei definitiv Inges Verdienst. Nach seinem Dank kommt Hans auf den Grund seines langen Briefes zu sprechen. Es geht um die Frauen: »Meine Liebe zu Lisa hat sich in den vergangenen Wochen sehr verändert. Die Ursachen dieses Wandels sind mir selbst unklar. Wenn Lisa bei mir wäre, würde sich sicher alles umkehren. Aber ich bin alt genug, um zu wissen, dass dies nicht mehr die alte Liebe ist, wenn sie nicht in diese Ferne reicht. Ich könnte weinen aus Mitleid, wenn ich an Lisa denke.« Tatsächlich ist der Kontakt zwischen Hans und Lisa fast eingeschlafen. Doch zu einem endgültigen Schlussstrich kann sich keiner von beiden entschließen.

»Andererseits liebt mich, das hast Du vielleicht schon gemerkt, das Kind Ute«, erzählt Hans weiter. »Du musst Dir die Mentalität eines vollkommen reinen, 15-jährigen Mädchens vorstellen. Ihre Liebe ist so ungemein echt und wahr, dass es ein Verbrechen wäre, sie umzustossen. Aber Ute ist ein reines Kind. Vielleicht hatte ich so ein Verlangen nach Reinheit, als ich zurückkam. Ute ist eigentlich mehr eine Blume, die man schützen muss. Ich hatte Lisa unheimlich geliebt. Ute nicht. Ich bin ihr mehr der grosse Bruder. Aber ich sehe, wie sie aufblüht, seitdem sie mich kennt.« Wie die Szenen sich gleichen. Die ersten Briefe aus der Beziehung mit Lisa waren ebenfalls voller Elternverbote, und jetzt darf Hans Ute nicht allein besuchen, immer ist jemand von ihrer Familie dabei.

Mit wem will er zusammen sein? Mit Lisa, in die er maßlos verliebt war? Mit der er sich ein gemeinsames Leben aufbauen wollte? Erst ist er froh gewesen über die Trennung von seiner jüngeren Freundin, so würde die Sehnsucht wachsen. Aus Frankreich hat er ihr ein Armband mitgebracht, die Familie Remppis reich mit Geschenken aus Paris bedacht. Inzwischen glaubt der Medizinstudent, er sei nicht mehr der richtige Partner für Lisa.

Will er mit Ute zusammen sein? Die Schülerin, die 15-Jährige, die ihn bewundert – die er aber nicht liebt? Womöglich gibt es deswegen Konflikte mit seinem Freund und Mitbewohner Hellmut.

»Es ist gut, dass ich selbst sehr in die Arbeit eingespannt bin«, beendet Hans seine Schilderungen, als er Inge schreibt. »Ich bin keineswegs unglücklich. Ich bin kein Knabe mehr. Ich habe schon ein gewisses Vertrauen zu meinen eigenen Werten. Aber ich weiss, wieviel Verantwortung ich den beiden andern gegenüber trage. In diesen Jahren entscheidet sich der Mensch und was da versäumt wird, kann er nie mehr gutmachen.« Die Arbeit übertönt die Gefühle. Eine Entscheidung verschiebt er auf Januar, wenn die Prüfung bestanden ist. Und vielleicht kann Inge in der Zwischenzeit helfen …?

Acht engbeschriebene Seiten schickt Inge los. Deine Liebe zu Lisa hat sich verändert?, schreibt sie zurück. Doch schon fast ein Jahr lang! Seit dem Skilager in Schindelberg. Erinnerst Du

Dich an Dein seltsames Verhalten zu Ostern, als Lisa bei uns war? Dein Schweigen während der Frankreich-Monate? Und sie erinnert ihn: Weißt Du nicht mehr, was Du von Deiner Freundin gefordert hast? Lisa solle sich nur noch an Dich halten – und nicht mehr an ihre Mutter, weil diese kein Halt sei. »Ahnst Du, lieber Hans, welchen gewaltigen Schritt Du damals getan hast?«, will sie wissen. Damals habe ihr der Mut gefehlt, Hans »in seiner Heftigkeit« zu widersprechen. Er wollte Lisa fest an sich binden, doch vielleicht war er selbst noch zu jung? Jetzt müsse Hans sein Herz von Lisa lösen, empfiehlt Inge. Zugleich überlegt sie, wie man Lisa trösten könne. Auch »dem Kind Ute« gegenüber solle Hans Geduld zeigen. Bleib ihr Bruder, rät Inge, und erhalte ihr die Kindheit. »Wie hast Du Dich klargeschrieben«, lobt sie dann; dies sei ja oft schon der erste Schritt, um sich zu entscheiden.

Als Inge den fertigen Brief noch einmal durchliest, kommen ihr Zweifel: Soll sie ihn absenden? Tritt sie ihrem jüngeren Bruder damit zu nahe? »Ich wage es«, beschließt sie. Damit beginnt eine neue Verbindung zwischen den beiden Geschwistern. Inge ist nicht mehr nur diejenige, die für ihre Geschwister Pakete zurechtmacht und Bürokratisches regelt. Aus seinen wechselnden Unterkünften – den Kasernenstuben, Lazaretten und Studentenzimmern – wird Hans seiner Schwester nach Ulm schreiben, und sie wird zu einer Vertrauten in seinem Leben werden. Werner Scholl, drei Jahre jünger als Hans, ist 1940 noch in der Schule. Die »mittleren« Schwestern, Elisabeth und Sophie, arbeiten im Krankenhaus bzw. im Kinderheim; gerade Sophie ist von ihrer Ausbildung zur Kindergärtnerin zeitweise völlig erschöpft. Überdies hat sie genug eigene Probleme mit ihrem Freund Fritz. Inge und Hans, die beiden Ältesten der Scholls, werden sich in Zukunft verstärkt austauschen.

Inge versucht auch, seine Situation in einen größeren Rahmen einzubetten: »Es ist so ungeheuer viel, was in diesem Jahr auf Dein junges Ich eingedrungen ist. Vieles Schwere und Außergewöhnliche hat sich in Deiner Seele niedergeschlagen und ich glaube, daß keine geringe Mühe und Kraft dazugehört, dies alles zu verarbeiten und in Dir aufzulösen. Nein, ich will keine Phrasen schreiben.« Zum Jahresende bemüht sie sich um ein Resümee, das Hans Scholl selbst nicht leisten kann, weil Anatomie, Physiologie und Chemie ihm keine Zeit lassen, über seine Probleme und sein Jahr nachzudenken.

Noch knapp zwei Wochen bis zum Physikum. Am Silvesterabend feiert Hans nicht, sondern trinkt nur ein Glas Wein mit einem Kollegen. Unablässig schneit es. Ski fahren – darauf hätte Hans jetzt große Lust. »Aber ich kann mich beherrschen«, schreibt er nach Hause. »Ich arbeite flott dahin. In vierzehn Tagen habe ich meine Ruhe.«

Er bleibt in München, während Inge, Sophie und Werner den Jahreswechsel im Lechtal verbringen, oberhalb Elbigenalp fast 1800 Meter hoch auf einer Hütte. Mit von der Partie sind Otl Aicher, Willy Habermann, ein frischgebackener Biologiestudent, und Lisa Remppis. In den verschneiten Bergen von Bernhardseck herrscht ein anderes Tempo als auf den letzten Metern vor der ärztlichen Vorprüfung: Sie stehen spät auf, gehen spät ins Bett. Sie üben im tiefen Schnee Telemark. Sie machen sich lustig über die schrillen Rufe einer Kuckucksuhr. Für die Abende haben sich die Scholl-Geschwister und ihre Freunde das *Tagebuch eines Landpfarrers* von Bernanos vorgenommen, das Hans aus Frankreich mitgebracht hat. Ski fahren und abends gemeinsam lesen: Die Freunde beginnen, solche Zusammenkünfte gezielt auszugestalten, und Otl Aicher wie Hans Scholl werden sich zu Ideengebern für diesen Kreis entwickeln.

Zwei Tage ist Inge mit Lisa Remppis allein auf der Hütte, als die anderen schon gefahren sind. Mit Sicherheit wird sie das Beziehungsproblem angesprochen haben. Bereitet sie die Jüngere sogar vor auf eine drohende Trennung? Sicher ist nur: Es wird noch einige Wochen dauern, bis zwischen dem Paar wieder Klarheit herrscht.

Von Hans' Beziehungsproblemen und Inges Lösungsvorschlägen ahnen die Eltern in Ulm nichts. Täglich denken sie an ihren Sohn und hoffen, dass er sein Physikum bestehen wird. Wie so oft sorgt die Mutter sich um sein Wohlergehen: »Kannst du auch tüchtig essen?« und »Ist es auch warm in Deiner Bude?«, will sie wissen. Die Prüfung ist ein Anlass, Hans' Uniform wieder einmal auf Vordermann zu bringen: Die Hose hat Lina Scholl geflickt, die Knopflöcher auch. Das Käppi schiebt die Mutter gleich in die Rocktasche, damit es nicht verloren geht. Gut verpackt geht die Uniform donnerstags auf den Weg, damit sie spätestens samstags in München ankommt.

Am Montag, den 13. Januar 1941, beginnen die Physikumsprüfungen, und sie gehen bis mittwochs. Nach drei Tagen ist alles vorbei, worauf Hans und seine Kommilitonen sich zehn Wochen lang vorbereitet haben. Er besteht mit ›sehr gut/gut‹.

Erleichtert fährt er am 19. Januar 1941 nach Ulm. Dort verbringt er viel Zeit mit Sophie: Die zwei haben sich in diesem Winter kaum gesehen. Neben dem Unterricht im Fröbelseminar und der praktischen Arbeit im Kindergarten bereitet sie sich auf ihre Abschlussprüfung vor. Sie hofft, damit um die lästige Arbeitsdienstpflicht herumzukommen. Ab Ostern könnte sie dann über ihre Zeit frei verfügen. Die beiden Geschwister gehen ins Konzert, sehen sich Sophies neueste Zeichnungen an, planen für später. »Es wäre wunderbar, wenn wir eine Zeitlang miteinander studieren könnten«, notiert Sophie. »Wir sind wie immer voller Pläne, unverwüstlich.«

Als Hans am 25. Januar 1941 wieder nach München fährt, kümmert er sich direkt um Sophies Studienwunsch. »Nun zur Sache!«, schreibt er nach Hause. »Sophie muss sich an beigelegte Dame wegen eines Ausgleichsdienstes wenden. Sie ist dafür allein massgebend. Als Ausgleichsdienst gelten zum Beispiel ›Kindergärtnerin‹. Sie soll der Frau, besser Fräulein einen Brief schreiben und ihr ihr Schicksal klagen, die Karte betr. Arbeitsdienst beilegen und ihr berichten, dass sie schon als Kindergärtnerin wo und wann und wie tätig gewesen sei. Dann wirds gut gehen!« Auch für sich hatte Hans etwas beantragt, kurz vor Weihnachten. Seit der Sanitätsschulzeit in Tübingen hat er immer mal wieder Latein gelernt, und vor fast einem Jahr ist er schließlich durch die Latinumsprüfung gefallen. In Göttingen und dann in Frankreich war keine Zeit, das nachzuholen. Nun wird Hans das kleine Latinum für das Physikum erlassen. »Ich habe einen Antrag geschrieben und dieser ist genehmigt worden«, berichtet er den Eltern. Sein erster Brief nach Hause klingt deutlich fröhlicher als die bisherigen. »1000 Grüße!« unterschreibt er übermütig und kritzelt noch dazu: »Es ist herrlich, dass ich jetzt viel lesen kann.« Seine Wirtin staunt, wie dick Hans zu Hause geworden ist. »Ach! Ich spüre es, wie gut ich mich erholt habe«, notiert er. »Ich möchte am liebsten einen Schrank entzweischlagen, solche unermesslichen Kräfte und Säfte haben sich in meinem Körper angesammelt. Mein Geist jedoch strebt nach zarteren Zielen.«

Kaum ist die Prüfung überstanden, erhält Hans Post von seiner Einheit. In etwas merkwürdig gehaltenem Deutsch wird er aufgefordert, eine amtliche Bestätigung der bestandenen ärztlichen Vorprüfung einzusenden. »Sie haben sicher vor, mich wieder zu holen«, fürchtet er und flucht: »Hol sie der Teufel!« Die Eltern und Geschwister rechnen fest damit, dass Hans bald wieder an die Front muss. Er selbst regt sich auf: »Es ist entsetzlich, dass uns in diesem Alter alle Wege versperrt sind, wo uns doch die Welt offen stehen müsste! Man kommt sich immer mehr als Gefangener vor. Hoffentlich ist dieser Krieg bald zu Ende!«

Nach Hause schickt Hans Anweisungen, welche Dinge er für den Studienabschnitt der Klinik braucht – eine Mappe, weiße Arztkittel und die Armbanduhr –, ohne zu wissen, wie lange er studieren darf. Sooft es geht, wandert er oder träumt von weiten Reisen: Nach dem Staatsexamen will er ein halbes oder ganzes Jahr auf einem Schiff anheuern, um die Welt kennenzulernen. Hans Scholls Briefe aus diesen Tagen sind voller Kritik am Krieg, den er mit »Ungerechtigkeit« in Verbindung bringt. Mehrfach verflucht er »sie«, die sie ihn wieder »holen« wollten. »Lange wird es nicht mehr dauern, dann ist mein bißchen Freiheit wieder zu Ende«, bedauert Hans Scholl seine Situation in einem Brief an Rose Nägele. Mit ihr, der Schwester seines Medizinerfreundes Hanspeter aus Stuttgart, hat er sich vor Weihnachten über Frankreich unterhalten. Bis gestern sei er in den Bergen zum Skifahren gewesen, und am liebsten würde er direkt wieder dorthin fahren: »Wenn Du mich begleiten könntest, wenn ich Deine Glöckchenstimme neben mir hörte, nein, man soll nicht daran denken. Verdammt, ich denke oft daran.«

Was Hans Scholl an der Universität lernen muss, findet in seinen Briefen kaum Erwähnung. »Heute waren wir zum ersten Male am Krankenbett« – das ist einer der wenigen Sätze während des ganzen Trimesters, die das Studium betreffen. Skifahren kommt ungleich häufiger vor. »Ich bin gegenwärtig immer unterwegs«, erklärt er, als er Rose wieder schreibt. »Es ist zu verlockend, alles im Stiche zu lassen und fortzulaufen. Oh, ich spüre wieder, was Freiheit ist. Ich trotte wieder die Landstraßen entlang und überlasse das andere dem lieben Gott, oder meinem plötzlichen Einfall, oder stecke mir ein Ziel, das ich erreiche, wenn ich es mag.«

Wieder spüren, was Freiheit ist. Bald beginnt der Schnee zu tauen, und Mitte Februar 1941 weht in Süddeutschland ein lauer Wind. Die Sonnenstrahlen wärmen wieder, Schneeglöckchen blühen, weiße Wolken segeln über den Himmel. »Ich möchte Ja sagen zu allem«, verkündet Hans, inspiriert vom Frühling, doch das Gefühl ist zwiespältig. »Ich möchte sagen, Ja, ich liebe Dich, ja, ich weiss den Weg, oh ja, es ist eine Wonne, ein Mensch zu sein. Dann schlägt mir jemand die Türe zu. Es ist wieder dunkel, Nacht. Ein kleiner Mensch, zusammengekauert, gedrückt von seinem Jammer, hockt im Dunkel, denkt, grübelt, erkennt, dass es umsonst ist, daß er es nicht erreichen wird. [...] Ich kann nicht weinen, daher fluche ich.« Dann gibt Hans zum ersten Mal zu: »Es kann sein, dass vieles Einbildung ist, dass der Krieg manches verschoben hat in meinem Gehirn.«

»Der Frühling ist schon sehr warm«, schreibt er an Rose, »vor allem die Nächte sind so weich, das macht mich unruhig.« Dass sie sich die Locken hat abschneiden lassen, freut Hans: Jetzt sieht sie bestimmt aus wie ein kleines Mädchen. Könnte Rose vielleicht einmal nach München kommen? »Komme bald, sofort«, fordert er sie auf. »Es hat ja keinen Sinn, wenn ich Dich in Stuttgart besuche. Dort sitzt Familie und bürgerliche Konvention und die Grenzen sind eng.« Es sei wichtig, dass sie sich sehen, schreibt Hans. Denn »Augen und Mund sprechen eine schönere Sprache« als Briefe.

Eine Möglichkeit gäbe es, dass Hans in Ruhe studieren könnte. Er denkt über eine UK-Stellung nach. Falls er für ›im zivilen Leben unabkömmlich‹ erklärt würde, könnte er zu Weihnachten 1942 mit seinem Studium fertig sein. Zugleich überlegt Hans, ob er die Universität wechseln soll. Es geht ihm auf die Nerven, »immer die gleichen größtenteils blöden Gesichter der

Kollegen und Kolleginnen« zu sehen. Viele der netteren Kommilitonen hätten sich zurückgezogen. Auch sein Freund Hellmut Hartert ist von München fortgegangen. Sie haben sich zerstritten. (Über die Gründe schweigen beide, doch schon bei ihren völlig unterschiedlichen Erfahrungen des Frankreich-Einsatzes gab es Differenzen. Womöglich ging es auch um Ute Borchers?) Während Hans auf die Nachricht wartet, dass er zum Studium freigestellt wird, erfährt er von zahlreichen Einschränkungen bei seinen Geschwistern und Freunden. Auch sie können nicht frei über ihr Leben bestimmen. Für Sophie ist immer noch nicht klar, ob sie studieren darf oder Arbeitsdienst ableisten muss. Und Sophies Freund Fritz Hartnagel berichtet von den Unruhen in den Niederlanden. Dort sei es zu massivem Widerstand in der Bevölkerung gekommen, als die Deutschen mit Aktionen gegen die Juden begonnen hätten. Überdies werden seine Lebensmittelpakete aus Frankreich und Holland seltener: Schokolade kann Fritz nicht mehr auftreiben; auch dort, wo er sonst vieles beschaffen konnte, sei es zurzeit »ziemlich ausverkauft«. Einzig Zigaretten schickt er, die Sophie »tropfenweise« an Hans weitergibt.

Doch die umfassendste Einschränkung geschieht nicht beim Militär oder an der Front, sondern in Ulm: Werner Scholls Klassenkamerad Otl Aicher wird, weil er nie in der Hitlerjugend war und sich weigert, pro forma einzutreten, vom Abitur ausgeschlossen. »Otto ist ziemlich ruhig«, schreibt Lina Scholl an Hans. »Daheim ist man freilich etwas enttäuscht.« Hans findet diesen Vorgang »sehr ärgerlich«. Aber Otl solle es um Gottes willen nicht tragisch nehmen: »Das darf man vorläufig nur das allerallernotwendigste. Wir müssen uns unsere Energie für kommende Zeiten bewahren.« Genau derselbe Wortlaut findet sich bei Sophie: »Man darf's nicht tragisch nehmen«, schreibt sie, als sie ihrem Freund Fritz von dem Abiturverbot berichtet, und fügt hinzu: »Unsere Eltern sind Gott sei Dank vernünftiger als Ottls.« Weil Werner Scholl sich hinter seinen Freund gestellt hat, ist im Februar 1941 ebenfalls unsicher, ob er sein Abitur machen darf. Schließlich wird er zugelassen; doch nach dem ganzen Ärger will er sein Abschlusszeugnis nicht bei der offiziellen Feier in Empfang nehmen. Hans wird es später in der Schule abholen. Hoffentlich ist dieser Krieg bald zu Ende, klagen sie dort, wo sie mit reduziertem Kollegium den Unterricht bestreiten müssen. Zahlreiche Ulmer Lehrer sind als Soldaten an die Front eingezogen worden.

Direkt nach dem Abitur muss Werner zum Reichsarbeitsdienst, dem Pflichtdienst für Jugendliche, den Hans 1937 in Göppingen abgeleistet hat. Jetzt verlasse auch noch ihr jüngstes Kind das Haus, klagt die Mutter in einem Brief an Hans. »Es ist mir jetzt schon Angst auf diesen Abschied, denn es ist nicht wie damals, als Du in den Arbeitsdienst zogst«, gesteht sie. Gleichzeitig sorgt sie sich, ob Hans wieder eingezogen wird. »Du bist nun schon gereifter und auch nicht unerfahren in den Schrecken des Krieges.« Ob er noch einmal ein paar Tage nach Hause kommen könne? Die Mutter ist nervös: »Hoffentlich holen sie Dich nicht vorher.«

Inzwischen hat Hans Scholl erfahren, dass er keinesfalls ›uk-gestellt‹ werden kann. Sein Chef sei »aktiv und stur«; letztlich hat er keine Hoffnung, dass seine Einheit ihn freigibt. »Dann habe ich noch zwei Monate eine sogenannte Freiheit«, kommentiert er ironisch. Auch wenn er an die Front muss, das nimmt Hans sich fest vor, will er sich seine innere Freiheit bewahren. In seinen Briefen an Rose Nägele klingt er jedoch bedrückt. »Ich bin gerade nicht der Jüngling, von Kraft gefüllt und mit beiden Beinen fest auf der Welt stehend. Eine verrückte Traurigkeit ist am Grund von allem, und darum möchte ich nicht schreiben. Verstehe mich recht. Ich meine nicht schwach nach außen hin, sondern eine innere individuelle Unsicherheit, die mit Schwäche eigentlich nichts zu tun hat. Auch nicht Unausgeglichenheit. Sondern man kommt sich manchmal etwas müde in der Welt vor, alles Streben nach dem Guten scheint hoffnungslos und überflüssig. Vielleicht sind dies Zeiterscheinungen. Dann sollte man sich allerdings überwinden können.«

Vieles hat in den Monaten vor Hans Scholls Prüfung brachgelegen, auch der Kontakt zu Freunden – und Freundinnen. Jetzt meldet sich Lisa Remppis. »Ich möchte nicht, daß noch länger Unklarheit zwischen uns herrscht«, fordert die 17-Jährige jetzt. Der Ausdruck ›Schluss machen‹ fließt ihr nicht aus der Feder. »Ich glaube, Dir selbst ist das alles auch längst klar geworden u. ich kann es nicht verstehen, daß Du Dich die ganze Zeit über derartig passiv verhalten konntest u. daß es Dir überhaupt möglich war, einigermaßen frei zu leben – ich konnte es nämlich wirklich nicht. Ob es Dir noch nötig erscheint, mir etwas zu schreiben?«

Ein Jahr ist es her, da schrieb Hans an Lisa: »Ich spüre, wie ich anders werde, seit ich von Dir fortging. Man soll sich nicht davor fürchten, alles bis auf den Grund durchzudenken.« Während der langen Monate, in denen er in Kempten, Bad Sooden und Göttingen, dann an den wechselnden Orten in Frankreich war, haben sie sich kaum geschrieben.

Jedenfalls zerbricht die Freundschaft zwischen Hans und Lisa in diesen Tagen, Ende Januar oder im Februar 1941. Zuerst wollte sie sterben, notiert er überwältigt. Es dauert einige Zeit, bis Lisa sich wieder bei ihrer besten Freundin meldet. »Ich kann schon sagen (hoffentlich klingt es Dir nicht phrasenhaft)«, schreibt sie an Sophie nach Ulm, »daß er ein gut Teil von mir selbst und vor allem von meinen Gedanken geworden war, u. auf einmal soll alles nur noch Vergangenheit sein, u. man selbst soll allein, noch alleiner, seine Schrittlein setzen.« Manches

Herzeleid wird Sophie sich noch anhören müssen, das kündigt Lisa an. Doch die Freundschaft zwischen den beiden Mädchen wird nun inniger, weil Lisa und Hans fortan nichts mehr verbindet.

Eine weitere Sache ist noch ungeklärt. Nun beschließt Hans: Er will Ute nicht mehr treffen. Auch dieses Mal erfährt es nur Inge: »Gestern« – inzwischen ist es der 9. März 1941 – »war ich in Tölz zu Gast. Seit vier Wochen wieder und wahrscheinlich mein letzter Besuch dort. Mit Frau Borchers verbindet mich eine herzliche Freundschaft, und der kleinen Ute muss ich wider alle meine Gefühle ihre Kindlichkeit lassen, wie es mir mein Verstand vorschreibt. (Das ist nun allerdings mit einer Zigarette nicht abgetan.)« Inge wird ihm darauf antworten, wie froh sie seine Entscheidung macht. Hellmut Hartert, der oft mit Hans und Ute Zeit in Bad Tölz verbracht hat und an dieser Liebe mit eigenen Gefühlen teilnahm, ist vollkommen überrascht. Als Hans von seinem letzten Besuch in Bad Tölz die reichlich 50 Kilometer nach München zurückradelt, herrscht ein phantastisches Wetterleuchten, wie er es in einer solchen Pracht noch nie gesehen hat. Das Gewitter tobt in westlicher Richtung, sehr weit weg, vielleicht über Ulm. Über eine Stunde lang beobachtet er, wie die taghellen Blitze am Himmel irrlichtern. Wie hat Ute seinen Entschluss aufgefasst? Wir wissen nicht einmal, ob Hans ihn ihr überhaupt mitgeteilt hat. Er möchte einfach nicht mehr dorthin fahren; auch eine Art von Problemlösung.

»Liebe Inge! Ich muss Dich unbedingt um Geld anpumpen!«, fällt er bei seiner großen Schwester mit der Tür ins Haus. »Schändlich. Aber wenn ich es bei Anderen täte, wäre es noch schändlicher. Ich habe mich nämlich mit Rose Nägele verabredet zum Skifahren. Rose ist zur Zeit in Montafon (Arlberg). Es ist außerordentlich lieb von ihr, dass sie meinetwegen diesen weiten Weg macht, nun kann ich mich nicht auch noch von ihr verhalten lassen. Ein bißchen Ehrgefühl habe ich doch noch im Leib. Schicke mir deshalb bitte gleich 20 RM. Zahle sobald wie möglich zurück.«

Postwendend schickt Inge ihm 30 Reichsmark – von einer Rückzahlung will sie nichts wissen –, und Vater Scholl legt 10 Mark dazu. (Lisa Remppis erfährt von diesem Treffen übrigens keine drei Tage später durch Sophie.)

Das gemeinsame Skifahren um den 15. März 1941 ist für Hans und Rose der Beginn einer neuen Beziehung. Glücklich fährt Rose nach Hause. »Weißt Du«, gesteht sie Hans, »ich hätte Dir damals so gerne einen kleinen herzhaften schwesterlichen Kuss auf Deine Backe gedrückt, so dankbar war alles in mir gegen Dich – ich war feige …« Hans will sie bald in Stuttgart besuchen. Viel gemeinsame Zeit bleibt den beiden frisch Verliebten nicht. Denn für Rose steht ein Umzug bevor: Sie wird vom 1. April 1941 an auf einem Bauernhof am Bodensee mitarbeiten. Eigentlich freut sie sich auf ihr neues Leben. »Du sollst Dich mit mir freuen«, bittet sie Hans eindringlich, »auch unsere Liebe wird rein und gut dadurch bleiben. Und wenn Du im Krieg bist, werde ich Dir von der Erde und der Sonne[,] vom Korn und den Blumen erzählen, und Du wirst froh werden und an eine Zukunft glauben; oder nicht? … Du mußt, Du mußt, ich will es, ich hab Dir doch erzählt daß ich manchmal laut schreie, jetzt auch, hörst Du.« Muss ihr Freund wieder an die Front, ins »dunkle Polenland«? Rose scheint fest damit zu rechnen. Einerseits gefällt ihr Hans in seiner Uniform, andererseits hasst sie alles Militärische. Für sie klingt es »toll gewöhnlich«, wenn sie von »meinem Soldaten« spricht.

An einem der ersten Abende auf dem Kappelhof packt Rose die Unruhe. Sie läuft in eine menschenleere Gegend, betrachtet die Wolken und Sterne. In Gedanken geht Hans neben ihr, aber er gibt ihr seine »liebe gute braune feste Hand« nicht. Dann fällt

Rose wieder der Krieg ein. (Sie weiß noch nicht, dass Hans schon eine Postkarte an sie abgeschickt hat. So wie es aussieht, hofft er – »Vielleicht. Es wäre herrlich« –, bald weiterstudieren zu können.) »Weißt Du noch, es scheint mir schon eine kleine Ewigkeit, da spottete ein Hans so über eine gewisse bürgerliche Treue in seiner Umgebung, war es nicht so«, will sie wissen. Sie, die weit weg von Ulm und dann von München ist, grübelt wieder und wieder, ob sie die einzige Frau in Hans Scholls Leben ist.

»Du stellst eine Frage an mich, die ich Dir nicht beantworten werde. Treue ist ein Gefühl. Ich fühle auch. Aber ich spreche nicht aus, noch weniger schreibe ich«, erklärt Hans kategorisch. Dann führt er doch etwas aus: »Wenn ich mir Treue im bürgerlichen Sinne (und wir wollen die Begriffe lassen, wo sie sind) zum Grundsatz mache, schränke ich mich ein. Wenn ich liebe, liebe ich uneingeschränkt. Es hat hier nichts anderes mehr Raum.« Treue könne zwei Menschen zwar verbinden, aber nicht leiten. Er, der die Frage eigentlich nicht beantworten wollte, fügt nun komplizierte Beispiele und Einschränkungen an, die für den Mann gelten sollen und für die Frau nicht. Abrupt endet er: »Ich bin unterbrochen worden, morgen schreibe ich Dir wieder.« Aber im nächsten Brief geht er auf die Treue überhaupt nicht ein. Erst Tage später kann Rose lesen: »Wenn es notwendig wäre[,] noch einiges auf die Frage ›Treue‹ zu antworten, würde ich es sagen können. Aber es ist vollkommen überflüssig. Jedoch Deine Gedanken würde ich gerne hören, wenn es bei Dir sich ausdrücken lässt.«

Es dauert eine Weile, bis Rose antwortet. Und sie wird bereuen, was sie mit ihrer Frage ausgelöst hat: »Oh hätt ich nie von Treue mit Dir gesprochen, weißt Du ich bin zu egoistisch. Du bist noch so jung«, lenkt sie ein. »Versteh alles recht was ich Dir ganz lieb und leise sagen möchte. Weißt Du ich möchte, daß Du nur ein ganz kleines Fleckchen Deines Herzens für mich übrig hast nur ein kleines im übrigen aber wieder ganz ruhig wirst für das was die Zukunft Dir« – dahinter schreibt Rose winzig klein in Klammern: ›mir‹ – »bringen wird.«

Inzwischen bereut auch Hans seine komplizierten Ausführungen, die die Freundin bestimmt beunruhigt haben. In Zukunft will er sie mit seinen Briefen nicht mehr verwirren, sondern regelmäßig berichten, welche Gedanken sein Dasein »erhellen«.

Es rührt Rose an, mit welcher Begeisterung Hans über das Landleben schreibt – als habe er geahnt, dass sie für die strapaziösen Anfangstage Unterstützung braucht. »Ich beneide Dich um Dein neues Leben«, kann sie lesen, wenn sie von der Landarbeit erschöpft ins Bett sinkt, und: »Ich hätte auch Bauer werden sollen; das ist doch der einzig wahre Beruf des Menschen.« Ein anderes Mal macht er sich Gedanken über Roses Gesundheit, die unter der vielen Arbeit leiden könnte, und rät ihr, ausreichend zu schlafen. »Und was das Fleckchen meines Herzens betrifft, das Du Dir auserwählt«, beendet Hans sanft die Treue-Diskussion, »so nimm lieber doch das Ganze, nimm es leise, wie es Deiner Art entspricht, ich bleibe trotzdem, der ich bin. Wir ›besitzen‹ uns ja nicht, sondern wir lieben uns.«

Hans' Einheit ist immer noch nicht abkommandiert worden ins »Polenland«. Zugleich werden zahlreiche polnische Zwangsarbeiter nach Deutschland verschleppt. Auch auf dem Bauernhof, wo Rose Nägele arbeitet, ist ein Pole eingesetzt, mit dem sie Kontakt hat. Sie wird von nun an manchen Brief scherzhaft mit »Ruschka« unterzeichnen.

Wie schon im vergangenen Jahr sind die Frühlingstage für Hans Scholl eine Zeit des Wartens und der Ungewissheit. Einstweilen arbeitet er im Treuhandbüro seines Vaters mit. Nur die Abende gehören ihm allein. »Ich bin immer noch ein wenig wie betäubt und diese Nächte«, schreibt er seiner Freundin liebestrunken. »Der Frühling ist eine neue Probe. Ja die Nächte sind grau und schwer allein sie zu durchwandern, seitdem ich von Dir in eine andere Welt geführt worden bin. Oh Rose, wäre ich Dein Bruder, so liebe ich Dich allzu sehr.« Drei Briefe hat er ihr schon geschrieben, ohne eine Antwort zu erhalten. »Ich sehe die Wolken anders. Es sind schwarze Träume die auf mich zufliegen, weich, verworren, und doch süss, wie wenn man zuviel des schweren Weines getrunken hätte.«

In ihm streiten die Widersprüche des Verliebtseins. Seitdem er in Ulm angekommen ist, hat Hans im Stillen auf seine Freundin gewartet. »Du kennst meine dunklen Seiten noch nicht«, erklärt er bedeutungsschwer, »dass ich nämlich in solchen Dingen erschreckend sensibel und grausam anspruchsvoll zu sein beliebe. Im übrigen hält man mich jetzt für einen ruhigen Bürger.« Im Innern ist Hans Scholl keineswegs ruhig. Er befindet sich in einer sonderbaren Stimmung, wie in seinen besten Jünglingsjahren. »Ich liebe Dich in aller Deiner Dunkelheit«, beteuert er Rose gegenüber. Nachmittags beginnt er Briefe an sie, nachts schreibt er im Schein der Lampe weiter. Einmal, im April, geht Hans – wie so oft – am Fluss spazieren, und die Wellen der Donau kommen ihm vor wie fließendes Silber im Mondschein. Wieder denkt er über Treue nach: »Die Hinneigung zu Dir gleicht nicht jenem Strohfeuer, das hell auflodernd schon wieder versinkt in traurige Asche. Eine Glut aus groben Scheiten glüht immerfort, glüht heiss. Warum da von Treue reden?« Seine Rose wird abends sehr müde sein, vermutet er, »oh wäre ich nur auch einmal wieder vollkommen zufrieden müde«. Die Freundin wird ihm antworten: »Aber Hans du träumst so unendlich viel«.

Rose kommt nicht nach Ulm, stattdessen kommen zuerst ihre kleine Schwester Eve, dann ihr Bruder mit ihrem Vater auf Besuch. Eve, »dieser kleine Engel«, erinnert Hans in manchem an seine Freundin, und er scheint sich gut mit ihr zu verstehen; in Gesellschaft von Roses Brüdern Nico und Hanspeter fühlt er sich hingegen »ziemlich verlegen«. Dabei hat er mit Hanspeter viele Berührungspunkte: Gemeinsam haben sie in Tübingen die Sanitätsschule besucht. Beide sind 1938 wegen bündischer Umtriebe angeklagt und amnestiert worden. Beide waren in Frankreich beim Westfeldzug eingesetzt. Roses und Hanspeters Mutter stammt aus dem Elsass, ihr Vater ist Arzt in Stuttgart. Hans habe ihnen seine Schwester entführt, scherzt Hanspeter – und der sonst so eloquente Medizinstudent wird rot und will am liebsten davonlaufen.

Der Besuch der Nägeles lenkt etwas vom Abschiedsschmerz ab: Sophie verlässt das Elternhaus. Um 16.25 Uhr bringen sie sie an den Zug. An diesem 6. April 1941 beginnt ihr Arbeitsdienst. Sie muss in Krauchenwies antreten, einem kleinen Ort bei Sigmaringen an der oberen Donau.

Zusammen studieren mit Hans kann sie frühestens in einem halben Jahr. Obwohl Sophies Prüfung zur Kindergärtnerin gut verlaufen ist und sie mit einer Zwei bestanden hat, ist ihr dies nicht anerkannt worden. Wenn sie studieren will, muss sie vorher zum Arbeitsdienst. Als sie fährt, sagt sie zu Hans und Hanspeter: »Ihr Männer habt's halt guet. Aber ich gönn's euch.« Wie paradox, dass die beiden Soldaten an die Universität zurückdürfen und ihre jeweils jüngeren Geschwister zu Pflichtdiensten beordert werden.

Dabei hatte Sophie Scholl schon so vieles geplant! Biologie sollte nun ihr Studienfach werden; finanziell unterstützen wollte sie ihr Freund Fritz. Während sie nach Krauchenwies fährt, beginnen Panzerverbände in Richtung Balkan vorzustoßen, wohin man auch ihren Freund Fritz Hartnagel abkommandieren wird. Er und Sophie werden sich monatelang nicht wiedersehen. Denn der junge Offizier wird in diesen Monaten nach Jugoslawien, dann nach Breslau, zurück nach Münster in Westfalen und schließlich nach Ostpreußen verlegt.

Sophie sitzt dagegen in Krauchenwies fest. Die neuen Arbeitsmaiden dürfen das Lager vorerst nicht verlassen. Sogar die üblichen Heimreisesonntage, mit denen die 19-Jährige bereits fest gerechnet hat, sind bis auf weiteres gesperrt. Nicht einmal für Familienfeiern gibt es Ausnahmen, und so fehlt Sophie beim 50. Geburtstag ihres Vaters, den die Scholls am Ostersonntag feiern wollen. Aber auch Hans fehlt zunächst: Er trifft sich heimlich mit Rose Nägele am Bodensee, wo sie im Regen wandern gehen.

»Die Liebe ist wahr«, denkt Hans Scholl auf der Heimfahrt nach Ulm. Andere sollen ihre Verbindung nicht mit gemeinen Augen betrachten: »So erzählte ich von alldem nichts zuhause.« Spätabends kommt er an – er sagt, er sei direkt aus München angereist –, während seine Familie immer noch Geburtstag feiert.

»Du bist die Schönste unter den Rosen«, schreibt er der Freundin gleich am nächsten Tag, »wann zeigst Du mir Deine Dornen?« Wieder einen Tag später schwärmt Hans: »Wie bin ich glücklich! Wenn auch noch viele Stürme über unsere Seele dahinbrausen mögen, wir finden zurück in das Gleichgewicht unseres Daseins. So sehr wir auch dem jugendschönen Gotte Eros huldigen, das Fundament unserer Freundschaft ist ein rein geistiges im allumfassenden Sinne. Dass dies für die Zukunft wichtig sein wird, weiss ich. Es gibt Dinge, die weit über die Geschlechter hinausgehen, wenn sich in klarem Geiste zwei Menschen, nicht Mann und Frau, gegenüberstehen, um ›Ja‹ zu sagen.« Rose und Hans, das bringen beide in ihren Briefen zum Ausdruck, fühlen sich verbunden, weil sie sich im Innersten ähneln. Wiederholt schreiben sie von ihrer eigenen Dunkelheit. Hans betont, wie erschreckend sensibel und grausam anspruchsvoll er sei.

In den Wochen nach dem Physikum hat Hans Scholl sein Leben neu geordnet, und dazu gehört auch die Beziehung zu Rose. Bisher hatte der Student sich mit Lisa Remppis und Ute Borchers jüngere, »natürliche« Mädchen als Freundinnen ausgesucht, mit denen er gerade nicht philosophieren konnte. Künftig lässt er Rose Nägele an seiner geistigen Entwicklung teilhaben. Er erwartet viel von dieser Beziehung. »Ich weiss wie sehr meine Hand zittert«, schreibt er an seine Freundin, »wie alles unklar, Aufruhr, Jugend, Wollen ist, Bewegung ist in allen Gedanken, aber eine Macht zeigt den Weg, unsichtbar, aus dem Feuer der Liebe entstanden, rein und neu.« Doch ihm fehlt auch ihre Nähe. Es drängt ihn, sie wiederzusehen: »Übrigens ist vor Pfingsten Himmelfahrt und vor Himmelfahrt 1. Mai. Wir könnten uns doch sicher treffen, ohne dass Dein Bauer davon erfährt.« Er sei so allein, seit er sie liebe.

Bevor die Ferien enden, muss Hans Scholl für sein Medizinstudium ein Praktikum absolvieren, eine Famulatur im Krankenhaus. Dazu ist er im April 1941 in ein oberbayerisches Lazarett abkommandiert worden. Was ihn dort in Miesbach erwartet? »Mieses wahrscheinlich«, scherzt er mit Sophie. Um ihn soll die Schwester sich jedoch keine Sorgen machen, er habe in den drei langen Jahren beim Militär gelernt, Wesentliches von Unwesentlichem zu unterscheiden.

Alle Wege seien ihnen, den jungen Leuten, versperrt, hat der junge Soldat nach dem Physikum beklagt. Wie gefangen fühlte er sich in den Zeiterscheinungen, dem Militär, dem Krieg. Doch Hans probt nicht die Rebellion, sondern sucht Strategien, um Energie zu sparen.

Er, der früher als Hitlerjugend-Führer stolz war, Teil einer größeren Gruppe zu sein, versucht sich jetzt, wo immer es geht, von der Masse abzugrenzen. »Trotz alldem bin ich Sozialist bis auf die Knochen«, notiert er, und seine Bemerkung zeigt, wie schwierig die Einordnung seiner Gedankenwelt ist, gerade im Hinblick auf seine politische Einstellung.

Marschieren mit den Kameraden, so beschreibt Scholls Kamerad Josef Gieles seinen ersten Tag in Miesbach. Karteimäßige Erfassung, Ausstellung des Soldbuchs, der Erkennungsmarke und des Laufzettels. Einstellungsuntersuchung beim Truppenarzt. Langes Warten an der Bekleidungskammer, der Zahlmeisterei, beim Rechnungsführer und bei der Schneiderei. Verteilen auf die einzelnen Unterkünfte.

Wieder spüren, was Freiheit ist: Auch in Miesbach erprobt Hans Scholl seine Methoden, sich der Masse zu entziehen. Um abends in Ruhe lesen zu können, nimmt er sich ein Pensionszimmer. Gerade das Lesen kann eine Hilfe sein, etwa die »überaus schöne« *Novelle auf Sizilien* von Karl Benno von Mechow, die gerade in der *Frankfurter Zeitung* erscheint. (Kurz darauf wird Hans mit dem Verfasser per Brief Kontakt aufnehmen – und ihm später, im Sommer 1942, die ersten Flugblätter zusenden.) »Das ist eine Lektüre, die den Menschen aufbauen hilft«, empfiehlt Hans und appelliert an Sophie: »So wird sich immer ein Türlein finden, durch das man hinauswirbeln kann, für Minuten frische Luft atmen kann, auch bei Dir im Arbeitsdienst.« Was sich für ihn bewährt hat, empfiehlt er seinen Geschwistern: Sie sollen sich ihre Energie für bessere Zeiten bewahren, sich innerhalb ihres beschränkten Rahmens kleine Freiheiten suchen.

Ihr gelingt es immer wieder, antwortet ihm Sophie, sich einen kleinen Freiraum zu verschaffen. Ostentativ liest sie den *Zauberberg* von Thomas Mann (Hans hat die zwei Bände für ganze 20 Reichsmark in München antiquarisch ergattern können, und das, obwohl der Verfasser mit seiner jüdischen Frau längst emigriert, seine Münchner Villa von der SS beschlagnahmt und das ganze Inventar versteigert worden ist). Manchmal genügt es Sophie schon, wenn sie sich davonschleichen kann, um verbotenerweise Zigaretten zu rauchen oder im weitläufigen Park zu sitzen, der ihr Reichsarbeitsdienst-Lager umgibt. Sie habe sich ein dickes Fell zugelegt, schreibt sie.

Hans berichtet dies gleich weiter an ihren Bruder Werner, der inzwischen ebenfalls »Arbeitsmann« ist: »Von Sophie habe ich gehört, dass sie sich im Grunde aus diesem ganzen Getue des Arbeitsdienstes nicht viel macht. Du hoffentlich auch nicht. In diesem oberflächlichen Bereiche gilt der wahrhaftig Wilde'-sche Satz: Nur Geistig Verlorene streiten.« Werner soll den Kopf nicht hängen lassen, »das Schlimme trifft nicht zu. *Au contraire!*«

Nicht nur Sophie und Werner, sondern auch die anderen Mitglieder seiner Familie will Hans aufmuntern. Als er nach dem Miesbach-Aufenthalt zurück zu den Eltern und Inge nach Ulm fährt, herrscht dort eine merkwürdig gereizte Stimmung. Der Vater ist neuerdings überzeugt, dass der Krieg doch etwas länger dauert. Und die Mutter beklagt, wie viele Menschen dem »Moloch Krieg« inzwischen geopfert worden sind, dabei sei das Ende noch lange nicht abzusehen. Von den Nägeles haben sie erfahren, dass Roses Vater in den Osten muss. Sein Wunsch, als Chefarzt nach Tübingen zu kommen, hat sich damit zerschlagen. Wie sich der Krieg nun weiterentwickelt? Bestimmt muss Hans wieder an die Front! Das fürchten die Eltern, während Werner und Sophie sich im Reichsarbeitsdienst quälen und Elisabeth sich zur Schwesternausbildung in Tübingen aufhält. Mutter, Vater, Inge – auf diese drei Personen ist die Familie nun geschrumpft. Dass Hans gerade in dieser angespannten Situation bei ihnen war, hat Inge Scholl als besonders beruhigend empfunden. Immer wenn die Stimmung zu kippen drohte »bei uns drei arg nervösen Hinterbliebenen«, dann »legte sich seine Ruhe und Heiterkeit darüber wie eine Schaufel voll Erde«. Über die Aufmunterungen hinaus macht Hans sich nützlich: Er gräbt für die Mutter den Garten um. Außerdem repariert er Inges Fahrrad, montiert einen neuen Schlauch und Mantel, ein neues Schloss und sogar elektrisches Licht.

Am 22. April 1941 endet Hans Scholls Urlaub. Vier Tage vor Studienbeginn weiß er lediglich, dass er in München weiterstudieren soll. »In welcher Form«, schreibt er an Rose, »ob kaserniert oder privat, in Uniform oder zivil, ist bis heute noch nicht entschieden. Letzten Endes auch unwichtig.«

Alle Wege versperrt, wo ihnen doch die Welt offenstehen müsste! Wie ein Gefangener komme er sich vor, hatte Hans Scholl nach dem Physikum geklagt. Doch in diesem Frühling waren ihm einige Monate Schonfrist vergönnt, in denen er wandern und reisen konnte. Ab Ende April 1941 studiert er weiter Medizin an der Universität München, nun im Rahmen einer Studentenkompanie. Wieder ist er in einer militärischen Umgebung gefangen.

»Unsere Kaserne ist grauenhaft«, schreibt Hans über sein neues Quartier. Untergebracht ist er in einer umfunktionierten Schule, der Bergmannschule, mit siebzehn anderen auf einer Stube, die bisher ein Klassenzimmer war. In der Mitte stehen ein, zwei lange Tische. Jeder hat einen Doppelspind und ein Bett mit einigen Decken. Waschen sollen sie sich mit einer Schüssel bei den alten, dreckigen Becken im Abort. Die Verpflegung klappt noch nicht, auch Essensmarken haben sie bisher nicht bekommen. »Denk Dir mal«, beschreibt ein Kollege ihre gegenwärtige Situation, »Du seiest unformiert, müßtest in einer alten Schule wohnen, mit 15 anderen auf einem Zimmer, es seien keine Waschgelegenheiten da, Du dürftest über Deine Zeit überhaupt nicht mehr frei verfügen, Du habest kein Recht auf freie, Dir gehörende Zeit mehr, Du habest oft Dienst, auch an manchen Abenden und bis zum Schluß – Du seiest unter 300 Ziffern irgendeiner ganz unbedeutender, eben nur eine Nummer, sonst nichts.« Wie man unter diesen Umständen vernünftig lernen soll, wenn die Vorlesungen beginnen, ist kaum auszudenken: »Bis halb zwei [nachts] ist überhaupt keine Aussicht, einzuschlafen. Ein ständiges Kommen, Gehen, Gepolter, Geschrei, Gejohle …« Nach zwei Tagen in der eiskalten Kaserne setzt sich dieser Leidensgenosse aufs Rad und fährt abends nach Hause. Er wird fortan wieder bei seiner Familie übernachten.

Der Dienst besteht einzig darin, anzutreten und zu warten, beschwert sich Hans bei seinen Eltern. Es sei »trostlos«. Wieder spüren, was Freiheit ist. Die Momente dafür werden selten. »Würdest Du mich jetzt in der Sonne liegen sehen, Du müsstest laut lachen«, vermutet Hans, als er Rose den ersten Brief aus der neuen Umgebung schreibt. »Ich liege auf dem Bauch an einem Waldesrand, den Du kennst, Rock, Koppel, Seitengewehr und Mütze, welch antimilitärisches Stilleben, neben mir.«

Massenunterkunft. Wenn er sich an diese Zustände erinnere, dann komme ihm noch heute die Galle hoch, schreibt Hellmut Hartert, mit dem Hans das Zimmer am Athener Platz geteilt hat. Prag wäre doch eine Alternative! Dort könne man ohne jede militärische Verpflichtung weiterstudieren und dem Massenquartier entgehen. Hans bräuchte bloß einen Antrag an den Prager Studentenführer zu schicken, und Hellmut würde alles Weitere erledigen. »In wenigen Tagen«, wirbt er für diese Möglichkeit, »könntest Du mit Passierschein ausgerüstet die Reise antreten.« Aber in Prag wäre er noch weiter weg von seinen beiden Haltepunkten, der Familie und seiner Freundin. Hans Scholl hat eine andere Idee, wie das Kasernenleben erträglicher werden kann. Keinesfalls wird er in der Bergmannstraße bleiben! »Ich suche mir ein nettes Zimmer«, plant er, »melde mich gehorsamst zum Dienstappell, schlafe auch des nachts im allgemeinen in der Kaserne und führe im übrigen ein Leben nach meinem Geschmack, soweit sich dies eben verwirklichen lässt.« Seinen Plan setzt er rasch in die Tat um: Schon am nächsten Tag schreibt er an Sophie, dass er eine neue Unterkunft gefunden hat.

Sie, die ab April mit ihm studieren wollte und nun in einem Reichsarbeitsdienstlager rund 30 Kilometer nördlich vom Bodensee festsitzt, versucht er zu trösten: »Ich weiß Dir auch nicht mehr zu erzählen, als Du mir.« Seine Schwester ist gemeinsam mit zehn Mädchen in einem Schlafraum untergebracht, muss zu zahllosen »Strumpf-, Zahnglas-, Hemden- und Handtuchappellen« antreten, vom kollektiven Hören der Nachrichten und vom weltanschaulichen Nationalsozialismus-Unterricht gar nicht zu reden. Sophies einzige private, nur ihr gehörende Zeit nimmt sie sich nachts, wenn sie mit der Taschenlampe unter der Bettdecke liest. Doch der Arbeitsdienst gehe rasch vorbei, ermutigt Hans seine Schwester, »glaub es mir«.

Arbeiten, ausruhen, sich umkleiden – im Gegensatz zu Sophie kann er sich wenigstens stundenweise der Massenunterkunft in der Kaserne entziehen. Eine reichliche Viertelstunde braucht man, um von der Kaserne in der Bergmannstraße zu seinem neuen Zimmer zu laufen, das für ihn ein »Geschenk des Himmels« ist. 50 Reichsmark kostet ihn das monatlich, was seine Mutter ganz schön teuer findet, aber akzeptiert. In diesem Refugium fühlt sich der 22-Jährige wohler als in der »ewig grauen militärischen Umgebung«. Er ist froh über jede Stunde, in der er die schweren Militärstiefel nicht tragen muss: »Gleich nach dem Dienst lege ich den schmutzigen, engen grauen Rock ab und trage vernünftige Kleider. Welche Erleichterung!«

Nun wohnt er gleich neben der Paulskirche (wo heute die Massen von der U-Bahn-Station Theresienwiese zum berühmten Oktoberfestgelände vorbeilaufen). Wenn er aus dem Fenster schaut, kann er die Kinder sehen, die auf dem Platz unter den Bäumen spielen. Den ganzen Nachmittag scheint die Sonne in sein Fenster, bis sie schließlich hinter der Kirche verschwindet.

»Mein Zimmer ist groß und hat hohe Wände«, gibt Hans eine Führung durch sein neues Reich. »Es hat nur ein Fenster, das aber sehr groß ist und etwas vorgebaut ist, sodass ein kleiner Erker entstanden ist, in dem sich ein Tisch mit altertümlichen Stühlen befindet. Hier schreibe ich meine Briefe und lese des nachmittags in meinen geliebten Büchern. Abends sitze ich gewöhnlich an einem Schreibtisch ganz aus Eiche, auf dem eine Stehlampe ihr warmes Licht ausstrahlt.« Spätestens um 1.00 Uhr nachts muss Hans Scholl wieder in der Kaserne sein, um dort zu schlafen.

Kurz bevor die Vorlesungen beginnen, beschäftigt Hans ein Traum, der in Frankreich beginnt. Er unternimmt mit Rose, einigen Bekannten und Freunden eine Fahrt durch Paris. Seine Geschwister sind auch mit dabei. Die Gruppe ist bester Laune, als die U-Bahn voranrast. »Die Bahn verließ den dunklen Schacht«, schreibt er seiner Freundin, »schwebte auf hohen Geleisen zwischen Häusern und Türmen, bergauf, bergab, raste weiter, stöhnte, zischte, schrie, begegnete zuweilen anderen Zügen, die in anderer Richtung davonstoben. U-Bahn – Hochbahn, Achterbahn, ein phantastisches Durcheinander dieser Kombinationsmöglichkeiten, und immer in sausender Fahrt ohne Ziel. Ich bemerkte, dass es etwas Größeres wohl nirgends auf der Welt gäbe.« Draußen rast die Landschaft vorbei, dann folgen Häusermeere, saftig grüne Wiesen mit vielen Blumen. Als sie einen Vorort erreichen, steigen sie aus und besichtigen die Häuser mit ihren mittelalterlichen Giebeln, den Marktplatz mit dem Brunnen, laufen unter den alten Bäumen umher, in deren Kronen der Wind rauscht. »Kurz entschlossen betrat ich eines der Häuser«, erzählt Hans weiter. Er betritt, wie vom Jagdfieber gepackt, einen alten Spitalsaal. Betten aus roh gezimmerten Brettern stehen überall herum, und es herrscht ein bestialischer Gestank, Dunst von ungewaschenen Leibern. Als er kühn an die Bettstellen herantritt, betrachtet er die Kranken: »entsetzlich verstümmelte Menschenkinder, Mißgeburten grausamster Natur, Fehlbildungen, wie sie nur die Phantasie des Teufels erfinden konnte«. Was er sieht? »Da lagen Mädchen mit Hasenscharten, Wolfsrachen, queren Gesichtsspalten, Männer, denen die unteren Extremitäten vollkommen fehlten, und alte Weiber, deren Brüste dermaßen vergrößert waren, dass sie bis auf den Erdboden herabhingen. Man beachtete mich kaum. Schließlich fragte mich einer der Männer, die keine Beine mehr hatten und trotzdem aufrecht in ihren Betten saßen, was ich denn hier zu suchen hätte. ›Ich bin Mediziner‹, war meine Antwort. ›So, so, Mediziner‹, erwiderte der Krüppel, indem er höhnisch grinste, und alle andern grinsten ebenfalls, die Frauen, die Mädchen, sie verzogen ihre Gesichtsspalten zu einem schauderhaften Grinsen, das sich auf Betten, Balken und Fußboden zu übertragen schien. Die Luft selbst verzog sich zu einer undefinierbaren, ekelhaften, grausam grinsenden Grimasse. ›So, so, Mediziner‹, sagte also der Kranke und führte seine Rede fort mit den Worten: ›Und was hat das hier mit Medizin zu tun?‹ Der Erdboden versank, der Himmel stürzte zusammen, ich würgte, fühlte den kalten Atem des Todes. Ich floh.«

Es sind missgebildete Menschen, vor denen er flüchtet, nicht etwa verwundete Soldaten, wie er sie in Frankreich im Lazarett behandeln musste. »Krüppel« nennt Hans den Behinderten, der ihn anspricht, später den »Kranken«. Die offiziellen Bezeichnungen damals sind noch andere: »Lebensunwertes Leben«, »Ballastexistenzen«, »Defektmenschen«. Über 100 Mitarbeiter treiben in der Berliner Villa Tiergartenstraße 4 ein geheimes Tötungsprogramm voran, dem 70 000 bis 90 000 Menschen zum Opfer fallen, vielleicht sogar weit mehr. Im August 1941 wird die Aktion offiziell gestoppt, läuft aber verdeckt weiter. Die Behinderten werden von Anstalt zu Anstalt verschoben, bis man sie in einer der sechs Vernichtungsanstalten ermordet. »Wegen Lungenentzündung« sei der Pflegling verstorben, teilt man den Angehörigen mit und sendet Urnen mit irgendwelcher Asche. Die Mordmethoden reichen vom Einspritzen tödlicher Substanzen über mobile Gaswaggons bis hin zum systematischen Aushungern von Kindern. Von ihren ehemaligen Diakonissen-Kolleginnen soll Lina Scholl Hintergründe zur geplanten Vernichtung von Kranken erfahren haben; womöglich sprechen sie innerhalb der Familie darüber. Die Anstaltsärzte sind in diese Tötungsmaschinerie eingebunden.

In diesem Sommer diskutieren sie in der Studentenkompanie über die sogenannte »Euthanasie«, den »guten Tod« für Behinderte. Josef Gieles, ein katholischer Medizinstudent und Kamerad von Hans, notiert es. Es sei erschreckend, die Meinung vieler junger Ärzte über Leben und Tod zu hören. Der stirbt ja sowieso bald! Der ist geisteskrank! Der vegetiert nur noch dahin! Zuerst würden »nur« die unheilbar Geisteskranken »sagen wir es ruhig – gemordet«, dann die politisch Unzuverlässigen, schließlich die Schwerkranken, die Krebspatienten etc. »Die Saat, die der Nationalsozialismus gesät hat, geht auf«, das könne man schon feststellen. Wehe dem Arzttum, klagt Josef Gieles, wehe dem ganzen Volk, das diesen Ärzten in die Hände fällt.

Die Saat geht auf. Sogar in den Mathematikbüchern stehen Schulaufgaben wie: »Der Bau einer Irrenanstalt erfordert 6 Millionen Reichsmark. Wieviele Siedlungshäuser zu je 15 000 Reichsmark hätte man dafür bauen können?« Und: »Nach vorsichtiger Schätzung sind in Deutschland 300 000 Geisteskranke, Epileptiker usw. in Anstaltspflege. Was kosten diese jährlich insgesamt bei einem Satz von RM 4,–?« In Ulm kursieren die Predigten des Bischofs von Galen, der sich offen gegen die Euthanasie-Praxis wendet. Hans soll von diesen Texten sehr bewegt gewesen sein. In sein Buch *Die Macht der Finsternis* von Leo Tolstoi notiert er: »Die Rede des Bischofs Graf v. Galen – den Verwalter da, den haben sie auch reingelegt. Aber Gott, tja, aber, den haben sie nicht reingelegt.« Wer an den Tötungen beteiligt ist, wird sich vor Gott verantworten müssen.

Gerade jetzt, wo das Studium wieder beginnt, stellt dieser Traum seine Bemühungen als Mediziner infrage. Die »stille Liebe« wird nach dem Physikum von einer Abneigung abgelöst, nachdem er gemerkt hat, wie die Medizin an ihre Grenzen stößt. Nichtsdestotrotz beschäftigt er sich in diesem Semester besonders mit den Naturwissenschaften. Ob man sich bei den Behinderten immer an »Du sollst nicht töten« halten müsse, will ein Trabantenfreund von ihm wissen. Hans' Antwort darauf ist allerdings nicht erhalten.

»Wie gefiel Dir denn meine Traumgeschichte?«, fragt er bei Rose nach, weil seine Freundin nicht direkt antwortet. Elegant lenkt er ab, als er nicht die gewünschte Reaktion erhält. Wenn er etwas verbergen will, dann verschanzt er sich hinter vielen Worten, verbirgt sich hinter einer Gefälligkeit; ein Charakterzug, der noch öfter zutage treten wird.

Allein ist Hans Scholl zu der Herausforderung in seinem Traum aufgebrochen. Als er aus dem Spital heraustritt, sind die anderen verschwunden, Freunde wie Geschwister. Am Ende bleibt, so der Traum, nur seine Freundin Rose, die auf ihn gewartet hat. Und Hans verlässt sie, um seine Pflicht zu tun.

Wie denkt der 22-Jährige über die politischen Entwicklungen? Hitlers Stellvertreter ist in einer spektakulären Aktion nach England geflogen, um einen Waffenstillstand auszuhandeln – woraufhin das deutsche Regime ihn für verrückt erklären lässt. Keiner aus der Scholl-Familie kommentiert dies. Einzig Roses Schwester, die Schülerin Eve Nägele, macht eine scherzhafte Bemerkung über Heß, als sie Hans schreibt. (Zu Hitler notiert sie einmal, das sei doch ein Schauspieler und Dichter, und sie imitiert dessen Sprachduktus, indem sie die »Vorrrrsehung« für ihr allzu kurzes Treffen verantwortlich macht.) Der Medizinstudent geht nicht darauf ein. Ihn beschäftigen andere Dinge.

Draußen lacht ein Frühlingswetter, bei dem es ihn früher unmöglich im Zimmer gehalten hätte, aber jetzt bleibt er lieber bei seinen Büchern. Er müsse noch manche Stufe emporsteigen, um eine »reine Flamme« zu werden. Zuerst liest Hans eine Hölderlin-Darstellung von Romano Guardini, dann etwas über Michelangelo, anschließend Gedanken des Philosophen Blaise Pascal. Dieser sei unglaublich streng, befindet er, »doch das tut not«. Schließlich vertieft er sich in eine Religionsphilosophie von Alois Dempf – sein Interesse scheint universell. Um seine innere Sehnsucht etwas zu trösten, liest er zwischendurch Briefe von Rainer Maria Rilke. Auch dessen frühe Gedichte hat er sich erneut vorgenommen und findet »unzählige Kostbarkeiten, Erfahrungen, Schatten, Dunkelheiten in eines Einzigen Seele angehäuft«. Jetzt nimmt er sie anders wahr als vor fünf Jahren, wo dieser Dichter ihm »alles« war. Erst jetzt, glaubt Hans, habe er den wahren Rilke gefunden, deshalb fängt er nochmals von vorne an.

»Und am 2. Mai 1941«, berichtet er an Rose, »beginnen endlich die Vorlesungen. Ich bin wirklich wissensdurstig. (Ich war es lange nicht).« Es ist sein siebtes Semester; die Trimester-Regelung ist für 1941 nach anhaltenden Protesten wieder abgeschafft worden. Trotzdem sind die jungen Männer als »Studenten in Uniform« sehr eingespannt. In der Woche hat Hans Scholl Vorlesungen bis 19.00 Uhr. Bald übernachtet er in seinem Privatzimmer. Er wird nicht der Einzige bleiben, der so verfährt. Nur ein Drittel der Soldaten schläft noch in der Kaserne, was Hans ironisch kommentiert: »Wenn das der Spieß wüsste, er könnte nachts nicht ruhig schlafen.« Während die Übernachtungspflicht in der Kaserne mehr und mehr ausgehöhlt wird, bleiben unverändert Appelle, Exerzieren, Sport. Gelegentlich fallen die Vorlesungen aus, stattdessen müssen die Studenten Lazarettzüge mit Verwundeten von der Front ausladen. Zweimal pro Woche impft Hans die Säuglinge in der Kinderklinik. Fast vierzig Wochenstunden hat er belegt. Sein Studium empfindet er nicht als Arbeit, sondern als »Sonntagsspaziergang im speziellen Sinne«. In seinem Geburtstagsbrief an Sophie, die ja Biologie studieren möchte, schreibt er: »Das alles umspannende Netz der modernen Naturwissenschaften ist unser schönstes Arbeitsgebiet. Da sind wir auf Gottes Spuren.« Nur manchmal unterbricht er das Lernen und legt sich in die warme Frühlingssonne.

»Ich bin mit vollem Eifer bei der Arbeit«, kann Rose Nägele nach Hans' erster Semesterwoche lesen. Mit den Vorlesungen ist er zufrieden, und er lernt selbst so viel wie möglich. »Es kommt mir sehr darauf an, die Naturwissenschaften gründlich zu verstehen, um die Probleme, die uns heute bedrücken, einst lösen zu können. Die Methode, auf die es mir letztlich ankommt, ist in ganz groben Zügen folgende: Die Wahrheit kann auf zweierlei Weise gefunden werden. Erstens durch die Logik, zweitens durch die exakte Erforschung der Dinge.« Dann erläutert er seine Methode, die aus einer Kombination von Philosophie und Naturwissenschaft bestehen soll, um daraus ein allgemeines Weltbild abzuleiten. »Es kommt darauf an, diese beiden Formen, die sich sinnlos bekämpfen, auf einer Ebene zu vereinigen, Philosophie und Wissenschaft sollen zum gleichen Ziel führen. Das Ergebnis des Einen, wenn es einwandfrei ist, sei der Beweis für das Andere.«

Manchmal sehe er »den dunklen Schacht unserer Unwissenheit« und wünsche sich ein geschlossenes Weltbild, schreibt er am 22. Mai 1941 an Rose. Er sei heute in einer müden, schweren Stimmung. Ihm gelinge kein fröhlicher Satz, aber ihr wolle er nichts vormachen: »Dir werde ich immer die Wahrheit sagen.«

In ihrer Studentenkompanie geht das Gerücht um: Sie kommen ins Feld! Noch diese Woche! »Beim Militär weiß man ja nie etwas«, kommentiert Josef Gieles, der wie Hans in Miesbach war und jetzt ebenfalls in der Bergmannschule untergebracht ist. Stringent lernen können die Studenten angesichts der Unruhe in ihrer Kompanie jedenfalls nicht. Manch einer wartet mit dem Bezahlen der Studiengebühren, bis er definitiv weiß, dass er in München bleiben darf.

Eine Woche lang hat Hans seiner Rose nicht geschrieben, während die Freundin sehnlich auf Post gewartet hat. Manchmal, gibt sie zu, habe sie Minderwertigkeitsgefühle, wenn sie an die braven Töchter von braven Eltern denkt, die in München auf die Hochschule gingen. Immerhin sind in diesem zweiten Kriegsjahr die meisten Männer an der Front, und die jungen Frauen drängen in die Hörsäle: Der Frauenanteil im Sommersemester 1939 beträgt fast 50 Prozent! Von insgesamt 1821 Medizinern sind 570 weiblich. Der gutaussehende Student in Uniform … Ist Hans ihr treu?

Womöglich hadert Rose auch mit der Rolle, die Hans ihr zugedacht hat? Eine ebenbürtige Diskussionspartnerin soll sie sein, mit deren Hilfe er geistig eine Stufe höher steigen möchte. Doch er schickt ihr keine Aufsätze, keine Bücher, nichts dergleichen. Letztlich ist sie doch wieder eine Freundin, mit der er »gerade nicht philosophiert« – das macht er allein.

Rose spricht von Minderwertigkeitsgefühlen; immerhin ist ihr Berufswunsch, Landwirtschaft, kein typisch weibliches Betätigungsfeld. Doch sie beharrt auf ihrem Weg, für den sie sich entschieden hat, abseits von den ausgefahrenen Bahnen.

Hans liest ihren Brief in seinem Münchner Zimmer, als er von einem Kurzbesuch in Ulm zurückkommt. Er packt seinen Koffer aus, dann antwortet er ihr direkt. Rose solle sich nicht vergleichen mit anderen Mädchen, beschwört er sie. Mit 17 oder spätestens mit 20 Jahren gäben diese ihr Ich auf und ließen sich in dem allgemeinen, trüben Strom des bürgerlichen Lebens treiben. Damit verschwendeten sie ihr Bestes, was dumm sei. Eigentlich sei es nicht angebracht, über die anderen zu urteilen, schränkt er ein, »aber oft genug steigt ein Ekel in mir auf vor dieser von Willen und Leidenschaften getriebenen Masse. Man sollte Mitleid mit ihnen haben, sagt Pascal, aber ein Mitleid, das der Verachtung entspringt.«

Ein Ekel vor der Masse. »Ist nicht Weltabgeschiedenheit Verrat, Flucht?«, fragt sich Hans Scholl in diesen Maitagen. Zugleich versucht er, sich von der ihm immer verhasster werdenden »Masse« fernzuhalten. Verächtlich klingt es, wenn er sich über ›das Volk‹ echauffiert, das sich vor den Eingängen der Kinos drängt, das Ablenkung sucht. Es scheint, als ob Hans Scholl den Elitegedanken aus der bündischen Jugend aufgreift: Nur wenige sind wirklich auf der Suche nach der Wahrheit. Hans hat, soweit es die Quellen hergeben, in diesen Monaten keine gleichgesinnten Gefährten um sich. Allein sucht er nach der Wahrheit, und auch die knappe freie Zeit verbringt er weitgehend allein.

Was gerade wichtig ist in seinem Münchner Leben, beschreibt er in einem Brief an seine Schwester Elisabeth: Sein Zimmer am St.-Pauls-Platz, das ihm die Flucht aus den militärischen Zwängen ermöglicht. Seine Bücher, die ihm viel bedeuten und ihm einen Ausweg aus dem vorgegebenen Lernstoff des Medizinstudiums bieten. Und sein Fahrrad, mit dem er für Stunden aus dem Häusermeer der Großstadt fliehen kann.

Es wird Mitte Mai, und der Muttertag nähert sich. Am Nachmittag sei er an der Isar entlanggeradelt, schreibt er nach Hause, und jetzt wolle er noch etwas lernen. Ein Jahr ist es her, da befand sich Hans auf dem Vormarsch in Richtung Westen. Damals schrieb er den ersten Brief nach Hause, ohne zu wissen, was ihn in Frankreich erwarten würde.

Obwohl – manche werden rückblickend sagen: weil – Krieg ist, wird in München viel Kulturelles geboten. Während es endlich wärmer wird, besucht Hans Scholl zahlreiche Konzerte: Barockmusik, Kammermusik im Rahmen der Mozart-Woche, *Figaros Hochzeit*. Auf die Bach-Woche mit den sechs *Brandenburgischen Konzerten* freut er sich schon.

»Da hättest Du dabei sein sollen!«, schwärmt er Sophie immer wieder vor. »Solche Kunst haben wir so nötig wie das tägliche Brot. Unbedingt! Was wäre das Leben ohne sie.« Vom übrigen Münchner Leben wolle er ihr nichts erzählen, denn das werde sie ja bald selbst kennenlernen.

Noch immer sitzt Sophie in ihrem Arbeitsdienstlager an der oberen Donau fest, wo sie sich eingesperrt fühlt und die Tage bis zu ihrer Entlassung zählt. »Geisttötend« findet sie das Lager. Zwar sendet Hans ihr immer wieder Bücher, doch das ist nur ein schwacher Ersatz für das, was sie in München erleben könnte. Zum Geburtstag wünscht Hans ihr – *A ma petite soeur!* –, dass diese Zeit in Sophies Gesicht keine allzu tiefen Spuren hinterlasse.

Wenigstens ist sie als Arbeitsmaid gut mit Milch und Eiern versorgt, während reichsweit gerade die Fleischrationen gesenkt worden sind: Pro Fleischmarke gibt es immer weniger. Gerade in großen Städten wie München sind Lebensmittel knapp. Ausführlich berichtet Hans nach Hause, dass er seiner Hauswirtin ein halbes Pfund Butter abgekauft hat. Eier habe die Wirtin auch, aber sie seien ihm zu teuer. Und er kommentiert ironisch: Später würden sich ihre Enkel einmal darüber amüsieren, dass so etwas überhaupt einen Brief wert gewesen sei.

Jeden Mittwoch müssen sich die Mitglieder der Studentenkompanie zum Sport einfinden, meistens eine Stunde Fahrzeit von der Kaserne entfernt. An einem dieser Nachmittage gelingt es Hans, sich zusammen mit einem Kommilitonen zu verdrücken. Während die Kameraden eingeteilt werden, schleichen sie sich mit einer vollen Aktentasche davon. Darin haben sie Bücher und Bildbände, eine Flasche Wein. Bei ihrem ersten Treffen betrachten sie gemeinsam einen Bildband über den Künstler Auguste Rodin. Im Jahr zuvor, als Hans heimlich nach Paris gefahren war, hatte er im Musée Rodin fotografiert: den *Denker*, *Die Bürger von Calais*. Sein neuer Bekannter Alexander Schmorell hat ebenfalls am Westfeldzug teilgenommen, auch bei der Kavallerie. Im Arbeitsdienst fühlte er sich »gefangen«, und wie Hans hadert er mit der Kasernierung in der Bergmannstraße, auch wenn sie nicht mehr so streng ist. Wöchentlich sind es nur noch drei Appelle, und bisweilen ruft ein anderer »Hier!«, wenn ein Soldat fehlt. Inzwischen haben sie auch einen »Alarm-Plan« ausgearbeitet und festgelegt, wer wen informiert, falls sie dringend in die Kaserne gerufen werden.

»Wenn nur dieser elende Kommiss nicht wäre«, klagt Hans trotzdem. »Wir haben heute einen ganzen Nachmittag im Regen gestanden für Nichts. Aber ich will nicht weinen. Ich bin geborgen im gemütlichen Erker [des Zimmers], draussen heult ein Wind, die Blüten reisst er von den Bäumen und wirft sie auf die nasse, glänzende Strasse.« Am meisten freut er sich auf die Konzertabende. Morgen Abend, das kündigt er am 11. Juni 1941 an, will er die *Brandenburgischen Konzerte* anhören. Es gilt, das Beste aus diesen Tagen zu machen.

Hans hat in diesem Semester besonders viele Veranstaltungen belegt. Daher sind die Semestergebühren diesmal sehr hoch. Weiß er denn, was noch alles kommt?, rechtfertigt er sich bei den Eltern. »Man sollte mehr Zeit für sich selbst verwenden«, dieser Gedanke zieht sich in jenen Wochen durch Hans Scholls Briefe an Rose. »Man sollte nicht nur Neues suchen. Die Eindrücke werden erst wertvoll, wenn sie langsam durch uns gedrungen sind und als geläuterte Bilder in unserem Innersten weiterwandeln.« Das brauche Zeit, und dabei klagten die Menschen über Langeweile. Es gebe keinen grässlicheren Begriff als ›sich ablenken‹. Hans Scholl erinnert sich im Mai und Juni 1941 erneut an seine Frankreich-Zeit. Nach seinem Mediziner-Albtraum, der in Paris begann, versucht er nun, die Erlebnisse des vergangenen Jahres einzuordnen und gedanklich zu durchdringen.

Erst kürzlich hat er zwei Briefe nach Frankreich geschickt: einen an seinen ehemaligen Vorgesetzten, einen SS-Arzt, und einen weiteren an einen jungen Franzosen, den er während seines Versailles-Einsatzes kennengelernt hat. Jetzt antwortet dieser (eine Prüfstelle hat seinen Brief geöffnet, wie auch die Briefe von der Ostfront, die Hans in diesen Wochen erhält. Klebestreifen an der Seite und die Stempel mit kleinen Hakenkreuzen verraten dies). »Mein lieber Hans«, schreibt Gilbert Jacquemettaz aus Le Chesnay. Natürlich erinnere er sich an ihre gemeinsamen Deutschstunden und die vielen Zigaretten, die Hans ihm damals geschenkt habe. Ob er wieder einmal nach Frankreich komme? Hans' Brief hat er extra mit der Schreibmaschine abgetippt und dessen Fehler korrigiert. *Votre ami qui ne vous oublie pas*, er will ihn nicht vergessen, schreibt Gilbert zum Abschied und verabschiedet sich mit einem herzlichen Händedruck.

Hans gefällt die Formulierung *Cordiale poignée de mains*, und er wiederholt sie direkt in einem Brief an seine Schwester Inge, als er sie um moderne französische Literatur bittet, die er einem erkrankten Kameraden weitergeben will. Es soll etwas sein, das »neben der wunderbaren Sprache« auch einen spannenden Inhalt hat. Ob Inge ihm *Sous le soleil de satan* schicken könnte, das Buch *Die Sonne Satans* von Georges Bernanos?

Die französischen Bücher, die er vor einem Jahr in Frankreich erworben hat, spielen immer noch eine große Rolle im Scholl'schen Geschwisterkreis. Auch Sophie erbittet in diesen Tagen *Ma fille Bernadette* von Francis Jammes, woraus sie im Arbeitsdienst übersetzen will. Eine ihrer selbstgestellten Aufgaben, um in ihrer ungeistigen Umgebung nicht zu »versanden«.

Roses Schwester Eve berichtet Hans von ihrem Verwandtenbesuch im ehemals französischen Gebiet, in Niedermorschweiler bei Straßburg (Eves und Roses Mutter Tinla ist Elsässerin). Die Schülerin schreibt dem 22-Jährigen immer mal wieder, zeichnet für ihn einen Mann mit Badehose und berichtet in ihrer Jungmädchenschrift, wie sie den Religionslehrer ärgerte oder dass sie sich zum Reitunterricht angemeldet hat. Heute erzählt sie: Säuschwowa, Sauschwaben, werden die Deutschen dort genannt, weil sie zahlreiche Restriktionen vorgegeben haben, unter anderem dürfen die Elsässer keine Baskenmützen mehr tragen und kein Französisch sprechen.

Hans' jüngerer Bruder Werner Scholl ist gerade von Biberach an der Riß in die Bretagne versetzt worden. Mit dem R.A.D. ist er hier zu Schanzarbeiten eingesetzt. Es kommt Hans Scholl seltsam und ein wenig »märchenhaft« vor, als er seinem Bruder im Juni 1941 nach Frankreich schreiben muss. Auf Werners Eindrücke ist Hans gespannt. Wie erlebt der Jüngere das Nachbarland, das er selbst vor einem Jahr in vielfältigster Weise kennengelernt hat? »Die Spuren der Zerstörung werden noch ihre

Sprache sprechen«, vermutet Hans, »aber das Grollen hat aufge-
hört, und die Menschen, die damals so vollkommen aus ihrem
Mäntelchen, das da heisst Konvention, Ehre, Arbeit, gelöst worden waren, werden heute die zerfetzten und verbrannten Stücke
ihres Gewandes wieder an sich pressen und verbissen weiterleben. Oder ist es anders … die Kinder spielen wohl hier wie
dort, aber die Männer, die Frauen, tragen sie nicht Spuren im
Gesicht … vielleicht ist es anders, wie hier, oberflächlich, verwa-
schen, nutzlos.« Den Krieg hält Hans Scholl, in Deutschland
wie wohl auch in Frankreich, für nutzlos. Die von ihm erhoffte
Katharsis, die Läuterung für die Menschen Europas, ist ausge-
blieben.

Noch vor dem Krieg, 1937, hat sich Hans für das Medizinstudium im Rahmen des Militärs entschieden. Immer deutlicher tritt seine Abneigung gegen das Heer zutage. Alternativen
scheint er aber nicht zu erwägen; falls er sein Studium abbricht
oder das Fach wechselt, muss er zurück zur Kavallerie, um das
halbe Jahr nachzudienen. Als aktiver Soldat käme er wohl direkt
an die Front. Statt zu rebellieren, entscheidet er sich – von kleinen Fluchten abgesehen – fürs Ertragen.

Am 14. Juni 1941 hat Adolf Hitler gerade die letzte Lagebe-
sprechung für den geplanten Russlandfeldzug angesetzt. Die
Expansionspläne der NS-Oberen richten sich gen Osten, um
dort Rohstoffe und »Lebensraum« für das deutsche Volk zu
erobern. Die Bevölkerung ahnt davon noch nichts.

Hans Scholl pendelt weiter zwischen Kaserne, Universität
und Privatzimmer. Er besucht zahlreiche Konzerte, geht in der
kühlen Isar schwimmen, flüchtet immer wieder in die Natur.
Viele Nachmittage und Abende verbringt er damit, am Waldrand spazieren zu gehen. Allein will er seine Gedanken zu Ende
denken. Im gleichmäßig rauschenden Klang des Regens fühlt
Hans sich sicher: den Kragen hochgeschlagen, Pfeife rauchend.

»Wenn auch der Mai mit Regen bei uns einzog, leuchtete doch das schönste Grün auf allen Fluren«, schreibt er an Rose. »Aus einer kleinen Lücke im dunklen Wolkenmeer brach ein Sonnenstrahl, und die Welt lachte und glitzerte im Licht des Himmels. Ich stand da und staunte. Und dachte: Hält uns Gott für Narren, da er uns die Welt vollendet schön im Glanze seiner Herrlichkeit erhellt, ihm zu Ehren? Und andererseits nur Raub und Mord? Was ist nun wahr? Soll man hingehen, ein kleines Haus bauen mit Blumen vor den Fenstern und einem Garten vor der Tür und dort Gott preisend danken und der Welt mit ihrem Schmutz den Rücken kehren? Ist nicht Weltabgeschiedenheit Verrat, Flucht? Das Nacheinander ist zu ertragen. Aus den Trümmern steigt der junge Geist empor zum Licht. Aber das Nebeneinander ist Widerspruch. Trümmer und Licht zur gleichen Zeit. Ich bin klein und schwach, aber ich will das Rechte tun.«

Nach dem gemeinsamen Osterfest haben Rose Nägele und Hans Scholl auch Pfingsten zusammen verbracht. Liebestrunken schreibt Hans für seine Freundin ein Rilke-Gedicht ab: »Unser Sehnen muss sein:/alle Gefühle zu finden,/die uns befrein./Tiefer im Ahnen zu werden;/allen weckenden Winden/willige Fahnen zu werden,/die von Siegen erhoben/auf Zinnen der Zeiten oben –/wunderdurchwoben –/Bilder entbreiten.« Die Erinnerungen an ihre gemeinsame Zeit am Bodensee drücken alle anderen Gedanken beiseite, beteuert er. Rose mit ihrer »verwegenen, unzeitgemäßen, aber zeitlosen Liebe«! Sein Kopf sei angefüllt mit dem seligsten Bewusstsein ihrer Liebe und Güte, ihrer großen Verschwendung. »Bedarf es nicht nur noch eines Blickes in Deine Augen um alles zu verstehen!«, endet der Brief, den Hans erstmals mit »In Liebe« unterschreibt.

Noch nie sei sie so glücklich gewesen, antwortet Rose, wie

an dem Tag, als sie diesen Brief erhalten habe. Jedes Wort klingt in ihr weiter. Ihre Liebe münde so sehr über das Alltägliche hinaus, dass sie jedes Opfer für sein Glück bringen wolle. Sie sei gern auf der Erde, auch wenn Hans diese immer das Tal des Leidens nenne. »Kommt all ihr Qualen – ich liebe«, schließt sie verzückt.

Ihr Brief kommt in München an, während Hans am Wochenende mit dem Fahrrad unterwegs ist. Im Isartal überrascht ihn der Regen. Er ist nass bis auf die Haut. Was soll er tun? Bad Tölz ist in der Nähe. Kurz entschlossen fährt er dorthin und klopft bei der Familie Borchers an, und sie verbringen zusammen einen fröhlichen Nachmittag. Nach dem Kaffeetrinken fährt Hans zurück nach München. Seinen Vorsatz, Ute nicht mehr zu besuchen, hat er damit gebrochen; doch er erwähnt sie mit keinem Wort mehr.

Mitten in der folgenden Nacht steht er auf, um seiner Rose zu schreiben. Er könne nicht schlafen, »die laue, märchenhafte Sommernacht« sei daran schuld. »Oh ich möchte vieles tun«, notiert er mit zitternden Händen, »ich möchte … aber irgendwo steckt die Vernunft. Der Körper gehorcht ihr. Der Körper ist Wille, darüber der Geist steht.« Das wollte er eigentlich gar nicht schreiben, lenkt er ab, er wollte ihr doch nur einen kurzen Gruß senden. Hat Hans vor kurzem gegen eine konventionelle, »bürgerliche« Beziehung argumentiert und mit Rose über die Treue gestritten, so schreibt er plötzlich, nur die Sicherheit der Liebe könne ihm Ruhe bringen.

Ruhe, Unruhe. Die Liebe stürzt ihn in Wechselbäder, und Hans Scholl scheint dies abwechselnd zu genießen und zu quälen. Seine Briefe sind zuweilen voller Schwung, dann wieder spürt man die Rastlosigkeit, das Unstete. Ihn verwirrt die Zahl der Wege, die er gehen könnte. Wieder verknüpft Hans seine Suche nach Wahrheit mit der Beziehung zu seiner Freundin, wenn er beteuert: Seine Rose habe er schon gefunden – und mit ihr die Gewissheit der Liebe.

»Was mühst Du Dich so um mich ab?«, wundert sich Rose. Warum schläft er nicht, will sie wissen, und: »*Où est ta raison?*« Sie soll nichts von Vernunft schreiben, antwortet Hans forsch, denn es gibt nichts Vernünftigeres, als so zu leben, wie man im Innersten glaubt, leben zu müssen. Alles andere ist müde Feigheit.

Schon am kommenden Sonntag will er Rose wiedersehen: »Was würdest Du sagen, wenn ich an dem nächsten Sonntage aus lauter Übermut zu Dir fahren würde? Du könntest Dich nicht einmal dagegen wehren. Ich aber sags Dir, ich bin noch keineswegs an meinen Wohnsitz gebunden, ganz im Gegenteil, Nomadenblut fliesst noch immer trotz aller Wissenschaft (ist sie nicht auch ein stetes Wandern?) in meinen Adern und wartet nur auf den Augenblick, da es rauschen kann … warte nur.«

Am 22. Juni 1941 stoßen mehr als 3600 Panzer, 600 000 motorisierte Fahrzeuge und 7000 Artilleriegeschütze auf sowjetisches Gebiet vor. Ohne jede Warnung greift Deutschland die Sowjetunion an. Den drei Millionen Soldaten und etwa 2000 Flugzeugen gelingt es, einen großen Teil der sowjetischen Luftwaffe am Boden zu zerstören. Es sei ein »Präventivkrieg«, so stellt es die nationalsozialistische Presse dar. Die Tat des »Führers« sei einem Angriff des jüdischen Bolschewismus zuvorgekommen, der Europa zerstören wolle.

Robert und Lina Scholl haben für diesen Sonntag geplant, mit Hans nach Krauchenwies zu fahren, um Sophie in ihrem Arbeitsdienstlager zu besuchen. Sie wird vergeblich warten. Die Nachricht vom Angriff lähmt die Eltern. »Leider muss wieder recht viel Blut fließen und ein großes Leiden geht durch die Menschheit«, befürchtet die Mutter. Sie streichen den Ausflug nach Krauchenwies, und Hans soll auch nirgendwo anders hinfahren.

Dabei hatte er sich bereits eine Ausrede zurechtgelegt. Er werde Montag früh im Fach Chirurgie geprüft, wollte er sagen, deswegen müsse er früher von Ulm wegfahren – um sich dann heimlich mit Rose zu treffen. Seinen Eltern gegenüber verschweigt er die Beziehung immer noch. Nun sitzt er in Ulm fest, während draußen das schönste Sommerwetter lacht. Wie gefangen fühlt er sich in der Wohnung seiner Familie. Über den Vater ärgert er sich, weil der lieber den Sonntag verdösen will. Unbedingt aufbrechen will er, egal wohin!

Um Mitternacht schreibt Hans an Rose, er habe seinen Vater doch noch zum Badengehen in der Donau überreden können. Aber das kommende Wochenende will er unbedingt mit ihr verbringen! Er plane, den Nachmittagsschnellzug über Buchloe bis Friedrichshafen zu nehmen, sodass er samstags gegen 19.00 Uhr ankommen werde. Rose soll zusehen, dass sie den Abend und »womöglich die ganze Nacht« freibekomme, denn »die Nächte sind Alles!«.

Einer in Hans Scholls Umfeld ist von dem Krieg gegen die Sowjetunion ganz besonders betroffen: Alexander Schmorell, der künstlerisch interessierte Kollege aus der Studentenkompanie. Geboren wurde er 1917 im russischen Orenburg. Er hat einen deutschen Vater und eine russische Mutter; diese ist gestorben, als er zwei Jahre alt war. Der Vater – ein Arzt – zog nach München, wo Alexander zweisprachig aufgewachsen ist. Er fühlt sich eher russisch denn deutsch, also werden der Reichsarbeitsdienst und der Wehrdienst für ihn zur Qual. Besonders mit dem damals üblichen Eid auf Adolf Hitler hat er große Probleme. Er entwickelt einen Hass auf alles Militärische, auf die Uniformen und den Drill.

Im Herbst 1940 hat er sein Medizinstudium in München be-gonnen, seit April 1941 ist auch er in der Kaserne in der Berg-mannstraße untergebracht. Er ist derjenige gewesen, der sich bitterlich beklagt hat über die Kasernierung in der alten Schule, ohne Waschgelegenheiten, mit 15 anderen auf einem Zimmer. Wenn man nur noch eine Nummer sei, sonst nichts. Das Stu-dium vernachlässigt Alexander weitgehend. Exzessives Zeich-nen, Bildhauen und Musizieren werden sein Ausdruck von Opposition, seines Freiheitsdranges. Besonders schlimm wird sein Zwiespalt, als Hitler seine Truppen in der Sowjetunion ein-marschieren lässt. Dies »zerschmettert, erschüttert« ihn. Wird er, der Reichsdeutsche, gegen seine russischen Brüder kämpfen müssen?

Hans Scholls Gewohnheit, kaum Namen in seinen Briefen zu nennen, ändert sich im Juni und Juli 1941: »Mein Freund Schmorell« wird von nun an sein ständiger Begleiter, der in sei-nen Schilderungen des Münchner Lebens immer wieder vor-kommt. Hans' Mutter nennt den großgewachsenen, schlanken Arztsohn bald ganz vertraut »Alex«, was sie mit schwungvollen Buchstaben schreibt. Die beiden jungen Männer haben nun ineinander jemanden gefunden, der sich im militärischen Um-feld ebenfalls unwohl fühlt und, wann immer es möglich ist, die Uniform gegen normale Kleidung tauscht. Eigentlich sei Alexander Schmorell sein einziger Freund, wird Hans Scholl später im Gestapo-Verhör bekennen.

An einem Frühsommerabend haben sich Hans und Alex die *Brandenburgischen Konzerte* angehört. Alexander lacht sein an-steckendes Lachen, da dreht sich eine junge Frau um, und sie kommen ins Gespräch. Irgendwo in Pommern haben sie sich schon einmal unterhalten, erinnern sie sich, als beide zum Erntedienst abkommandiert waren. Zwei Jahre ist das jetzt her, dass sie – ihr Name ist Traute Lafrenz – gemeinsam mit Alex von Dostojewski und Tolstoi geschwärmt hat. Nun studiert sie wie die jungen Männer Medizin, vor kurzem ist sie dafür nach München gewechselt. In den kommenden Monaten werden die drei häufiger zusammen ins Konzert gehen, musizieren und lesen.

Seitdem sich Hans Scholl mit seinem engen Freund aus dem ersten Semester, Hellmut Hartert, zerstritten hat, ist er an seinem Studienort letztlich wenig sozial eingebunden. »Ein zurückgezogener, einsamer Mensch«, so wird Alexander Schmorell Hans nennen. Nach und nach führt Alexander ihn in sein Münchner Umfeld ein. Für Hans Scholl beginnt sich ein Freundeskreis zu formieren, der ihn schließlich auf seinem Weg in den Widerstand begleiten wird.

»Heute morgen«, schreibt Rose Nägele am selben 22. Juni 1941, an dem Hans in Ulm festsitzt, »da nun endlich der Kampf im Osten hinausposaunt worden ist, kam mir eine kleine Träne, sie galt wohl meinem Vater, doch der Gedanke der Machtlosigkeit vor dem Geschick breitete sich aus und galt auch Dir und all den vielen.« Die Herzen werden klein, endet ihr Brief verzagt.

Unzählige Briefe gehen zwischen Hans Scholl und seinen Angehörigen und Bekannten nach diesem Junisonntag hin und her, und sie alle klingen verzagt. Allein Sophie kommentiert ironisch: »Wir leben doch in einer interessanten Zeit.« Gleichzeitig überlegt die Arbeitsmaid, was »sie«, die jetzt über das Schicksal von Hunderttausenden jungen Männern entscheiden, wohl mit Hans vorhaben.

Darf er weiterstudieren, oder muss er wieder an die Front? Die Kriegsentwicklungen lösen bei Hans Scholl Unruhe aus. Unbedingt will er seine Freundin wiedersehen. Doch Rose wehrt ab: Sie hat keine Zeit für Besuch, denn auf dem Kappelhof steht die Ernte an. Hans soll lieber drei oder vier Wochen später kommen.

Sie solle nichts von Vernunft schreiben, hatte Hans verlangt; seiner Meinung nach sei es vernünftig, so zu leben, wie man es im Innersten für richtig hält.

Als ihr Freund nicht einlenkt, bittet sie erneut: »Lieber Hans ... und *doch* ein klein wenig Vernunft, wir stehen gerade mitten in der Heuernte«. »Hans sei lieb und komm doch erst nach dem 20. Juli«, schreibt sie drei Tage später. Sie sei immer müde, ein müdes Röslein mit hängendem Kopf.

Er entgegnet ihr: Wer weiß, wie lange er sie überhaupt noch besuchen kann! Wer weiß, ob er an die Ostfront abkommandiert wird? Rose soll ihrem »trüben Bauern« einfach sagen, dass dies für ihn, den Soldaten, der letzte mögliche Urlaub sei. Fast trotzig schließt er: »Und wenn es mir gefällt, bleibe ich auch am Montag.« Obwohl Rose ihn einen kleinen Egoisten nennt, lässt Hans sich nicht beirren. Wozu braucht er Begründungen? »Bin ich nicht ein Mensch, der tut, was er für richtig hält?«, fragt er provokant.

Während Hitler in Ostpreußen sein neues Führerhauptquartier ›Wolfsschanze‹ bezieht, rauscht wieder »Nomadenblut« in Hans Scholls Adern. Zwar spricht er es nicht aus, aber er rechnet mit einem Kriegseinsatz, denn er bietet Sophie für das kommende Semester sein Münchner Studentenzimmer an. Im Juni und Juli 1941 ist der 22-Jährige fortwährend auf Reisen: Er besucht Sophie in Krauchenwies, die Eltern in Ulm, dann erneut die Familie Borchers in Bad Tölz und Rose Nägele am Bodensee (seine Mutter vermutet allmählich, dass die beiden ein Paar sind). In München hat er Otl Aicher bei sich zu Gast. Ständig sei er unterwegs, gibt er seinem Bruder Werner gegenüber zu, und er werde seine Unruhe nicht los. Dies wirke sich auch auf seine Arbeit aus.

Der Krieg dehnt die Widersprüche ins Unermessliche. Die drei Scholl-Geschwister wollten gemeinsam studieren; jetzt sind sie ganz voneinander getrennt. Nach der Zwangskasernierung in München hat Hans Methoden entwickelt, sich selbst innerhalb der militärischen Umgebung treu zu bleiben. Mit den Kriegsentwicklungen sind alle seine Pläne hinfällig. Seine Mutter notiert, was man den Mitgliedern der Studentenkompanie mitgeteilt hat: »Auch muß er in den Ferien an die Front oder in ein Res.Laz. [Reservelazarett] … Wir sind sehr gespannt, wohin er kommt. Es ist mir wieder eine geheime Sorge u. auch ein Ernst, ihn in gefährdetem Gebiet zu wissen. Überhaupt für alle, die draußen sind, namentl. im Osten, wo es gewiß sehr hart zugeht.«

Die Freiheit genießen, solange es noch geht. Hinzu kommt ein weiterer Unruhefaktor: Hans hat sich wieder verliebt – in Traute Lafrenz, die Kommilitonin vom Konzertabend.

Schon in den Vorlesungen ist Traute der gutaussehende Student in Uniform aufgefallen, unter fast hundert anderen: Hans Scholl ist ein Typ Mann, wie sie ihn eigentlich gar nicht mochte. »Er war beinahe schön, aber eben nur beinahe«, erinnert sie sich. Nachdem Alexander Schmorell beide im Konzert miteinander bekanntgemacht hat, begleitet Hans die Kommilitonin regelmäßig, wenn sie zwischen den Lehrveranstaltungen von einem Institut zum anderen laufen müssen. »Irgendwann«, erzählt Traute Lafrenz, »unternahmen wir Ausflüge ins Isartal und kamen uns näher.« Es gibt ein Foto von einer solchen Wanderung, wo sie ihren Kopf auf Hans' Schulter legt und sich ausruht. Sie nennt ihn »Hansele«, er schreibt für sie Gedichte. Diesen Sommer lang sind sie ein Liebespaar, genießen die Wanderungen und die Konzertabende gemeinsam.

Die Beziehung zu seiner Freundin Rose Nägele beendet

Hans nicht. Zwar sind manche seiner Briefe merklich nüchterner als sonst (dass er die ganze Woche so in sich »hineingeschwiegen« habe, tue ihm leid, notiert er am 8. Juli 1941; seine Woche sei sehr ausgefüllt gewesen, er habe nicht einmal Zeit für sich selbst gehabt. Und dieser Brief solle auch nur ein allerliebster Gruß sein). Auch den Menschen Rose brauche er, den Freund, kündigt er an, wie wenn er bereits die Trennung vorbereitet. Doch schon bald verfasst er erneut Liebesbriefe für sie und schildert, wie er sich spät in der Nacht nach ihr sehnt.

Als Rose antwortet, spricht sie von Zweifeln. Sie möchte Hans für einige Zeit nicht treffen, damit ihre Sehnsucht wächst. Er soll ihr lieber schreiben. Kurz darauf widerspricht sie sich selbst: Ihren letzten Brief solle er vergessen, und er dürfe nicht böse sein.

Unruhe, Widersprüche. Gerade im Juli hätte Hans Zeit, seine Freundin am Bodensee zu besuchen. Doch stattdessen fährt er am 13. Juli 1941 zu seinen Eltern nach Ulm. Lina Scholl verstören die Bombenangriffe auf Köln: Dort hätten die Engländer 4000 Brandbomben abgeworfen! Und 250 Sprengbomben! In einer Nacht! Sie fühlt mit den 15 000 Obdachlosen, die ins Allgäu umgesiedelt worden sind. »Es brannte furchtbar«, schreibt sie an Sophie. »Mütter standen im Nachtgewand auf den Straßen vor den Trümmern und suchten ihre Kinder. 15 000 Obdachlose und die Zahl der Toten ist nicht bekannt, das ist furchtbar.« Sie schreibt auch an Werner, der immer noch in der Bretagne ist. Auf dem Rand des Briefes notiert Hans: *Cordiale poignée de mains*, einen herzlichen Händedruck für den Bruder. Es ist unbändig heiß an diesem Tag, fast 40 Grad Celsius. Hans fährt weiter zu seiner Schwester, die immer noch ihren Arbeitsdienst ableistet. Was er dort gesehen habe, sei so vollkommen sinnlos, vermerkt Hans angesichts der zahlreichen Anordnungen und Regelungen. Zuerst ist unklar, ob die 20-Jährige das

Lager verlassen darf, doch schließlich lässt sie die »Führerin« mit Hans weggehen.

Seit fast fünf Monaten ist Sophie Scholl nun im Reichsarbeitsdienstlager 13/122, wo sie sich eingesperrt fühlt. Sie kann es kaum erwarten, dass diese Pflicht ein Ende findet. Wenn sie entlassen wird, will sie nach München kommen, gemeinsam mit Hans studieren. Dieser Gedanke wird für sie zum Inbegriff der persönlichen Freiheit. Nachdem ihr Bruder sie besucht hat, wirkt dies noch viel verlockender, »allen Gewalten zum Trotz«. Sie zählt die Tage – es sind noch 67 – bis zur ersehnten Unabhängigkeit.

Nicht nur bei seinem kurzen Sonntagsbesuch im Juli 1941, sondern auch in seinen München-Briefen schildert Hans Scholl das kulturelle Leben in den glühendsten Farben. Mozart-Festwoche! Die *Brandenburgischen Konzerte*! »Vielen Dank für Deine Briefe«, antwortet Sophie dem Bruder, »die für mich sind wie der Luftzug aus einer ganz anderen, sehr weiten Welt, in die ich gerne und bald eintreten möchte.«

Nach außen hin versucht Sophie Scholl sich nicht anmerken zu lassen, wie sehr sie unter den Umständen im Arbeitsdienst leidet. Es sind nicht allein die Aprilkälte, später die Schnakenplage und die Sommerhitze, die sie stören, die schlechte Verpflegung, das ständige Geschwätz der anderen Arbeitsmaiden und die wiederkehrenden gesundheitlichen Beeinträchtigungen: Die junge Frau erfährt zum ersten Mal, wie eine nationalsozialistische Organisation ihr die persönliche Freiheit nimmt – und ihr neben den Dienststunden auch noch die gesamten Abende und die freien Tage gestaltet.

Andere junge Frauen ziehen Gewinn aus der Arbeit beim Bauern und in den kinderreichen Familien, genießen den Zusammenhalt, scherzen beim gemeinsamen Sonntagsfrühstück am riesigen Tisch. Sophie Scholl dagegen verabscheut den

R.A.D., bleibt letztlich ein »Fremdkörper«. Wann immer es geht, zieht sie sich in die Natur zurück oder sucht den Kontakt zu ihrer Familie.

Hans erinnert die Schwester in seinen Briefen immer wieder: Sophie soll sich von den Umständen im Lager nicht so sehr beeinflussen lassen. »Aber es gilt natürlich aus dem Wenigen das Beste herauszulesen«, empfiehlt er ihr. »Eine Erziehung ist diese Anstalt, wenn auch im negativen Sinne; d.h. man erzieht sich selbst dadurch, dass man sich über die Sache stellt und sie nicht ernst nimmst, und das tust Du ja.« Sie solle die Zeit dort trotzdem nutzen, rät er ihr und verspricht, sie, so gut es geht, mit Büchern zu versorgen.

»Wie viel Tage bist Du noch gefangen, Vögelchen?«, will Hans nach seinem Besuch wissen. In München hat er schon ein Zimmer für sie beide in Aussicht und überlegt, woher sie »zwei Couchen« bekommen könnten. Wenn Sophie erst alles hinter sich habe, wird ihr der merkwürdige R.A.D.-Käfig lächerlich vorkommen. Sophie antwortet fast grimmig: »Nachher werde ich lachen.«

Doch kurz darauf erreicht die Arbeitsmaiden eine Nachricht, die Sophie innerlich niederschmettert: Sie wird zusätzlich Kriegshilfsdienst ableisten müssen – und damit noch deutlich länger in der »Zwangsjacke« bleiben, der sie so gern entfliehen will. Bis sie endlich studieren könne, werde sie wohl ein altes Weib, beschwert sich Sophie bei Hans. Ob ein Medizinstudium eine Möglichkeit sei, sich vom Arbeitsdienst befreien zu lassen? Oder soll sie sich ganz vom Studium verabschieden? »Überleg Dir auch, was ich tun könnte«, bittet sie den Bruder.

»Das traurige Los meiner jüngsten Schwester wirst Du erfahren haben«, schreibt Hans an Rose Nägele. »Sie muss noch ein halbes Jahr weiterdienen. Sie ist untröstlich und ich mit. Denn ich hatte mich sehr auf ihr Kommen gefreut.«

Das Ende des Krieges sei nicht annähernd abzusehen, meint der Vater zu ihnen. Gerade würde der Jahrgang 1923 zur Musterung aufgerufen. Ungeachtet dessen halten die Scholl-Geschwister an ihrer Absicht fest, gemeinsam zu studieren. Auch ihren Bruder Werner beziehen Hans und Sophie in ihre Studienpläne ein. Das Abitur hat er schon in der Tasche, seine Arbeitsdienstpflicht ist fast abgeleistet, nun soll er ebenfalls nach München kommen. Der Vater macht Werner bereits Vorschläge: Wie wäre es mit Rechtswissenschaft? Kombiniert mit Volks- oder Betriebswirtschaft? Dann könnte er Richter oder Staatsanwalt werden. Oder in die Fußstapfen des Vaters treten? Auch der diplomatische oder konsularische Dienst stünde ihm offen – »für später«. Werner selbst hat noch keine Ahnung, wofür er sich entscheiden soll. Trotzdem sagt der 18-Jährige von Westfrankreich aus zu, ohne zu wissen, wann er an die Universität darf. Zuerst muss er noch seinen Militärdienst ableisten.

Auch eine Ulmer Freundin überlegt in diesen Tagen, ob sie mit den Scholls weiterstudieren soll, Erika Reiff. Doch am 19. Juli 1941 sagt sie Sophie ab. Sie fühle sich in München nicht wohl. Dann offenbart sie den wirklichen Grund: Es sind ihre Gefühle für Hans – der sie ignoriert. Der gutaussehende Student, dem alle Mädchen nachlaufen.

»Nein, es ist doch wirklich toll, alles ist verliebt in Scholl«, dichtet damals ein kleines Mädchen, das im selben Haus am St.-Pauls-Platz wohnt, wo sich Hans' Privatquartier befindet. In Reimen beschreibt sie, wie sehr der charmante »Dr. Scholl« alle Frauen ihres Hauses beeindruckt hat, egal ob alt oder jung. Womöglich hat Erika in München miterlebt, wie der 22-Jährige auf Frauen wirkt (vielleicht hat sie auch von seinen beiden Freundinnen in München und am Bodensee gehört). Dies mit anzusehen, fällt Erika schwer. Ihr Studium will sie lieber an einer anderen Universität fortsetzen.

Sophie antwortet direkt auf diese Absage. Hans charakterisiert sie als ein »Chamäleon«, oft sei er Stimmungen unterworfen, von denen man leicht mitgerissen werde. Bei anderen suche er, was er bei sich suchen sollte. »Rastlos« und »unausgerichtet« sei er obendrein. Sosehr sich Sophie während ihrer Zeit im R.A.D.-Lager nach ihrer Familie gesehnt hat, so schonungslos zählt sie nun Hans' negative Seiten auf. Sie selbst wird auf jeden Fall nach München gehen, um gemeinsam mit Hans zu studieren. Sophie ist entschlossen: Vor Hans wolle sie sich nicht gehenlassen, notiert sie in einem Brief an Lisa Remppis (immerhin eine Freundin, die ja ebenfalls um dessen schwierige Züge weiß) und korrigiert sich direkt: Hans und sie würden sich *voreinander* nicht gehenlassen.

Seltsamerweise treffen Erikas und Sophies kritische Betrachtungen zeitlich zusammen mit einigen Äußerungen von Hans, in denen er seine Rastlosigkeit, seine Unruhe, seine Zweifel reflektiert. In manchen Momenten scheint es, als habe Hans Scholl durch neue Erkenntnisse Ruhe gefunden, etwa als er sich mit Inge trifft. Die Älteste der Scholl-Geschwister hat mit Otl Aicher eine Karwendel-Wanderung unternommen (wobei sie sich »in tiefer Liebe« nähergekommen sind). Nun verbringt sie noch einige Tage allein im Tölzer Land. Ob Hans nicht zu ihr kommen will, fragt sie bei dem Bruder mittels einer Postkarte an. Statt zu antworten, bricht er sofort auf und überrascht Inge in ihrem Gasthaus in Vorderriß.

Gerade als sie am 22. Juli 1941 morgens fortgehen will, »da kam Hans, mein Bruder Hans!«, schildert Inge den Eltern ihr Erstaunen. Nun wandern sie gemeinsam los. Auf einer Alm bekommen sie fette Milch und Buttermilch. Jeder von ihnen trinkt mindestens vier Becher, dann müssen sie sich erst einmal ermattet in den Schatten legen, damit ihr Magen zur Ruhe kommen kann. Sie genießen die Zeit in den Bergen, wo die kleinen Bäche murmeln und die Wasserfälle rauschen, erfreuen sich am Blumenduft und lassen sich die unzähligen reifen Walderdbeeren schmecken.

Zurück am Gasthaus, nehmen Inge und Hans das Abendbrot mit nach draußen. Während sie auf die Isar blicken, verspeisen sie ihre goldgelben Pfannkuchen bei einem Becher Rotwein. Bevor der Student am nächsten Morgen mit dem Omnibus zurück nach München fahren muss, entspinnt sich bei dem abendlichen Spaziergang am Fluss ein tiefes Gespräch. Hans erzählt von einer Erkenntnis, zu der er jetzt gekommen ist. Ein Gedanke bleibt Inge im Gedächtnis haften: Alle Menschen beseelt die Liebe, und das soll sich wie ein rotes verbindendes Band des Verstehens durch alle winden. Auch mit Rose will er seine neue Erkenntnis teilen: »Der Trost allein ist die Liebe«, die Liebe bedürfe keines Beweises. Die Liebe sei da, genauso wie Gott da sei.

Gleichzeitig stürzen neue Überlegungen, neue Zweifel auf ihn ein. Er sei voller innerer Spannungen, gesteht Hans Scholl seiner Freundin Rose, die er weiterhin über seine geistige Entwicklung genau unterrichtet. In glücklichen Momenten sei er im Gleichgewicht, doch wenn er aus der Balance gerate, zerrten Spannungen die eigene Unausgeglichenheit und Unzulänglichkeit ans Tageslicht.

»Was sind all die Zweifel«, überlegt er weiter. »Doch nur Zweifel an sich selbst. Die Unsicherheit liegt selten im Andern oder in der Beziehung zu ihm begründet, sondern meist im eigenen Herzen, und man versucht diese zu verallgemeinern. Ich weiss, nichts ist verständlicher als unsere Umgebung, sie folgt ganz den Gesetzen, die sie bestimmen, man muss nur das Wesen der Dinge ergründen.« Ausführlich hat er sich im Frühjahr mit naturwissenschaftlichen Problemen befasst, über eine Kombination von Philosophie und Wissenschaft nachgedacht. Auch jetzt verliert der Medizinstudent die erfassbare Welt nicht aus dem Blick: »Nur der Mensch inmitten seiner Welt ist wie ein Feuer, das unruhig flackert, und uns scheinbar unberechenbar entfacht, brennt und verglüht. Soll man sich über diese Fährnisse hinwegtäuschen? Wäre es nicht besser zugrundezugehen an dem ewig nagenden Schmerzen, als leicht und fröhlich, aber falsch durch die Welt zu wandeln? Gibt es denn keinen Trost? Der Trost allein ist die Liebe.« Ausgerechnet in seinem Brief zu Roses 20. Geburtstag formuliert er diese Gedanken.

Dass er ihr – statt zu gratulieren – derart nüchtern geschrieben hat, beschämt Hans später, doch es sei so recht gewesen. »Denn ich will mich nicht täuschen«, versucht er zu erklären. »Ich lebe in grossen Spannungen. Ich suche dieses und jenes, finde da und dort endlich das Richtige, quäle mich weiter und schliesslich freue ich mich über das Neue, Notwendige, das ich mir erobert.« Noch ganz in den Eindrücken aus dem Gebirge verhaftet, erklärt er: Seine Suche nach Wahrheit sei wie ein Bach, der zum Meer fließt.

Leben in großen Spannungen, die man ertragen muss. Hans Scholl ist sich in diesen heißen Sommertagen durchaus bewusst, wie unruhig er auf seine Umgebung wirkt. Für ihn sind seine Fahrten ein notwendiger Ausgleich zum Kasernenleben – und zum eventuell drohenden Kriegseinsatz an der Ostfront. Er will gute Erinnerungen sammeln, die Freiheit genießen, solange er noch frei ist.

Im Umherstreifen in der Natur spiegelt sich seine Suche nach Wahrheit. Viele, viele Bücher liest Hans im Frühjahr und Sommer 1941, über berühmte Männer, Naturwissenschaften, Religion und immer wieder Gedichte und Briefe von Rainer Maria Rilke. Rastlos durchforstet der Student die Themengebiete, ohne zu wissen, wonach er eigentlich sucht. Es soll noch einige Wochen dauern, bis er einen Mentor an die Hand bekommt, der ihm eine Richtung weist.

Das Semester an der Münchner Universität endet am 17. Juli 1941, aber Ferien bekommen die Medizinstudenten nicht: Sie sollen den klinischen Betrieb kennenlernen. Im Rahmen von sogenannten Famulaturen arbeiten sie, angeleitet von den Ärzten, an verschiedenen Krankenhäusern. Zunächst plant Hans Scholl, an ein Landkrankenhaus zu gehen, entweder nach Kochel am See oder nach Murnau. Doch als Alexander Schmorell eine Stelle in München-Harlaching zusagt, schließt sich Hans dessen Entscheidung an. »Mein Freund Schmorell« wird er ihn zum ersten Mal in seinen Briefen nennen, und »mein Freund, der Russe«.

Auch in einem anderen Punkt entscheidet sich Hans Scholl neu: Er möchte nicht mehr in der Stadt wohnen. Also gibt er sein Zimmer am St.-Pauls-Platz auf und zieht im August zur Familie Orthlieb an den Athener Platz zurück, wo er sich sein ›neues altes‹ Mansardenzimmer vom vergangenen Herbst einrichtet. Somit wohnt er ganz in der Nähe von Alexander Schmorell, dessen Vater eine Arztpraxis in der Menterschwaige hat, ebenfalls in Harlaching. Als Feldwebel sind sie nun nicht mehr verpflichtet, in der Kaserne zu wohnen.

Hans habe Alex am liebsten Tag und Nacht gar nicht mehr losgelassen, beschreibt eine Freundin diese neue Verbindung. Er sei geradezu angewiesen auf den neuen Freund gewesen. In Ulm war Hans Scholl isoliert wegen des Gerichtsverfahrens, in der Kaserne kamen nur wenige Kontakte zustande, die er, soweit bekannt, nicht sonderlich gepflegt hat. Sporadisch schreibt er Briefe an seine Trabantenfreunde. Er ist nach München gekommen, um einen Schlussstrich unter sein bisheriges Leben zu ziehen. Endlich findet er einen Freund, auf den er sich ganz einstellt, in dessen Nähe er sogar zieht.

Am 1. August 1941 beginnen Hans Scholl und Alexander Schmorell mit ihrem Dienst in der Lungenheilstätte München-Harlaching, die zum Städtischen Klinikum gehört. Sie liegt ruhig am Rand eines großen Waldes, am Perlacher Forst. Von seiner Privatunterkunft läuft man zehn Minuten dorthin. Hans ist auf der Chirurgischen Abteilung eingesetzt, wo die Lungenoperationen ausgeführt werden. Schon bald kann er seinem Oberarzt bestimmte Arbeiten abnehmen, wie Blutentnahmen, intravenöse Injektionen und Punktionen. Nur eine einzige Bemerkung verrät mehr über die Arbeit im Sanatorium. Als Hans einmal mit Inge über die Arbeit redet, regt er sich auf: Die Ärzte in Harlaching würden Kassenpatienten wegschicken, gleichwohl aber Privatpatienten, die gut zahlen könnten, aufnehmen. Wieder blitzt auf, dass Hans Scholl sich über etwas entrüstet, weitere Schritte unternimmt er jedoch nicht. »Wir arbeiten vormittags, und die Arbeit ist relativ befriedigend«, schreibt er Rose. Überanstrengen würde man sich nicht. Denn ihr Dienst geht nur bis 14.00 Uhr im Krankenhaus, danach haben sie frei. So bleibt mehr als genug Zeit für Spaziergänge, Konzertbesuche und zum Lesen. Alexander Schmorell wagt sich in diesen Wochen an die Bildhauerei, was ihn begeistert. An manchen Tagen arbeitet er von morgens um sechs bis in die Nacht hinein.

Während Hans und Alexander die ersten Tage in der Famulatur verbringen, holt die Familie Scholl den Besuch bei Sophie in Krauchenwies nach. Bei ihrer gemeinsamen Wanderung zum Kloster Beuron ist die Stimmung gedrückt, weil die »Arbeitsmaid« gerade von ihrer zusätzlichen Dienstverpflichtung erfahren hat. Weitere sechs Monate für das Vaterland arbeiten! Als sie eine Woche später, am Sonntag, dem 10. August 1941, nach

Ulm fahren darf – sie hat einen der seltenen »Heimreisetage« genehmigt bekommen –, ist auch Hans da. Wie könnte man Sophie aus ihrer »Zwangsjacke« befreien? Sie sei gewillt, betont sie in grimmiger Verzweiflung, alles auf sich zu nehmen, was sie von diesem Schicksal befreie, auch jede einigermaßen erträgliche Krankheit. Doch wirklich krank in der Scholl-Familie ist ihre Mutter.

Wieder in München, sorgt Hans sich ständig um Lina Scholl, so schlecht ist ihr Zustand. »Hoffentlich wirst Du bald wieder gesund, das ist wichtiger als Sophies Arbeitsdienst«, versichert er ihr. Sie soll ihm unbedingt mitteilen, was der ärztliche Befund ergeben hat. »Nervöser Magen und Darmkatarrh infolge von zuwenig Ruhe«, lautet die Diagnose. So gut wie keine Säure im Magen, mangelhafte Verdauung, überempfindlich: Im Telegrammstil gibt die Mutter weitere Ergebnisse des Arztes wieder. Krebs sei es nicht, wenn es auch zunächst danach ausgesehen habe. Sie ist stark abgemagert und hat ständig Schmerzen. Lina Scholl will für einige Tage kürzertreten. Doch letztlich wird sie sich nicht schonen: Sie schreibt allen Kindern lange Briefe und sendet ihnen Lebensmittel; Hans bekommt, gut verpackt, eine Melone und Butter, Werner Scholl und Sophies Freund Fritz kriegen Lebkuchen in mehreren 100-Gramm-Päckchen. Normalerweise kümmert sich die Mutter um die Wäsche für die ganze Familie, reinigt, flickt und bügelt, dann schickt sie sie in Paketen an die auswärtigen Kinder. Nun ist sie derart schwach geworden, dass sie die Wäscheberge nicht mehr bewältigt. Man merkt, wie schwer es ihr fällt, dass sie eine ihrer Töchter wegen sauberer Sachen vertrösten und schließlich bitten muss, in die Wäscherei zu gehen. Genügend Essen aufzutreiben wird immer schwieriger. Gelegentlich schickt Hans Fleischmarken nach Hause, damit die Familie sich einen Sonntagsbraten leisten kann. Umgekehrt sind die Scholl-Kinder auf die regelmäßigen Obst- und Gemüsesendungen ihrer Mutter angewiesen.

Vielleicht, haben die Scholls inzwischen überlegt, könnte Sophie der Mutter im Haushalt helfen? Sie ist gegenwärtig das einzige Kind, das sich nicht in der Berufsausbildung befindet. Zwar müsste sie dafür ihr Studium aufschieben, aber dieses »Opfer« würde Sophie bringen, um dem verhassten Arbeitsdienst zu entkommen. Falls sie wirklich freigestellt würde, wären damit zwei Probleme auf einen Schlag gelöst. »Froh wäre ich in jeder Beziehung, wenn Sofie [sic] zu Hause wäre«, gibt die Mutter Hans gegenüber zu. »Schließlich spiele ich ja nicht die Kranke, um Sofie loszueisen.«

Doch einstweilen sieht es nicht so aus, als könnten die Mädchen des Jahrgangs 1921 dem »Kriegshilfsdienst« entgehen. Die Nationalsozialisten treiben mit Macht die Mobilisierung der »Heimatfront« voran, und vor dieser Aufgabe soll sich keine Deutsche drücken können. »Ich glaube, jetzt beginnt sich der Krieg mächtig auszuwirken, in jeder Beziehung«, notiert Sophie, wieder zurück im Arbeitsdienstlager, während die kranke Mutter daheim in der Arbeit erstickt. Lange Monate wird sie im Pflichtdienst festhängen. »Manchmal schon, besonders in letzter Zeit, empfand ich es als bittere Ungerechtigkeit, in einer solchen von Weltgeschehen ganz ausgefüllten Zeit leben zu müssen. Aber das ist natürlich Unsinn, und vielleicht sind uns wirklich heute Aufgaben, nach außen und mit der Tat zu wirken, gestellt. Obwohl es scheint, als bestünde unsere ganze Aufgabe darin, zu warten.«

Nicht nur Sophie Scholl bedauert es, gerade jetzt zu leben, sondern auch Rose Nägele. Aus den Briefen ihres Freundes liest sie Zerstreutheit heraus. Sie schiebt es auf die unruhigen Zeiten.

Doch Hans wehrt ab: Dass Rose seinen Briefen nur Unruhe entnimmt, begründet er mit seinem Schreibstil. Er sei nicht

»zerstört und zerstreut«, im Gegenteil: »Inmitten einer Welt der brutalen Negation erkenne ich die positiven Werte. Das Leid zu erkennen als allergrößten, wahrhaften Wert des europäischen Menschen schafft sicher keine Unruhe.« Er möchte die Menschen sehen, wie sie sind: »Ich scheue mich auch nicht vor dem übelsten Geruch und der dreckigsten Farbe. Sie sind da. Die Schatten sind um des Lichtes willen da. Aber das erste ist das Licht.« Als Tal des Leidens hat Hans die Erde einmal bezeichnet, und dieser Gedanke nimmt in ihm Gestalt an. Immer wieder tauchen das Leiden, die Armut in seinen Briefen auf, und wie bei einer Medaille gewinnt er beidem positive und negative Seiten ab. Er erklärt Rose: Mit seinen Betrachtungen sei er noch ganz am Anfang, aber er habe einen Stern, der auch in der finstersten Nacht leuchtet. Abends soll sie einen Psalm lesen, empfiehlt er. Zum ersten Mal wünscht er ihr ausdrücklich den Segen Gottes.

Hans Scholls geistige Krise scheint sich dem Ende zuzuneigen. Was sich in einzelnen Briefstellen bereits angedeutet hat, tritt nun deutlicher hervor: Spätestens vom 12. August 1941 an zeigt sich bei ihm eine positive Grundhaltung.

Als Rose bedauert, dass Hans kein Bauer ist, schreibt er zurück: Eigentlich wäre er es gerne, aber er müsse *seinen* Weg gehen, und das tue er bereitwillig. Sein Ziel sei es, den Dingen auf den Grund zu gehen. Doch bis dahin würden noch »viele Stürme« durch sein Gehirn brausen »und es erschüttern«. Er will weitersuchen und nutzt dazu die Metapher einer Lampe. Diese könne manchem einsamen Wanderer ein Wegweiser sein. »Man denkt nach, liest, lernt«, berichtet er an Rose. »Die vergangenen Wochen waren für mein Inneres bedeutender, als viele vergangene Monate. Ich sehe, wie ich mich allmählich in die Hand bekomme, wie aus den vielen Täuschungen und Irrwegen ein Weg

wird.« Vieles spricht dafür, dass Hans sich dem Glauben zuge-
wandt hat.

Als er in den ersten Tagen des Jahres 1938 aus dem Gefängnis kam, hatte er seiner Mutter geschrieben: »Ich bin noch jung,
ich will nicht alt und erfahren sein, aber über dem flackernden
Auflohen der jungen Seele spüre ich manchmal den ewigen
Hauch eines unendlich großen und stillen Etwas. Gott. Schicksal.« Letztlich hat das Christentum für ihn bisher keine Rolle
gespielt. Es ist verknüpft mit dem Glauben der älteren Menschen um ihn herum. Wie oft hat ihm die Mutter empfohlen,
er solle zum Abendmahl gehen, »ich konnte es nicht«, hat er
resigniert erwidert. Nun hat er zu Gott gefunden. »Eines Tages
ist dann von irgendwoher die Lösung gefallen. Ich hörte den
Namen des Herrn und vernahm ihn«, wird er später über diese
Zeit sagen.

»Wir sind nicht ungebunden«, schreibt er mit festlichen
Buchstaben an den Rand eines Briefes von seiner Münchner
Freundin Traute Lafrenz. »Wir sind ein Produkt, all dessen, was
vor uns gewesen ist, was mit uns einhergeht, und in den kommenden werden wir weiterleben, ob wir wollen oder nicht. Aus
dieser Gebundenheit, die ich frei anerkenne, entspringt unsere
Verantwortung dem Abendlande gegenüber. Es gibt keine Auto-
nomie des Menschen. So sehr sich manche dieses Ziel wünschen, geben sie ihre Geschöpflichkeit auf, so geben sie auf und
werden ins Uferlose ertrinken.« Er schenkt Traute in diesen
Augusttagen *Die Messe* von Paul Claudel. »Wanderer auf allen
Straßen der Wüste«, notiert er hinein, »die Zeit kommt, wo Du
nicht mehr weitergehen kannst. Ein Anfang? Oder nur ein Weitergehen des Weges, für den ich mich entschied, als ich ihn er-
kannte?«

Während Hans Zeit fürs Lesen und Lernen hat, ist der Sommer sowohl für Rose Nägele als auch für Traute Lafrenz extrem

arbeitsreich. Hans versucht sein Bestes, sie aufzumuntern. Er möchte Rose wieder besuchen, aber seine Freundin sagt ab: Es müsse sich noch einiges klären, etwas verändern.

Natürlich fragt Hans, ob Rose ihm erzählen will, welche Veränderungen anstehen. »Doch halt!«, lenkt er plötzlich ein. »Ich wills nicht wissen! Du wirst Deinen Grund für Dein Schweigen haben. Man muss Manches für sich behalten können, unbedingt. Auch dem liebsten Menschen braucht man nicht alles sagen, wenn es nicht notwendig ist.« Über allem stehe die Vernunft, bekräftigt er ein weiteres Mal. »Man soll nur das tun, was man als richtig erkannt hat, und nichts anderes.«

»Um Deine Neugier zu befriedigen, ich gehe a. d. 1. Oktober von hier weg«, erfährt er schließlich. Rose Nägele hat am Kappelhof einfach alles »über den Haufen geschmissen« und ist erst einmal zu ihrer Familie gefahren. Die Arbeitsbelastung beim Bauern hat ihr gesundheitlich zugesetzt. Ihr Entschluss steht fest: Sie verlässt den Bauernhof. Sich selbst und auch dem Freund gegenüber ihr Scheitern einzugestehen scheint Rose schwerzufallen. Hans tröstet sie: Es gebe schließlich noch andere Landwirte, bei denen sie arbeiten könnte, nicht nur diesen »wuchernden protestantisch + nationalen = dummen« Bauern. »Ihr« Pole (er meint den Zwangsarbeiter) werde bestimmt weinen, wenn sie vom Bodensee weggehe. Gleichzeitig sucht er nach Alternativen für die Freundin: Ob Rose nicht auch studieren wolle? »Dies wäre allenfalls noch das freieste, was man tun kann.«

Armer blasser Münchner Student, neckt Rose ihn in ihrer Antwort und gibt dann unverhofft zu: Sie habe etwas Angst vor ihrem nächsten Treffen. Von der Existenz einer anderen Frau in Hans Scholls Leben weiß sie wahrscheinlich nichts, nimmt aber die Entfremdung zwischen ihnen wahr.

Den ganzen Sommer lang hat Hans seine eigene Suche nach

Wahrheit verknüpft mit der Liebe zu Rose Nägele. Er hat die Freundin über Monate hinweg an seinen geistigen Kämpfen teilhaben lassen. Nun ist der Sommer fast vorbei, und Hans schreibt von Zweifeln. Immer wieder beharrt er, dass sie zu wenig voneinander wüssten. Dass er vieles nicht in Briefen wiedergeben kann, was ihn innerlich beschäftigt. An anderen Tagen schickt er ihr wieder wie sonst Liebesbriefe. Sie verabreden ein gemeinsames Wochenende in Ulm, verschieben es noch einmal. Unter Vorbehalt kündigt Rose ihre Ankunft für Sonntagmorgen, den 28. September 1941, am Ulmer Bahnhof an. Die Beziehung ist schwierig geworden.

Während Hans innerlich auf festerem Grund steht, scheint ihm die Liebe durch die Hände zu gleiten. Nicht nur mit Rose, sondern auch mit Traute Lafrenz kommt es zu Differenzen. In ihren Briefen erwähnt sie »das Problem«, das von Anbeginn ihrer Verbindung bestehe. Weiß sie, dass Hans sich mit Rose Nägele schreibt – sie besucht?

In einem Tagebucheintrag hat sie Hans schon einmal gebeten zu gehen; sein Verhalten ähnle dem Ein-und-aus-Gehen in einem Haus, wie es ihm beliebt. Bis heute behält sich die über 90-Jährige vor, keine Details ihrer Freundschaft mit Hans Scholl preiszugeben. In ihrem Brief vom 1. September 1941 hofft sie jedenfalls auf eine Veränderung ihrer Beziehung.

Die Medizinstudentin muss diesen Sommer nicht famulieren, sondern in Kraiburg am Inn arbeiten, ungefähr 70 Kilometer östlich von München. Die Landschaft im Alpenvorland ist idyllisch. Gut getarnt, befindet sich dort die Munitionsfabrik, in der sie beschäftigt ist. Bis Kriegsende werden hier über 200 KZ-Häftlinge bei der Rüstungsproduktion zugrunde gehen. Von solchen Zuständen erwähnt Traute nichts, doch sie erzählt von den französischen Zwangsarbeiterinnen, die in der Fabrik schuften und vor deren Tapferkeit sie Hochachtung hat. In fast jedem Brief, den Traute aus ihrem Fabrik-Pflichtdienst schreibt, überlegt sie: Wie könnte sie diesen Albtraum früher beenden? Ob Hans ihr helfen könne, von dort wegzukommen? Viele Male schüttet sie dem Freund ihr Herz aus. Der Arbeitsablauf in der Munitionsfabrik ist stupide. Angesichts der ewiggleichen Handgriffe empfindet sie »Müdigkeit und Murren«, und die Anstrengung bringt sie zum Weinen. Abends hat die junge Studentin nicht einmal mehr die Kraft, an den Inn zu gehen. Zusätzlich zur körperlichen Erschöpfung quälen sie Selbstvorwürfe; immerhin erzeugt sie Munition für die Front. Es geht nicht um die Mithilfe beim Heumachen oder bei kinderreichen Familien im Haushalt, wie etwa die Arbeitsmaid Sophie Scholl eingeteilt ist. Wenn solche Arbeitseinsätze nicht mehr auf die Heimat beschränkt sind, dann müssen sich auch die Frauen, die Studentinnen und Abiturientinnen, die Frage nach der Mitschuld am Krieg stellen. Paradox ist, dass Traute Lafrenz, eine junge Frau, der Kriegsmaschinerie zuarbeitet, während Hans Scholl und Alexander Schmorell, die Soldaten unter den Studenten, im Spätsommer und Herbst 1941 eine ruhige Famulatur in München-Harlaching absolvieren, fast wie Zivilisten.

Nur als Zuschauer nimmt Hans die Missstände in seinem Umfeld wahr. Er erlebt die Einschränkung der persönlichen Freiheit bei Sophie im Arbeitsdienst, Trautes Ringen mit der Schuldfrage aufgrund ihrer Arbeit sowie den bitteren Unterton in den Briefen seines Bruders, der sich in Westfrankreich in Gleichgültigkeit übt und bemüht, das Hässliche zu übersehen. Jetzt beginnt der Krieg sich auszuwirken, in jeder Beziehung.

Wie es an der Ostfront zugeht, erfährt Hans durch seine Mutter. Unermüdlich schildert sie in ihren Briefen die Kriegserlebnisse von Klassenkameraden und Nachbarssöhnen: Ein Junge, Anfang zwanzig, ist schwer verwundet und wird wahrscheinlich sein Bein verlieren, bei einem Handwerker ist inzwischen der zweite Sohn gefallen. Einen anderen hat nur seine dünne Metallmarke, die alle Soldaten um den Hals tragen, vor einem Schuss ins Herz bewahrt. Solche Kriegsschicksale häufen sich seit Beginn des Russlandfeldzugs. Gelegentlich meldet sich Sophies Freund Fritz Hartnagel bei den Scholls; er befindet sich mit seiner Nachrichteneinheit bei der Heeresgruppe Mitte auf dem Vormarsch in den Osten. Dreck, Staub, wenig Schlaf sind seine Haupteindrücke aus diesem weiten Land. Auch von Massentötungen erfährt Lina Scholl, und zwar von Hermann, einem Freund aus Hans' Trabantenzeit. Im lettischen Dünaburg hätten sie Juden umgebracht, vierzehn ewige Tage lang: »Die Erwachsenen männl. und weibl. wurden alle erschossen, die Kinder bekamen Spritzen. Die Juden [...] hätten geschrieen, bes. die jungen Mädchen.« Kein weiterer Kommentar, keine Bewertung. Die Mutter gibt nur wieder, was sie erfahren hat. Übergangslos beendet sie ihren Brief, indem sie ihrem Sohn in München eine gute Woche wünscht.

Auch Hans erhält in diesen Tagen Post von der Ostfront: Ihm schreibt ein SS-Arzt, der während des Frankreich-Einsatzes sein Vorgesetzter war. Nun ist er mit der Panzergruppe Guderian auf dem Vormarsch, ungefähr 350 Kilometer vor Moskau. Die Panzergruppe hat den Auftrag, die Stadt zu erobern. Aufgrund rascher Panzervorstöße verzeichnet sie gerade zahlreiche Siege – aber auch massive Verluste in den eigenen Reihen. Detailliert beschreibt der ehemalige Vorgesetzte bestimmte Operationen, die seinen Frontalltag bestimmen. 55 Stunden habe er einmal operiert, ohne schlafen zu können, ohne zu essen. Für ihn, Scholl, wäre es doch sicher interessant, an der Front einen Einblick in die neuen Methoden der Kriegschirurgie zu erhalten.

Noch ist Hans in München und genießt die beginnenden Herbsttage, das leuchtende Gelb der Sonnenblumen im Vorgarten seiner Vermieter. »Wir leben hier in jeder Beziehung wie im tiefsten Frieden«, teilt er den Eltern und Inge mit. »Frau Orthlieb kocht gut für mich, sodass ich mich um nichts, oder fast nichts, kümmern brauche. Fast kann ich mich des Eindrucks nicht erwehren, dass ich doch Ferien habe. Die Arbeit selbst ist ja ein halbes Vergnügen.«

Leben, solange es noch geht: Nach und nach kommen die Geburtstagskarten für ihn an, und fast alle schreiben vom Krieg: sein Vater (er war so alt wie Hans, als er in den Ersten Weltkrieg ziehen musste), seine Mutter (»Mein größter Wunsch ist, daß es dein letzter Kriegsgeburtstag ist«) und Roses kleine Schwester Eve (»Da Du genau ein Vierteljahr nach Kriegsanfang gegen Rußland Geburtstag hast, kann ich mir diesen Kriegsanfang gut merken. Also gratuliere ich Dir recht herzlich!«). Oft empfängt er Besuch, unternimmt Radtouren und lange Spaziergänge in der Umgebung von München, gerade in den Tagen um seinen Geburtstag am 22. September 1941. Zuerst kommt Inge vorbei. Hans hat extra Konzert- und Opernkarten besorgt. Die anderen Treffen mit Frauen sind problematischer: Aus heiterem Himmel wünscht Ute Borchers eine Aussprache. Es sei nichts Aufregendes, versichert sie zwar, vielleicht könne er es sich schon denken? Was sie auf dem Herzen hat, ist unbekannt geblieben. Ob sie sich getroffen haben, wieder in Bad Tölz? Auch das ist nicht überliefert. Sicher ist jedoch, dass Hans sich in Ulm mit Rose Nägele trifft, und dabei werden die Spannungen zwischen den beiden überdeutlich. Sie, die geschworen hat, alles für sein Glück zu tun, kann nur zusehen, wie sich der Freund in Richtung München orientiert und ihr entgleitet.

Auch seine andere Freundin, Traute Lafrenz, besucht Hans, sogar auf die Gefahr hin, dass man sie der Arbeitsverweigerung verdächtigt. Kurz nach dem Geburtstag berichtet sie von ihren verwirrten Gefühlen, über »das neue Sich-begegnen«.

Weil Hans fünf Tage lang schweigt, grübelt sie: Ist sie zu offen zu ihm gewesen? Nur widerwillig kehrt Traute in ihre Rüstungsfabrik zurück. Vor einem solchen Arbeitseinsatz müssen sie Sophie unbedingt bewahren, insistiert Hans. Wie steht es um den Plan, Sophie zur Pflege der Mutter vom Pflichtdienst zu befreien?

Lina Scholl geht es unverändert schlecht. Aufgrund ihrer Magen-Darm-Störungen ist sie stark abgemagert und wiegt – mit Schuhen – nur noch 56 Kilo. Vor lauter Erschöpfung kommt sie nicht einmal mehr zu ihrer täglichen Bibellektüre. Die Koliken und Magenkrämpfe quälen sie manchmal stundenlang. Ob eine Operation nötig ist, fragt sie sich, weil der Arzt ihren Zustand als besorgniserregend bezeichnet. Ungeachtet dessen arbeitet sie eisern weiter, schält Fallobst und kocht Apfelbrei ein.

Unerbittlich häuft der Alltag schmutzige Wäsche, Flickarbeiten, Geschirr, Sorgen und Probleme auf, die sie als Hausfrau und Mutter bewältigen muss. Auch Hans mahnt einmal an, dass er frische Handtücher, Socken und Hemden braucht. Die Krankheit der Mutter belastet die ganze Familie. Inge, die weiterhin zu Hause wohnt und arbeitet, erlebt Tag für Tag, wie sehr Lina Scholl sich quält. »Ich muss sie jetzt entlasten, wo es irgend geht«, nimmt sie sich vor, »bis Sofie kommt. (Ich hege Zweifel, ob es überhaupt der Fall sein wird.)« Die Gegenwart kommt ihr vor wie ein böser, schwerer Traum, »der ganz, ganz zuende geträumt werden muss«.

Inzwischen hat der Vater seinen Antrag formuliert: Seine Tochter sei ja freiwillig im Arbeitsdienst, führt er aus, und jetzt werde sie in der Familie gebraucht. Zusätzliche Belastungen seien entstanden, als man der Familie ein Kind aus dem luftgefährdeten Ruhrgebiet zugewiesen habe; gegenwärtig versorge die Erkrankte ein Flandernkind aus Antwerpen, einen evakuierten Jungen und ein Ferienkind. Mit »Heil Hitler!« beendet der Vater sein Gesuch, das er an die Führerin des Lagers Krauchenwies sowie an die Bezirksleitung des R.A.D. Württemberg sendet.

Als Hans diesen Antrag liest, lobt er den Vater, wie geschickt dieser argumentiert habe. »Wenn Sophie nur entlassen wird, dann wäre ja vorübergehend geholfen.« Gleichwohl schränkt er ein: »Die« hätten immer noch das letzte Wort.

Ihr Gesuch wird abgelehnt. Eine der anderen Töchter soll Lina Scholl pflegen, wird lapidar empfohlen, doch Inge und Elisabeth sind ja in ihren Berufsausbildungen eingespannt. Lisl will bei der Klinik in Tübingen ihren Resturlaub beantragen, allerdings ist dies nur eine Übergangslösung. Die Mutter klingt verzweifelt, als sie Hans bittet, etwas zu unternehmen. Er, der gut formulieren kann, soll persönlich bei den Verantwortlichen vorsprechen: »Wir dachten, nur wenn Du Zeit hättest, nach Stuttgart zu fahren und zu demjenigen zu gehen. Viell. würdest Du mündlich mehr erreichen. Aber Du solltest in Uniform kommen. Meinst Du, Du bekommst den Montag frei?« Falls Hans etwas unternommen haben sollte: Zum Erfolg hat es nicht geführt.

Robert Scholl formuliert zwei neue Anträge, an andere Stellen. Doch man dürfe nicht zu viel riskieren: In München habe eine Studentin geäußert, die Fabrikarbeit in den Ferien sei Zwang. Der Senat habe sie verurteilt, sodass sie zwei Jahre lang keine Hochschule besuchen dürfe.

Drei Tage Urlaub genehmigt der R.A.D., damit Sophie zu Hause helfen kann – immerhin ein geringes Zugeständnis. Dann muss sie wieder nach Krauchenwies zurückkehren, in ihren »Arbeitsmaiden«-Alltag zum Rübenhacken, Unkrautjäten, Holzsägen, Kinderbetreuen. Wenn es ihr gelingt, sich kleine Freiräume zu schaffen, freut sie sich immens. »Vielleicht kann ich doch mal nach München«, hofft sie, doch es klingt resigniert. Das gemeinsame Studium von Hans und Sophie ist in weite Ferne gerückt. Ob sie nun die Mutter pflegt oder wie Traute Lafrenz in einer Munitionsfabrik ihren Dienst ableisten muss – studieren darf sie in diesem Winter nicht. Sophie soll ihre Energie sparen, rät ihr Hans erneut. Wenigstens besuchen kann sie ihn doch!

Gerade hat Hans sich einen russischen Samowar gekauft, mit dem man Tee zubereiten kann. Die Anregung dazu ist sicherlich von Alexander Schmorell gekommen. Abends haben sie das Gerät ausprobiert, darin Wasser erhitzt. »Wie das summte und sang! Und der Tee schmeckte gleich noch einmal so gut«, erzählt Hans begeistert. Auf die Winterzeit freut er sich: »Aber auch diese Jahreszeit ist schön. Ja, sie hat vielleicht ihren ganz besonderen Reiz: Die von trockener Kälte roten Gesichter, der Dampf vor dem Munde, der blasse Himmel und die Abende im Zimmer am Samowar.«

Seine Famulatur neigt sich langsam dem Ende zu, und er fragt sich, was ihn danach erwartet. Ob Hans Scholl den Winter in München verbringen wird oder an der Front, ist immer noch ungeklärt.

»Alle Wege versperrt, wo uns doch die Welt offen stehen müsste!«
Studieren mit Hindernissen

Ganz plötzlich bekommen Hans Scholl und Alexander Schmorell Urlaub genehmigt, und sie beschließen zu verreisen. »Unser Entschluß ist so schnell und selbstverständlich gefasst worden, dass sämtliche Chef- und Oberarztgehirne Deutschlands und der ganzen Welt wohl nicht ausgereicht hätten, dieses zu begreifen«, berichtet Hans an Rose Nägele. »Aber wir fahren trotzdem. Und wir nehmen nichts, absolut nichts mit, nur Zahnbürste.« Zwölf Tage frei! Es zieht Hans Scholl »auf Fahrt«, nicht nach Hause oder zu den Freundinnen. Am Mittwoch, dem 8. Oktober 1941, kommt er abends zusammen mit Alex Schmorell in Ulm an, leiht sich ein Boot, das sie zunächst einmal flicken müssen. Am folgenden Morgen paddeln die beiden los, die Donau hinab, am liebsten bis nach Wien! Zwölf Tage ohne Appelle, ohne Pflichten, ohne Vorgesetzte und Kollegen, ohne den weißen Arztkittel oder die Soldatenuniform. Wie müssen die Männer ihre Freiheit genießen! Genau wie in den besten Trabantenzeiten lassen sie sich treiben, gestalten ihre Tage, wie sie es wollen.

Das Wetter ist bereits unwirtlich, herbstlich. Wo sonst zahlreiche Faltboote und vollbesetzte Kraft-durch-Freude-Dampfer unterwegs sind, fahren Hans und Alex wohl allein den Fluss hinab. Welche Orte sie besichtigen, wissen wir nicht. An den Ufern der Donau liegen alte Römerstädte und unzählige opulent ausgestaltete Barockkirchen, an den steilen Hängen sitzen Burgen und Festen. Donauwörth, Ingolstadt und die Reichsstadt Regensburg, die Dreiflüssestadt Passau, wo die Studenten ein oder zwei Tage bleiben. Hinter Passau beginnt die ›Ostmark‹, wie Österreich genannt wird, nachdem es dem Deutschen Reich eingegliedert worden ist.

Als deutsche Truppen 1938 nach Österreich einmarschiert sind, musste Hans Scholls Einheit in der Bad Cannstatter Kaserne bleiben; aus ihrem »Ausflug« nach Wien ist damals nichts geworden. Nun begegnen ihnen die Spuren des ›Anschlusses‹ in vielen Orten, wenn etwa die großen Plätze in »Adolf-Hitler-Platz« oder »Großdeutschlandplatz« umbenannt worden sind.

»Ein Volk, ein Reich« steht in riesigen Lettern am sogenannten Anschlussturm in Linz an der Donau, der an die Märztage von 1938 erinnert. Wie in einem Triumphzug war Adolf Hitler hier unter Glockengeläut und den »Heil«-Rufen der begeisterten Menge eingezogen. Vom Linzer Rathaus hatte er unter Tränen der Rührung verkündet, die Vorsehung habe ihn dazu bestimmt, seine Heimat wieder mit dem Reich zusammenzuführen. Und in Linz unterzeichnete er das ›Gesetz über die Wiedervereinigung Österreichs mit dem Deutschen Reich‹. Der Jubel in der ›Ostmark‹ kannte damals kaum Grenzen. Fast eine Viertelmillion begeisterte Menschen, so schätzt man, hörten Hitlers Rede am Heldenplatz in Wien.

Die Euphorie hat sich nicht halten können: Bayerische Jugendliche, die fast zur selben Zeit wie die beiden Medizinstudenten in der ›Ostmark‹ unterwegs sind, berichten von Unzufriedenheit, von Resignation. Manch einem gehen die Reformen nicht weit genug, andere betonen, wie viel besser es ihnen vor dem ›Anschluss‹ und vor dem Krieg ging.

Unumwunden geben Einzelne zu, wie viel mehr sie verdienten, als sie noch für die Juden arbeiten durften. Dass diese 1938 mancherorts unter höhnischem Beifall die Bürgersteige schrubben mussten, war der Beginn perfider Repressalien. Es folgten Anfeindung, Misshandlung, systematische Enteignung. Zehntausende sogenannter ›Volksfeinde‹ sind inzwischen verhaftet worden.

Von solchen Eindrücken schreibt Hans Scholl nichts, als er sich erstmals aus Linz meldet: Zwar sei ihre Reise verregnet gewesen, zeitweise habe es sogar gehagelt und geschneit, »doch es wurde die allerschönste Fahrt, die man sich denken kann«, erfährt Rose Nägele per Postkarte.

Von hier aus wollen sie »mit der Bimmelbahn« weiterfahren nach Melk, wo sie sicherlich das über dem Fluss thronende Benediktinerkloster besichtigen – mit seinen insgesamt 362 Metern Länge mehr Palast denn Kloster. Trotz kriegsbedingter Sicherungsmaßnahmen ist die umfangreiche Bibliothek mit ihren 30 000 Bänden und Handschriften zugänglich. »Dann ist unsere Fahrt zuende«, notiert Hans auf einer zweiten Ansichtskarte an Sophie. »O wie schade!«

Seine Post schickt er nach Krauchenwies ins R.A.D.-Lager, aber sie ist nicht mehr dort. Jemand korrigiert die Adresse in »Blumberg/Baden, Im Winkel 46«, wo sie nun doch ihren Kriegshilfsdienst ableisten muss, ein halbes Jahr lang. Auch wenn Hans Scholl sich für einige Tage frei fühlen kann: Immer wieder begegnen den beiden Reisenden der Krieg und mit ihm die Einschränkungen. Am Dom in Regensburg hat man das Portal verschalt und die alten Glasfenster abgenommen, und das berühmte Melker Kreuz wird in dieser Zeit nicht ausgestellt.

Ob der Weltenbummler glücklich und voll neuer Eindrücke in die Stadt zurückgekehrt sei, will Rose Nägele von Hans wissen. Oft habe sie ihm schreiben wollen, dann aber das Papier verbrannt. Seit ihrem letzten Treffen – wohl dem Ende September – ist sie beunruhigt, weil »die schöne ruhige Tiefe« gefehlt hat, die sonst zwischen ihnen herrscht. Und das kann sie sich nicht erklären.

Mit »In Liebe Dein Hans« hat ihr Freund seine Donaufahrt-Postkarte für Rose unterzeichnet, wie in den guten Tagen ihrer Beziehung. Beide versichern einander, dass sie sich bald wieder einmal treffen müssen. Doch dies ist schwierig geworden, da Rose nun ins Elsass umgezogen ist und Hans durch seine Famulatur und die regelmäßigen Appelle in München festgehalten wird. Vielleicht klappt ein Treffen an Weihnachten, trösten sie sich einstweilen.

Mit keinem Wort geht Hans darauf ein, wenn seine Freundin die Probleme in ihrer Beziehung anspricht. »Ich befinde mich in einer geistigen Krise, der bedeutendsten meines Lebens«, erzählt er stattdessen, »und es ist vielleicht verständlich, dass ich es sehr ernst nehme und mich mit bürgerlichen Trostmitteln nicht trösten kann. Zum Glück brauche ich auch gar keine.« Rose versteht ihn womöglich nicht, befürchtet Hans; solche inneren Entwicklungen zu beschreiben sei schwierig, noch dazu, wenn sie nicht abgeschlossen seien. Erneut zieht Hans Scholl Parallelen zwischen seiner inneren Entwicklung und dem Krieg: »Dieser Krieg ist (wie alle bedeutenden Kriege) seinem eigentlichen Wesen nach ein geistiger; mir ist, als wäre manchmal mein kleines Gehirn das Schlachtfeld für alle diese Kämpfe. Ich kann nicht abseits stehen, weil es für mich abseits kein Glück gibt, weil es ohne Wahrheit kein Glück gibt – und dieser Krieg ist im Grunde ein Krieg um die Wahrheit. Alle falschen Throne müssen erst zersplittern, dies ist das Schmerzlichste, um das Echte unverfälscht erscheinen zu lassen. Ich meine dies nicht politisch, sondern persönlich, geistig. Ich bin vor die Wahl gestellt worden. –«

Inmitten seiner geistigen Krise fühlt sich Hans Scholl wie ein Sieger, der den Sieg schon voraussieht. Ausführlich hat er sich mit dem Mysterium der Armut beschäftigt, Bücher von Dostojewski und Léon Bloy gelesen, wahrscheinlich auch *Der Schatz der Armen* von Maurice Maeterlinck. Wieder greift der junge Sanitätsfeldwebel den Gedanken auf, dass der Krieg den Menschen vieles wegnimmt, sie läutert und reinigt. Danach kann aus den Trümmern etwas Neues, Gutes entstehen.

Er meine dies nicht politisch, hat Hans einschränkend vermerkt. Aber wie vermag man den Krieg gedanklich zu trennen von der nationalsozialistischen Diktatur in Deutschland, die ihn ausgelöst hat?

Solche Briefstellen zeigen, wie schwierig eine Verortung von Hans Scholls politischer Gedankenwelt ist. Oft möchte man aus den Briefen des späteren Widerstandskämpfers etwas herauslesen, das auf sein Ende hindeutet. Doch bis zu diesem Zeitpunkt finden sich in den Quellen keinerlei Hinweise auf eine Widerstandsregung, auch wenn Bekannte berichten, er sei bereits seit 1937 ein erbitterter Hitlergegner gewesen. Zwar benennt Hans Scholl die Hindernisse, die der NS-Staat und der Krieg für ihn, seine Familie und seinen Freundeskreis bereithält, doch dagegen wehrt er sich höchstens im Rahmen der herrschenden Verhältnisse. Seit Monaten beklagt der Sanitätssoldat, wie sehr ihm die Kasernierung zusetzt. Er sucht Wege, sich das reglementierte Leben erträglicher zu machen: eine Blume in der Brusttasche seiner Uniform, das private Zimmer als Rückzugsort. Und auch das Religiöse wird sich in den kommenden Wochen zunehmend als Stärkung erweisen.

Wenn der 23-Jährige über sein neugewonnenes Verständnis der Armut spricht, dann fehlt das radikale, ungestüme Aufbrausen, das bisweilen in seinen Briefen aufgetaucht ist. In dem, was er schreibt, wirkt er ruhiger als sonst.

Wieder einmal divergieren Innen- und Außensicht von Hans Scholl. Als seine Unruhe ihn gequält hat, empfand Rose Nägele ihn als ausgeglichener. Jetzt sieht er Land in der geistigen Krise, und die Freundin vermisst die ruhige Tiefe zwischen ihnen. Sie ist nicht mehr der Angelpunkt, an dem Hans seine geistigen Anstrengungen festmacht, sondern nur noch die Freundin, der er seine Erkenntnisse mitteilt.

Nach seiner Donaufahrt ist Hans Scholl wieder in Ulm angelangt. Als er am 19. Oktober 1941 nach München zurückfahren muss, bringt ihn seine Schwester Inge zum Bahnhof. Beinahe kommt es zum Streit zwischen ihnen. Denn Hans holt sich keine Fahrkarte; er will im Zug nachlösen, falls er kontrolliert wird. In München reicht dann eine Bahnsteigkarte aus, um eventuelle Kontrollen zu passieren. Inge drängt ihn, unbedingt ein Billett zu lösen, das sei sonst eine Lüge! Sie will noch mehr sagen, beißt sich aber auf die Zunge. Als sie später auf Hans' Verhalten zu sprechen kommt, urteilt sie nicht über den Bruder. »Aber eine Schlappe war es doch«, gesteht sie ihrem Freund Otl Aicher lediglich.

Während Hans ohne Fahrkarte nach München reist, ist gleichzeitig ein Brief von Inge dorthin unterwegs. Denn Inge Scholl sucht einen Mentor für ihren Bruder, und sie glaubt, den richtigen gefunden zu haben: den 74-jährigen Professor Carl Muth, mit dem Otl Aicher im Briefkontakt steht. Obwohl sie den Professor aus München-Solln bisher nur einmal getroffen hat, verkörpert Muth für Inge eine »weise Persönlichkeit«, einen ruhenden Pol. Er sei ein Mensch, »dem es in erster Linie um Gott geht«. Wegen all der Unruhe und der Fehler, die Inge in Hans Scholls Leben ausmacht, will sie den Kontakt zu Carl Muth unbedingt intensivieren. Wenn es jemand schafft, ihren Bruder zu Gott zu führen, dann dieser katholische Intellektuelle. Um die Verbindung herzustellen, mobilisiert Inge Scholl ihre ganze Familie. Ob die Schwester für den diabeteskranken Mann etwas frisches Obst besorgen könne?

Wenige Tage später ist Sophie nicht minder von Muth beeindruckt, auch wenn sie es weniger schwärmerisch ausdrückt als ihre ältere Schwester. Der Professor dankt ihr für die Kiste Äpfel mit einem Brief und einem Buch. Mit einem einzigen Satz rührt Carl Muth bei Sophie an ein Thema, das sie im November 1941 ohnehin beschäftigt: das Beten. Dass der Professor »die Zeit und die Liebe« gefunden hat, sich ihnen zuzuwenden, erstaunt sie: »Er muß ein sehr gütiges Herz haben, daß solche kleinen Menschen, die ihn nur durch ein ganz äußerliches Geschäft berühren, Platz darin haben.«

Alle will Inge Scholl anstecken mit ihrer Begeisterung für diesen Mann. Von Ulm aus knüpft sie Kontakte, arrangiert Treffen, bespricht mit dem Freund Otl Aicher erste Erfolge. Als sie erfährt, dass Carl Muth seine private Bibliothek neu ordnen will, nutzt Inge diese Chance. Per Brief bietet sie dem Professor an, dass Hans ihm bei dieser zeitaufwendigen Arbeit behilflich sein kann.

Nicht nur für Hans entwickelt Inge Pläne. Gerade hat sie mit Sophie daheim am Küchentisch über Fürbitten diskutiert. Gemeinsam wollen sie eine eigene Zeitschrift entwerfen, die »Windlicht« heißen soll. Auch Hans schreibt einige Artikel dafür, die im Geschwister- und Freundeskreis zirkulieren, als eine Art schriftliches Gespräch.

Im Spätherbst 1941 ist der Ulmer Freund Otl Aicher, der die Schule ohne Abitur verlassen hat, zum Militär eingezogen worden. In der öden Kasernenumgebung wächst seine Abneigung gegen die Kameraden, und »diesen Plebejern« will er sich nicht angleichen. Ob Hans mit ihm regelmäßig per Brief diskutieren will? Ein solcher Briefwechsel wäre ihm eine Stütze, da der Geist sein Wachstum zuerst aus der Dialektik erhalte. Einer wird eine These in den Raum stellen, der andere darauf etwas erwidern, so wollen sie gemeinsam der Wahrheit näherkommen. »Deinem Anspruch auf Dialektik stimme ich zu«, antwortet ihm Hans. Dies sei eine Möglichkeit, persönliche Irrtümer zu beseitigen und »dem Andern bis zu dem möglichen Grade verantwortlich zu sein«. Die beiden, die sich in ihrer Kindheit nichts zu sagen hatten – der eine war HJ-Führer, der andere verweigerte sich der Hitlerjugend –, beginnen nun eine Korrespondenz, die sich vorrangig um Bücher dreht. Inge möchte die beiden Männer, die ihr am wichtigsten sind, zusammenbringen. Einen Holzschnitt, den Otl Aicher angefertigt hat, hängt Hans gleich nach der Donaufahrt in seinem Münchner Studentenzimmer auf.

Sein Samowar, um den sich die Studienfreunde an manchem Abend versammeln, summt behaglich, während er das Wasser erhitzt und gleichzeitig das Zimmerchen wärmt. Die Freundschaft mit Alexander Schmorell, den sie Schurik nennen, prägt Hans in diesem Herbst und Winter, auch wenn dies in den Quellen wenig fassbar ist. Neben französischen Schriftstellern, die ihn weiterhin beschäftigen, liest er nun Werke von Fjodor Dostojewski und Nikolai Gogol, bald wird er seine erste Russischstunde nehmen und sich mit dem Philosophen Nikolai Berdjajew beschäftigen.

Obwohl er schreibt: »Ich bin drauf und dran, einige Menschen soweit zu bringen«, vermisst Hans in München einen intensiveren geistigen Austausch, »da ich bei aller guten Umgebung immer der Fordernde bin und niemals selbst zu einer einwandfreien Antwort gefordert werde«.

Das soll sich schon bald ändern. Am selben Tag, als Hans Scholl an Otl Aicher schreibt, wie wenig er gefordert sei, verfasst in München-Solln der katholische Publizist Carl Muth einen Brief, der ebenfalls an Otl geht: »Ich werde auch an Ihren

Freund, den Medizinstudierenden schreiben, denn Inge ließ mich wissen, ihr Bruder sei frei und helfe mir gern bei der Katalogisierung meiner Bibliothek.« Bevor Professor Muth den Medizinstudenten damit betraut, will er ihn kennenlernen. Deswegen bittet er Hans Scholl zum Tee in seine Villa.

Laut Inge ist Hans nach dem Treffen »hell begeistert« von dem 74-Jährigen. Schon am 3. November 1941 notiert sie, dass er bereits einige Tage in Muths Bibliothek arbeitet. »Das habe ich mir auch so sehr für Dich gewünscht«, gesteht sie ihrem Bruder. »Ich habe immer ein bißchen Angst um Dich, daß Du Dich zu sehr verströmst in alle Richtungen (verzeih mir diese Angst).« Leise Kritik, verpackt in Großeschwestersorgen. Ungleich schärfer formuliert Inge dasselbe in einem Brief an Otl Aicher: »Muth ist für Hans ein Prellbock in seinem wilden Saus und seinem Verströmen nach allen Seiten hin.« Was den Bruder irreleitet, hat Inge schon herausgefunden. In seiner Umgebung wird er nicht genug gefordert: »Eine gewisse Tragik für Hans ist, daß viele ihn bewundern und verehren und doch dabei nicht das lieben, was das wirklich liebenswerte ist an ihm.« Ein älterer Intellektueller, ein väterlicher Freund kann dem 23-Jährigen bei seiner Suche nach Wahrheit besser helfen als Gleichaltrige und Jüngere, davon ist Inge Scholl überzeugt.

Wer ist der Intellektuelle, den Inge als Mentor ausgesucht hat? Carl Muth (1867–1944) wollte als junger Mann ursprünglich Missionar werden. Aber nach Aufenthalten in Berlin, Paris und Rom sowie dem Studium von Volkswirtschaft, Recht, Geschichte, Literatur schlägt er einen journalistischen Weg ein. Muth volontiert und arbeitet bei verschiedenen Zeitungen, bis man ihn ab 1903 für ein besonderes Projekt einsetzt: Er wird Herausgeber einer Zeitschrift namens *Hochland*, einer »Monatsschrift für alle Gebiete des Wissens und der Schönen Künste«. Ähnlich wie im Renouveau catholique in Frankreich verlangt, strebt auch Carl Muth eine Erneuerung im katholischen Sinne an: Er fordert die »Revolutionierung des gesamten deutschen Kulturlebens«. Seine Zeitschrift gilt von Anfang an als progressiv. Trotz einiger Attacken kann sie rasch eine führende Stellung im Geistesleben erlangen. *Hochland* wird zu einer Instanz – zu *dem* Forum für die Auseinandersetzung mit aktuellen literarischen, theologischen, philosophischen und politischen Fragen. Der Mitarbeiterkreis ist überkonfessionell, der Anspruch hoch. Die Autoren – Dichter, Schriftsteller, Publizisten, Wissenschaftler – kommen aus den verschiedensten Fachgebieten. Der Herausgeber Muth ist hellhörig für neue Entwicklungen. Auch junge, unbekannte Autoren bekommen ihre Chance.

Bereits seit 1933 muss jede *Hochland*-Nummer der NS-Zensur vorgelegt werden. Es sind ungünstige Zeiten für eine katholische Zeitschrift. Die Nationalsozialisten entfalten ihre Ideologie, beschwören den »deutschen Herrgott« und die »Vorsehung«. Und zuweilen scheint die Führergefolgschaft wichtiger zu sein als die Nachfolge Christi. In der Politik sind Töne an der Tagesordnung, die fast messianischen Heilsversprechen ähneln: Hitler – eure letzte Hoffnung. Hitler, der Arbeit, Brot und Lebensraum für alle Deutschen bringt. Zu dieser deutschen Herrgott-Religion möchte das *Hochland* einen Gegenpol bilden. Weil offene Kritik an den Nationalsozialisten nicht möglich ist, erproben die Autoren – von Carl Muth ermuntert – das Schreiben zwischen den Zeilen. Oft dienen historische Schauplätze und Personen dazu, das Tagesgeschehen zu kommentieren.

Zum 1. Juni 1941 verbietet die Reichsschrifttumskammer das *Hochland*. Schlagartig ist der Herausgeber Muth ohne Aufgabe. Die Diskussionen um die bestmögliche Version der Texte gehören nun der Vergangenheit an, genau wie die Treffen mit potenziellen Autoren, welche der Publizist auf seinen Reisen in

Deutschland, nach Frankreich, Italien und in die Schweiz rekrutiert hat.

Der Professor verfügt – das bescheinigt ihm sein Nachbar, der Schriftsteller Werner Bergengruen – über »eine echte pädagogische Neigung und eine echte pädagogische Begabung«, einen »Drang, die Menschen seines Umganges nach dem eigenen Bilde zu formen«. Gezielt hat er junge Autoren gefördert, und dies ist ihm nach dem Verbot seiner Zeitschrift verwehrt.

Ungefähr zu dieser Zeit lernt Carl Muth Otl Aicher, kurz darauf Hans Scholl und dessen Geschwister kennen: belesene, literarisch gebildete, vielseitig interessierte junge Menschen. Der Gelehrte muss den Eindruck gehabt haben, dass es – trotz der Massenerziehung durch die Hitlerjugend und die unterschiedlichen NS-Organisationen – noch junge Menschen gibt, die genau wie er selbst eine Form von geistiger Erneuerung suchen. Von der Beziehung profitieren beide Seiten: Für den Diabetiker werden die Scholls fortan regelmäßig Lebensmittel beschaffen, was in der Ulmer Gegend leichter fällt als in der Großstadt München. Muth revanchiert sich mit Büchergeschenken, Kontakten und Gesprächen. Oft ist Hans sein »Tischgast«, und Muths Villa wird Inge und Sophie auf ihren München-Besuchen beherbergen.

Rasch hat der Professor für Hans eine wichtige Rolle neben den gleichaltrigen Freunden gewonnen; das zeigt ein Vorfall Ende Oktober 1941. Als Sophie einmal für eine ganze Nacht verschwunden bleibt (sie ist, ohne es den Eltern zu sagen, mit ihrem Freund Fritz nach Augsburg gefahren), telefonieren die besorgten Scholls herum, ob ihre Tochter vielleicht bei Hans in München ist: Zuerst rufen sie bei Hans' Freund Alexander Schmorell an – und dann bei Carl Muth.

Während nun Hans Scholl die umfangreiche Bibliothek ordnet, ermöglicht ihm Muth nicht nur Zugang zu einem Bücherschatz, sondern auch eine Lektüre unter Anleitung. Die beiden beginnen in den letzten Oktobertagen 1941 ein Gespräch, das sie über Monate hinweg fortführen werden. Fast jeden Tag kommt der Medizinstudent in die Dittlerstraße im Münchner Stadtteil Solln. »Ich bin glücklich, alltäglich in seiner Nähe zu verweilen«, schreibt Hans an Otl Aicher, der in seiner Kaserne festsitzt. »Die Arbeit in seiner Bibliothek wird mich einige Monate in Anspruch nehmen. In diesem Winter kehre ich mich von der Medizin vorübergehend ab und lege mein Hauptinteresse zunächst auf philologische und nicht zuletzt auf philosophische Gebiete.«

Wie vertraut Professor und Student einander bereits geworden sind, verrät eine weitere Textstelle aus demselben Brief. Carl Muth, berichtet Hans, sei gegenwärtig krank: »Bronchitis; die eigentliche Ursache jedoch liegt auf geistigem Gebiet, nehme ich an. Die Aktion gegen die Juden in Deutschland und den besetzten Gebieten hat ihm die Ruhe genommen.«

Die Aktion gegen die Juden – damit meint Hans Scholl den organisierten Abtransport in die Vernichtungslager. Um die tausend Juden sind in München aus ihren Wohnungen getrieben worden, während Zeitungen die »Liquidierung« des »Judenproblems« fordern. Er erzählt davon, als er am Samstag, dem 15. November 1941, nach Ulm fährt. Sonst verläuft das Wochenende daheim wie immer: Am Sonntag ist wunderbares Wetter, sodass Hans mit den Geschwistern Inge und Werner zu einer Wanderung im Ulmer Flurwald aufbricht. Später kommt ein Bekannter des Vaters zum Kaffeetrinken, Eugen Grimminger. Er kann nur kurz bleiben, entschuldigt er sich, denn er will seine Ehefrau – eine Jüdin – nicht so lange allein lassen. »Seine Schwägerin, eine Witwe mit vier unmündigen Kindern, müsse kommende Woche ohne ihr Hab und Gut nach Polen oder

Rußland«, teilt Robert Scholl seiner Frau mit, die momentan nicht in Ulm ist. »Hans sagte schon gestern, daß die Juden aus München schon vorige Woche nach dem Osten geschafft worden seien. Von den hiesigen weiß ich nichts.« (Für Ulm müssen Mitglieder der Stuttgarter jüdischen Kultusgemeinde auswählen, wer an diesem ersten Transport teilnimmt. Zu den Deportierten gehört auch die Familie Barth mit ihrer 13-jährigen Tochter Suse; sie haben vor den Scholls in der Wohnung Adolf-Hitler-Ring 139 gewohnt. Zwei neunjährige Kinder sind ebenfalls dabei, auch eine Epilepsie-Patientin, deren Mutter zurückbleibt, »dich holen wir später!«, schreit sie ein SS-Mann an. Sie wissen nicht, dass man sie über eine Zwischenstation in Stuttgart-Killesberg nach Riga transportieren wird, wo sie unter schrecklichen Umständen umkommen. Wer nicht in den eisigen Lagern oder bei der Zwangsarbeit stirbt, wird erschossen. Von den 116 verschleppten Ulmer Juden werden nur vier überleben.) Verständlich, dass die Jüdin Jenny Grimminger »zur Zeit ganz von Sinnen« ist, wenn sie eine Deportation in der eigenen Familie miterleben muss. Dazu kommt die Ungewissheit: Wann wird man sie selbst abholen?

Dass dies für die jüdischen Mitbürger einen Abtransport in den Tod bedeutet, scheint dem Vater klar zu sein: »Im Osten haben sie, wie man sagt, keine Wohnung, keine Betten und kein Essen. Und das jetzt zu Beginn des grausigen russischen Winters! Wie lange dauert solcher Schrecken noch?« Erst zwei Tage vorher hat jemand gesagt, er, Robert Scholl, habe von Anfang an schwarzgesehen und nun recht behalten.

Ich bin vor die Wahl gestellt worden, hatte Hans Scholl verkündet. In Carl Muth hat er endlich einen Mentor gefunden, der ihn mitreißt und intellektuell fördert. Mit den Briefen, in denen sie einander verantwortlich sein wollen, beginnt der

23-Jährige nun, gemeinsam mit anderen nach der Wahrheit zu suchen.

Sein Freund Alexander Schmorell und er haben ihre Freundeskreise miteinander bekanntgemacht. All dies scheint dazu zu führen, dass Hans Scholl sich mehr mit München verbunden fühlt. Über diesen Entwicklungen sind zwei Menschen zu kurz gekommen, denen er sonst sein Inneres offenbart hat: seine Freundinnen.

Nun meldet sich Rose Nägele aus dem Elsass – ihrer neuen Heimat. Zur gleichen Zeit erhält Hans von Traute Lafrenz Post, in der sie von Reiselust erzählt, von den Herbststürmen und ihrer guten Laune, von ihren Ausflugsplänen. Aus Wien kommt ein Brief, in dem die Medizinstudentin ihre Gefühle auf einer langen Reise mit denen auf einer Reise zu sich selbst vergleicht: das Warten und die Zweifel, ob es der richtige Weg sei. Immer habe sie auf Nachricht von ihm gehofft.

Auf einmal beendet Traute Lafrenz die Beziehung zu Hans. Ausführlich schreibt sie über ihr bisheriges Leben und teilt dem Freund schließlich mit: Sie hat sich für die Arbeit entschieden. Daher will sie eine spannungsfreie Verbindung zu ihm haben, die ihr Ruhe zum Arbeiten lässt.

Noch ein paar Wochen zuvor hat Traute sogar die Scholls in Ulm besucht. Am selben Wochenende wollte Hans von München kommen und eine weitere Kommilitonin, Ulla, mitbringen. Alles war ausgemacht: Sie wollten zusammen musizieren (Inge hatte schon bestimmte Musikstücke herausgesucht), aber dann sagte Inge Scholl kurzerhand ab. Die Mutter sei nicht in Besuchsverfassung.

Hans und Ulla in München konnten noch benachrichtigt werden. Traute dagegen ist, von Hamburg über Freiburg im Breisgau kommend, schon auf dem Weg nach Ulm, wo sie schließlich zwei Tage bleibt. Zunächst fühlt sich Inge verpflichtet, die Gastgeberin zu spielen. Aber bald beeindruckt sie »diese kleine Traute« mit ihrer »Selbständigkeit und Klugheit«, ihrer Bereitschaft, etwas für sich zu tun. Sie sprechen über Trautes Zeit in der Munitionsfabrik, wobei die Medizinstudentin erneut die ewiggleichen Handgriffe beklagt, die den Menschen geistig töten könnten. Inge erinnert dies an eine Stelle aus dem Buch *Was ist der Mensch?* von Theodor Haecker, einem Münchner Schriftsteller und Freund von Carl Muth, der früher Beiträge im *Hochland* veröffentlicht hat. Auch als die Beziehung zwischen Hans und Traute endet, hält die Medizinstudentin den Kontakt zur Familie Scholl aufrecht.

Einmal schreibt Traute an Hans, ihr würde schwindelig, wie frei sie doch sind. Ungeachtet der Bindungen an Haus, Kirche, Weltanschauung, politische Ideen könnten sie direkt zu Gott kommen. »Es hört sich schön an, aber es ist nicht wahr«, kritzelt Hans an den Rand. Oft schreibt er Bemerkungen in ihre Briefe, was er sonst nie macht. Eine Diskussion zwischen zwei Intellektuellen, die gemeinsam philosophieren? In der blitzgescheiten Kommilitonin hat Hans endlich eine ebenbürtige Partnerin gefunden.

Und nun entscheidet sich Traute für die Arbeit. »Es hat einfach nicht gepasst mit uns«, wird sie später sagen, mehr nicht. Über das Ende ihrer Beziehung schweigt sie bis heute, und die entsprechenden Quellen aus dieser Zeit sind immer noch gesperrt. Die Bereitschaft, etwas für sich zu tun – vielleicht hat sie bei diesem Entschluss eine Rolle gespielt. Für Hans bedeutet es eine neue Erfahrung, dass sich ihm, »dem alle Mädchen nachlaufen«, eine junge Frau entzieht.

Wie Hans Scholl auf Trautes Entscheidung reagiert, ist unbekannt. Keine einzige Bemerkung hat sich erhalten. Was er liest, was er gekauft hat, was er noch besorgen will: Solche Themen

dominieren in dieser Zeit seine Briefe. Angesichts von Bücher-
verbrennungen und Publikationsverboten ist die Frage durchaus berechtigt: Woher bekommt man interessante Bücher, die
nicht die offizielle nationalsozialistische Meinung wiedergeben?
Seit der Machtergreifung haben die Nationalsozialisten nach
und nach die Presse an sich gezogen. Die Redaktionen mussten
sich anpassen, sonst wurden ihre Zeitungen oder Zeitschriften
verboten; Gleiches gilt für Verlage und Druckereien. In über
50 deutschen Orten ist es 1933 zu öffentlichen Bücherverbrennun-
gen gekommen. Unerwünschte Bücher sind aus den Bibliothe-
ken entfernt worden. Zahlreiche Schriftsteller und Intellektuelle
haben Rede- und Publikationsverbot erhalten. Dies betrifft die
unterschiedlichsten Regimegegner, kommunistische wie jüdische Autoren, aber auch Verfasser von christlich oder philoso-
phisch ausgerichteten Werken, die die Nationalsozialisten für
»volksschädlich« halten. Während des Krieges wird das Papier
knapp: Viele Bücher sind vergriffen und werden nicht wieder
aufgelegt – und manche Verlage bekommen absichtlich kein
Papier mehr zugeteilt. Hans Scholl hat sich ein Netz von Buch-
händlern und Bibliothekaren aufgebaut, die ihn mit Büchern
versorgen, Inge bestellt regelmäßig in der Versandbuchhandlung Rieck in Oberschwaben. Besonders der Freund Otl Aicher
bestimmt damals maßgeblich mit, welche Bücher lesenswert
sind. Seine Anregungen trägt Inge Scholl getreulich in den Ge-
schwister- und Freundeskreis hinein.

Als Inge einmal eine Liste zusammenstellt, welche Bücher
Otl Aicher und sie besitzen, bittet Carl Muth, sie ihm zu zeigen.
Der Kontakt zu dem Publizisten wird die Suche nach lesens-
werter Literatur deutlich vereinfachen. In seiner privaten Bibliothek erhalten Otl, Inge und Hans Zugang zu Büchern, die es
längst nicht mehr zu kaufen gibt. Bereitwillig leiht der Professor
Bücher an Hans aus, etwa *Das neue Mittelalter* von Nikolai

Berdjajew. Und manches Mal revanchiert er sich für die regelmäßigen Lebensmittelpakete aus Ulm, derentwegen Lina Scholl, Inge und Sophie ihren ganzen Bekanntenkreis mobilisieren, mit Büchergeschenken.

Carl Muth nimmt interessiert Anteil am Leben dieser jungen Leute, aber auch an ihrer Suche nach Gott. Ungleich mehr als seine Geschwister und Otl Aicher, die gelegentlich zu Besuch in die Sollner Villa kommen, profitiert Hans Scholl von dieser Begegnung. Ihm, der aus einem evangelisch geprägten, kinderreichen Haushalt im Schwäbischen stammt, eröffnet sich in mehrfacher Hinsicht eine neue Welt.

Die vergangenen vier Jahre hat der junge Sanitätsfeldwebel vorrangig im militärischen Umfeld verbracht: in Kasernenstuben im Reich, im Lazarett an der Front – nur unterbrochen durch kurze Aufenthalte in Studentenbuden mit Familienanschluss und natürlich bei seiner eigenen Familie, wo die erkrankte Mutter keinerlei Haushaltshilfe genehmigt bekommt.

Wenn er Carl Muth besucht, fährt er eine gute Stunde raus aus der Stadt. Er betritt eine Villa mit Salon und Garten, die Muth weitgehend allein bewohnt (seine Frau Anna ist bereits im Jahr 1920 verstorben). Dienstboten besorgen für ihn den Haushalt. In der Villa des katholischen Intellektuellen herrscht eine angenehme Ruhe. Muths Hausaltar und das regelmäßige Gebet gehören hier zum täglichen Leben.

Hans Scholl betritt das Reich eines Geistesarbeiters, bei dem es nicht – wie an der Universität – darum geht, sich in kurzer Zeit möglichst viel Prüfungsstoff anzueignen. Indem der Student die umfangreiche Bibliothek ordnet und katalogisiert, kann er viel von Carl Muth lernen. Wie mitreißend dieser ältere Herr sprechen kann, schildert der Schriftsteller Werner Bergengruen: »Er erzählte prägnant und farbig aus seiner Jugend, aus der Kampfzeit des Hochlands, aus seinen römischen Auseinandersetzungen, seinen Pariser, Elsässer, Schweizer Jahren. Stets von neuem frappierte mich die Erlebnis- und Erfahrungsfülle dieses Daseins, stets von neuem fesselte mich das reich Facettierte dieser Existenz. Muth nahm, ein wahrer Europäer, ein wahrer Abendländer, lange vor der Vulgarisierung dieser Benennungen, am kulturellen Leben Frankreichs oder Italiens ebenso selbstverständlich teil wie an dem der eigenen Nation.« In seiner Natur habe er etwas Väterliches gehabt, »Vertrauen, Wohlwollen, Herzensgüte« ausgestrahlt: »Muth war unermüdlich im Anhören, Fragen, Raten, Ermutigen.« Ähnlich mag der 74-Jährige auch auf den 23-jährigen Scholl gewirkt haben. »Beide mochten sich«, erinnert sich Otl Aicher. Während der Student notiert, »ich bin glücklich, alltäglich in seiner Nähe zu verweilen«, schreibt der Professor, Hans sei ein geschätzter Hausfreund und regelmäßiger Tischgast. Schon vor seiner Bekanntschaft mit Muth hat Hans Scholl die Verbindung zu Schriftstellern, die ihm etwas bedeuten, gesucht, wie etwa Ernst Wiechert und Karl Benno von Mechow. Gegenwärtig dominieren die Diskussionen mit Muth selbst, doch schon bald wird der Professor seinen jungen Freund mit anderen Intellektuellen zusammenbringen, von denen manch einer die Repressalien des Nazi-Regimes nur in innerer Abkehr aushält.

Lina Scholl unterstützt die neue Verbindung ihrer Kinder zu Carl Muth. Regelmäßig treibt sie für den Professor Eier, Gemüse und Obst auf. Selbst als sie sich im Winter 1941 auf Erholungsurlaub in ihrem früheren Wohnort Forchtenberg befindet, wo Sophie und Werner geboren sind, organisiert Lina Scholl frische Lebensmittel. Dort auf dem Land sei das Essen »vorzüglich und gar nicht kriegsmäßig«: Dem Professor in München schickt sie eine Kiste Äpfel, Hans bekommt Zwieback.

»Vielleicht vergeht auch das Übel gar nicht mehr«, fragt sie sich wegen ihrer Krankheit. Hans appelliert, sie dürfe nicht zu viel verlangen. Einstweilen geht Lina Scholl viel spazieren und schläft lange. Beinahe den ganzen November ist die Mutter fort von Ulm.

Für den ersten Advent planen die Eltern ein kleines Fest, weil sie ihre Silberhochzeit nachfeiern wollen. Eigentlich müsste sich der Vater auf eine Steuerberaterprüfung vorbereiten, doch dazu kommt er kaum. Ihn plagt wieder die Schlaflosigkeit, zudem haben die Scholls Probleme mit einem lauten Mieter im Haus. In diesen Tagen führt Inge den Haushalt, zusätzlich zu ihrer Arbeit im Büro des Vaters. Vieles muss sie organisieren: Die Scholls bekommen zunächst keine Äpfel, die sie für den Winter einlagern wollen, bis Werner schließlich drei Zentner Boskop ergattern kann. Für Inge ist es eine sehr belastende Zeit.

Fast jeden Sonntag ist Hans daheim in Ulm gewesen. Konsequent hat Inge Scholl den Dialog gesucht. Minutiös erfährt Otl Aicher, worüber sie mit dem Bruder diskutiert hat und was dieser ihrer Meinung nach bereits als richtig erkannt habe. Einmal lesen Hans und Inge gemeinsam den *Großinquisitor* von Dostojewski, in dem die Wiederkunft Christi behandelt wird. Anschließend liest Inge ein komplettes Kapitel aus dem Neuen Testament vor: Johannes 17, in dem es um ein langes Gebet geht, das Jesus vor seiner Gefangennahme gebetet hat. Gezielt fragt Inge nach, kommentiert die Erkenntnisse ihres Bruders, liefert neue Literaturvorschläge. Später sprechen die beiden über die Klugheit und die Kunst, wie Thomas von Aquin sie aufgefasst hat. Oft fühlt Inge sich Gott fern in diesen letzten Novembertagen, und doch arbeitet sie unablässig an ihrer selbstgestellten Aufgabe, Hans Gott näherzubringen. Das lange Gespräch scheint ihr fruchtbar gewesen zu sein: »Es war ein wunderbares Verstehen da zwischen Hans und mir. Wieder waren einmal die Schranken gefallen.«

Am 14. November 1941 hat Hans Scholl seine Famulatur im

Sanatorium München-Harlaching abgeschlossen, was er in keinem seiner Briefe erwähnt. Selbst die Mutter weiß nicht genau, wie es mit dem Studium ihres Sohnes weitergeht. »Wann geht denn Dein Semester wieder an, od. hat es schon begonnen?«, will sie am 20. November wissen. »Wohnst Du noch bei Orthliebs?«

Das Wochenende vom 6. und 7. Dezember 1941 ist seit langem das erste, das Hans Scholl wieder einmal in München verbringt. Für wenige Tage genießt er die Freiheit, seinen Tagesablauf selbst zu bestimmen. Erneut hat er seine ›Sommerwohnung‹ bezogen, die Mansarde bei der Familie Orthlieb, wo ihn ein Freund aus Ulm spontan besuchen möchte. Samstagnachts will er einen von den Trabantenfreunden vom Zug abholen, doch er wartet zwei Stunden vergeblich am Münchner Hauptbahnhof. Den Sonntag verbringt er ohne Besuch, er unternimmt eine lange Wanderung an der Isar. Zu Hause zündet er den Samowar an und freut sich an der Wärme, die dieser in seinem Zimmer verbreitet. Wie so oft schreibt er Briefe, darunter auch an die Mutter. Ob sie ihm nicht mit 20 Reichsmark aushelfen könnte? Er hat schon alle Weihnachtsgeschenke zusammen, bis auf Inges. Und ihr möchte er »nichts Geringes« schenken, erneut ein Hinweis auf die enge Verbindung der beiden Geschwister. Schließlich unternimmt der Sanitätsfeldwebel ganz bewusst etwas Verbotenes: Er legt sich in seinem Zimmer schlafen.

Am Montag, frühmorgens, endet auch Hans Scholls kurze Freiheit. Um sieben Uhr erwartet die Mitglieder der Studentenkompanie wieder »dieser sinnlose Appell«, wie er der Mutter gegenüber klagt. »Damit wir uns ja keinen Tag mit unserem Schicksal auch nur einigermaßen zufrieden fühlen, sind jetzt strenge Maßnahmen zu unserer Kasernierung getroffen worden. Bei der letzten Kontrolle haben nämlich 80 Studenten gefehlt, darunter natürlich auch ich.« Auch wenn angedroht wird, dass man ihm den Weihnachtsurlaub sperrt, bekräftigt Hans: »Es fällt mir auch gar nicht ein, mein Nachtquartier zu wechseln.«

Wie schon oft erwidert Lina Scholl, ihr Sohn solle sich nicht aufregen. Ja, sie kann nachvollziehen, dass ihm »der ewige Kommiß« das Studium »verleidet«. Zumindest ist Hans jetzt, wo der Winter kommt, nicht an der russischen Front! Die bedauernswerten Soldaten dort würden so unvorstellbar frieren. Hans geht auf die Beschwichtigungen seiner Mutter nicht ein. Stattdessen schreibt er nach Hause: »Ich habe nun den Kommiss 4 Jahre lang mehr oder minder gleichmütig ertragen im Hinblick auf sein kommendes Ende. Aber gegenwärtig bin ich in dem Zustande, dass er mich krank macht. Jede Kleinigkeit nimmt mir viel zu viel Energie weg. Ich verliere die ganze Freude am Studium.«

Es ist die einzige Erwähnung des Studiums seit langem. Wichtiger sind Hans Scholl in diesem Herbst und Winter seine innere Entwicklung und auch die Menschen, die ihn auf diesem Weg voranbringen wollen: seine Schwester Inge, der gemeinsame Freund Otl Aicher und immer wieder Professor Carl Muth.

Am 7. Dezember 1941 ist der Krieg wieder bedrohlich nah. Mit dem japanischen Angriff auf Pearl Harbor treten die USA und Japan in den Krieg ein; auch Deutschland erklärt den Vereinigten Staaten den Krieg. Zugleich spitzt sich die Situation vor Moskau zu: Die Rote Armee rückt weiter vor. Hitler wird den Oberbefehl über das Heer an sich reißen. Der Krieg im Osten, der auf fünf Wochen angelegt war, zieht sich über den Winter hin. Jederzeit kann Hans wieder zu einem Fronteinsatz eingezogen werden. In seinen Notizen findet sich kein einziger Hinweis auf die Kriegsentwicklungen. Ihn beschäftigt sein eigener geistiger Krieg.

Einen ganzen Dezembersonntag lang verfasst Hans Scholl in seinem Münchner Studentenzimmer Briefe. Diesen zweiten Advent, schreibt er an Rose Nägele, erlebe er »ganz aus christlichem Herzen« – zum ersten Mal überhaupt in seinem Leben.

Ob Rose seinen Brief mit den ungelösten Fragen schon erhalten habe, will er wissen. Damals hat er notiert, er stehe vor einer Wahl. Nun, kaum sechs Wochen später, klingt er völlig anders: Es sei »im Grunde vieles anders geworden, d. h. es hat sich im Grunde etwas gefestigt, das mir zum Halt geworden ist in dieser Zeit, die so sehr nach Werten sucht. Ich habe den einen, den einzig möglichen und dauernden Wert gefunden. […] Ich will weit gehen, so weit als möglich auf den Bahnen der Vernunft; jedoch ich erlebe, wie ich ein Geschöpf aus Natur und Gnade bin, einer Gnade allerdings, die die Natur voraussetzt.«

Schon öfter hatte Hans befürchtet, Rose verstehe seine geistige Entwicklung nicht, wenn er ihr lediglich davon schreibt. Die beiden sind sich fremd geworden; der innige Kontakt ist inzwischen reduziert auf einen monatlichen Brief. Auch heute blitzt eine gewisse Unsicherheit auf, wenn Hans überlegt: »Weilte ich in Deiner Nähe, müsstest Du glücklich sein über mich, oder nicht?« Für die Wochen vor Weihnachten wünscht er Rose jedenfalls »Stunden wahrer Innerlichkeit und Stunden des Friedens«.

Aber in diesen Tagen ist nicht alles bedeutungsschwer: Einen ganz übermütigen Brief »aus dem wackeligen D-Zug« kritzelt Hans Scholl am Montag, dem 15. Dezember 1941, auf einen Konzert-Ankündigungszettel. Er macht Witze über den Zustand des Eisenbahnwaggons, bevor er notiert: »Wann, ach, wann. Und endlich Alles Gute! Dein Hans«. Ein rasch verfasster, ironischer Brief, der vielleicht vermittelt, warum seine Schwestern von Stimmungen sprechen, denen ihr Bruder unterworfen sei.

Dagegen sind Hans Scholls Worte in einem anderen Brief vom selben Tag wohlüberlegt. Von Herzen wünscht er der Familie Borchers, die er dieses Jahr deutlich seltener in Bad Tölz besucht hat, ein gesegnetes Weihnachtsfest: »Wenn uns der äussere Frieden nicht geschenkt sein soll, so wollen wir doch den inneren suchen.« Zwar verlocke ihn der viele Schnee dazu, mit seinen Skiern die weißen Hänge hinunterzufahren. »Aber ich bin zum Stubenhocker geworden. Die Welt sind meine Bücher. Es tauchen in unseren Tagen so viele Fragen auf, die eine Antwort verlangen.«

Anderen Freunden berichtet Hans Scholl von den Erkenntnissen, zu denen er bereits gelangt ist: »Je dunkler die Schatten über eine Epoche hereinfallen, desto grösser wird die Sehnsucht einzelner Menschen nach dem Lichte, denen die Schattenhaftigkeit und der Frevel ihrer Gegenwart den bürgerlichen Gleichmut genommen hat. Sehnsucht nach dem Lichte und nach der Erleuchtung haben uns zu der einzig hellen Stelle geführt, die uns geblieben ist: Christus. Und die uns bleiben wird. Unser ganzer Hintergrund und unser Wegweiser und unser Ziel ist Er.«

Mit seinem Hinweis auf Christus verbindet er zwei Aspekte, die sich seit langem in seinem Denkkosmos finden: zum einen den Elitegedanken, den er seit seiner HJ- und Trabantenzeit verfolgt; nur Wenige seien auf der Suche, die Masse verharre in ihrem Trott. Zum anderen erwähnt er das Aufgerüttelt-Werden aus der bürgerlichen Ruhe, dem »Mäntelchen, das da heisst Konvention, Ehre, Arbeit«, wie er es formuliert hat, die Läuterung.

Die Geburt Christi charakterisiert er jetzt als das größte religiöse Erlebnis überhaupt. Zu diesem Licht müsse Europa sich hinwenden, oder es werde untergehen, prophezeit er in einem anderen Brief. Vor dem Weihnachtsfest 1941 strahlen Hans Scholls Briefe eine Bestimmtheit aus, die es bei ihm bisher nicht gegeben hat.

Dies kulminiert in einem ganz innerlichen Brief für Professor Muth. Seinem Mentor, der seiner geistigen Entwicklung nachhaltige Impulse gegeben hat, vertraut er nun an: »Ich quälte mich in einer gehaltlosen Zeit in nutzlosen Bahnen, deren Ende immer dasselbe verlassene Gefühl war und immer dieselbe Leere. Zwei tiefe Erlebnisse, von denen ich Ihnen noch erzählen muss, und schließlich der grauenhafte Krieg, dieser Moloch, der von unten herauf in die Seelen aller Männer schlich und sie zu töten versuchte, machten mich noch einsamer.« Welche Erlebnisse Hans Scholl meint, präzisiert er nicht; überdeutlich zeigt dies jedoch das Vertrauensverhältnis, das zwischen den beiden Männern entstanden ist. Das Gespräch, das der 74-Jährige und der 23-Jährige begonnen haben, will der Student unbedingt weiterführen und sogar die einschneidendsten Erlebnisse in seiner Entwicklung mitteilen.

Dass Carl Muth ihren Dialog ebenfalls fortsetzen möchte, zeigt sein Weihnachtsgeschenk an Hans Scholl: Es ist der Briefwechsel von Paul Claudel mit Jacques Rivière, in dem ein älterer Mann einen jungen Intellektuellen bei dessen Suche nach Gott unterstützt. Sorgsam trägt der Student vorne ein: »Von Prof. Muth zu Weihnachten 1941«.

»Eines Tages«, fährt Hans Scholl im Brief vom 21. Dezember an seinen Mentor fort, »ist dann von irgendwoher die Lösung gefallen. Ich hörte den Namen des Herrn und vernahm ihn. In diese Zeit fällt meine erste Begegnung mit Ihnen. Dann ist es von Zeit zu Zeit heller geworden. Dann ist es mir wie Schuppen von meinen Augen gefallen. Ich bete. Ich spüre einen sicheren Hintergrund und ich sehe ein sicheres Ziel. Mir ist in diesem Jahre Christus neu geboren.«

Einen langen Winterabend verbringt Hans mit Alexander Schmorell. Die Studentenkompanie veranstaltet eine Weihnachtsfeier, aber die beiden gehen nicht hin. Sie zünden eine

Kerze an, rauchen Pfeife, reden wenig. Und sie verstünden sich doch, das sei schön, notiert Alexander später. Sie führen »Skizzengespräche«, »Gespräche über Verantwortungsgefühl«.

»Das Jahr 1941 wird die Vollendung des größten Sieges unserer Geschichte bringen«, hat Hitler zu Jahresbeginn proklamiert. Ende November stehen die deutschen Panzer 30 Kilometer vor Moskau, aber die Eroberung der Stadt wird genauso misslingen wie später die Stalingrads. Der Angriff bleibt erst im Schlamm und dann im Eis stecken.

Bald darauf fährt Hans zurück nach Ulm, um mit seiner Familie Weihnachten zu feiern. Nicht nur für Inge, sondern auch für Otl Aicher hat er ein besonderes Geschenk besorgt, immerhin verdankt er ihnen den Kontakt zu Muth. Das Buch *Die menschliche Persönlichkeit und die überpersönlichen Werte* des russischen Philosophen Nikolai Berdjajew hat er mühsam aufgetrieben. »Otl zum Feste der Geburt des Herrn 1941«, lautet seine handschriftliche Widmung für den Freund, wiederum »in dankbarer Gesinnung«.

Auch für sich selbst hat er ein Exemplar von *Die menschliche Persönlichkeit* gekauft und in dem Werk gelesen, das sich mit der Freiheit des Einzelnen in modernen Gesellschaften beschäftigt. Er, der mindestens seit April mit dem Militär hadert, hat sich selbst einmal als »Pseudo-Soldat« bezeichnet. Lösungsvorschläge formuliert er jedoch nicht. Nun markiert er in diesem Buch eine Stelle: Der Mensch könne nicht ohne Staat auskommen, und oft endeten revolutionäre Strömungen in einem despotischen Staat, wie etwa der Kommunismus. »Und Faschismus«, kritzelt Hans Scholl dahinter. Person und Staat, Geist und Staat, Christentum und Staat: Angesichts der Diktatur der Weltanschauung könne der Mensch nicht weiter in Illusionen und Selbsttäuschungen leben, fordert Berdjajew. Er müsse zurückkehren zu seiner persönlichen Freiheit, die er von Gott erhalten hat. »Im Kriegsjahr 1941«, vermerkt Hans Scholl in seinem Büchlein und setzt ein Zitat aus der Bibel darunter: »Wer zum Schwert greift, wird durch das Schwert umkommen.«

Kriegsweihnacht, nun schon zum dritten Mal. »Weihnachten, Friede auf Erden«, klagt Lina Scholl, »das Fest der Liebe und Erlösung für alle Völker der Erde und dagegen dieser Krieg in dieser Ausartung, diese Trauer in den Familien, dagegen das Wort Gottes.«

Wie sehr sich die Scholls an diesem Weihnachtsfest einschränken müssen, zeigen die Geschenke: Von seiner Mutter bekommt Hans selbstgestrickte Hüttenschuhe, die Schwestern haben ebenfalls gestrickt. Auch Rose Nägele schickt Hans ein Paar Strickhandschuhe. Dem Vater hat Lina Scholl nachts, während er schlief, heimlich einen Schlafanzug genäht.

Nach Weihnachten fahren die Geschwister zum Skilaufen auf die Coburger Hütte oberhalb von Ehrwald. Zum Ulmer Kern, der schon öfter gemeinsam Silvester verbracht hat, gesellen sich in diesem Jahr neue Freunde hinzu, sowohl aus Ulm als auch aus München, etwa Traute Lafrenz und Wulfried Muth, der Enkel des Professors.

Eigentlich hätte man die Skier für das Winterhilfswerk abliefern müssen; so sollte die ›Heimatfront‹ ihre Soldaten unterstützen. Doch die Scholls weigern sich. Ihre gemeinsame Freizeit wollen sie sich keinesfalls beschneiden lassen. »Wenn Hans dabei ist, wird das Lager gesund, das weiß ich sicher«, hat Sophie einmal bekräftigt. Letztes Jahr steckte Hans Scholl an Silvester mitten in seinen Physikumsvorbereitungen, drei Jahre zuvor saß er im Stuttgarter Gefängnis. Dieses Jahr wird er die Tage auf der Skihütte prägen.

Das Zusammensein mit geistig verwandten Menschen hält er für wichtig, und deshalb schreibt er zahlreiche Einladungsbriefe an Weggefährten von früher: »Hast Du etwas von Tet gehört? Erkundige Dich bei seinen Eltern, ob er noch kaserniert (gefangen) ist.« Natürlich brauche man Raum für sich, weil diese Zeit nach inneren Entscheidungen verlange. Aber es sei notwendig, »dem Fragenden eine Antwort zu sein« und nicht – hier verwendet er eine Formulierung des russischen Philosophen Berdjajew – in falscher Humanität sich selbst zu suchen.

Gut, sehr gut seien die gemeinsamen Tage auf der Skihütte gewesen, notiert er rückblickend in einem Brief an seine Schwester Elisabeth, die nicht dabei sein kann. Schon der Aufstieg im Schnee hat ihn beeindruckt: »Eine Steinhütte, hoch über der Baumgrenze auf einem exponierten Hügel gelegen, allen Winden und Stürmen jämmerlich preisgegeben, aber fest verankert, da ja aus Stein, nach vorne ein offenes Tal, nach hinten und nach beiden Seiten silhouettenhaft Riesenwände aus Stein ansteigend, von welchen das Echo dreimal gebrochen wird, zustrebend dieser Hütte eine kleine Schar von Menschen, halb verzagt, müde, zum zweiten Mal den Aufstieg beginnend im Sturm, keuchend, kletternd, stolpernd …« Hans Scholl drückt eine Spur in den Schnee, der die anderen folgen. An einer schneeverwehten Passage findet Inge mit ihren Skiern keinen Halt, während ihr Bruder die Stelle bereits bewältigt hat und aus ihrem Blickfeld verschwunden ist. Plötzlich taucht er wieder auf, mit weißem Haar vom Schnee, weißen Brauen und weißem Flaum über dem Mund. Die Hütte ist schon fast erreicht!, ruft er den Freunden zu. Sie sollen ihre Skier abschnallen, ihm diese hochreichen und heraufklettern. Dann sind es nur noch wenige Minuten bis zu ihrem Ziel! Bereits solch ein gemeinsamer Aufstieg schweiße die Einzelnen zu einem ›Wir‹ zusammen, findet Inge Scholl. Nach dieser Anstrengung schätzt man die Stille der fast 2000 Meter hoch gelegenen Bergwelt.

Wie die Gruppe ihre Skihütte bezieht, erzählt wieder Hans: »In der nächsten Szene siehst Du vor lauter Rauch noch gar nichts, bis sich allmählich die Konturen abheben, im Kerzenlicht rötlich Gesichter schimmern, ruhige, zufriedene Gesichter, von denen alle Müdigkeit abgefallen ist im Bewusstsein ihrer Geborgenheit. Tee wird getrunken. Lieder erklingen. Das Alte wird immer wieder neu.« Abgeschnitten von allem, richten sich die Scholls mit ihren alten und neuen Freunden ihre eigene Welt ein. Unabhängig von Appellen und Pflichtdiensten, Nachweisen und Vorschriften entsteht für wenige Tage ein eigener Rhythmus: Wenn das Wetter mitmacht, fahren sie tagsüber Ski. Ansonsten versammeln sich alle in der Hütte um den warmen Herd, in dem das Feuer prasselt. Mit Kerzen und einer Dynamolampe versuchen sie, den dämmrigen Raum heller zu machen, damit einer von ihnen vorlesen kann.

Während die schneenasse Skikleidung über dem Herd trocknet, hören sie gemeinsam *Der Doppelgänger* von Fjodor Dostojewski. Spaßeshalber bauen sie Zitate daraus in ihre Gespräche ein: »du Säufer bist kein Säufer … hast ja nur ein Gläschen getrunken«, »verwerflicher Mensch« oder »Ich bin ein gerader Mensch, ich spinne keine Intrigen«. Scherzhafte Bemerkungen in vertrauter Runde, die abwechseln mit offenen Gesprächen und ernsten Diskussionen.

»Die Bücher geben den Tagen auf der Hütte ein ganz besonderes Gepräge, weil die Gedanken aller durch sie auf denselben Stoff gelenkt werden«, notiert Inge. Als noch nicht einmal feststand, in welche Hütte sie überhaupt fahren können, hatte Inge schon mit dem Bruder sondiert, welche Bücher man gemeinsam lesen könnte. Sollen wir den Léon Bloy mitnehmen, hatte sie Hans vorgeschlagen.

Irgendwann fragt jemand in die Runde: Warum haben so viele Menschen keinen Hunger nach Geistigem? Was kann denn überhaupt Nahrung für die Seele sein, wirft ein anderer aus der Gruppe ein. Kunst, Dichtung, Musik – so vieles, was Menschen hervorbringen, könnte doch eine Form von geistiger Nahrung sein. »Diesen Hunger kann die Musik nicht, kann keine Kunst stillen«, behauptet in diesem Moment Hans Scholl. »Nichts, was aus dem Menschen kommt, kann diesen Hunger stillen. Es kann höchstens hinweisen auf das Brot. Das ist alles.« (Wieder greift er einen Gedanken auf, den Berdjajew formuliert hat: »Die Unwahrheit des Humanismus bestand in der Annahme, daß der Mensch sich selbst genug sei und die ganze Fülle seines Menschentums ohne Beziehung auf ein Übermenschliches, ohne Gott zu realisieren vermöge. Diesem falschen Humanismus aber steht der wahre integrale Humanismus gegenüber, der die Verwirklichung und die Fülle des Menschentums nur mit einem Blick auf ein höchstes geistiges Wesen zu denken vermag.«) Am Silvesterabend haben Sophie und Inge den Holztisch in der Hütte mit Tannenzweigen geschmückt und das Abendbrot zubereitet. Traute Lafrenz erinnert sich: »So gut war es, und so satt wurden wir, daß keiner etwas erwiderte, als Hans mit mathematischer Bestimmtheit verkündete: ›Wir feiern natürlich nicht nach der Sommerzeit, sondern nach der normalen mitteleuropäischen um elf Uhr.‹ So satt waren wir, daß keiner den groben Fehler bemerkte.« Wie an jedem Abend setzen sie sich um den Herd, dessen Feuer unruhig flackernd das Zimmer erhellt.

Jemand singt ein Lied, dann liest einer laut aus den *Hymnen an die Nacht* von Novalis. Danach schweigen sie gemeinsam. Vielleicht ist es Scheu, den Zauber des Gehörten durch eigene, stammelnde Worte zu zerstören, überlegt Traute Lafrenz.

Fahl erscheint der Nebel, vom Mondlicht gelblich gefärbt, als die Freunde um Mitternacht in den Schnee hinaustreten. Bevor sie ins Bett gehen, trägt Inge Scholl zwei Psalmen vor.

Lange noch liegt Traute in den ersten Stunden des Jahres 1942 wach, und es scheint ihr, als klängen die Novalis-Worte in ihr nach. »Ich lebe bei Tage«, heißt es da, »Voll Glauben und Mut / Und sterbe die Nächte / In heiliger Glut.«

»Es brennen immer noch Feuer.«
Erste Aktionen von Hans Scholl und Alexander Schmorell

Wieder und wieder hat Rose Nägele ihren Freund eingeladen, zu ihren Eltern nach Stuttgart, in das Ferienhaus in Murrhardt. Sie ist vorsichtig geworden: »Natürlich alles nur wenn Du Zeit hast.« Nach Hans' Skiferien klappt es nun endlich. Gleich nach ihrem Treffen schreiben sie einander, am 9. Januar 1942. Rose muss ins Elsass zurückfahren, Hans ist schon wieder in München. Er wolle Rose immer die Wahrheit sagen, hat er einmal geschrieben. »Ich habe gesehen, dass die Entfernung für uns beide besser ist als die Nähe«, schreibt Hans jetzt und spricht damit aus, was er in den vergangenen Monaten nicht gesagt hat, »weil wir nicht immer zusammenbleiben können.«

Wie so oft nach unangenehmen Worten lenkt er eloquent ab: »Die Entfernung weckt, wie ich Dir schon einmal geschrieben habe, die grossen Leidenschaften, die zu Taten werden, während die Nähe die kleinen, geringen, Taten hemmenden und Kräfte verbrauchenden entfesselt. (Ich meine nicht nur Taten äusserlicher Art). Ich möchte fast behaupten: Wir wissen jetzt noch weniger voneinander. Oder sind dies nur meine einseitigen Gedanken? Oder ist mir das Weibliche ein Rätsel, das ich nie lösen werde, zu dem es mich aber mit grosser Macht hinzieht?«

Rose soll nicht traurig sein; von nun an möchte er ihr öfter schreiben.

Nach langem Suchen hat er eine Ausgabe von Paul Claudels *Verkündigung* gefunden, die er Rose schenkt. Obwohl der Band unansehnlich ist, soll sie ihn in Ehren halten, darum bittet er ausdrücklich. Es ist wahrscheinlich das erste Mal, dass Hans der Freundin ein Buch schickt. Bisher hat er ihr lediglich mitgeteilt, was ihn innerlich beschäftigt. Ist dies ein Angebot, mit ihm zu teilen, was ihm wichtig ist?

Doch Rose wehrt ab. »Sieh, wenn Du bei mir bist, dann kann ich nur Zuhörerin sein, was mich manchmal sehr schmerzt für Dich«, befürchtet sie nun, »ich brauche eben Zeit und Mut um etwas zu sagen.« Schon bei dem Buchgeschenk zu Weihnachten hat sie gestanden: »Eigentlich habe ich mich noch nicht an so ein rein gedankliches Gefüge gewagt.«

Die beiden haben sich auseinanderentwickelt; überdeutlich ist bei Hans geworden, wie sehr er sich jetzt nach München orientiert, zu den neuen Freunden und seinem Mentor Carl Muth.

Aber die 20-Jährige glaubt weiter an eine gemeinsame Zukunft, an eine Liebe, die ihnen beiden ihre Freiheit lässt. »Siehst Du wir Mädchen brauchen jemand zu dem wir aufsehen können«, breitet sie ihr ganzes Herz aus, »den wir achten und dann erst ganz zuletzt lieben, und Du bist dies alles für mich, denn eigentlich bin ich in geistig-gedanklicher Hinsicht ein kleines Etwas nur.« Ihre Natürlichkeit habe Hans doch immer so gefallen, »weil Du diese Art liebst und damit auch mich, meine Person, ein ganz klein wenig«.

Die Rückkehr ins Elsass ist ihr schwergefallen. In ihr herrscht eine »Weltschmerzstimmung«, weil sich die Region durch den Krieg so sehr verändert hat, dass sie es oft nicht mehr versteht. »In Liebe Dein Röslein«, beendet sie ihren Brief, so wie nur Hans sie nennen darf. Er wird nicht mehr von Liebe schreiben.

Der geistige Austausch mit seinen Freunden, Geschwistern und Mentoren ist Hans Scholl wichtiger geworden als der Kontakt zu Rose. Dafür versucht er sich neben Studium und den militärischen Verpflichtungen Zeit frei zu halten. Was danach kommt? Wieder einmal ist der junge Feldwebel und Medizinstudent völlig im Ungewissen. »Ich werde wahrscheinlich nicht mehr lange in München sein«, notiert er. »Im März ist das Semester zu Ende und damit mein Studium vorläufig. (Bis zum Staatsexamen habe ich noch 2 Semester).«

Die Zeit, die ihm bis dahin bleibt, versucht Hans Scholl auszunutzen. »Wir lesen gegenwärtig hier im kleinen Kreis den *Seidenen Schuh*«, schreibt er an einen alten Ulmer Freund, Bobi Reichle. »Kennst Du dieses Werk Claudels? Es ist das bedeutendste, was er geschrieben hat und vielleicht das grösste überhaupt, was die europäische Literatur unseres Jahrhunderts bis jetzt hervorgebracht hat. Ich sende es Dir gerne zu, wenn Du Zeit und Ruhe hast zum Lesen.«

Außerdem führt Hans Scholl die Geschwister bei seinem Mentor Carl Muth ein. Am meisten freut sich Inge auf ein solches Treffen mit dem katholischen Publizisten; mehrfach verabreden sie sich, doch jedes Mal kommt etwas dazwischen: Einmal häuft sich die Arbeit im Büro, dann wieder im Ulmer Haushalt (noch immer versuchen Lisl und Inge, die Mutter zu entlasten, wo es geht), ein anderes Mal ist Hans beim Militär eingespannt. Dafür haben die anderen Geschwister Zeit: Zuerst fährt Sophie nach München. Wahrscheinlich nimmt Hans sie Anfang Januar 1942 mit in Muths Villa, Mitte Januar kommt der jüngere Bruder Werner. An diesem Abend hat Professor Muth zu einer Lesung im kleinen Kreis geladen: Es liest Theodor Haecker, dessen Werke die Scholl-Geschwister schon länger beschäftigen. Hans hatte einige in München erstanden, Inge weitere in der Buchhandlung im oberschwäbischen Aulendorf.

Auch Otl Aicher hatte sich mit Haecker befasst. Als Traute Lafrenz mit Inge über die Akkordarbeit in der Fabrik sprach,
musste Inge an ein Zitat aus *Was ist der Mensch?* denken. Nun
lernen Hans und Werner den Freund von Carl Muth persönlich
kennen. Durch einen bisher unveröffentlichten Brief ist es möglich, diese Begegnung auf kurz vor dem 18. Januar 1942 zu da-
tieren – nicht erst, wie bisher angenommen wurde, im Februar.
An diesem Abend liest Haecker aus Werken des englischen Kar-
dinals Newman, die er ins Deutsche übertragen hat. Wahrscheinlich liest er auch aus seinen Tag- und Nachtbüchern:
»Wer das Schwert ergreift, wird durch das Schwert umkommen«, schreibt er einmal nachts auf. »Jedes Reich wird durch
die Waffen umkommen, die es zu seiner Gründung und Erhal-
tung gebraucht hat. Die Waffen des Reiches Christi sind im
Anfang gewesen und müssen bleiben: Glaube, Hoffnung und
Liebe. Also zu, ihr alle, die Christi Reich erobern wollen, und
eurer sind viele – also zu: kommt mit den Waffen des Glaubens,
der Hoffnung, der Liebe. Das Reich Christi wird zu euren Füßen
liegen! Ihr habt es erobert.«

»Theodor Haecker habe ich neulich persönlich kennengelernt«, berichtet Hans in einem Brief an einen Ulmer Freund.
»Ich muss schon sagen, er gehört zu jenen gewaltigen Erschei-
nungen, die das, was sie geschrieben haben, durch ihre Person
noch steigern. Denn die meisten enttäuschen auf diese Weise.«

Inge Scholl beneidet die Brüder um dieses Erlebnis. Wenn
Haecker das nächste Mal liest, will sie unbedingt nach München fahren. Und Hans plant schon, den Schriftsteller zu einem
weiteren Leseabend einzuladen. »Wir haben ein Recht, Haeckers
Zeit zu beanspruchen und uns mit ihm auszusprechen«, habe er
einmal mit großer Bestimmtheit gesagt, erinnert Inge sich später. Dass sie, die jungen Leute aus dem Schwäbischen, einen
ihnen wichtigen Schriftsteller persönlich kennenlernen dürfen,

fasziniert und beglückt sie, und sie notiert: »… wenn ich denke, welche Menschen uns umgeben und welche Aufgabe wir gerade in dieser Zeit zu erfüllen haben, meine ich fast, wir schöpfen aus dem Vollen.«

Einander verantwortlich sein, sich auf das Wesentliche besinnen, durch das Leid geläutert werden – gerade in dieser Zeit. Auch in Hans Scholls Aufzeichnungen findet sich derselbe Gedanke wieder. »Diese Zeit hat für unser Innerstes doch ihr Gutes«, resümiert er nach dem Treffen mit Haecker. »Man kommt immer auf festere Bahnen. Vom Wesentlichen wird uns unter gar keinen Umständen etwas genommen, und das ist ein Trost. Durch alle Nacht hindurch leuchtet ein dauerndes Licht. Und es ist vielleicht, wie Claudel sagt, die Nacht und das Grauen notwendig, dass dieses Licht erschiene. Mir jedenfalls war es notwendig.«

Im Januar oder Februar 1942 trifft sich Hans Scholl mit einem 17-jährigen Schüler aus Ulm, Hans Hirzel. Die jungen Männer sprechen über Gerüchte – Gräuel, die an der Ostfront verübt worden sein sollen. Und es geht darum, ob man sich in irgendeiner Form gegen den Staat, der solche Verbrechen begeht, distanzieren solle. Oder gar etwas gegen den Staat unternehmen könne. Hans Hirzel berichtet: »Hans Scholl war noch dagegen. Aus religiösen Gründen. Und zwar wegen der enormen Unterschiede der Größenordnungen: Hier das große mächtige Reich mit seinen Hilfsmitteln, dort eine kleine Gruppe von jungen Leuten ohne Macht und Erfahrung, ohne wichtige Stellung. ›Steht's uns denn zu?‹ fragten wir uns, im Sinne unserer Meinung zu handeln. Mögen die Gründe dafür so zwingend sein, wie sie wollen. Verstößt man da nicht gegen eine universelle Ordnung? Es wäre Sache der Bischöfe, Richter etc. Die sind dafür berufen. Die müssen ihr Leben einsetzen. Ist das nicht überheblich, wenn wir eingreifen? Ist nicht Demut richtiger? Das war Hans Scholls Meinung damals. Hans Scholl sagte, er bezweifle, ob wir das Recht hätten, ›einzugreifen in das Rad der Geschichte‹. So sagte er wörtlich, und das Bild blieb in mir haften.« Ob sie sich gegen das Schicksal stemmen dürfen?

Wieder in München: In Hans Scholls Zimmer am Athener Platz stapeln sich die Briefe für ihn. Doch in den letzten Januartagen und Anfang Februar 1942 steht seine ganze Studentenkompanie unter Arrest, und Hans hat kaum einmal die Gelegenheit, sich aus der Kaserne zu stehlen.

Gerade jetzt, wo er München keinesfalls verlassen darf, erreichen ihn zahlreiche Einladungen. Zu einer gemeinsamen Bobfahrt lädt ihn ein Bekannter ein – seine Skier hat dieser Freund bei der Sammelaktion abgeliefert, daher könne er diesen Winter nicht Ski fahren. Nach langen Monaten des Schweigens meldet sich Hellmut Hartert einmal wieder. Schließlich beschwert sich Rose Nägele, Hans habe ihr doch wieder öfter schreiben wollen, »doch ich kann verzeihen und werd es auch immer können«, lenkt sie ein. Roses kleine Schwester Eve will Hans zu einem Besuch bei ihnen in Stuttgart bewegen. Jean Pauls *Gesammelte Werke* haben sie ihm besorgt, fünf schwere Bände. »Das ist dann schon ein Grund, dass Du Dich wieder einmal blicken lässest, und wenn Du sie nicht allein schleifen kannst, dann musst Du eben Inge mitbringen«, fordert die Schülerin keck. Die 43 Reichsmark soll er ruhig schon mit der Post schicken. Eve berichtet außerdem von ihrem Vater, der als Arzt im Osten eingesetzt ist: »Papa ist jetzt in Minsk, er ist dort Chefarzt von einer ganz verwahrlosten Bude voll Wanzen, Läusen und Leichen. 38 Grad haben sie schon gehabt.« Auch die Münchner Studentenkompanie soll in den Osten kommen – zur Bestrafung.

Begonnen hat alles kurz vor dem 29. Januar 1942, bei einem Appell im Hörsaal: Als ein Vorgesetzter eine Rede hält – einer notiert, es sei der Kompaniechef selbst gewesen –, pfeifen einige Medizinstudenten aus der Kompanie ihn aus. Andere fallen mit ein; Hans Scholl hält sich zurück, wird er später sagen, »er haßt ja solche Dinge«, kommentiert die Mutter, die ihm glaubt. Aber einige seiner Freunde seien unter den Ruhestörern gewesen. Die Demütigung hat Konsequenzen. Ungefähr 20 von 350 Männern waren beteiligt. Hinterher eskaliert die Lage. Hans Scholls Mutter notiert, was ihr Sohn erzählt: »Ein Teil hat den Vorgesetzten ausgepfiffen, andere dieselben verraten, ein dritter hat zu einem der letzteren gesagt, du Schweinehund[,] das hättest du auch nicht zu sagen brauchen, letzteres wurde auch angezeigt. Dessen Vater ist sogar General.«

Die Vorgesetzten greifen hart durch. Appell! Jeden Tag Punkt 7.00 Uhr morgens! Für die komplette Studentenkompanie! Sonntags haben sie dreimal »Dienst«, einmal müssen sie eine Stunde lang exerzieren, obwohl der Schnee meterhoch liegt. Der Korpsarzt bittet die jungen Männer um Vermittlungsvorschläge aus den eigenen Reihen. »Es entwickelt sich in unseren Reihen ein Denunziantentum abscheulichster Art«, notiert Hans resigniert. »Mir ist dies unbegreiflich, und es ist wahrscheinlich die Ursache meines Niedergeschlagenseins.« Er selbst gehöre nicht zu den Beschuldigten, beharrt er, wohl aber ist einer seiner besten Freunde unter den Angeklagten. Vielleicht handelt es sich um Alexander Schmorell, der wegen seiner antimilitärischen Haltung gelegentlich aneckt, doch dies ist nicht erwiesen. »Ich hatte nicht erwartet, dass die Masse auf die geringsten Drohungen so reagiert. Aber ich habe vieles gelernt.« Sogar sonntags werden sie »vom Militär in Anspruch genommen«, schimpft Hans Scholl am 8. Februar 1942. Zwei Tage später schreibt er: »Ich bin gegenwärtig wieder der Gefangene des Staates, d. h. ich muss für das lächerlichste ›Vergehen‹, das es auf der Welt gibt, mit vier Wochen Kasernenarrest büßen.« Militär, Staat, das ist im Deutschen Reich alles dasselbe. Ihn engt nicht eine bestimmte Institution ein, sondern allgemein die NS-Organisationen, die Partei, die Verwaltungen, das Militär.

Der Gefangene des Staates. Eingesperrt in der Kaserne in der Volksschule an der Bergmannstraße. Anderthalb Stunden läuft man von dort zu Hans Scholls Privatzimmer. Für die Zeit während der Famulatur am Klinikum Harlaching lag es günstig, jetzt ist es arg weit entfernt.

Nachdem Hans Scholl am 12. Februar 1942 vom Kompaniechef einzeln verhört worden ist, kann er für einige Stunden in sein Zimmer am Athener Platz entschwinden. An die Eltern und Inge schreibt er aus seinem eigenen, ruhigen Reich: »Es war eine große Überraschung, als ich heute, da ich nach langer Zeit wieder einmal auf meinem Zimmer einige Stunden verbrachte, dort zwei Pakete voll köstlichen Inhalts antraf. Ich habe mich satt gegessen und daraufhin geschlafen.«

In der Kaserne kann man weder nachts richtig schlafen, noch erhalten die Soldaten genug zu essen. Mehr als sonst ist Hans Scholl auf die Lebensmittelpakete seiner Familie angewiesen. Seine Schwester Elisabeth hat Wurst und Butter geschickt, seltene Kostbarkeiten. Äpfel hat die Mutter ihm gesandt, Weißbrot und Gesälz, wie sie in Schwaben die Marmelade nennen. Wie so oft instruiert ihn die Mutter per Brief. Die Marmelade kann er statt Butter aufs Brot schmieren. Und er soll sich ein paar Wecken zu der Dose Gansfleisch kaufen, das könne er auch kalt essen: »Dein junger Magen wird das Futter schon vertragen können.« Wenn es um das Essen geht, wird er im Februar 1942 seinen Geschwistern gegenüber bevorzugt. Immer wieder notiert die Mutter, sie habe Hans in München »mit Trostpäck-

chen bedacht«, »damit ihm seine bitteren Wochen etwas ver-
süßt werden«.

Das ist auch der einzige Trost, der dem jungen Feldwebel
bleibt. Als Ausgleich zum Militär hatte Hans Scholl sich eine
Parallelwelt geschaffen, die ihm jetzt versperrt bleibt. Der Rückzug aus der Kaserne in sein Privatzimmer, die Flucht aus der
Stadt in die Natur und in seine Lektüre – das Militär verhindert
all dies.

Wenn er einige Stunden freihat, verbringt er sie beim Mittagessen mit Carl Muth. Vieles hat er sich für diese Zeit vorgenommen: gemeinsame Lesungen, Konzerte, Besuche bei älteren
Mentoren, die ihm der Professor vorstellen will. »Aber es ist
alles anders gekommen, als ich dachte«, berichtet er einem
Freund aus Ulm. »Durch das Militär bin ich auf die sinnloseste
Weise derart in Anspruch genommen, dass ich kaum einige
Stunden in der Woche auf meinem Zimmer sein kann. Und
wenn ich schon dort bin, schlafe ich meistens.«

»Die vergangenen Wochen haben mich körperlich stark angegriffen für nichts«, gesteht er in einem anderen Brief. Am
13. Februar 1942 ruft Hans schließlich zu Hause an: Seine Studentenkompanie soll aufgelöst werden! »Viell. kommen sie
hinaus«, ins Feld, an die Front, notiert die Mutter seltsam un-
beteiligt, doch dann bricht die Sorge aus ihr heraus. »Es ist mir
bitter leid für ihn, daß er nicht mehr so gut heim kann. Aber
viell. kann er wenigstens über einen Tag heimfahren, wenn er
nur einige Stunden da ist. Wie unrecht tut man diesen doch
ziemlich erwachsenen Menschen, daß man ihnen nicht mehr
Freiheit läßt, wo es doch niemand schadet.«

Indes gehen die Untersuchungen zu dem Pfeifkonzert weiter.
Nachdem ihr Chef jeden Einzelnen aus der Kompanie verhört
hat, lässt der Generalarzt des Wehrkreises VII sie zu einem
Appell antreten, bei dem er lange herumschreit. »Inoffiziell war

er ›furchtbar‹ nett, als einer oder zwei der Sünder, die man ge-
schnappt hatte, bei ihm waren«, kommentiert der Student Josef
Gieles vielsagend, als er über die Folgen der sogenannten Meuterei berichtet. »Alle Leute lachen über'n Kompaniechef, der
ganze Wehrkreis VII spricht davon, die ganze Hochschule, trotzdem geht das Affentheater weiter.«

Um seine Familie muss Hans Scholl sich weniger Sorgen machen als noch wenige Monate zuvor. Der Mutter geht es gesundheitlich etwas besser. Bald wird Sophie aus ihrem Kriegshilfsdienst entlassen und kann im Haushalt mit anpacken. Die
Scholls haben nun eine Haushaltshilfe, und dadurch ist Inge
etwas entspannter, sogar fröhlich. Endlich kann sie nach München fahren, wo sie ihren Bruder und den verehrten Professor
Muth besuchen will. Als sie am Montag um neun Uhr nach
Hause zurückkehrt, geleiten Gestapo-Männer den Vater hinaus.
Er sieht Inge nur an.

In der Wohnung durchwühlen Beamte Inges Nachttisch, ihr
Geheimschränkchen und ihre Bücher. Sie suchen nach den
Windlicht-Heften, finden aber nur einen Michelangelo-Aufsatz,
der für die nächste Ausgabe vorgesehen ist. Schaffen Sie die
anderen Hefte so schnell wie möglich herbei!, wird sie aufgefordert.

Das Bürofräulein hat den Vater angezeigt. Die junge Frau
hatte Robert Scholl eine den Krieg betreffende Frage gestellt;
und als Robert Scholl ihr antwortete, sagte er: Hitler sei die
ärgste Gottesgeißel, die seit Cäsar, Napoleon und anderen die
Welt heimgesucht habe. Wenn sie dies weitererzähle, hat der
Treuhänder seine Mitarbeiterin beschworen, dann könne sie
ihn zugrunde richten. Die Angelegenheit ist vor den Untergau
gekommen, dann an die Kreisleitung weitergereicht worden,
schließlich bei der Gestapo gelandet. Einen ganzen langen Tag

muss er Verhöre über sich ergehen lassen. Erst abends wird er wieder auf freien Fuß gesetzt.

Robert Scholls Bürofräulein erscheint nicht mehr auf der Arbeit. Sie hat schon eine neue Stelle – ausgerechnet beim Untergau, wo sie Führerin werden soll. Vielleicht, mutmaßen die Scholls später, war die Sache abgekartet?

Lina Scholl regt sich auf. Gerade jetzt! Wo die Jahresbücher geschrieben werden müssen! Im Büro ist Hochbetrieb. »Inge arbeitet für zwei«, schreibt die Mutter, als sie Sophie informiert, »ganz bewältigen wird sie es nicht können.« Was mit Robert Scholl geschieht, ist ungewiss. »Vater ist auch recht zuversichtlich, er hat es ja nicht im bösen Sinn gesagt«, gibt sich die Mutter hoffnungsvoll. Außerdem sei seine Bemerkung über Hitler ja unter vier Augen gefallen, und das Bürofräulein habe ihn herausgefordert. Wie immer schließt sie ihren Brief mit Aufmunterungen. Sophie soll sich nicht grämen, weil Gott auch dies in seiner Liebe zugelassen hat. »Wir stehen geschlossen bei Vater und untereinander, es mag kommen, wie es will. Diese Zeit geht auch vorüber.« Wegen der beschlagnahmten Hefte soll sie sich nicht sorgen: »Über das Windlicht ist ja gewiß nichts anrüchiges zu sagen, das wäre ja schlimm, wenn Ihr es zu so etwas benützen würdet, solch eine reine Arbeit.« Doch den Lesern und Verfassern des *Windlichts* werden bündische Umtriebe vorgeworfen – wieder einmal. »Hans ist unterrichtet, wir erwarten ihn morgen«, beendet Lina Scholl ihren Brief.

Sofort fährt der 23-Jährige nach Hause. Nach mehreren Wochen kann er endlich wieder bei seiner Familie sein. Die Mutter ist erschrocken, wie sehr ihn der Konflikt in der Studentenkompanie mitgenommen hat. Hans ist niedergeschlagen, seelisch wie körperlich angegriffen.

»Mit der Meuterei hat er gar nichts zu tun«, wiederholt die Mutter, »er haßt ja solche Dinge, aber es schlaucht ihn doch wegen seiner Freunde.« Er sei niedergedrückt von dem »unguten Geist«, der jetzt in der Studentenkompanie herrsche. Vielleicht kommen sie »samt und sonders« ins Feld?

Zumindest sehen sie sich, wenn auch nur kurz, an diesem Sonntag, dem 22. Februar 1942. Die Familie will füreinander einstehen, das beschließen Vater, Mutter, Inge und Hans. Wer kann ahnen, dass dem Medizinstudenten nur noch ein einziges Jahr bleibt, als sie sich am Nachmittag zu Kaffee und Kuchen zusammensetzen?

Nicht nur Lina Scholl ist angesichts von Hans' Zustand besorgt. Auch der Professor aus München äußert Sorgen um seinen jungen Freund: »Hoffentlich geht der Konflikt gut aus, in dem er z. Zt. in der Kaserne steht, ein Konflikt, der mich schon stark beunruhigt hat und immer noch besorgt macht.«

Der Februar geht zu Ende, und der Kommilitone Josef Gieles merkt an, dass ihre ›Meuterei‹ im Sande verlaufe. Sogar »die Pfeifer« hätten keine Konsequenzen mehr zu befürchten; es sei alles wieder beim Alten. Nur Urlaub und ›Vergünstigungen‹ beim Sonntagsessen fallen anscheinend noch weg. Dagegen spricht Hans Scholl immer noch von Strafen: »Ich bin fortwährend eingesperrt«, klagt er resigniert. »Aus einer Strafe falle ich wahllos in die andere. Dieses allzu kurze Interregnum einer sogenannten Freiheit will ich nützen, um Dir schnell noch einen Brief zu schreiben«, teilt er der Schwester Elisabeth am 28. Februar 1942 mit.

War Hans Scholl doch stärker involviert bei der sogenannten Meuterei seiner Kompanie? Wurde er von Kommilitonen angeschwärzt? Dafür spricht der Erinnerungsbericht eines Paters aus St. Ottilien. »Er war natürlich auch dabei«, erinnert er sich. Die Vorgänge können nicht mehr genau rekonstruiert werden. Die folgenden Wochen verbringt Hans im Lazarett

Schrobenhausen. Eingesponnen in einen Kokon aus Arbeit, umgeben von katholischen Ordensschwestern, kann er Abstand gewinnen von dem Münchner Konflikt. Der Medizinstudent visitiert gemeinsam mit dem Stabsarzt oder alleine, diktiert einer Schreibkraft die Krankenbefunde. Dann kommen die Verwundetentransporte von der Front an. Sie übernehmen Patienten, die manchmal vier, fünf Tage oder länger unterwegs gewesen sind. Eines Sonntags ist der Chefarzt nachts nicht da, und Hans muss eine notwendige Operation ausführen, sonst stirbt der Patient. »Es ist gut gegangen«, kommentiert er dies knapp, als er den Eltern schreibt. Es ist seine erste selbständig durchgeführte Operation seit dem Frankreich-Einsatz vor zwei Jahren. Inzwischen ist Hans Scholl deutlich weiter im Studium, und er hat klinische Erfahrung sammeln können. Bisweilen dringt bei ihm das Distanzierte in der Sprache durch, was sich Ärzte grundsätzlich angewöhnen, etwa wenn er nicht von Patienten spricht, sondern vom »Transport mit vielen Erfrierungen aus Russland«. Einzelne Schicksale aus dem Lazarettalltag bleiben dennoch in ihm haften.

Einmal assistiert Hans Scholl bei einer Operation. Unerwartet tritt bei dem Patienten eine Blutung auf, die sie nicht stillen können, sosehr sie es auch versuchen. Als die Ärzte den Operationssaal verlassen, läuft die Ehefrau des gerade Verstorbenen erwartungsvoll auf sie zu, einen Blumenstrauß in den Händen. Wer kann ihr sagen, dass ihr Mann tot ist? Als Hans Scholl viel später darüber spricht, muss er weinen.

Nach dem Kasernenarrest beginnt er, sich gegen die Restriktionen des Staates zu wehren. Die Post der Scholls wird nun, nach der Hitler-Bemerkung des Vaters, überwacht: »Die Gestapo tut mir wirklich leid, wenn sie diese vielen, zum Teil recht unleserlichen Handschriften entziffern muss, aber sie wird ja dafür bezahlt, und Dienst ist Dienst, nicht wahr, meine Herren!«

Ein anderes Mal vergleicht er die Gestapo-Kontrollen mit dem Dienst an Kranken: »Da werden andere Anforderungen an einen gestellt, als solche nötig sind, um fremder Leute Briefe zu öffnen und darin herumzuschnüffeln. Ob diese Herren wohl mit derselben Kühnheit einen vollkommen vereiterten, über alle Maßen stinkenden Verband aufschneiden würden? Ich fürchte, es würde ihnen schlecht bekommen.« Süffisant beendet er einen anderen Brief: »Viele Grüße an alle, auch an die ungebetenen Leser dieses Briefes.«

Zurück in München, fährt er wieder jeden Tag zu Carl Muth. Der Frühling macht ihn unruhig, er wecke »manchen Dämon«, schreibt er an Rose. Während der ganzen Zeit in Schrobenhausen hat er sich kein einziges Mal gemeldet. Nun ringt er sich am 13. April 1942 eine einzige Seite ab. »Ich habe Dich grausame Zeit warten lassen«, steht da, »du hast manche traurige Stunde gewartet, ich weiss es. Aber es ging nicht anders. Ich werde wohl nie einen Menschen glücklich und zufrieden lieben können. Es ist immer noch viel zu vieles im Werden, als dass ich jetzt schon ein Wort halten könnte und sagen könnte, ich bleibe auf dieser einen Bahn.«

Zugleich mehren sich die Anzeichen, dass Hans wieder Möglichkeiten findet, sich in seine Parallelwelt zurückzuziehen: »Ich lese zur Zeit mit einigen Freunden hier den *Seidenen Schuh* von Claudel. Ich halte dieses Werk des französischen Dichters für das größte Ereignis der modernen europäischen Literatur. Ich bin weit davon entfernt, die Sprache Claudels mit der Goethes oder gar Dantes zu vergleichen, das wäre ebenso widersinnig, wie wenn man die Kunst des Barock mit den Maßen der Gotik mäße, aber die Gedanken Claudels sind tiefer, umfassender als die Fausts.« Auch zu seinem Mentor kann er wieder fahren: »Neulich habe ich einen sehr bedeutenden russischen Philosophen kennengelernt, der zuletzt einen Lehrstuhl an der

Universität Breslau inne hatte, Fedor Stepun. Er ist einer von den Menschen. Ein Geschichtsphilosoph, der so hoch über der Zeit steht, in der ich wühle und mich abmühe, dass er sagt, es komme nur darauf an, dass das Wesentliche erhalten bleibe. Und dies bleibe uns unter allen Umständen erhalten. Darin hat er recht.« Mit einem Kreis von Studenten, den Hans um sich gesammelt hat, veranstalten sie einen Leseabend. Professor Muth liest aus eigenen, unveröffentlichten Werken vor. Überdies bringt er Hans in Kontakt mit Leuten aus dem *Hochland*-Umkreis, namentlich mit Sigismund von Radecki, einem Schriftsteller, Feuilletonisten und Kulturkritiker. Werner Bergengruen, einem Schriftsteller in der »inneren Emigration«. Dem Essayisten Theodor Haecker. Dem Geschichtsphilosophen Alois Dempf. Dem Bibliothekar Max Stefl, der wegen abfälliger Bemerkungen über Hitler 1934 fristlos entlassen worden ist. Mit Franz Schöningh aus der *Hochland*-Redaktion. Professor Alfred von Martin, der bis 1933 Geistesgeschichte und Soziologie gelehrt hat; seit der Machtergreifung der Nazis unterrichtet er nicht mehr, sondern verfasst Bücher. In diese Welt will Hans auch seine Schwester Sophie einführen.

Endlich, endlich hat Sophie ihre Pflichtdienste hinter sich gebracht. Nun stehen ihr alle Wege offen. In den letzten Märztagen kommt sie aus Blumberg/Baden heim nach Ulm. An der Universität München beginnt das Semester am 9. April 1942, doch die 20-Jährige ist immer noch zu Hause. Im Treuhandbüro des Vaters stehen die Jahresabschlüsse an, und Inge Scholl ist ohne das Bürofräulein völlig überlastet. Zwar hat Traute Lafrenz ein, zwei Wochen im Büro ausgeholfen, doch nun ist Sophie an der Reihe.

Während die Scholls noch überlegen, ob ihre Tochter gleich studieren oder zunächst daheim im Haushalt helfen soll, will

Hans eine Entscheidung herbeiführen! Aus München, der »Hauptstadt der Bewegung«, wie der Poststempel betont, schickt er einen Brief. Die Zwölfpfennigmarke mit dem Hitler-Porträt hat der Medizinstudent falsch herum aufgeklebt – kleine Aufwallungen gegen ein System, von dem er sich ungerecht behandelt fühlt.

Seine Schwester soll unbedingt anfangen zu studieren, beharrt er. Wenn sie zu Hause bliebe, würde sie nicht »ungeschoren« davonkommen, sondern wieder zum Kriegshilfsdienst eingezogen werden. Dann könnte sie der Mutter auch nicht zur Seite stehen. »Um all diese Probleme noch einmal gründlich mit den Eltern und mit Dir zu besprechen, werde ich am Samstag nach Hause fahren und Dich am Sonntag am besten gleich nach München mitnehmen«, plant Hans Scholl für das letzte Aprilwochenende.

Und tatsächlich zieht Sophie Anfang Mai 1942 nach München und immatrikuliert sich an der Universität, ohne überhaupt ein Zimmer zu haben. Vorübergehend kann sie im gastlichen Haus von Carl Muth unterkommen, der sich damit für die Lebensmittelsendungen der Familie Scholl revanchiert. »Hier freut man sich auf Deine Ankunft«, versichert Hans seiner Schwester immer wieder. Von der ersten Minute an macht er Vorschläge, mit wem er Sophie in Verbindung bringen will. Als Vorgeschmack auf das Münchner kulturelle Leben schickt er ihr einige Turgenjew-Gedichte, die Alexander Schmorell übersetzt hat.

Bisher hat Sophie mit dem Münchner Kreis von Hans wenig zu tun gehabt. Nur Alexander ist einmal, soweit bekannt, zu Besuch in Ulm gewesen, anlässlich der Donaufahrt mit dem Faltboot im Herbst 1941 – während Sophie ihres Arbeitsdienstes wegen in Krauchenwies festsaß. Dieser Kommilitone aus der Münchner Studentenkompanie ist Hans Scholls engster Freund geworden. Mit ihm verbringt er die meiste Zeit.

Die wenigen Skizzen, mit denen Sophie ihr neues Leben festhält, zeigen Hans und Alexander. »Alex spielt Klampfe und Harmonika«, notiert sie. »Das klingt fein. Manchmal singen wir dazu.« Schon bald fühlt sie sich zu dem sensiblen, künstlerisch begabten Halbrussen hingezogen.

Wer in dieser Zeit Hans Scholls andere gleichaltrige Freunde sind, ist kaum dokumentiert, wahrscheinlich Hubert Furtwängler, wohl auch Traute Lafrenz (Willi Graf und Christoph Probst, die später mit ihnen Widerstandsarbeit leisten werden, gehören damals noch nicht ihrem gemeinsamen Kreis an).

Viel mehr als die Treffen mit anderen Studenten beeindruckt Sophie der Kontakt zu älteren Intellektuellen, von denen sie in zahlreichen Briefen berichtet. Carl Muth löst damit sein Versprechen ein, Hans werde in diesem Sommer »katholische Menschen großen Formats« kennenlernen. Fast alle Schriftsteller, Künstler und Publizisten, die die Scholl-Geschwister treffen, sind in irgendeiner Form durch den Nationalsozialismus geschädigt worden. Etwa Dr. Friedrich Fuchs, der ehemalige *Hochland*-Schriftleiter, und seine Frau, die Künstlerin Ruth Schaumann. Er hat wegen seiner antinationalsozialistischen Einstellung die Arbeitsstelle verloren. Ihre Plastiken gelten als entartet, daher kann sie nicht mehr künstlerisch tätig sein, sondern schreibt nur noch. Oder Dr. Max Schwarz, ein ins Niederbayerische strafversetzter Pfarrer, den sie in der Nähe von Passau aufsuchen. Ein anderer, Josef Furtmeier, hat sich in den Ruhestand versetzen lassen, weil er nicht mehr als Beamter für den NS-Staat arbeiten wollte. Sophie nennt ihn »den Philosophen«, weil er so unglaublich belesen ist.

Die Zeit an der Universität soll »ein Ruhen in jeder Art« für Sophie sein, das hat ihr die Mutter gewünscht, gerade nach den arbeitsreichen Wochen und Monaten. In ihren Pflichtdiensten hat sich Sophie Scholl nach geistigen Anregungen gesehnt. Jetzt stürzen die Eindrücke auf die junge Frau ein. Die frischgeba-ckene Studentin schweigt und beobachtet, während ihr Bruder diskutiert, Verabredungen trifft, das Tempo vorgibt.

Mühelos gleitet Sophie in die Parallelwelt hinein, die Hans Scholl sich über Monate hinweg aufgebaut hat: Ausflüge, Kon-zerte, Lesungen und Diskussionen bestimmen von nun an den Tagesablauf der beiden Geschwister.

Von ihrem eigenen Studium scheint Sophie Scholl enttäuscht zu sein. Sie ist erst wenige Tage an der Universität, da schreibt sie ihrem Freund ernüchterte Briefe. Sie sind nicht mehr erhal-ten, wohl aber Fritz Hartnagels Antwort darauf. »Liebe Sofie«, rät ihr der Freund von fern aus Frankreich, »wenn Du es für gut hältst, fahre doch einfach für ein paar Tage weg. Such' diese Ein-samkeit, die Dir mangelt. Denn ist es nicht wichtiger, daß Du in Dir selbst einen festen Grund findest, als daß Du irgendein Wissen in Dich einpfropfst. Du bist ja nun endlich (für eine ge-wisse Zeit wenigstens) ungebunden – tu doch, was für Dich gut und notwendig ist.« Was ist in diesen ersten Tagen des Semes-ters vorgefallen? Haben Sophie Scholl die vielen Menschen ge-stört, die Reglementierungen an der gleichgeschalteten Univer-sität? Haben die Vorlesungen doch nicht das geboten, was sie erhofft hatte zu lernen, in Biologie, in Philosophie? Wir können es nicht mehr sagen. Jedenfalls scheint sich Sophie Scholl ent-schlossen zu haben, andere Prioritäten zu setzen. In den folgen-den zehn Monaten – bis zu ihrem Tod – widmet sie sich anderen Aktivitäten: Sie liest, zeichnet, besucht Konzerte und Leseabende, nimmt an Gesprächen teil. Schließlich wird sie an den Flugblatt-aktionen mitarbeiten.

Während die Eltern bangend warten, ob die Hitler-Beleidi-gung des Vaters vor Gericht kommt, während die Post über-wacht wird, lernen Hans und Sophie in München weitere Men-schen kennen, die Einschränkungen des Staates wegen erleiden müssen. Hans' neue Vermieterin aus der Lindwurmstraße, Frau Wertheimer, war mit einem Juden verheiratet; ihr, der ›arischen‹ Deutschen, wurde ›Rassenschande‹ vorgeworfen und die Scheidung nahegelegt. Ihr jüdischer Neffe ist inzwischen nach Shanghai ausgewandert, wohin die Gestapo Juden verschifft, um sie dort in Ghettos unterzubringen. Alexanders Schulfreund Christoph Probst, ebenfalls Medizinstudent, nimmt die beiden Scholls einmal mit nach Ruhpolding, wo seine jüdische Stiefmutter Elise wohnt. Eine Bemerkung Christophs weist auf die Vertrautheit hin, die sich zwischen den Studenten entwickelt hat: Das Zusammensein mit Alex und Hans habe immer einen gewissen Reiz, gerade durch die Verschiedenheit ihrer drei Charaktere. Wie Hans beschäftigt er sich mit religiösen Fragestellungen, liest Kierkegaard und *Das neue Mittelalter* von Berdjajew. Womöglich hat Hans Scholl seinen neuen Freund auch mit Berdjajews Gedanken aus *Die menschliche Persönlichkeit* vertraut gemacht. In diesem Buch findet er gerade die Pole, zwischen denen sich seine Bemühungen spannen: die persönliche Freiheit, die Konflikte zwischen der Persönlichkeit und Masse sowie das Leiden. »Alles, was zum Reiche des Kaisers gehört, kann nur etwas Partikuläres, Beschränktes sein und kann nie Anspruch auf allgemeine Gültigkeit erheben, kann nie fordern, daß das geistige Prinzip im Menschen ihm untergeordnet werde. Daher wird die Persönlichkeit in ihrem geistigen Kampfe unvermeidlich in Konflikt mit solchen Ansprüchen der sozialen Umwelt geraten und ihnen Widerstand leisten. Universell ist allein das Reich Gottes; das Reich des Kaisers dagegen ist, wie alles in der Welt, seiner Bedeutung und Geltung nach, bloß relativ, beschränkt, partikulär und hat nie Raum für die Fülle des Vollendeten.« Es scheint, als habe Hans Scholl aus diesen Texten sein Handeln gegen den NS-Staat abgeleitet. »Das Neue an unserer Epoche ist«, so Berdjajew, »daß die Gesellschaft sich heute unifiziert, und daß sich das kollektive Bewußtsein universalisiert. Der moderne Mensch ist sofort und ohne Verzug sozialisiert, er ist genötigt, ein gesellschaftliches Wesen zu sein, ist beinahe des Rechtes auf Einsamkeit und auf ein eigenes Innenleben beraubt und ist doch zugleich tief einsam, weit einsamer als in früheren Epochen.« Als Berdjajew den Kommunismus als Beispiel anführte, notierte Hans in sein Büchlein: »und Faschismus«. Zu seiner Lektüre, zu den Diskussionen mit Freunden und Mentoren, zu den Repressalien durch den Staat ist Alexander Schmorell hinzugetreten. Ein Freund, der zur Widerstandstat bereit ist.

Nur wenige Andeutungen verraten, dass Hans Scholl und Alexander Schmorell etwas vorbereiten, etwa wenn Hans bei Ute Borchers nach Briefpapier fragt, er habe keines mehr. Ute sagt zu, ihm welches zu beschaffen. In Holland und Belgien kann sie, die im grenznahen Aachen wohnt, solche Dinge noch kaufen. Unbedingt will sie den Freund treffen, wenn sie während ihrer Ferien wieder in Bad Tölz ist. Hans hat die Jüngere ja nicht mehr wiedersehen wollen, doch er bricht den Kontakt nicht ab. Einen klaren Schnitt zu machen ist ihm in diesem Fall nicht gelungen. Und auch in der Beziehung zu seiner Freundin Rose Nägele findet er keinen konsequenten Schluss. Er könne wohl nie einen Menschen glücklich und zufrieden lieben, hat Hans seiner Freundin im Monat zuvor geschrieben. Momentan weiß er nicht einmal, wo sie sich überhaupt aufhält. Im Elsass? Oder doch in Stuttgart bei ihrer Familie?

Sein erster Brief nach drei oder vier Wochen Pause wirkt seltsam hölzern. Die Schrift ist besonders ordentlich, und dem Ganzen fehlt jeglicher Schwung, den Hans Scholl sonst in diesen Mai- und Juniwochen an den Tag legt. Er dankt Rose für die Jean-Paul-Bände, die ihm ihre Mutter besorgt hat. Seit Januar soll er die fünf dicken Wälzer in Stuttgart abholen, und er hat es einfach nicht gemacht. Nun, fast fünf Monate später, hat Rose sie ihm in einem Paket zugesandt. Umständlich kündigt Hans an, dass er ihr die 43 Reichsmark »demnächst« überweisen wird (was er nicht tut). Gleichzeitig bestellt er eine Novalis-Gesamtausgabe bei den Nägeles. Fast pro forma lädt er die Freundin wieder einmal nach München ein – nicht ohne sie zu warnen: »Aber erwarte nur nicht, einen ausgeglichenen Menschen vorzufinden, ich bin fortwährend ein Suchender, ein *homo viator*, wie Du und jeder andere auch.« Und er betont, dass seine »geliebte Schwester Sophia« in diesem Semester bei ihm wohnen wird (was nicht stimmt). Roses Einladung ins Elsass lehnt er ab. Stattdessen lädt er ihre kleine Schwester Eve ein: Hat sie denn Lust, mit ihm und den Scholl-Mädchen eine Wanderung im Schwäbischen zu unternehmen, um einige Barockkirchen zu besichtigen?

Aus Schmerz und Zorn zieht Rose gemeinsam mit Freunden los zu einer Wanderung, und es wird eine herrliche, wilde Tour durch die Vogesen. In den abgelegenen Tälern des Elsass treffen sie auf einheimische Bergbauern, die ihr ganzes Leben lang französisch gesprochen haben; nun sollen sie Deutsch lernen. Ihre Reise macht Rose froh und traurig zugleich, und als sie Hans davon berichtet, spricht aus ihren Zeilen, wie sehr sie an ihm hängt. Der Freund soll ihr von München erzählen, »was Liebes«, umgarnt sie ihn, »das kannst Du doch sicher, wenn der Kommis Dir auch sonst tausend Schranken baut«. Der Student antwortet ihr nicht. Gelegentlich schickt er Briefe an Rose, die er mit »Alle guten Grüsse, Dein Hans« unterzeichnet. Von Liebe ist keine Rede mehr. Eher schreibt er über sich, wie gern er verreisen möchte. Er bremst sich selbst und wiegelt sich zugleich innerlich auf: »Oh ich bin wenigstens in dieser einen Hinsicht glücklich, dass ich nicht abgestumpft bin, dass ich meinen Zustand keine Minute lang zufrieden ertrage, dass ich nicht in die allgemeine Verwässerung und Nivellierung des geistigen mit hineingezogen worden bin. Es brennen immer noch Feuer!«

Nicht nur Ute Borchers und Rose Nägele melden sich bei Hans, sondern auch Traute Lafrenz. Zu Beginn ihrer Beziehung sind sich die beiden »so bestürzend rasch nahegekommen«, dass sie diese Nähe nicht mehr ertragen konnten. Also hatten sie nach den stürmischen Sommertagen beschlossen, auf Abstand zu gehen. Traute lässt anklingen, dass sich bei ihr Kritik an Hans geregt hat. Die Medizinstudentin aus Hamburg, für die Hans Gedichte verfasst hat, ist inzwischen mit Werner Scholl befreundet. Dennoch stehen sie in Kontakt, schreiben sich, und ihre Themen sind bisweilen sehr persönlich, etwa wenn es über das Beten in der Kindheit geht, das man verlernt und dann mühsam wieder lernen muss. Im Mai 1942 wirft die Medizinstudentin Hans vor, er lasse nur den Tag gelten, die Nacht dagegen im Dunkel. Es ist einer von Trautes Briefumschlägen, den Hans Scholl nimmt, um darauf seine Utopie zu notieren.

»Nicht von der Masse rede ich,
sondern von einer Elite des
Volkes, die für den geistigen Gehalt
und die Richtung des ganzen Volkes
verantwortlich ist: die also in diesem Jahrzehnt und
wahrscheinlich schon in früheren
so sehr versagt hat, dass das geistige
Niveau seiner Pfeiler beraubt
ins Chaotische gestürzt ist, –
diese Elite ist heute, da sie das drohende Verhängnis ahnt –
zu einem noch grösseren Irrtum
fähig; sich abzuschliessen

von der realen Welt mit ihren Irrtümern und
und ein Eigendasein zu führen –
ein *l'art pour l'art* im weitesten Sinne zu betreiben. Es gibt
aber für sie keine grössere Gefahr als die
Flucht ins Ästhetische.«

Die letzten drei Zeilen sind kaum zu entziffern, jedenfalls kommen darin die Wörter »Flügel« und »Freiheit« vor.

Freiheit. Zusammen mit Alexander hat sich Hans verstärkt mit der Legitimität von Herrschaft und der Verantwortung des Einzelnen auseinandergesetzt. Sie studieren dazu kirchliche und staatstheoretische Klassiker. Im Frühjahr 1942 arbeiten die Freunde in der Bibliothek des Benediktinerklosters St. Bonifaz. Darf man etwas gegen diesen schlechten Staat unternehmen? Und ist gar die Beseitigung des Tyrannen erlaubt? Mit solchen Fragen beschäftigen sich die Münchner Studenten – durch eigene Lektüre, durch Diskussionen untereinander und in den Briefen und durch Gespräche mit älteren Mentoren wie Carl Muth, Theodor Haecker und deren Kreis.

Anfang Juni sind Hans und Alex zu einem Literarischen Salon eingeladen. Als ein Text über innere Erneuerung vorgetragen wird, kommt es zu einer offenen politischen Diskussion. Für schlimm befinden alle die Zerstörung der inneren Werte durch den Nationalsozialismus. Doch was kommt nach dem Krieg? Wie kann eine geistige Erneuerung gelingen? Ein Verleger, Dr. Heinrich Ellermann, beharrt darauf, dass äußerer Widerstand nichts nütze. Nötig sei eine geistige Gegenwehr, durch die Vertreter des geistigen Lebens und durch die Studenten. Plötzlich widerspricht ihm ein Universitätsdozent, Kurt Huber, mit ungewöhnlich exaltiert klingender Stimme: »Man muss etwas tun und zwar heute noch!« Eine Tat sei nötig, bekräftigt da Hans Scholl, man könne sie jetzt nicht mehr aufhalten!

Im Juni und Juli tauchen in München die ersten Flugblätter auf, vier Folgen. Jedes Mal nur ungefähr hundert Stück. Alexander Schmorell und Hans Scholl haben Flugblätter gegen das nationalsozialistische Regime verfasst. Vier Schriften sind innerhalb von 16 Tagen entstanden. Alexander Schmorell bezeichnet die Flugblätter später als sein und Scholls geistiges Eigentum, »weil wir alles gemeinschaftlich getan haben«. Mittlerweile haben die Freunde bestimmte Fragen gründlich durchdacht. In den vier Flugblättern beschreibt Alexander in klaren Worten die Gewaltverbrechen an den Juden und Polen. Er betont die Mitschuld der Deutschen an diesen Verbrechen. Im dritten Flugblatt ruft er zum Umsturz der Regierung auf und macht konkrete Vorschläge, wie jeder Einzelne – durch passiven Widerstand – seinen Beitrag zur Beseitigung des NS-Staates leisten kann. Hans Scholl appelliert an die sittliche Pflicht zum Widerstand. Er legt dar, dass der NS-Gewaltstaat illegitim sei, infolgedessen sei Widerstand erlaubt. Gestützt wird diese Argumentation durch apokalyptische Bilder und christliche Metaphern, die teilweise aus den Werken von Theodor Haecker stammen: »atheistische Kriegsmaschinerie«, »stete Lüge«, »Diktatur des Bösen«, »Kampf wider den Dämon«, »den Boten des Antichrists«. Die Forderung nach der geistigen Umkehr der Deutschen unterfüttern sie mit christlicher Philosophie und deutschen Klassikerzitaten, Stellen von Laotse und Novalis. Haben sie bereits seit dem Weihnachtsfest geeignete Zitate gesucht, wie die Schmorell-Biographin Christiane Moll vermutet? Außerdem bringen die beiden jungen Männer Zahlen, Fakten zu Gräueltaten der Nationalsozialisten. Die vier Flugblattfolgen senden sie an Schriftsteller, Professoren, Buchhändler und Ärzte aus München und der Umgebung. Diese ›Multiplikatoren‹, wie man heute sagen würde, sollen die Botschaft der Flugblätter verbreiten. »Denn hat man erst diese Wenigen gewonnen«, notiert Hans einige Gedanken zu Machiavelli, »so hat man die Masse ohnehin.«

Inwieweit Alexanders bester Freund Christoph Probst und Hans' Schwester Sophie in die Aktionen eingebunden sind, ist umstritten. Einmal berichtet sie von den Plänen eines Münchner Bibliothekars: Der wolle einen Erasmus-Kreis gründen und die Gedanken des großen Humanisten Erasmus von Rotterdam studieren (die Treffen finden übrigens im selben Haus statt, wo der jüdische Arzt und »Krankenbehandler« Dr. Benno Flehinger seine Praxis hatte, Zieblandstraße 22; er ist längst deportiert worden). Sophie habe lachen müssen und zu Inge gesagt: »Als ob wir im Moment nichts Wichtigeres zu tun haben, als einen Erasmus-Kreis zu gründen!«

Als sie in der Universität von einem Raum zum nächsten laufen, zieht Hans ein Flugblatt aus der Tasche. »Kennen Sie denn die Weisse Rose nicht?«, fragt er eine Kommilitonin provokant. So haben sie ihre Flugblätter betitelt. Doch Rückmeldungen auf ihre Flugblattsendungen haben sie kaum bekommen. Weder unter den Intellektuellen noch unter ihren Kommilitonen und den Mitgliedern der Studentenkompanie haben sie irgendwelche Anzeichen für Widerstand feststellen können.

Es ist eine bewegte, dichtgedrängte Zeit für Hans und auch für Sophie. Einmal liest Theodor Haecker, der Freund von Carl Muth, im kleinen Kreis vor. Inmitten der Flugblattaktionen, Gesprächsabende, der Konzerte und Termine fahren sie einmal nach Hause, zu ihrer Familie nach Ulm. Es ist ein kurzes Innehalten.

Am Pfingstsonntag zieht es die Scholl-Geschwister in die Natur. Es ist lange her, dass alle einmal versammelt waren – und auch heute fehlt einer: Werner, der vom Militärdienst in der Kaserne festgehalten wird. Die Übrigen, Inge, Elisabeth, Sophie und Hans, fahren mit dem Zug nach Urspring, dann wollen sie weiter nach Geislingen. Wie in alten Trabantenzeiten ziehen sie los. Sie wandern durch Wälder und grüne Wiesen, genießen den Frühsommer. Regenschauer und Sonnenschein wechseln sich an diesem Feiertag ab, und manchmal müssen die vier kräftig gegen den Wind anschreiten, doch das tut ihrer guten Laune keinen Abbruch. Lauthals singen sie ihre Lieder.

Kurz vor Geislingen müssen sie ein Stück am Bahndamm entlanggehen. Doch Inge zögert. Was, wenn der Bahnwärter sie erwischt? Hans Scholl redet sich schon warm für eine Konfrontation, »mit einem Sack voll bayerischer Witze oder Grobheiten – je nach Art und Auftreten des Bahnwärters«. Niemand hält sie auf, sodass sie verbotenerweise auch noch die Gleise überqueren. Typisch Hans, wird ihr Vater dies später kommentieren. Hungrig kommen die vier in der Geislinger Gaststätte an. Über eine Stunde müssen sie auf ihre Schnitzel warten, und in der Zwischenzeit reißt Hans weiter Witze, imitiert den Wirt. Denn dieser sagt jedes Mal, wenn er nach längerer Zeit wieder einmal einen der Wünsche seiner Gäste erfüllt: »Soo – jetza!« Alle amüsieren sich. Doch neben aller Gaudi finden Inge und Hans Zeit, über etwas zu sprechen, das sie beide beschäftigt: das Leid in der Welt.

Schon seit Kriegsbeginn fühlt Inge eine Last, die sie niederdrückt. Oft, oft hat sie in ihr Kissen geweint. In einem Gespräch mit dem Vater bricht es einmal aus ihr heraus: Die Freude auf dieser Welt wiege das Leid nicht auf, zumindest nicht in ihrem Leben. Der Vater entgegnet, Inge habe doch die schonen Blumen, überhaupt schöne Dinge, an denen sie sich erfreue. Es kommt ihr so vor, als würde er währenddessen spöttisch lächeln.

Nun schüttet Inge dem Bruder ihr Herz aus. Wie weh hat ihr dieses kurze Gespräch mit dem Vater getan! »Vater erkennt nicht«, bemerkt Hans bei ihrer Pfingstwanderung, »übersieht die Tatsache, dass das Leid die Freude der Welt stark überwiegt.« Seine Stimme klingt dabei sehr ernst.

Als sie durch die saftig grünen Buchenwälder der Alb auf eine Hochebene kommen, sehen sie einen Regenbogen. Und dann gleich darauf noch einen! Wie entstehen solche Farbwunder nur, will Inge wissen, woraufhin ihr Sophie und Hans von der Brechung des Lichts erzählen.

Wie sehr genießen sie die Gastlichkeit bei der befreundeten Familie Kley. Sophie wird als frischgebackene Studentin entsprechend gefeiert, und so geht »ein netter, froher Tag« ins Land, von dem die Scholls erst nachts wieder nach Ulm zurückkehren werden.

An Sophies erstem oder zweitem Tag in München hat Hans es übernommen, den Eltern von ihrer wohlbehaltenen Ankunft zu berichten. Für den Geburtstagsbrief an die Mutter hat er ein Zitat von Augustinus herausgesucht, es auf ihre wirre Zeit bezogen und interpretiert, während seine Schwester damals lediglich unterschrieb. Inzwischen sind die Aufgaben neu verteilt. Nun ist Sophie diejenige, die sich bedankt, wenn die Eltern ihnen Rettiche oder Brezeln schicken, und sie bereitet die Koteletts zu. Außerdem wird sie zum neuen Bindeglied zwischen Professor Muth und den Eltern, übermittelt dessen Dank, wenn dieser sich wieder einmal über die Forellen aus Ulm freut. Sie fragt auch nach dem Gesundheitszustand der Mutter, erkundigt sich, wie es denn mit dem Strafverfahren gegen Vater Scholl weitergehe – immerhin hängt von diesen beiden Faktoren die Fortführung ihres Studiums ab! Sie fordert aus Ulm frische Wäsche und Geld an, gelegentlich auch Briefpapier.

Hans ermöglicht seiner Schwester die geistige Auseinandersetzung – fast zu viel! –, nach der sie sich immer gesehnt hat; im Gegenzug hält sie Probleme von ihm fern. »Hans ist ein guter

Bruder, und ich gewinne ihn immer lieber«, beschreibt sie ihr enger werdendes Geschwisterverhältnis. Sie beschwert sich nicht, wenn der Bruder von ihren Essenskarten nimmt und das Fleisch schon am ersten Tag der neuen Woche weg ist. In solchen Fällen versucht Sophie, Alternativen aufzutun (sie kann bei Traute essen, die von ihrer Wirtin Kartoffeln und Eier bekommt). Angesichts der allgemeinen Lebensmittelrationierungen sind die beiden Scholls auf die regelmäßigen Sendungen von daheim angewiesen. »Wir haben gelernt, dies hoch zu schätzen«, schreibt sie nach Hause. Oft überkommt sie große Lust auf frisches Gemüse, sodass die Mutter neuerdings Salate in die Pakete packt. Als Hans vom 16. auf den 17. Juni 1942 einmal bei seiner Schwester in der Mandlstraße übernachtet, können sie morgens fürstlich zusammen frühstücken. Es gibt lauter Lebensmittel aus den letzten drei Paketen: Kaffee, Käse, Rauchfleisch und Rettich, dazu Marmeladenbrote. Vielleicht an diesem Morgen, vielleicht auch in den Tagen danach bekommt Hans erneut Post von Rose Nägele. Von seiner fernen Freundin, die in seinem jetzigen Leben überhaupt keine Rolle mehr spielt.

Sie klingt traurig, weil der Freund ihr so selten schreibt. »Am besten man beißt auf die Zähne und geht seinen Weg, dem einzig sichern auf Erden«, notiert sie trotzig. Einmal mehr erinnert sie Hans daran, dass er noch die Jean-Paul-Bände bezahlen muss. Ihre Mutter hat das Geld im Januar vorgestreckt, und das ist inzwischen gute fünf Monate her! »Siehst Du«, erklärt Rose, »darum möchte ich daß alles geregelt ist, damit mich niemand mehr um Deinetwillen plagen kann, den ich so lieb habe … leider trotz allem lieb habe. Vielleicht wird alles wieder gut vielleicht.«

Hans Scholl braucht zwei weitere Wochen, bis er seiner Freundin mitteilt, dass es aus ist. »Es geschah bestimmt nicht aus Feigheit, dass ich Dir die ganze Zeit nicht mehr geschrieben habe«, beteuert er. »Ich weiss wie sehr Du auf ein Wort von mir gewartet hattest, und wäre es auch nur irgend ein belangloses gewesen. – Aber gerade dies wollte ich vermeiden. Ich wollte Dir nicht wehtun. Ich wusste nicht, wie ich es anfangen sollte. Am allerbesten wärst Du einen oder mehrere Tage hierhergefahren, dies wünsche ich auch jetzt noch; ich möchte Dich wiedersehen, aber nur, wenn Du von vornherein nicht zuviel verlangst – wenn Du einen Menschen und keinen Liebenden sehen willst.«

Endlich, endlich ist es ausgesprochen, nach Monaten des Hinhaltens. Die Gründe für das Ende ihrer Beziehung sucht Hans bei sich, und in den rhetorischen Wendungen findet sich gewiss etwas Wahres. »Ich freue mich immer wieder, wie Dein Leben in München Dich befriedigt, besser beglückt«, hat Rose einmal geschrieben, »und daß Du gute Freunde hast, die Dir etwas geben können, wer weiß mehr geben, warum auch nicht, ich wäre ja nur froh, aus Liebe zu Dir froh, verstehst Du.« Spätestens seitdem Hans mit Professor Muth in Dialog getreten ist, hat Rose ihn an München verloren.

»Dein Bild ist in meiner Seele ungetrübt wie ehedem«, will er sie trösten. »Aber ich bin zu sehr auf der Suche nach mir selbst (nicht im egozentrischen Sinne) und nach vielem Anderen, als dass ich jetzt aus meiner Geschlossenheit, soweit diese vorhanden ist, heraustreten könnte.« Könnte Rose ihn gemeinsam mit ihrer Schwester Eve besuchen? »Vielleicht sehen wir uns dann einmal in die Augen. Alles Gute für Dich«, wünscht er, und damit verstummt er vorläufig.

Einen klaren Schnitt zu machen ist Hans Scholl schon bei seinen früheren Beziehungen schwergefallen. Lisa Remppis, seine erste große Liebe, hat bis heute nicht verwunden, wie er mit ihr Schluss gemacht hat. In diesen Tagen bittet Sophie, ob Lisa ihnen nicht ein Zelt leihen könnte – das Zelt, das einmal ein Geschenk von Hans war. Es ist noch unbenutzt, und in München könnten sie es gerade gut gebrauchen. »Hans und ich«, erklärt Sophie ihrer besten Freundin, »manchmal noch jemand anders, bedauern es oft, daß wir mitten in der schönsten Nacht in unsere zerstreuten Zimmer zurückkehren müssen, um zu dem notwendigen Schlaf zu kommen. Wie praktisch wäre es da, wenn man sich sein Haus geschwind an Ort und Stelle errichten könnte!«

Empört erhebt Sophie Einspruch, als Lisa das Zelt zurückschenken will. »Das wäre bestimmt schrecklich für Hans, und wenn Ihr Euch hundertmal nichts mehr angeht«, appelliert sie an Lisa, die sich gerade verlobt hat. »Überleg's Dir und dann wirst Du's unterlassen.« Als Schwester muss sie Hans immer ein wenig beschützen, so hat Sophie es einmal formuliert, und sie nimmt diese Aufgabe ernst. Postwendend sendet Lisa das Zelt los, dann (der ironische Unterton ist bei ihr kaum zu überhören), »welch glorreiche Idee«, könne Sophie es ja ihrem Bruder »feierlichst« überreichen.

Am selben Tag, als das Zelt die Scholl-Geschwister erreicht, trifft neue Post von Rose Nägele ein. Es ist ein verzweifelter Brief, mit dem die junge Frau ihre Beziehung retten will. Es kränkt sie, dass Hans sich nicht mehr meldet. Noch immer glaubt sie an ihre Liebe, an ein Wiederaufleben ihrer Beziehung. Es könnte klappen, beteuert Rose, wenn sie selbstlos auf sein Glück bedacht bliebe.

Hans antwortet nicht. Er ist viel zu beschäftigt. Gemeinsam mit Alexander sucht er noch einmal Adressen heraus, versendet neue Flugblätter per Post. Außerdem ist Inge da, und wenn ihre Schwester aus Ulm schon einmal den Büro- und Haushaltspflichten entfliehen kann, will sie so viel wie möglich vom Münchner Leben aufsaugen.

Nachdem die letzten Flugblätter versandt sind, zieht sich Hans zurück: Der Medizinstudent verlässt München, fährt nach Bad Tölz. Er will die Familie Borchers in deren Ferienhaus besuchen, mit deren Tochter Ute er wieder regelmäßig in Kontakt steht (ob die beiden jetzt ein Paar sind, ist nicht bekannt). Ins Gästebuch trägt er ein, wie verdreht ihm die Gegenwart vorkommt: Kaminfeuer im Juli, der ständige Regen – und »der böse Dämon, der die Zeit bedroht«. Nur diese Formulierung erinnert an das Hauptthema seiner letzten drei, vier Wochen. An die Flugblätter, an die Haecker-Lesung. Auch wenn das Wetter nicht mitspielt, verbringt Hans Scholl »unter der freien Sonne« in Bad Tölz unbeschwerte Sommertage.

Einen Tag später zerstört der Krieg die Idylle. Am 20. Juli 1942 – es ist Roses Geburtstag – macht sich Sophie auf den Weg zum Postamt München, um dem Bruder eine wichtige Nachricht zu übermitteln. Wieder muss sie für ihn Probleme lösen. Um 17.00 Uhr geht ihr Telegramm raus, an »HANS SCHOLL B BORCHERS / ROSSWIES BADTOELZ«.

Wenige Worte reißen die Welt ein, die sich der 23-Jährige aufgebaut hat, seinen Münchner Alltag als Student und Soldat wider Willen. Die Diskussionen, die Leseabende und auch seine Flugblattaktionen mit Alexander Schmorell – all diese Aktivitäten sind mit einem einzigen Satz beendet.

»DU KOMMST MITTWOCH NACH KRAKAU = SOPHIE +«

»Ich lebe dahin wie im Traume.«
Ausgebremst in Russland

Hans Scholls Russlandtagebuch.

Erster Eintrag vom 30. Juli 1942

*In Russland begann die Ebene. Zuvor fuhren wir durch eine
sanfte Moränenlandschaft: wellige Hügel wie ein erstarrtes
Meer und darüber im blauen Himmel schwebend Wolken-
schiffe, strahlend weiss im Lichte der Nachmittagssonne,
erweckten Gesänge von jugendlich lebendigem Rhythmus
in meiner Seele, ich dachte an helle Barockkirchen und an
Mozart – da begann hinter der Grenze die weite, endlose
Ebene, wo jede Linie zerfliesst, wo alles Feste sich auflöst wie
ein Tropfen im Meer, wo es keinen Anfang gibt und keine
Mitte und kein Ende, wo der Mensch heimatlos wird und nur
die Schwermut sein Herz erfüllt; die Gedanken gleichen den
Wolken, die ebenso endlos und immer wechselnd dahinziehen,
die Sehnsucht dem Wind, der die Wolken trägt. Hier sind die
vielen Handgriffe, an welche der Mensch sich so krampfhaft
klammert, wie Heimat, Vaterland oder Beruf, gleichsam
abgerissen, der Boden schwindet unter den Füssen, man fällt
und fällt, und während man nicht weiss wohin, verlassen alle
die treuen Begleiter ihren gebrochenen Gebieter, weil sie*

nichts mehr zu erhoffen haben – da landet man wider Er-
warten sanft wie von Engeln getragen auf der russischen
Erde, auf einer Ebene, die nur Gott allein und seinen Wolken
und Winden gehört. Wo jede Heimat aufhört, ist Gott am
nächsten. Daher die Sehnsucht im jungen Menschen, auf-
zubrechen und alles hinter sich zu lassen und ziellos zu
wandern, bis auch der letzte Faden abgerissen ist, der ihn
gefesselt hielt, bis er in der weiten Ebene allein und nackt
Gott gegenüber steht. Verklärten Auges wird er dann seine
alte Erde wiederfinden.

7. August 1942

Ich bin müde vom Nichtstun. Und der Bunker wackelt und
stöhnt, denn die Russen laden über der Rollbahn eine Bombe
nach der anderen ab. Ich bin hier überflüssig. Ich bin der
einzige Spaziergänger inmitten eines sinnvollen Unsinns.
Der Krieg nimmt mich in seinen Bann nur zwischen Ab-
schuss und Einschlag.

Die Russen sind erstaunliche Menschen. Jedoch der Lärm
ist zu stark. Ich will später über die russischen Menschen
schreiben. Über Maruschka, Borris und den Bauern, der am
Abend die Lieder sang. Und über alle andern auch.

9. August 1942

Heute vor einer Woche waren wir in Wiasma. Dort konnte
ich in die russische Kirche gehen. Das war ein anderer Got-
tesdienst als bei unseren nüchternen Mitteleuropäern. Man
betritt eine geräumige Halle. Die gewölbte Decke ist vom
Ruß geschwärzt, der Fußboden aus Holz gezimmert, warmes
Halbdunkel erfüllt den Raum, und nur die Kerzen unter dem
Altar und den Ikonen überschütten mit Gold die heiligen
Bilder. Die Menschen stehen ungeordnet in Gruppen beisam-

men, bärtige Männer mit gütigen Gesichtern, bekleidet mit
dem schönsten Sarafan, Frauen mit bunten Kopftüchern um
das Haar geschlungen verbeugen sich immer wieder, indem
sie mit grossartiger Gebärde das Andreaskreuz schlagen.
Manche neigen ihr Haupt tief zur Erde und küssen den
Boden. Das fliessende Gold der Kerze färbt ihre Gesichter rot,
die Augen glänzen, und während das Gemurmel allmählich
verstummt, erhebt der Pope seine Stimme und beginnt laut
zu singen. Ein Chor antwortet ihm in prächtigen Akkorden.
Wieder singt der Pope und abermals antwortet ihm der Chor,
verstärkt durch viele Stimmen, die noch hineingefunden
haben, glockenhelle Tenöre und wunderbar milde Bässe. [...]
Aus der Kirche trete ich wieder hinaus ins grelle Tageslicht.
Der Himmel ist verhängt, es rieselt leise auf die Erde herunter,
die Wege sind zu einem grundlosen Matsch verwandelt. In
der Ferne dröhnen die Einschläge der Artillerie.

München. Wie lange war das her, dass seine Mutter geschrieben
hatte: Die Medizinstudenten kommen während der Ferien an-
geblich ins Feld? Vier Wochen? Fünf? Sofort hatten seine Eltern
Butter, Lebensmittelmarken und Essensgeld geschickt, damit
Hans vorher noch etwas ›zusetzen‹ konnte.

Die Zeit in München scheint Hans jetzt Ewigkeiten entfernt.
Zwar ist Alexander Schmorell bei ihm, der sich auf die Zeit im
Osten freut; doch er kehrt in sein Geburtsland zurück und trägt
die Uniform eines deutschen Soldaten. Er ist Teil eines Erobe-
rungs- und Vernichtungskrieges gegen seine »Heimat« und sei-
ne »Brüder«, den sie in ihren Flugblättern angeprangert hatten.
Ihre gemeinsamen Aktionen, mit denen sie den Umsturz des
Hitlerregimes erreichen wollten, liegen jetzt auf Eis.

Ob sie später weitermachen? Wieder Formulierungen suchen, Entwürfe tippen, Flugblätter wegschicken? Hastig hatten

sie den Vervielfältigungsapparat wieder verkauft. Es war nicht einmal genug Zeit zum Packen geblieben für den Fronteinsatz. Hatten ihre Appelle an die Intellektuellen überhaupt irgendetwas bewirkt?

Vieles, vieles war unerledigt zurückgeblieben. Inge hatte Hans und Otl Aicher einander näherbringen wollen, wieder einmal. Es reizt mich etwas an seinen Aufsätzen, hatte Hans geschrieben, er greift mich an. Nein, nein, hatte Inge ihn beschworen: Ihr beide könntet einander doch so viel geben! Plötzlich hatte Otl sich von der russischen Front gemeldet, mit Vorgaben für diese *Windlicht*-Rundbriefe, die in ihrem Kreis nach innen wirken sollten. Für Hans war es ohnehin vorbei. Er würde nicht mehr bei den Rundbriefen mitarbeiten.

Mit seinem Medizinerkollegen Willi Graf hatte er lange gesprochen. Sie hatten sich verabredet, und er war nicht hingegangen. Nun sitzt Willi mit ihnen im Abteil, im Zug nach Osten.

Carl Muth. Zum Abschied hatte er ihm eine Uhr geschenkt und mit dem Finger ein Kreuzeichen auf seine Stirn gezeichnet. Und war direkt nach Hans' Aufbruch krank geworden. Ihr Gespräch, das sie im vergangenen Herbst begonnen und beinahe täglich fortgeführt hatten, mussten sie nun unterbrechen.

»Leider hält Dich eine andere Welt mehr, als ich es vermochte«, hatte Rose Nägele ihm geschrieben, ausgerechnet während der hektischen Flugblattaktion. Damit hatte sie genau erfasst, was ihn von ihr wegtrieb; gleichzeitig hatte sie ihm zugestanden: »Vielleicht gehst Du damit den richtigeren Weg, Deinen Weg.« Zu Beginn ihrer Beziehung hatte sie versichert, sie wolle selbstlos auf sein Glück bedacht sein, das sei die echte Liebe. Vielleicht würde alles wieder gut werden zwischen ihnen beiden, dem Traumpaar vom vergangenen Sommer. Ob Hans noch ein Mal ins Häuschen nach Murrhardt kommen wolle oder ob sie sich in Ulm treffen könnten? In Stuttgart oder auch in München? Hans antwortete ihr nicht mehr, fuhr stattdessen nach Bad Tölz.

Ihr Abschiedsabend im Münchner Atelier des Architekten Eickemeyer endete in Diskussionen. Etwas mehr als zehn Leute hatten sie am 22. Juli 1942 versammelt, Studenten und Studentinnen sowie Professor Huber von der Philosophischen Fakultät. Hans war extra mit Alex nach Gräfelfing hinausgefahren, um Huber abzuholen und in das Atelier zu begleiten. Ausgerechnet jetzt, wo es ihnen gelungen war, den unter Studenten populären Professor mit ihrem Kreis in Verbindung zu bringen, hatten sie aus München fortgemusst!

In diesem Kreis hatte Hans das Gespräch darauf gelenkt, wie wichtig passiver Widerstand ist. Was hatten ihre Diskussionen bewirkt? Spät am Abend war Hans Hirzel zu ihnen gestoßen, der Schüler aus Ulm, mit dem er einmal über die Legitimität von Widerstand gesprochen hatte. Woher stammt das Flugblatt, wollte Hirzel wissen, als er mit Hans und Sophie allein war. Endlich einmal eine Rückmeldung! Zwar hatten Alexander Schmorell und er untereinander ausgemacht, ihr Bekanntenkreis solle nicht erfahren, dass sie die Urheber seien. Doch er hatte es sich nicht verkneifen können, dem Jüngeren etwas zu sagen wie: Ich weiß, dass du eines hast, und ich weiß es auch von anderen in München. Mehr verriet er nicht. Ein letztes Mal legten sie sich schlafen in ihren Studentenbuden, dann sollte sich ihr kleiner Kreis zerstreuen.

Ihre Abfahrt am Morgen darauf. Um 7.00 Uhr früh Antreten am Münchner Ostbahnhof. Dann hatten sie vier Stunden herumgestanden. Alex und er, Hubert und Willi in ihren Uniformen, und Sophie mit ihrer dicken Strickjacke, mitten im Juli!

Die ganze Zeit hielt sie eine Blume in der Hand. Auf der Straße, wo die Pferdefuhrwerke entlangrumpelten und die Anwohner sich bei einem Schwätzchen versammelten. So ging zu Ende, was gerade erst begonnen hatte: Ihre Freundesgruppe, die Hitler bekämpfen wollte, löste sich auf.

Hans, Alex, Willi Graf, Hubert Furtwängler: Die Mitglieder der Studentenkompanie brachen auf nach Russland. Sophie ging fort aus München, weil sie zum Pflichtdienst antreten musste, in einem Ulmer Rüstungsbetrieb, wieder einmal. Auch Christoph Probst verabschiedete sich von ihnen; er kam in den Semesterferien für vier Monate in ein Kurlazarett der Luftwaffe bei Garmisch-Partenkirchen. Während der langen Wartezeit am Ostbahnhof hatte ihr Medizinerkollege Jürgen Wittenstein Fotos gemacht: vor allem von Sophie, einmal lachend, dann wieder sorgenvoll und ernst. Alles war in der Schwebe. (Eines der Bilder zeigt Hans, an seinem Handgelenk eine Armbanduhr, vielleicht die von Professor Muth? Auf einem anderen Foto sind Hans, Sophie und Christoph zu sehen. Fast auf den Tag genau sieben Monate später werden diese drei jungen Leute tot sein.)

Wenige Tage und Tausende Kilometer trennen sie von diesem Abschied. Der Zug bringt die Studenten weiter und weiter nach Osten, in Richtung Front. Eine schöne Fahrt, das hatte ihm seine Mutter zum Abschied gewünscht und hinzugefügt: »Aber sei vorsichtig.« Hans beginnt, sich in einem kleinen Büchlein Notizen zu machen; das einzige Tagebuch, das von ihm erhalten ist.

Für Hans Scholl und Alexander Schmorell beginnt eine seltsam aufgeladene Zwischenzeit. Nach den hektischen Tagen und Wochen in München fällt die Spannung von ihnen ab. Zugleich herrscht Unsicherheit, was die kommenden Monate bringen werden. Ob sie das Abenteuer Russland überleben? Wann dürfen sie wohl wieder zurück nach München?

Ein letzter Blick auf die Donau bei Regensburg, wo Hans und Alexander im vergangenen Herbst mit dem Faltboot unterwegs waren. Dann geht es durch die Oberpfalz und Sachsen, vorbei an Zwickau, Dresden, Görlitz, hinein nach Polen.

Ein Dämmerzustand zwischen Schlafen und Wachen, aus dem Fenster sehen, Karten spielen, gelegentlich ein vernünftiges Gespräch, so werden die zwölf Tage Fahrt durch Polen und die Sowjetunion vorübergehen. Den Freunden ist es gelungen, ein Abteil für sich zu belegen. Als sie einmal kurz allein sind, will ihr Kommilitone Hubert Furtwängler wissen: Sind Hans und Alex nun die Verfasser der Flugblätter oder nicht? Die beiden schauen Hubert »vielsagend-lächend« an. Es ist ein stummes Ja, bei dem sie es belassen. Sie werden nicht weiter von den Flugblättern sprechen.

Eine Nacht bleiben sie in Warschau. Im dortigen Ghetto werden die polnischen Juden zusammengepfercht, bevor man am 22. Juli 1942 beginnt, sie ins Vernichtungslager Treblinka zu deportieren. Ob die Münchner Studenten solche Deportationszüge gesehen haben – und ob ihnen bewusst gewesen ist, dass diese in die Vernichtungslager fahren –, ist im Jahr 2003 in der Weiße-Rose-Forschung heftig debattiert worden. Sicher ist: Das Ghetto bestürzt jeden von ihnen, wie sie unabhängig voneinander notieren. Die Ruinen. Vor Hunger wimmernde Kinder, zugleich aufreizende Jazzmusik. »Das Elend sieht uns an«, schreibt Willi Graf. »Wir wenden uns ab.«

Über Ostpreußen und Wilna erreichen sie Dünaburg (jenen Ort, von dem die Scholls erfahren hatten, dass dort Massenerschießungen von Juden stattfanden). Während an der Universität München das Semester zu Ende geht, bringt der Zug die Studenten in Richtung Wjasma, der Frontsammelstelle, wo sie erst einmal warten müssen. Einen Tag und eine Nacht, dann noch einen Tag. Brot, Brot, Brot, das wird am meisten gesucht auf einem russischen Markt, den die Studenten besuchen. Die Not tritt selten so krass hervor, findet Willi Graf. Er resümiert knapp: »Schmutz, Elend, deutsche Marschmusik.«

In der Trümmerhaufenkulisse der alten Handelsstadt organisieren die Deutschen ihren Nachschub für die Front. Waggonweise werden von hier die Soldaten und Sanitäter auf den Weg gebracht, aber auch Selterswasser, Schokolade, Alkohol, Zigaretten, Seife, Kerzen, Petroleum. Überall steht Gepäck herum.

Auf einem aus Birkenstämmen gezimmerten Zaun ruhen sie sich aus, eingehüllt in ihre Uniformen und Militärmäntel. Hubert und Hans rauchen. Dann heißt es wieder warten, bis man sie aufteilt in die Sanitätsbereiche der unterschiedlichen Divisionen. Mit Verspätung fährt ihr Zug ab.

Nachts geht genau über den Gleisen der Mond auf, und er scheint blutrot. In der Dunkelheit sieht man Leuchtfallschirme, das Mündungsfeuer der Front ist zu hören.

So kommen sie endlich in Gschatsk an, rund 130 Kilometer westlich von Moskau. Dort müssen die Studenten (Hubert Furtwängler, Willi Graf, Alexander Schmorell und Hans Scholl ist es gelungen zusammenzubleiben) weit durch die Stadt laufen, mit ihrem ganzen Gepäck. Es muss irgendwann nach zehn Uhr abends sein. Die russische Artillerie schießt in die Stadt, und sie fliehen in die Häuserwinkel. Der Mond erhellt die zerschossenen Häuser, die leeren Fensterhöhlen.

Vom 4. August 1942 an arbeiten die jungen Männer bei der bespannten Sanitätskompanie 252 auf einem Hauptverbandsplatz, der abgeschlossen im Wald liegt. Benannt ist er nach einem Arzt, »Plankenhorn«. Hier werden die verwundeten Soldaten notdürftig versorgt, bevor man sie in Feldlazarette weitertransportiert: per Bahn, mit Autobussen, mit LKWs oder sogar mit Pferdefuhrwerken, den polnischen Panjewagen. Viel lernen wird man hier nicht, das ist den Medizinstudenten gleich klar. Die Münchner sind unzufrieden; am Abend beschweren sich Hans und Alex beim Divisionsarzt, bitten um Versetzung. Ohne Erfolg. Nachts hält der Kriegslärm sie vom Schlafen ab. Die Front ist zehn Kilometer entfernt.

So richten sich die jungen Männer ein. Zwischen Eisenbahnlinie, Rollbahn und Flugplatz werden sie den Sommer verbringen. »Die Tage haben schon ihren Gleichklang«, notiert am zweiten Tag Willi Graf, der gemeinsam mit Hans auf der Seuchenstation eingeteilt ist. Schon fast ein ganzes Jahr hat er im Osten verbracht, und sein anschließender kurzer München-Aufenthalt ist ihm unwirklich erschienen. Im ›friedlichen‹ Studentenleben hat er sich nicht zurechtgefunden. Nun ist Willi wieder im Osten gelandet, in derselben Gegend, wo er sich »überflüssig« vorkommt.

Wir sind am Leben, wir sind gesund, wir sind satt. Ihre ersten Briefe in die Heimat sollen die Eltern beruhigen. Sobald es geht, schreibt Hans Scholl an Professor Huber und beklagt ihm gegenüber »die verdammte Inaktivität in wesentlicheren Dingen, die Ausweglosigkeit, das Abgeschnittensein«.

Alexander Schmorell, Schurik, beginnt sofort, Kontakt zu den Russen aufzunehmen. Jung, frisch, angenehm findet er die Bevölkerung, ob Ärzte oder einfaches Volk. Er stört sich dabei nicht an der Ausgangssperre und vielen weiteren Vorschriften, die den Alltag der Russen reglementieren. Deutsche Stadtstreifen überwachen die Bürger von Gschatsk, ob sie ordentlich verdunkeln und die Sperrstunden von 21.00 Uhr abends bis 5.00 Uhr morgens einhalten. Außerdem kontrollieren diese Streifen die Ausweise, »erfassen« die Russen systematisch im Rahmen einer Abwehrwoche.

In der Freundesgruppe zeichnet sich ein Rollentausch ab.

War es in München Hans Scholl, der Kontakte anbahnte und ältere Mentoren zu Lesungen aufforderte, ist nun Muttersprachler Schurik der Vermittelnde, der für seine Freunde dolmetscht, ihnen ein Verständnis weckt für das Land und seine Menschen.

Ganz zufällig trifft Hans, das Sonntagskind, bei Gschatsk seinen Bruder! Werner ist einige Tage vor ihm in den Osten gekommen, wo er als Sanitäter eingesetzt werden soll. Jetzt sind die beiden Scholls nur drei Kilometer voneinander entfernt stationiert. Sooft es geht, wollen sie sich besuchen.

»Das ganze Russland, das ich bis jetzt gesehen habe, ist ja nur noch ein Trümmerhaufen«, das ist Werner Scholls erster Eindruck, »und doch ist es ein Land, das man lieben kann, trotz allem Elend.«

Viel später überlegt er: Vielleicht hätte er Russland so, wie er es jetzt sieht, nie kennengelernt, wenn er den Anfang dieses ›Abenteuers‹ nicht gemeinsam mit Hans hätte erleben dürfen. Wo immer der kontaktfreudige Hans Scholl stationiert ist, sucht er Anschluss an die Einheimischen, die Bauern, die Fischer, so auch jetzt. Alexander Schmorell drängt es ohnehin zu den Russen, mit denen er unbedingt sprechen möchte.

Schon an ihrem zweiten oder dritten Tag in Gschatsk ziehen Hans und Alex gemeinsam mit Werner los. Als sie während ihres Spaziergangs an einigen Kindern vorbeigehen, rufen diese: »Die sind auch nicht besonders dick!«

»Aber dünn«, erwidert Schurik auf Russisch, was großes Gelächter auf beiden Seiten auslöst. »Wer kann denn hier Gitarre spielen?«, wollen die deutschen Sanitätssoldaten wissen. Zuerst führen die Kinder sie in die Irre. Aber dann gelangen sie zu einem Einheimischen, in dessen kleine Stube sich die drei hineinzwängen. Er soll singen? Zuerst wehrt der Mann ab: Heute seien zwei russische Kriegsgefangene bei einem Bombenangriff gestorben, deswegen trauerten sie. Aber dann lässt er sich doch überreden.

»Dort haben wir einige Gläschen Wodka getrunken«, berichtet Hans Scholl später, »und russische Lieder gesungen, als ob um uns her tiefster Friede wäre. In Wirklichkeit hat es immer ein wenig geschossen, vor allem entwickelten die russischen Flieger eine rege Tätigkeit, aber warum sich darum kümmern? Es ist erstaunlich, wie rasch sich die Russen vom tiefsten Schrecken erholen. Wenn es Abend wird und die Sonne in allen Farben hinter den Wiesen untergeht, kommt eine Schwermut über dieses Land, die schwerer noch ist als der Krieg. Dann werden die Wunden vergessen, und Lieder steigen auf, wie es zu allen Zeiten gewesen ist.« In einem anderen Brief notiert er: »Das Leid ergreift die Menschen ganz und gar, reinigt sie – und dann lachen sie wieder.«

Hans Scholls Russlandtagebuch

12. August 1942

Sei ehrlich, Freund! Wenn ich das Geschriebene überfliege, sehe ich, wie schlecht und erbärmlich es das wahre Gesicht dieses Landes beschreibt. […] Wie könnte sich hier die Phantasie eines Menschen entfalten! Man müsste sich nur still an einen Waldrand niederlassen, vielleicht auf den Stamm einer umgefallenen Erle oder unter dem weiten Laubdach eines Busches, die lebendigen Schatten der Blätter auf den Händen betrachten, wenn ein Märchenduft von Süden her Dir zuwcht, vom Süden, wo in sagenhafter Ferne weisse Felsenklippen steil ins Meer abfallen, brausend und schäumend bricht sich dort die Brandung, indes Geistervögel aus den Wolken herunterstoßen und grell schreiend ihre Beute erjagen. Weiter noch trägt Dich der Flügel Deiner knabenhaften Phantasie, weiter bis an die geheimste Stelle dieses azurblauen Meeres,

dorthin, wo der Wind geboren wird, mit dem du so oft Deine
Gedanken vergleichst. Dort ist die Luft kühl und keusch, wie
die Seele eines neugeborenen Kindes, gleich einem weißen
Papier ist er bereit, alles aufzunehmen, was ihm begegnet,
das Gute und das Schlechte, das Schöne und das Hässliche,
das Edle und das Gemeine. Doch ehe er Dich erreicht hat,
jagt er über Steppen hin gleich galoppierenden Pferden, die
Glut des Mittags trinkt er aus Sandwüsten und abends kühlt
er seine Schwingen über weiten schweigsamen Seen. Er er-
klimmt hohe Gebirge und steigt wieder hinunter ins Tal,
und von allem nimmt er ein bisschen mit, einen Ton, ein
Blatt, ein Staubkorn, von den Blumen den Samen, von dem
Wanderer den Gruß, von jedem Flattern der Haare bleibt
ihm eine Erinnerung, er reisst Türen auf und schlägt andere
zu, er kräuselt das Wasser und kühlt die Stirn der Bauern.
Von Fabriken aber und Kohlenstaub und Benzingestank
weiss dieser Wind nicht zu erzählen, all dies hat er vergessen
während seiner weiten Fahrt, so wie auch Du es vergessen
hast. –
Das Militär ist das phantasieloseste Gebilde der Welt.
Und was diesen Krieg so gemein macht, und ihn von frühe-
ren unterscheidet, ist eben seine Phantasielosigkeit. Und
dennoch, leg Dich ins Gras und schaue nach oben, vielleicht
schlummerst Du auch ein.

14. August 1942
Jetzt beginnt die Jahreszeit, die ich so sehr liebe. Die Wolken
sind dünn und durchsichtig und fliegen hoch über den Bäu-
men dahin. Der Wind hört nie mehr ganz auf zu blasen.
Er wirbelt Staub auf und trägt in seinen Armen reife Samen-
körnchen, und zuweilen schüttelt er die ersten müden Blätter
von den Zweigen. Die Zugvögel wandern dem Süden zu, da

die Nächte kühler werden, und abends liegen Nebel auf den
Wiesen.

16. August 1942

Schon wieder ist Sonntag. Wie die Zeit vergeht! [...] Von
fernher höre ich Tag und Nacht bald stärker bald weniger
stark gleich einem Gewittergrollen das Trommelfeuer bei
Juchno[w]. Und seit gestern regnet es ohn' Unterlass und in
Strömen. [...] Der Bunker ist nicht wasserdicht; aber das
monotone Fallen der Tropfen erhöht die Behaglichkeit, wie
auch der Rauch, der die Decke schwärzt. In meiner linken
Hand halte ich eine halb niedergebrannte Zigarre, von rechts
her fällt das schwache Licht der Kerze auf mein Buch. [...]
Dostojewsky erlebe ich hier anders als in Mitteleuropa!
Täglich und stündlich erleben fast alle Menschen das Gleiche,
der Abgrund gähnt unerwartet vor ihren gleichgültigen
Schritten auf, die Reinheit zertreten sie mit plumpen Füßen
und ihre eigene Schuld wälzen Tausende ab auf die Schultern
eines zerbrechlichen unschuldigen Kindes. Nur einer öffnet
die Augen und sieht die Welt der Menschen, er sieht, dass
alle Kreatur Erbarmen und Erlösung sucht. Dieser aber ist
der grösste Dichter Russlands.

Im Halbdunkel verderbe ich mir die Augen. Aber ich
begreife hier Dostojewsky.

Russland wechselt immer wieder sein Gesicht. Einmal weht
ihnen der Südwind von der blühenden Steppe Honigduft in
die Nase. Dann weicht der Regen den Boden auf und verwandelt alles in sumpfigen Morast. Es kommt zu heftigen Kämpfen,
vor allem im Raum Rschew, etwa 30 Kilometer nördlich von
Gschatsk sowie im 80 Kilometer südlich gelegenen Juchnow.
Die russische Artillerie beschießt auch Gschatsk, jede Nacht.

Die 9. Armee erleidet hohe Verluste, was die Münchner Sanitäter auf dem Hauptverbandsplatz zu spüren bekommen. Nach dem 11. August 1942 haben sie um die 260 Verwundete zu versorgen. Willi Graf notiert in seiner knappen Art, sie hätten augenblicklich viel Arbeit, »die manchmal nicht sehr erfreulich ist«. Der benachbarte Hauptverbandsplatz, an dem Hans' Bruder Werner tätig ist, sei ebenfalls völlig überfüllt, schreibt Hans Scholl nach Hause. Erst ab Ende August werden sie alle wieder weniger zu tun haben.

Am häufigsten kommen Schussverletzungen der großen Gelenke vor, vermelden die Statistiken, außerdem Schussbrüche und Weichteilschüsse. Zur Schmerzlinderung geben sie Morphiumspritzen. Seltener auftretende Verletzungen sind Brustwand- und Herzschüsse, Hirnschüsse, Blutungen aus den Schlagadern. In den Lehrbüchern werden die Studenten darauf vorbereitet, wie man Gasbrand erkennt. Wie man bei »Kinnabschuß« die blutenden Hautlappen mit Heftpflaster fixiert; die Zunge, an der der Verwundete sonst ersticken könnte, befestigt man einfach mit Faden an einem Uniformknopf. Der Schriftleiter der *Münchener Medizinischen Wochenschrift* gibt 1941 ein Kompendium zu kriegschirurgischen Fragen heraus, worin auch Universitätsdozenten der fünf jungen Sanitäter publizieren. »Es ist selbstverständlich«, heißt es dort etwa zum Thema »Kriegschirurgie auf dem Hauptverbandsplatze«, »dass die Belange der militärischen Handlungen im Vordergrunde stehen [...]. D. h., die Kampfhandlungen und alles, was zu ihrer erfolgreichen Durchführung gehört, darf durch das Sanitätswesen nicht gestört oder behindert werden.«

Indessen schweigen die Männer über ihre Tätigkeit während der Famulatur. Nur ein einziges Foto zeigt Hans Scholl mit einem Patienten, der den Arm verbunden hat. Andere Bilder zeigen den Alltag in den Wäldern von Gschatsk. Wie die Männer aus der Münchner Studentenkompanie zusammensitzen vor den jungen Birken, den behelfsmäßig gespannten Wäscheleinen. Man sieht Holzbunker und Stoffbahnenzelte. Einmal hat Alex eine Balalaika in der Hand. Sein Freund Hans raucht Pfeife; am Handgelenk sieht man wieder seine Armbanduhr.

Während der folgenden Wochen erkunden die Sanitätssoldaten ihre neue Umgebung. Sie erfahren von den Aktionen der Partisanen, von gesprengten Lokomotiven, erleben das Artilleriefeuer und die Fliegerangriffe. Sie haben viel freie Zeit, die mit Visiten, Herumsitzen im Bunker, Lesen und Briefeschreiben herumgeht.

An vielen Abenden suchen sie verbotenerweise die Einheimischen auf, hören ihre Lieder an, singen mit ihnen. Gelegentlich trinken sie mit ihnen Tee oder Schnaps. Ungeachtet ihrer Armut seien die Menschen gastfreundlich, schwärmt Alexander Schmorell. Für ihn, der die Sowjetunion mit dreieinhalb Jahren verlassen hat und nur aus Erzählungen und Büchern kennt, ist der Kontakt zur russischen Bevölkerung eminent wichtig.

»Als ich zum ersten Mal diese Gesichter sah, diese Augen, und zum ersten Mal mit ihnen sprach, was für ein Leben leuchtete aus allem mir entgegen!«, schreibt Alex begeistert. »Nicht umsonst haben sie 20 Jahre gelitten, und leiden noch jetzt – nein, nicht umsonst. Hier im Osten, in Russland liegt die Zukunft der ganzen Menschheit. Die Welt muss anders werden, russischer, und wenn sie das nicht will oder kann, dann sind ihre Tage gezählt, dann wird es nur noch ein leeres Gefäss ohne Inhalt geben, aber keine Menschen.«

Seinen Eltern berichtet er: »Das russische Volk hat in diesen 20 Jahren Bolschewismus nicht verlernt zu singen und zu tanzen, und überall wohin du kommst, kannst du russische Lieder hören. Gesungen werden alte wie neue Lieder, Gespielt wird auf Balalaikas und Gitarren und dabei so schön …«

Alexander Schmorell rühmt die Musikalität der Menschen, ihre Verbundenheit mit der Literatur ihres Landes. In seinen Briefen wirbt er für das russische Volk. Er argumentiert gegen die in Deutschland verbreiteten Nazi-Parolen vom Stumpfsinn der Slawen, die nur als ›primitive, dumpfe Masse‹ dahinvegetieren würden. Er wehrt sich dagegen, dass man sie als minderwertige Untermenschen diskriminiert. »Lilo«, beschwört Alex seine Münchner Zeichenkameradin in einem Brief aus Gschatsk, »glaub nicht, was man Dir von der Stumpfheit, Dumpfheit der Russen sagt und schreibt – jene begreifen den Russen nicht im geringsten! Gerade im Vergleich mit den Deutschen, könnte man vieles, vieles, sagen, nur darf man's nicht.«

Und die bolschewistische Gefahr aus dem Osten? Auch dieses Argument der deutschen Propaganda sieht Schurik entkräftet. Alle Russen, mit denen er hier gesprochen hat, würden den Bolschewismus ablehnen, ja hassen! Erledigt sei der Bolschewismus, und er habe dem Volk, den Menschen nichts anhaben können. Man mag dem jungen Mann vorwerfen, dass er sich ein idealisiertes Bild der Sowjetunion zurechtzimmert. Letztlich greift Alexander Schmorell Ideen von Dostojewski auf: Das Leiden des russischen Volkes. Die religiöse Kraft der einfachen Bevölkerung, von der auch Hans Scholl in der Kirche von Wjasma beeindruckt war. Sein direkter Kontakt mit der einheimischen Bevölkerung bestätigt Alexander ein ums andere Mal: Der Krieg zwischen Deutschland und der Sowjetunion muss enden! Davon ist er mehr und mehr überzeugt. Die Zeit während der Frontfamulatur wird den Medizinstudenten bestärken, weiter Widerstand gegen die Nationalsozialisten zu leisten. Er beschließt: Falls er jetzt auf russische Soldaten schießen muss, dann will er sich weigern.

Immer wieder erwähnen die Münchner Sanitäter, wie sehr Alexander ihnen durch sein Dolmetschen hilft. Aufmerksam hören sie ihrem Freund zu, wenn er von der Literatur des Landes erzählt, und sie wollen einige Wörter und Sätze lernen.

Erst durch Schurik habe er die Menschen hier »wirklich« kennen- und schätzen gelernt, notiert Willi Graf – und das, obwohl er bereits ein knappes Jahr im Osten gewesen ist. »Herrliche Nachmittage und Abende verlebten wir«, berichtet Willi später einer Freundin von ihrem Zusammensein in Gschatsk, »davon werde ich Dir noch erzählen, weil ich es einem Brief nicht anvertrauen möchte.« Für ihn hat sich mit Alexander Schmorell, Hubert Furtwängler und Hans Scholl ein neuer Kontakt ergeben, der nun enger wird.

Wenige Andeutungen verweisen darauf, dass die vier ganz wesentliche Gespräche geführt haben. Wahrscheinlich hat Willi Graf von seinen Kriegserlebnissen erzählt. Er hat bereits eine Kesselschlacht bei Moskau miterlebt. Die brutale Behandlung der einheimischen Bevölkerung. Das Wüten der Einsatztruppen der Sicherheitspolizei und des SD. Das grausame Gesicht des Krieges hat ihn zutiefst erschüttert. »Ich finde mich einfach nicht zurecht«, so hatte er es während des Sommersemesters in München empfunden, wo er sich einsam vorgekommen war. »Ganz allein«, »immer bin ich allein«, das waren für ihn die wiederkehrenden Gefühle. Und auch jetzt fühlt sich der junge Saarländer bisweilen verlassen, obwohl sie doch zusammen sind. »Früh schon ist es dunkel«, notiert Willi Graf am 16. August 1942, »wir sitzen im Bunker, trinken, es werden Sprüche gemacht, zum Zeitvertreib. Lange lese ich dann noch.«

Hans Scholls Russlandtagebuch

17. August 1942
Aus purem Übermut habe ich mich gestern abend mit Schnaps betrunken. Ich trinke nicht aus Schwermut oder, wie manche traurigen Blickes sagen, um trübe Gedanken

zu verscheuchen – die Schwermut ist mir viel zu heilig, um ihr auszuweichen –, sondern ich trinke ausgelassen, aus Frohsinn, um besser singen zu können und den Witz zu lockern. [...]

Wir haben hier bei uns einen Oberarzt; der ist wie ein Kind. Schon vom ersten Tag an hatte ich ihn lieb, und auch die anderen liebten ihn. Erst nach einigen Tagen entdeckte ich in seinem Gesicht einige verborgene Züge, die mir nicht ganz geheuer erschienen. Vielleicht irre ich auch, vielleicht ist es auch ganz unwichtig. Wichtig ist nur, dass uns dieser unser Liebling einlud, hier im russischen Urwald, unter dem Grollen des nahen Trommelfeuers, nachdem mir Dostojewsky in seiner abgründigen und tiefen Sicht näher und näher gekommen war, nachdem sich die anfänglich unbarmherzigen Eindrücke nach und nach sublimierten und mich in eine ganz seltsame, aber schöne, gespannte Stimmung versetzten, da lud er uns ein, nicht etwa dienstlich, sondern ganz nebenbei, gewissermaßen außerdienstlich, gleichsam privat, können Sie sich vorstellen, Verehrtester, lud er uns ein, etwa so wie man von einem Pfarrer eingeladen wird, einmal über andere Dinge sich zu unterhalten, und das hätte ich hier in diesem radikalen Land gut verstanden, denn es zieht mich manchmal schmerzlich hin zu einem Priester, aber ich bin misstrauisch gegen die meisten Theologen, sie könnten mich enttäuschen, weil ich jedes Wort, das aus ihrem Munde kommt, schon vorher gewusst hatte, ja, wenn Pfarrer Schwarz hier wäre, oder Muth, oder Haecker, oder am liebsten mein alter Furtmayer, noch lieber würde ich mit einem klugen 15½jährigen Mädchen mich unterhalten – lud er uns also ein zu einer Belehrung, aber ganz kameradschaftlich, zu einer Belehrung über Säuglingsernährung. Nun, die Pfaundler'sche Regel werde ich wohl nie wieder vergessen, auch nicht den boy,

der die Vorlesung unterbrechend hereintrat und »Bitte Herrn
Oberarzt sprechen zu dürfen« sagte – so habe ich also wieder
etwas profitiert für meinen Beruf, so nebenbei, ohne Anstrengung, gewissermaßen gratis, können Sie sich vorstellen – wäre
es nicht unendlich besser gewesen, ich hätte eine Stunde lang
den Wolken nachgeschaut?

[...] Russland wechselt sein Gesicht gerade in dem Augenblick, da man es am wenigsten erwartet. Es ist launisch wie
ein Kind und voller Grillen wie eine alte Jungfer.
   Du suchst nach einem Vergleich und findest nach drei
grauen, verregneten, aussichtslos im dämmrigen Halblicht
des Bunkers verbrachten Tagen, dass es einem Greise am
meisten ähnlich sei, dessen Gesicht müden Blickes immer in
dieselbe Ecke seines Sterbezimmers starrt, er wartet auf
nichts mehr als auf den Tod, ruhig und geduldig wartet er
auf das Ende, das sicher kommen wird – da reisst wider jedes
Erwarten die Wolkenmauer über unseren Häuptern, frisch
wie ein Säugling blinzelt das Frühlicht hervor, und nach
wenigen Stunden ist der ganze Himmel über und über blau.
Eine leichte Brise schüttelt die Birken, noch einmal schimmern die tausend Tropfen auf den Blättern wie Perlen, und
sogleich werden sie achtlos zu Boden geschleudert.

18. August 1942
Mittag. Ich rauche meine Zigarre, doch außer Willi [Graf]
würdigt niemand diesen Wohlgeruch. Sie verbleiben lieber
bei ihrer Zigarette. Ein, zwei Züge geraucht und weggeworfen.
Bei mir geht's gemächlicher.
   Gestern hat mir Mutter geschrieben, Vater ist verhaftet
worden wegen jenes berühmten Wortes, Hitler sei eine Gottesgeißel für Europa. 4 Monate muss er nun im Gefängnis ver-

bringen. Mutter hat dem Brief die Abschrift eines Gnaden-
gesuches beigelegt. Sie bittet mich und Werner, ebenfalls ein
Gnadengesuch zu schreiben. Sie erwartet von diesem an
der Front geschriebenen eine größere Wirkung als von dem
ihrigen. Ich werde dies unter keinen Umständen tun. Ich
werde nicht um Gnade bitten. Ich kenne den falschen, aber
auch den wahren Stolz. Heute noch will ich mit Werner
darüber reden.

Wirre Träume füllen meine Nächte aus. Ich wollte ein
wenig abseits gehen von den anderen, um die Berge besser
sehen zu können. Ohne Gruß trennte ich mich von der
großen Schar von Begleitern und schritt durch enge Gassen
bis an den Rand der Stadt. Dort verharrte ich eine Weile,
den Ausblick, der sich hier bot, betrachtend. Vor meinem
Blick öffnete sich ein tief eingeschnittenes Tal, man sah das
silberne gewundene Band eines Flusses, sonst war alles grün
von Wiesen und Laubwäldern. Es war Nachmittag, und die
Baumwipfel glänzten in der Sonne. Die Schatten fielen tief-
schwarz auf den Boden, aber alle Farben waren von dem
grellen Licht gleichsam aufgesogen. Wie wenn Samt nach der
verkehrten Richtung gestrichen wird, so war die Landschaft
in unwahrscheinlichster Farbe.

Erst nachdem ich lange träumend geschaut, gewahrte ich
eine übermäßig hohe, über das Tal gespannte Eisenbahnbrücke. Ohne zu zögern schritt ich auf dieselbe zu, und als
ich einmal einen scheuen Blick in die Tiefe wagte, kam ein
leichtes Schwindelgefühl in den Kopf. Dennoch schritt ich
rüstig weiter. Mir wurde plötzlich klar: diese Brücke mußt
du überschreiten, und koste es dein Leben.

Da begann sich das eiserne Gefüge unter meinen Füßen
mit einem Mal vornüber zu neigen, wurde steiler und steiler
und hing bald senkrecht in den Abgrund. Mir blieb nur noch

zu klettern. Ruhig und mit sicherem Griff stieg ich Stufe um Stufe; da ich im Klettern geübt war, bereitete mir dies Unternehmen keine Schwierigkeiten.

Schwierig erschien mir nur, wie ich einigen Männern entwischen sollte, die am Fuße dieser phantastischen Leiter auf meine Ankunft warteten, um mich sogleich zu verhaften. Ich überlegte, was zu tun sei. Es gibt keinen Ausweg, sagte ich zu mir selbst, und als ich am Boden angelangt war, gab ich mich freiwillig in Gefangenschaft. – Und so weiter ...

22. August 1942, Sonntag

Mehr nicht. Wir Deutschen haben weder Dostojewsky noch Gogol. Weder Puschkin noch Turgenjew. Aber Goethe, Schiller, antwortet jemand. Wer sagt dies? Ein Gebildeter. Wann hast Du zuletzt Goethe gelesen? Ich weiss es nicht mehr, auf der Schule oder ich weiss nicht wo. Ich frage einen Russen. Welchen Dichter habt Ihr? O, antwortet dieser, alle, alle haben wir, außer ihnen gibt es keinen mehr unter dem Himmel. Wer ist dieser Russe? Ein Bauer, eine Waschfrau, ein Briefträger. [...] Der Geist ist gefährdet, nicht die Namen der Dichter. Und ist der Geist gefährdet, so ist die menschliche Existenz umsonst. Es genügt nicht, dass man sein Handwerk recht und schlecht ausübt. Es ist unsinnig und führt zu Abwegen, wenn man seine Pflicht tut.

Der Mensch ist zum Denken geboren, sagt Pascal, zum Denken, mein verehrter Akademiker, dieses Wort mache ich Dir zum Vorwurf, Du wunderst Dich, Vertreter des Geistes! Ein Ungeist ist es, dem Du dienst in dieser verzweifelten Stunde. Aber Du siehst die Verzweiflung nicht, Du bist reich, aber Du siehst die Armut nicht. Deine Seele verdorrt, weil Du ihren Ruf nicht hören wolltest. Du denkst nach über die letzte Verfeinerung des Maschinengewehrs, aber die primi-

tivste Frage hast Du schon in Deiner Jugend unterdrückt.
Die Frage: warum? und wohin? [...] Ich weiss, wie beschränkt
die menschliche Freiheit ist. Aber der Mensch ist im Wesent-
lichen frei, und seine Freiheit macht ihn zum Menschen.
Freiheit und Armut sind menschlich, Versklavung und Über-
heblichkeit sind preußisch.

Von Ulm sind kaum Nachrichten zu Hans und Werner nach Russland gedrungen, gelegentlich ein Paket der Mutter mit Essen. Die Brüder wissen nicht, dass Sophie vom Abschied in München überstürzt heimgefahren ist, wo eine merkwürdig nervöse Stimmung herrscht. Seit Wochen warten die Eltern auf die Vorladung Robert Scholls zum Sondergericht, vor dem seine Äußerungen über Hitler als ›Gottesgeißel‹ vom Februar 1942 verhandelt werden soll. Heimtücke, das wirft man ihm vor. Vier Monate Haft, lautet das Urteil, das ausgerechnet derselbe Richter verkündet, vor dem Hans 1938 gestanden hat. Vier Monate, die Robert Scholl im Ulmer Gefängnis am Frauengraben absitzen soll, nur wenige Straßen entfernt von seiner Familie und zugleich ganz aus der Welt. Einmal im Monat darf er einen Brief verfassen, zweimal einen empfangen. Für vier lange Monate wird er, der Hauptverdienende und »Ernährer der Familie«, ausfallen. Inge, die in diesen Tagen 25 Jahre alt wird, will sich nach Kräften bemühen, den Bürobetrieb aufrechtzuerhalten. Auch ein Kollege des Vaters, Eugen Grimminger aus Stuttgart, hat Hilfe zugesagt.

In diese Stimmung hinein erreicht die Familie eine traurige Nachricht von der Front: Ernst Reden ist in Russland gefallen, der mit Inge und Hans befreundet war; 1938 haben die beiden jungen Männer gemeinsam vor Gericht gestanden. »Schluss«, soll Sophie gesagt haben, während ihr die Tränen übers Gesicht liefen, »jetzt werde ich etwas tun!« Doch zunächst fühlt sie sich

selbst wieder wie gefangen, wenn sie in einem Ulmer Rüstungsbetrieb Tag für Tag, Stunde um Stunde dieselben Handgriffe
machen muss. Die Fabrikarbeit findet sie geistlos. Sie hat Mitleid mit den russischen Zwangsarbeiterinnen, die dorthin verschleppt worden sind wie Hunderttausende ihrer Landsleute.
Diese sind in ihren Dörfern zusammengetrieben, auf Listen erfasst und abtransportiert worden und kommen nun als billige
Arbeitskräfte ins Deutsche Reich, arbeiten Seite an Seite mit
den deutschen Studentinnen in der Rüstungsindustrie.

Zum Feierabend ist Sophie »körperlich müde und seelisch
angeödet«. Trotzdem macht sie sich gelegentlich auf zum Gefängnis, vor dem sie mit ihrer Blockflöte ein Lied spielt und
hofft, dass Robert Scholl es hört: »Die Gedanken sind frei!«

Der Vater im Gefängnis, die beiden Söhne in Russland. Nur
die Scholl-Frauen sind gegenwärtig ›in Freiheit‹, wenn sie auch
in der Arbeit versinken. Lina, Inge, Sophie und zeitweise auch
Elisabeth versuchen gemeinsam, Büro und Haushalt am Laufen
zu halten.

»Heute ist der Tag, an dem Vaters Haft beginnt«, meldet sich
Hans am 24. August 1942 aus Gschatsk. Seine Schrift ist wirr, als
er der Mutter schreibt. »Du kannst Dir denken, dass ich die
Nachricht, wenn sie mich auch nicht überraschte, nicht gleichmütig aufgenommen habe. Empörung und Aufruhr erfüllten
mein Herz, als ich Deine Worte las, und erst nach und nach
fand ich meine Ruhe wieder. Dies verdanke ich nur Eurem
Großmut und Eurer alles erfüllenden Liebe. Zunächst ist es mir
zwar immer noch unmöglich, ein Gnadengesuch zu schreiben,
ich könnte mich, wenn ich solches versuchte, nicht in den Grenzen halten. Werner habe ich von dem Vorgefallenen brüderlich
in Kenntnis gesetzt. Er nahm dies, wie alles, äußerlich ruhig hin.«

Die Brüder treffen sich, wie so oft in diesen Augusttagen, an
einem See. Hans gibt Werner den Brief der Mutter, in dem sie

von der Verurteilung erzählt. An einem knorrigen Baum gelehnt, wartet Hans, bis der Jüngere zu Ende gelesen hat. »Du darfst das, auch wenn es ernst ist, nicht so schwer nehmen«, sagt er und legt ihm eine Hand auf die Schulter. »Es geht das nur seine Zeitlang. Wir sind das unserer Haltung schuldig, daß wir das leichter tragen als die anderen.« Die negativen Erfahrungen schweißen die Familie enger zusammen, über die Entfernung hinweg. Sie wollen die Eltern von Russland aus mit Geld unterstützen, diesen Vorschlag schreibt Werner nach Ulm und fügt wie seine Schwester hinzu: »Die Gedanken sind frei!«

Beide werden in Russland ein Gnadengesuch verfassen und nach Hause senden, auch wenn Hans sich zunächst noch sträubt. »Ich werde nicht um Gnade bitten«, beharrt er bei sich, und in seinen Tagebuchnotizen ist er weniger gleichmütig als seinem Bruder gegenüber. »Ich kenne den falschen, aber auch den wahren Stolz.«

Seine eigene Gefängniszeit vor fünf Jahren, davon ist Hans Scholl inzwischen überzeugt, habe ihn geläutert und damit vorangebracht. Als er seiner Mutter zu Robert Scholls Haftantritt schreibt, spürt man seine Empörung. Und doch wirkt sein Brief wie ein Destillat seiner Überlegungen zu Leid, Läuterung und Freiheit: »Es werden für Vater zunächst sehr harte Tage anbrechen, ich weiß es nur zu gut; so bar jeder Verbindung mit der Umwelt, nur mit sich allein zu leben in einem engen, grauen Raum. Aber er wird diese Zeit überstehen. Weil er stark ist, wird er noch stärker aus der Gefangenschaft in die Freiheit treten. Ich glaube an die unermeßliche Kraft des Leides. Das echte Leid ist wie ein Bad, aus dem der Mensch neu geboren hervorgeht. Alles Große muss erst geläutert werden, ehe es die enge Brust des Menschen verlassen und in die größere Welt heraustreten darf.«

Russlandtagebuch von Hans Scholl

28. August 1942

Mein Vater sitzt im Gefängnis. Er denkt in dieser Stunde sicher an mich. Ich sitze auf einer Holzkiste. Eine Kerze brennt unruhig, seltsame Gestalten fließen an ihrer Seite herunter, willkürlich geformte oder meinetwegen auch vom Schicksal bestimmte Wachsgebilde. Die Kerze wird kleiner und kleiner werden und schliesslich ausgehen. Was ist der Tod? Warum haben die Leute solche Angst vor ihm? Warum zittern Eure Finger, wenn Ihr einen Toten betastet? Ach, und Ihr denkt nicht ohne eine schwache Dosis Wollust an die Tränen einer Mutter, oder an das Herz einer Geliebten, das nicht mehr schlagen möchte vor Schmerz, ach, und ein Gedanke schleicht in Euer Gehirn, ein Gedanke nur, mit dem man so nebenbei – ganz im Geheimen, versteht sich – spielt, dass Ihr ja noch lebt, dass Euer Herz ja noch schlägt und dass Euch der Tod ja eigentlich so wenig angeht wie die Hühneraugen Eures Nächsten.

Mein Vater im Gefängnis. Draußen Detonationen. Bomben. Wieviele Tage sind vergangen, seit ich das Gefängnis verlassen habe! War noch recht jung damals. Malte mir aus Brotkrumen den Namen eines Mädchens auf den Tisch, in meiner engen, gewölbten Zelle. An der Tür hing ein rotes Schild: Jugendlich. Sie hat sich inzwischen mit einem andern verlobt, weil ich sie treulos verliess. Erst wollte sie sterben. Aber sie tat recht, man muss unter allen Umständen leben, läben. Ja, jedem Tod aus dem Wege gehen, selbst wenn der Herbst anbricht und die ganze Natur in einer letzten Trauer alle Schwermut nach außen kehrt, in Schönheit, ja Schönheit verwandelt. Auch Du warst einmal so schön.

[…] Hier sterben täglich zehn, das ist noch nicht viel, und es wird kein Aufhebens darum gemacht. Wieviel Blumen

werden achtlos zertreten? Wird nicht Christus stündlich hundertfach gekreuzigt? Und doch blühen Kinder auf, unaufhaltsam, wie junge Birken, zart, mit glänzenden Augen?

Neulich haben Alex und ich einen Russen begraben. Er muss schon lange draußen gelegen haben. Der Kopf war vom Rumpf getrennt und die Weichteile schon verwest. Aus den halbverfaulten Kleidern krochen Würmer. Wir hatten das Grab schon fast zugeschüttet, da fanden wir noch einen Arm. Zum Schluss haben wir ein russisches Kreuz gezimmert und am Kopfende in die Erde gesteckt. Jetzt hat seine Seele Ruhe.

Die Kunst soll eine erhöhte Heiterkeit in die Welt tragen, hat Hubert heute zitiert. Ach, ich bin müde. Ich finde diese Kunst im Augenblick nicht mehr. Wo ist sie jetzt? Bei Dostojewsky nicht. Hier nicht. Im Bunker nicht und nicht draußen in der Mondnacht. Ich habe keine Musik bei mir. Ich höre nur Tag und Nacht das Stöhnen der Gequälten, wenn ich träume, die Seufzer der Verlassenen, und wenn ich nachdenke, enden meine Gedanken in der Agonie.

Wenn Christus nicht gelebt hätte und nicht gestorben wäre, gäbe es wirklich gar keinen Ausweg. Dann müsste alles Weinen grauenhaft sinnlos sein. Dann müsste man mit dem Kopf gegen die nächste Mauer rennen und sich den Schädel zertrümmern. So aber nicht.

5. September 1942

Seit mehreren Tagen treibt mich eine seltsame Idee zum dauernden Grübeln. Ich möchte eine Utopie schaffen, aber keine, wie wir sie so oft in übermütigen Stunden aus gehetzten Herzen leichtsinnig herausströmen ließen – wie die Welt aussehen würde nach diesem Kriege, wenn die usw. –, nein, dies wäre zu einfach [...].

Endlich ist der Krieg wieder da. Die ganze Welt steht in

Flammen. Es ist schon dieser Krieg ein Abklatsch des gegen-
wärtigen, alles ist auf die Spitze getrieben, vor allem die
Dummheit und die Feigheit des Menschen einerseits, die
Hybris und die Superbia andererseits.

Auf die letzte Seite seines Russlandtagebuchs notiert Hans
Scholl ein Gedicht: »*Dort wo der Westwind herweht / wohnst
Du. / Und wo er hinweht / flieht meine Sehnsucht voraus. / Als
der Wind durch die Zweige blies / staken die Blätter verwelkt
auf den Strassen / Weil ich Dich einmal verliess / hab ich Dich
gestern wieder verlassen.*«

Russland, den 9. September 1942

Liebe Lisa!

*Verzeih, dass ich Dir schreibe. Ich breche ein Schweigen, zwi-
schen uns Beiden, das nun schon zwei Jahre dauert. Ich
schwankte immer hin und her, ob ich es so lassen sollte, wie
es war. Aber heute halte ich es nicht mehr aus. Das ist es. Du
wirst denken, ich sei ein schwacher Mensch, ich hätte nicht
genug eigene Tiefe, um mich darin zu verankern. Ich habe
keinerlei Absicht. Ich verfolge kein Ziel. Ich schreibe ohne
jeden Hintergedanken. Es ist einfach so: Schon seit Monaten
drängt es mich, Dir einen Brief zu schreiben. Es überkam
mich jedesmal wie eine geheime Lust mit Bitternis gemischt.
Aber ich dämmte sie zurück. Und heute ist sie dennoch durch
gebrochen. Ich will Dir durchaus nichts erzählen. Oh, ich
wollte schon, aber ich wage es nicht. Du wirst ja jetzt schon
an meinen Worten zweifeln. Genug. Nur noch den einen Satz.
Hier habe ich endlos lange Zeit zum Nachdenken. Ich lehne
es ab mich zu zerstreuen und entdecke mich oft in einer geradezu krankhaften Reflexion. Aber auch das ist symptoma-
tisch für ein Jahrhundert, wenigstens für eine bestimmte Sor-
te von Menschen unserer Zeit. Nur das wollte ich Dir noch*

schreiben, diesen einen Satz: Was wir gemeinsam erlebt
haben, wird sich in dieser Schönheit nie, nie wiederholen.
Lächle nicht. Mir schlägt das Herz bis zum Halse. Hans

Russland, den 11. September 1942
Liebe Lisa! Habe ich Dir neulich nicht einen Brief geschrieben?
Ich lebe dahin wie im Traume. Welche Krankheit hat mich
befallen? Ich will Dir nicht weh tun, verzeih mir. Aber lach
mich nicht aus. Ich will Dir auch keineswegs zu nahe treten.
Ich weiss, dass Du verlobt bist. Ich habe es damals durch So-
phie erfahren. Du weisst, wie schwach ich bin. Weil ich nicht
will, dass mein Herz sich erhärte, darum hat der Herbst mei-
ne Seele erfüllt. Ich sehe Dich jede Nacht in jedem Traume.
Ich lebe fast nur noch in Erinnerungen – und die stärksten
aus meiner Jugend sind mit Deinem Namen verknüpft.

Kannst Du Dir vorstellen, wie es ist, wenn man Tag für
Tag durch die unermesslichen Birkenwälder streicht, keiner
Seele begegnet einem auf seinen Wanderungen – und nachts
im Bunker fliesst der Schnaps hemmungslos aus der Flasche.
Wenn man in die Schönheit der Blumen und Blätter ver-
sunken plötzlich einen Toten vor sich sieht. Und immer von
einem Extrem ins andere. Die meisten sind ja stumpf, blöd,
gleichgültig. Noch nirgends ist es mir so klar zum Bewusst-
sein gekommen, wie verloren dieses Volk ist. Ich komme ins
Reden. Sei mir nicht böse. Viele Grüsse! Hans

Mitten in Russland träumt Hans von Lisa Remppis, seiner ersten großen Liebe. Ihre glücklichen Tage liegen immerhin fast
fünf Jahre zurück! Nach Hans Scholls verzweifelten Gefängnis-
wochen vom Dezember 1937, wo er sich in der Zelle als Auf-
munterung ihren Namen aus Brotkrumen gelegt hatte, waren
sie ein Paar geworden. Um Ostern 1940 hatten dann die Proble-

me begonnen – und genau wie bei Ute Borchers und Rose Nägele meldete er sich einfach nicht mehr. Erst zum Jahresanfang 1941 machte er Schluss. Lisa und Hans, diese beiden gingen sich »hundertmal« nichts mehr an, so hat Sophie das abgekühlte Verhältnis vor kurzem beschrieben. Nun haben die Scholls von Lisa eine Verlobungsanzeige erhalten, und plötzlich erinnert Hans sich an sie, »die traumhafte Geliebte, die da alles war …« Aus heiterem Himmel schreibt er ihr, und seine Worte klingen beschwörend.

Viele Jahre später nimmt Lisa diese Russland-Briefe wieder hervor und stenographiert etwas auf die Rückseite. Einen Traum. Sie tanzt mit Hans. Er kann es nicht besonders gut, aber das stört sie beide nicht. Dann schmiegt er seine Hand an ihre Wange und bittet sie: »Löse deine Verlobung und heirate mich.« Lisa Remppis wird ihm nicht mehr schreiben.

In Gschatsk ziehen die Tage dahin. Bisweilen geht Hans gemeinsam mit anderen fischen, Barsche und Krebse gibt es reichlich. Als sein Freund Alex krank wird, zieht er mit seinem jüngeren Bruder los. Der 6. September 1942 ist ein herrlicher Sommertag. Schon auf dem Weg dichtet Hans »lustige Sachen«, und die beiden Scholls sind ausgelassen. Als sie am Wasser sitzen, rauchen sie um die Wette, um die lästigen Schnaken zu vertreiben. Werner macht ein Foto von Hans in seiner Uniform. Seine Haare hat er streng zurückgekämmt, sein Blick ist konzentriert nach unten gerichtet: auf die Angelrute in seiner Hand, wo er etwas befestigt.

Über das Wasser flirren farbige Libellen. Die Wolken hängen tief über dem hügeligen Land. Letztlich fangen sie fast gar nichts, doch wieder einmal haben die beiden Sonntagskinder Glück: Ein alter Fischer schenkt ihnen zum Trost einige Hechte. Während ihr Vater in einer Ulmer Gefängniszelle festsitzt, haben sie das Wochenende wie auf Fahrt verbracht, in völliger Freiheit.

Oft reitet Hans die wenigen Kilometer zu seinem Bruder hinüber, manchmal läuft er auch zu Fuß. Werner genießt die regelmäßigen Treffen, die ihm etwas Familienrückhalt in der militärischen Umgebung bieten. Hans kommt »immer mit seiner frohen Laune und dem Schwung, der sich bei ihm in Russland oft noch gestärkt hatte, weil uns alles neu und schön war«, erinnert sich Werner an diese Begegnungen. »So ganze Tage voller Lebensfreude, bis sich am Abend seine Gestalt wieder auf den endlosen Straßen verlor und [...] nur noch ein paar Fäden des Altweibersommers in der Luft wehten.«

Nach außen hin ist Hans Scholl gut gelaunt, reagiert auf alles mit einem trockenen Humor. Er zieht sich zurück hinter eine Fassade aus Ironie, und wenn er mit sich allein ist, beschimpft er Goethe, trauert seiner ersten Liebe nach und kritzelt halbe Notizbücher voll mit seinen Gedanken über die Schwermut. Über die Deutschen und ihre Falschheit, ein verlorenes Volk. Während seine Kameraden Russen töten, begraben Alex und er feierlich einen toten russischen Soldaten. Wenn er an seinen Vater im Gefängnis denkt, regt er sich auf: Innerhalb weniger Minuten steigt er innerlich »die ganze Tonleiter« seines Gemüts empor »bis zum höchsten Ton der Wut, um dann wieder ebenso schnell herunterzusinken in einen erwartenden, vertrauenden, gleichmütigen Zustand«. Der russische Herbst steigert die Widersprüche ins Extreme.

Genau wie während seiner Zeit an der Westfront entdeckt er das Reiten als Ventil. Auf dem Rücken eines Pferdes jagt der junge Soldat über die Ebene. Gleich einem Pfeil zerteilen Ross und Reiter das mannshohe Steppengras. Und so kann er sich wenigstens zeitweilig das Gefühl der Freiheit geben, schreibt er seinem Mentor Carl Muth. Wenn er bei Sonnenuntergang müde und zerschlagen in den Wald zurückkehrt, ist sein Kopf noch heiß von der Glut des Tages. In allen Fingerspitzen pocht das

Blut. Für ihn ist es »die schönste Täuschung«, der er sich je hingegeben hat. Aber es sei notwendig, sich selbst zu täuschen, um den Widerspruch zwischen der zauberhaften Schönheit der Natur und dem Krieg zu ertragen. »Manchmal«, gibt er den Eltern gegenüber zu, »erfüllt ein Gefühl von grenzenloser Freiheit meine Brust – aber auf den Rausch folgt der Katzenjammer.«

Er werde wortkarg, genau wie Werner, bemerkt Hans in einem Brief nach Hause. Er, der sich als Nachgeborener in einer verlorenen Epoche fühlt, notiert: Sie seien Epigonen seltener Güte. Was soll man auch reden? Man müsste erst einmal eine neue Sprache erfinden, um sich aufzufrischen.

Innerlich leidet er unter kleinen Konflikten und »Widerwärtigkeiten« des Militäralltags, etwa als der Stabsarzt ihn wegen seiner zu langen Haare rügt; dies sei unmilitärisch. »Jawohl, Herr Stabsarzt«, äfft Hans diese Begegnung nach, als er Sophie schreibt. Die direkte Konfrontation scheint er jedoch nicht zu suchen: »Ich muss mich in meinen Bunker verkriechen, es ist dicke Luft draussen.« Zugleich beschwert er sich bei der Schwester: »Ich aber sag ihm, er kann mich. Die Zeit wird kommen, da wir Russland anders erleben, da wir uns Bärte wachsen lassen können, die bis an die Erde reichen, wenn es uns ein Vergnügen bereitet.«

Die endlosen Birkenwälder leuchten in allen Farben des Spätsommers, vom Purpurrot bis zum zarten Gelb. Tagsüber quaken die Frösche, und Ende August scheint wieder häufiger die Sonne. Während der nächsten drei Wochen wird es nachts schon merklich kühler, und eines Morgens finden sie das erste Mal Eis auf den Wasserstellen. Im Bunker versammeln sich die Insassen um den Ofen, in dem ein Feuer kracht. Man fühlt den Winter kommen. Der Krieg, das notiert Werner beiläufig, habe Ausmaße wie der Stellungskrieg im Westen während des Ersten Weltkriegs: Jeder Kilometer, den die Russen vorrücken, kostet ungeheure Verluste auf beiden Seiten. Auch Hans bezeichnet die Situation inzwischen als ›Stellungskrieg‹.

Die jungen Männer haben sich in ihrem Alltag eingerichtet. Patienten versorgen, Essen fassen, entlausen und Blut spenden. Jede Abwechslung wird wertvoll. Sie lesen und schreiben, sprechen miteinander, teilen ihr Essen, wenn einmal ein Paket kommt.

Die Brüder sind immer noch oft zusammen. Zwar schreiben sie nach Hause, Werner sei auf der Schreibstube und er habe es gut getroffen. Doch einmal rutscht es Hans raus: »Werner hat auch immer sehr viel mit Toten zu tun.« An der Front werden Menschenleben mit dem Einsatz von militärischer Technik zerstört, am Hauptverbandsplatz sollen sie mit Hilfe von medizinischer Technik wiederhergestellt werden.

Die Verwundeten seien so unglücklich, berichtet Werner, der als Sanitäter eingesetzt ist, den Eltern, »weil sie spüren, daß alles doch nicht einem Ziel diente, für das es sich lohnt, sein Leben zu opfern«. Gott sei ganz woanders, jedenfalls nicht in diesem fanatischen Patriotismus. Wenn es nach ihm ginge, sollten Politiker, die immer nur den Krieg wollen, ihr Leben in einem Krankensaal mit sterbenden Soldaten verbringen müssen. Er selbst sei verlumpt, verlaust, er habe seit zwei Monaten dieselbe Wäsche am Leib. »So gehen die Tage dahin«, notiert er kurz darauf. »Und man wird von dem Elend nicht mehr berührt, weil man jeden Tag dasselbe sieht.«

Professor Dr. H. Eggers, Oberstabsarzt d. R.,
zur Zeit im Felde
Über Kriegschirurgie auf dem Hauptverbandsplatz, 1941
*»Jeder zu spät ausgeführte chirurgische Eingriff bedeutet
im Kampf gegen die Infektion eine verlorene Schlacht. Jeder
verspätet oder ungenügend ausgeführte operative Eingriff*

gleicht dem hinhaltenden Widerstand. Allein die frühzeitig
ausgeführte, radikale operative Versorgung – um im Bilde
zu bleiben, der Präventivkrieg – gewährleistet den Sieg.

Von dem in der Front chirurgisch tätigen Sanitätsoffizier
muß das Höchste an Opferbereitschaft, Einsatz und Verant-
wortungsgefühl verlangt werden. Auch in seiner ärztlichen
Tätigkeit ist er Soldat. Soldat im Kampf gegen die Wund-
infektion. Er braucht die Tugenden des Soldaten: Angriffsmut,
schnelle, klare Entschlußfähigkeit und konsequente Durch-
führung des als richtig Erkannten. Er muß seinen Angriff
nicht nur im gewohnten Krankenhaus, in der Ruhe geord-
neter Operationsverhältnisse durchführen können, sondern
er muß ihn hineintragen in jenes Gebiet, in dem mit den
Waffen um den Sieg der Völker gestritten wird. Erst dann
bewährt er seine Soldatentugenden.«

Viele der Kameraden schimpfen von der Schreibstube aus auf
die Russen, ohne überhaupt die Sprache zu verstehen, ohne das
Land und die Menschen kennengelernt zu haben; »diese Ansicht ist ihnen eingedrillt«, vermutet Werner. Er ist oft mit
Alexander Schmorell unterwegs, der ihnen Russland nahebringt.
Wenn er mit einem seiner russischen ›Brüder‹ sprechen kann,
dann hat er ein glückliches Gesicht.

Von Schurik ist bekannt, dass er mit einem russischen Gefangenen nach dem Krieg Kontakt aufnehmen wollte. Auch
Hans Scholl notiert die Adresse eines Mannes aus dem Mos-
kauer Stadtteil Novoe Koptevo. Notizen für später, wenn sie dieses Land anders erleben können, nicht mehr in der Uniform
einer verfeindeten Nation. Hans und Willi Graf lesen viel von
Dostojewski, lernen einige Wörter und Sätze. Einmal fragt sie
ein russisches Mädchen: »Woher nehmen die Deutschen sich
denn das Recht, uns als zweitrangige Menschen zu betrachten,

nur weil wir arm sind? Was machen sie denn mit ihrer Kultur? Doch nur Krieg.«

Die deutsche Kultur. Auch Hans Scholl hadert damit: Kultur, das sei für viele seiner Landsleute doch nur noch die Nagelfeile und das Wasserklosett, die Briefmarkensammlung und ihre kleine Vormachtstellung vor anderen. Er reibt sich an Goethe, dem Übervater der Literatur. Dann schimpft er auf die Gebildeten, und seine Enttäuschung ist überdeutlich.

Gerade deutsche Intellektuelle hatten sie aufrütteln wollen mit ihren Flugblättern. Durch passiven Widerstand sollten die Denker nach und nach die Masse mitreißen und Deutschland so vom Nationalsozialismus befreien. Doch ihre Aufrufe sind ins Leere gelaufen.

Was kann nach dem Krieg kommen? Soll man an der Front auf Feinde schießen? Darf man im Krieg töten? Mit einem Nebensatz wischt Hans Scholl ihre eigenen Diskussionen vom Tisch, schreibt nur ein einziges Mal von den älteren Mentoren, ihren Leseabenden. Haben sie jemanden aus seinem ›stumpfen, blöden Schlaf‹ aufrütteln können?

Inzwischen ist genug Zeit gewesen, ihre Aktionen vom Juni 1942 zu überdenken. In Deutschland herrschen weiterhin dieselben, die sie so gern beseitigt sehen würden. Während ihrer Zwangspause ruhen die Aktivitäten. Was sollen sie auch ausrichten, hier in den russischen Wäldern?

Nur ganz wenige Formulierungen – nicht von ihnen selbst, sondern aus ihrem Umfeld – deuten darauf hin, dass sie in Gschatsk über die Flugblätter gesprochen haben. Ist Werner eingeweiht worden, wie die Schwester Elisabeth rückblickend vermutet? Haben Hans und Alex neue Pläne geschmiedet? Weitere Freunde ins Vertrauen gezogen?

Zumindest sind Hans Scholl, Alexander Schmorell und Hubert Furtwängler enger mit Willi Graf zusammengerückt. »Diese Begegnungen und Gespräche geschehen aber, während in der Ferne die Geschütze und Gewehre nur selten verstummen und wir die Kranken und Verwundeten versorgen. Es sind zwei seltsame Welten hier«, resümiert Willi Graf in der ihm eigenen, knappen Weise. »Wichtig ist jedenfalls, für diese Zeit«, notiert er, »daß ich mit den drei Leuten zusammen bin. Ich stelle mir vor, daß dies für die nächste Zeit seine Bedeutung hat.«

Als sie an einem Abend Anfang September 1942 wieder zu den Russen gehen wollen, um heimlich mit diesen zu tanzen, zu singen und Schnaps zu trinken, fühlt Alexander sich krank. Es ist Diphtherie. Zehn Tage lang steht es schlecht um ihn. Hans verfasst für den Freund eine Postkarte an dessen Eltern. Sollen sie ihnen von der Krankheit schreiben? Es sei »Angina«, schreibt Hans, und das Fieber und Halsweh seien schon zurückgegangen. Sie möchten die Daheimgebliebenen nicht beunruhigen, und so berichtet er lieber von ihrem gemeinsamen Fischfang neulich, als sie mit dreißig Barschen heimgekehrt sind. окунь, das Wort für diese Fische, notiert er in kyrillischen Buchstaben.

Auch Hans Scholl kämpft zwei Tage mit hohem Fieber und starken Halsschmerzen, wird aber nicht ernstlich krank. Sie haben wohl zu viel Blut gespendet, dabei haben sie die Abwehrkräfte nötig angesichts von Malaria, Fleckfieber, Wolhynischem Fieber, Ruhr.

Bald schon geht es Schurik wieder »einigermaßen«, auch wenn er die Baracke noch nicht verlassen kann; nach zwei weiteren Wochen hat er die Infektion überstanden.

Brief von Lina Scholl an Robert Scholl
vom 22. September 1942 aus Ulm
»Lieber Robert! Es ist nun schon etwas spät und die Stunde herum, da heute vor 24 Jahren unser erster Bub geboren worden ist. Gerade auch deshalb möchte ich Dir noch einige

Zeilen schreiben. Du dachtest sicher heute auch daran. Und
Hans ist so weit weg von uns, aber wir dürfen hoffen, daß er
seinen Geburtstag nicht allein feiert, und mit Werner zusam-
men ist. Wir freuen uns, bis wieder ein Brief von ihm kommt:
Möge Gott ihn fernerhin beschützen und ihn gesund wieder
zu uns kommen lassen. Wir hätten ja an seinem Tauftag,
an dem der Waffenstillstand bekannt gemacht wurde, nicht
gedacht, daß er als Jüngling in den Krieg ziehen müsse, er,
der schon als Kind ein Feind von Streit und Zank war. Wir
nannten ihn doch manchmal ›den Heiland‹, weil er immer
nur gut machen wollte. Möge er ein Sonntagskind bleiben.
[…] In Liebe Deine L[ina].«

Raureif glitzert auf allen Gräsern und Blättern, als Hans an
seinem Geburtstag, dem 22. September 1942, aus dem Bunker
kriecht. Die Herbstsonne verwandelt ihn in lauter funkelnde
Perlen, und das Geburtstagskind erfüllen »trotz allem zeitge-
bundenen« dankbare Gefühle. Letztlich findet er die Zeit dort
hilfreich. Denn die Umgebung habe ganz entscheidende Auswirkungen auf ihn, seine Gedanken und seine Stimmung. Einmal versucht er, dies Rose Nägele zu erklären: ›Russlandkoller‹
sei das falsche Wort dafür, er könne es nicht richtig beschreiben.
Doch in Russland werde die Seele rücksichtslos abgewaschen
wie mit einem Schwamm, und auf diese Leere stürmten nun
von allen Seiten die Gewalten ein, gute und böse, schwere und
leichte. Es ist der erste Brief seit ihrer Trennung, und Hans hat
Rose nicht vergessen. Auf der geleerten Schiefertafel seiner Seele fügen sich die Splitter der Erinnerungen zusammen. Er hat
viel Zeit nachzudenken.

Irgendwann in diesen Spätsommertagen trifft er zufällig
Helmut Prottung wieder, der das Ulmer Fähnlein übernommen
hatte, als Hans nach den Streitigkeiten um die A-Mannschaft im

Frühjahr 1936 beurlaubt worden war. Auf neutralem Terrain begegnen sich der alte und der neue Fähnleinführer, die damals beim Jungvolk für 160 Jungen verantwortlich gewesen sind – wie lange ist das her? Eine Ewigkeit, so scheint es, genau wie die Verhandlung vor Richter Cuhorst, seine Tage in Haft, die Beziehung zu Lisa ... Erinnert er sich an seinen damaligen Beschluss, zu arbeiten und nur zu arbeiten? Und etwas Großes zu werden für die Menschheit?

Doch Hans Scholl schaut nicht nur zurück. Langsam beginnen sich seine Pläne für die Zukunft herauszukristallisieren. Er beginnt, in Worte zu fassen, was bisher an Eindrücken auf ihn eingestürmt ist. Seine September- und Oktoberbriefe lesen sich bereits wie ein wohldurchdachtes Resümee seiner Zeit im Osten.

»Russland ist radikal, man muss es lieben oder hassen«, notiert er, und damit ist er ganz konform mit seinem Freund Schurik, wenn dieser schreibt: »... der russische Mensch ist so, dass man ihn entweder lieben oder ebenso ablehnen, hassen muss. Man versteht ihn, oder versteht ihn nicht, es gibt da nichts lauwarmes – Liebe oder Hass.«

In ständiger Variation ziehen sich die Themen Bleiben und Heimkehren durch Hans' Briefe. Fast alle Fäden, die ihn mit der alten Welt verbunden haben, sind vorübergehend abgerissen. »Ich habe nur einen Wunsch«, gesteht er Rose. »Immer weiter nach Osten zu wandern, frei von allen Fesseln, fern dem Modergeruch der europäischen Kultur. Ich übertreibe. Aber man muss übertreiben ... Dieses Land ist so radikal, dass es einen ganz oder gar nicht in seinen Bann zieht. Es folgt dem Alles-oder-Nichts-Gesetz, gleich dem Herzen.« Sofort relativiert er: »Aber in Wahrheit bin ich ja ganzer Europäer, Epigone, Hüter eines heiligen Erbes. Und ich muss ja deshalb wieder zurückkehren.«

Auch Alexander Schmorell überlegt in diesen Wochen, ob er in seinem geliebten Geburtsland bleibt – eventuell auch, ob er sich den Partisanen anschließt. Russischen Bekannten gegenüber beteuert er jedoch, dass er nach Deutschland zurück*müsse*, um dort etwas zu erledigen. Es scheint eine Übereinkunft zwischen den beiden Freunden gegeben zu haben, dass sie weitermachen wollen mit ihrer Widerstandsarbeit.

Kurz nach seinem Geburtstag erfahren Hans Scholl und die anderen: »Ziemlich sicher« werden sie in vier Wochen nach München beordert, wo sie ihr Studium fortsetzen dürfen.

Mit Hilfe von Briefen bereitet Hans die Rückkehr vor, reaktiviert sein Netzwerk. Er schreibt Sophie, der er Pakete für ihren zukünftigen gemeinsamen Haushalt ankündigt. Er meldet sich bei seinem Freund Christoph Probst und bei Ute Borchers. Er schreibt Lisa Remppis und am Tag darauf Rose Nägele, wieder einen Tag später erneut an Lisa, ohne zu wissen, warum.

Er schickt Briefe los an seinen Mentor Professor Muth und dessen früheren *Hochland*-Kollegen, den Redakteur Dr. Friedrich Fuchs, den Buchhändler Josef Söhngen und seinen älteren Freund Furtmeier (ob er auch Professor Huber schreibt, ist nicht bekannt). Seine Schwester Elisabeth und der Medizinerkollege Josef Gieles erhalten Postkarten von ihm. Ihnen will er später erzählen, was er zu schreiben unfähig sei, denn in Russland verschlage es einem die Sprache. Den Maler Geyer lässt Hans grüßen, und auch Sophies frühere Zimmerwirtin, Frau Berrsche aus der Mandlstraße am Englischen Garten. Der längste Brief aus diesen Tagen geht an Otl Aicher, den jüngeren Freund aus ihrem Ulmer Kreis, der inzwischen ebenfalls als Soldat in Russland ist. Wie bei den anderen enthält Hans Scholls Post an Otl dieselben Überlegungen über einen möglichen Rückzug ins Private, über das Umherwandern wie in alten Zeiten.

Zugleich klingt ein erster Hinweis auf neue Widerstandsaktionen an: »Fern allem politischen Denken (dem ich aber prinzipiell nicht fremd bin, sondern mehr verbunden, denn je. Darüber später) bin ich Gott dafür dankbar, dass ich nach Russland gehen musste«, schreibt er. »Ich habe eine Ortsveränderung erfahren, die mich von allen blühenden Gärten der Vergangenheit getrennt und in die grosse Ebene gestellt hat, wo ich eine Einsamkeit gefunden habe, nach der ich gedürstet habe seit Jahren. […] Hier erst habe ich endlich gelernt, mich selbst nicht mehr so unendlich wichtig zu nehmen, sondern die ziellose Reflexion umzustülpen und den Sinn nach aussen, den Dingen zuzuwenden.

Oft kriecht natürlich das alte Leid in meiner Seele empor, ich möchte wieder zurück zu der verlassenen traumhaften Geliebten, die da alles war, aber Du kannst mir glauben, das Beste wäre jetzt zu brechen nur immer weiter ganz allein und bar jeglicher Habe nach Osten zu wandern, immer weiter, bis über den Ural, quer durch Sibirien bis nach China, wenn, ja, wenn ich nicht andererseits Europäer wäre und in dieser 12. Stunde Europa nicht verlassen darf. Nur aus diesem Grunde will ich wieder zurück nach Deutschland, auf dass ich dem Abendlande und das Abendlande mir nicht verloren gehe. Hoffentlich verstehst Du, was ich sagen wollte und nicht sagen kann.«

In riesigen Scharen ziehen die Dohlen gen Süden, sodass sie zeitweise die Sonne verdunkeln. Hans genießt die Aufbruchstimmung im Herbst, wenn die Zugvögel in wärmere Gebiete fliegen.

Auch er muss wieder einmal seinen Standort verlassen. Da ihr Aufenthalt ja eigentlich eine Famulatur ist (inklusive Kursen, Vorlesungen über Säuglingspflege und gelegentlicher Prüfungen), sollen die Medizinstudenten an unterschiedlichen Stationen mitarbeiten, damit sie möglichst viele Einblicke in ärztliche Tätigkeiten erhalten. Hans Scholl wird Hilfsarzt bei einem Artillerieregiment.

Um den Abschied am 2. Oktober 1942 – das sei hier so etwas

Alltägliches, »selbst das Abschiednehmen vom hiesigen Leben« –
macht er kein Aufheben, sondern packt einfach und marschiert
los, kommt vorbei an einem brennenden Ort und erreicht bald
sein Ziel – erneut Bunker in den Wäldern. Doch er muss nicht
ständig dort bleiben, welches Glück, jubelt er: Schon am 3. Oktober erhält er den Auftrag, in die verschiedenen Stellungen zu
reiten und die Soldaten gegen Cholera zu impfen. »Wenn ich
nur auf einem Pferd sitze«, freut er sich, »dann fallen alle Fesseln,
dann wird das Land wieder frei und grenzenlos vor meinen
Augen und ich jage dahin.«

Seinen Regimentsarzt und die Offiziere findet Hans »sehr
militärisch« und gleichzeitig »auf eine grauenhafte Weise geistlos«. Zwar seien sie kameradschaftlich, aber er bleibe lieber allein. Die letzten drei, vier Wochen in Russland verbringt er
weitgehend im Bunker. Wahrscheinlich muss er die Verwundeten versorgen, bevor sie zum Hauptverbandsplatz weitertransportiert werden.

»Von unserem Graben bis zu den Russen sind es 80 m«, notiert er gleichmütig. »Trotzdem lebt man hier mehr im Frieden
als je. Vorausgesetzt, dass man sich aus dem Lärm nichts macht.«
Er warte jeden Tag auf den ersten Schnee.

Seinen Bruder kann Hans nicht mehr besuchen; zwar liegen
nur zehn Kilometer zwischen ihren beiden Aufenthaltsorten,
aber inzwischen machen Regen und Morast die Wege unpas-
sierbar. Die Besuche bei den Einheimischen wird er eingestellt
haben.

Der 24-Jährige bleibt allein – ohne Alexander Schmorell,
Willi Graf und Hubert Furtwängler, die zur selben Zeit in einem
Feldlazarett in Sosnowka eingesetzt sind, ungefähr 40 Kilometer
von Gschatsk entfernt. Auch von München und Ulm ist Hans
abgeschnitten, denn die Postverbindung funktioniert nicht, sodass er keine Briefe mehr erhält.

Nun ist der Kontakt in die Heimat, zu den alten und neuen Freunden endgültig durchtrennt. Damit erfüllt sich die allererste Eintragung ins Russlandtagebuch: Heimat, Vaterland oder Beruf – diese Handgriffe, an denen sich der Mensch so krampfhaft festklammert, seien hier gleichsam abgerissen. »Der Boden schwindet unter den Füßen«, hat er damals feierlich formuliert, »man fällt und fällt, und während man nicht weiss wohin, verlassen alle die treuen Begleiter ihren gebrochenen Gebieter, weil sie nichts mehr zu erhoffen haben – da landet man wider Erwarten sanft wie von Engeln getragen auf der russischen Erde, auf einer Ebene, die nur Gott allein und seinen Wolken und Winden gehört. Wo jede Heimat aufhört, ist Gott am nächsten.«

Ohne die ständigen Anregungen durch seine Mentoren ist Hans Scholl auf sich allein gestellt gewesen. Er hat den Bedeutungsverlust erlebt, der damit einherging, dass nun ein anderer die Kontakte knüpfte. Auch wenn er sich in seinen Briefen präsentierte, als habe *er* den russischen Fischer angesprochen und den Chor mit den Russen zusammengetrommelt: Hans Scholl ist hier nicht mehr ›Anführer‹ dieser Studentengruppe. Herausgerissen aus der Hektik der Münchner Wochen, hat er ihre Aktionen gegen die nationalsozialistische Regierung reflektieren können. Er hat die Wirkungslosigkeit der bisher versandten Flugblätter überdacht und mit ihrer Zielgruppe, den deutschen Intellektuellen, gehadert, sich rückblickend über die eigenen Diskussionen mokiert. Er hat den Drang erfahren hinzuwerfen; er wollte aufbrechen, alles hinter sich lassen und ziellos wandern, bis auch der letzte Faden abgerissen ist, der ihn fesselt. Zumindest zeitweilig hat er sich frei gefühlt.

Doch sich ins Private zu verkriechen, ein kleines Haus zu bauen »mit Blumen vor den Fenstern und einem Garten vor der Tür«, wo man Gott preisend dankt und der Welt mit ih-

rem Schmutz den Rücken kehrt, kommt für Hans Scholl ebenso wenig infrage, wie ohne Hab und Gut quer durch Sibirien
zu wandern bis nach China. Sich zurückzuziehen als »Bettler
und Wanderer« ist letztendlich keine Alternative für den 24-Jäh-
rigen.

Er hat, so empfindet Hans es, »seine alte Erde« wiederge-
funden, nachdem er in der weiten Ebene von Russland Gott gegenübergestanden hat. Nun will er die Flugblattaktionen fortsetzen. Sein Ziel ist die Beseitigung des Nationalsozialismus in
Deutschland, und dies wird er von nun an mit einer Entschlossenheit verfolgen, als sei es eine religiöse Mission. Ihn, der sich
hier an das allgegenwärtige Leiden und Sterben gewöhnt hat,
schreckt der Tod nicht mehr, und auch nicht die Aussicht, erneut ins Gefängnis zu gehen.

»Was die Front opfert, das kann überhaupt durch nichts vergol-
ten werden. Aber auch das, was die Heimat opfert, muß vor der
Geschichte dereinst bestehen können.« Dieses Hitler-Zitat steht
auf mehreren Feldpostkarten, die Hans nach Deutschland sendet. Schon seit über fünf Wochen drückt er sich vor einem
schwierigen Brief: Aus ihrem Freundeskreis ist Ernst Reden gefallen, »den Heldentod gestorben im Kampf um Deutschlands
Größe und Zukunft«, wie es offiziell heißt. Inge ist eng mit Ernst
verbunden gewesen, und sie trauert um ihn. Im Stillen hofft
Hans, dass das Leid seine Schwester reinigt, sie stärkt. Wieder
plant Hans Scholl Fahrten, die er nach dem Krieg unternehmen
will. Dann soll seine ältere Schwester mit ihm nach Russland
reisen und sich genauso in dieses Land verlieben wie er. Vielleicht kann er in den vier freien Wochen zwischen Heimkehr
und Semesterbeginn mit ihr ins Gebirge fahren? Den Eltern
schreibt er nur noch kurz und knapp; wahrscheinlich ist er
früher in Deutschland als seine Post. Mit »Hans Scholl« unter-

zeichnet er einen dieser Briefe an die Familie, als ob er sich seiner selbst vergewissern will.

Der letzte Unterricht für die angehenden Ärzte, der letzte Spaziergang über die Felder, die letzte Visite bei den Verwundeten. Ausgerechnet, als sie fortmüssen, verabreden sich Willi und Hans mit einem Mädchen zum Sprachunterricht. »In der Heimlichkeit eines russischen Hauses« lernen sie einige Wörter. Spätestens jetzt finden die beiden jungen Männer Zeit für Gespräche. Willi Graf notiert einen kryptischen Satz, der womöglich auf neue Widerstandspläne hinweist: »Bis spät in die Nacht unterhalten wir uns sehr anregend und mit interessantem Ergebnis.«

Ein letztes Mal besucht Hans seinen Bruder; es ist der 21. Oktober 1942. Am folgenden Morgen schneit es erstmals. Die Gegend erglänzt in reinem Weiß, bevor Matsch und Morast sie erneut braun färben.

Zwei Tage später ist Hans auf dem Weg nach Deutschland. Wieder einmal entgeht das Sonntagskind dem Irrsinn des Krieges und darf nach Hause zurückkehren. Werner muss im Osten bleiben, ebenso Otl Aicher und Sophies Freund Fritz, der sich in Stalingrad befindet. Zehn Tage hatte man ursprünglich für die Eroberung Stalingrads veranschlagt. Dort beginnen die deutschen Soldaten in diesen Tagen, sich in Erdbunker einzugraben, um sich gegen die Kälte zu schützen.

Bei der Frontsammelstelle von Wjasma treffen die Freunde aus der Studentenkompanie aufeinander: Hans Scholl, Alexander Schmorell, Willi Graf, Hubert Furtwängler und weitere Münchner Kommilitonen. Frühmorgens werden sie verladen – in Viehwagen. Später steigen sie in völlig überfüllte Urlauberzüge um. Im Waggon feiern sie Geburtstag, als ihr Kommilitone Heinrich Drexel 25 Jahre alt wird. Hans schenkt ihm das Buch *Die Brücke von San Luis Rey* (Willi Graf hatte es auf der Hinfahrt nach Gschatsk gelesen, Hans Scholl wahrscheinlich im Bunker oder auf ihrer Rückfahrt, jetzt schenkt er es weiter). Er schreibt hinein: »Für Heini / Zum Geburtstag / Im Viehwagen durch Russland / am 2. November 1942 / *anno diaboli* / Hans.« Im Jahr des Teufels.

Eine Brücke stürzt ein und reißt fünf Menschen in den Tod, davon erzählt die Geschichte. Warum lässt Gott dieses Leid zu?, fragen sich die trauernden Angehörigen. Und warum gerade diese fünf?, grübeln die Davongekommenen. Ist es Zufall oder ein göttlicher Plan? Es gibt keine Antwort. »Da ist ein Land der Lebenden und ein Land der Toten«, schließt das Buch, »und die Brücke zwischen ihnen ist die Liebe – das einzig Bleibende, der einzige Sinn.«

Der Trost allein ist die Liebe, hatte Hans einmal notiert. Das war im vergangenen Sommer, als er das Ende seiner geistigen Kämpfe voraussah. Jetzt hadert er mit dem großen Plan Gottes, mit dem Leid in der Welt. Der Krieg potenziert die Widersprüche: Zerstörung, Leid und Tod, daneben die Schönheit der Natur. Russland hat die inneren Kämpfe wieder aufgerissen, auf die Spitze getrieben, und dies zwingt Hans Scholl zum Handeln.

Erst nachdem ich lange träumend geschaut, gewahrte ich eine übermäßig hohe, über das Tal gespannte Eisenbahnbrücke. Ohne zu zögern schritt ich auf dieselbe zu, und als ich einmal einen scheuen Blick in die Tiefe wagte, kam ein leichtes Schwindelgefühl in den Kopf. Dennoch schritt ich rüstig weiter. Mir wurde plötzlich klar: diese Brücke mußt du überschreiten, und koste es dein Leben.

Noch in Wjasma haben die Studenten einen Samowar gekauft, jetzt bereiten sie während der Fahrt Tee zu, wärmen sich an der Hitze des Teekochgeräts. Willi Graf freut sich über die »gute Atmosphäre«. Es sind, wie er findet, einige »einwandfreie Menschen« unter ihnen. Die Stimmung im Waggon ist gelöst, weil sie nach München zurückdürfen. Ihre Gespräche drehen sich auch um das russische Volk, das so viel erleiden muss.

Um sich die Zeit zu vertreiben, singen die jungen Männer gemeinsam, doch Alexander Schmorell spielt nur selten auf seiner Balalaika. Ihn nimmt der Abschied von seinem geliebten Russland arg mit. Sobald es geht, möchte er zurückkehren. In den letzten Tagen der Frontfamulatur hatte er geschrieben: »Es wird mir schwerfallen, mich von allen meinen hiesigen Bekannten zu trennen, aber ich hoffe, auf nicht allzu lange Zeit!«

Rückblickend empfindet er diesen Sommer als die »schönste, reichste Zeit« seines Lebens, und das trotz der langen Erkrankung, trotz seines inneren Zwiespalts. Der Russe, »der dann auch fast ein Deutscher wurde«, ist in diesen Monaten entschlossener geworden. »Die Welt muss anders werden, russischer«, davon ist Schurik überzeugt. Der Eroberungsfeldzug der Deutschen muss enden. Die Zerstörungen, das Ausbeuten des Landes, die Versklavung der Bevölkerung. Er ist, genau wie Hans Scholl, inzwischen zum Äußersten bereit.

Bei einer Zwischenstation in Brest stecken sie russischen Gefangenen Zigaretten zu, weswegen ihnen Ärger droht. Ist hier Alexander Schmorells Einsatz für russische Kriegsgefangene registriert worden? Oder schon während seiner Frontfamulatur? (Später wird man ihn »einer feigen und verräterischen Haltung« bezichtigen, was sich ja bereits im Sommer 1942 gezeigt habe. Wieder einmal bricht der Zwiespalt auf in ihm, dem Reichsdeutschen, der sich innerlich den Russen näher fühlt als den Deutschen.) »Es ist fast eine Auseinandersetzung«, notiert Willi Graf angesichts der Zigarettendebatte. Eine weitere Auseinandersetzung folgt in Warschau, wo sie, wie schon auf der Hinfahrt, im Lokal ›Blaue Ente‹ einkehren. »Wir trinken Wodka für viel Geld, guter Kuchen. Alle sind wir leicht beschwingt, singen als letzte Gäste im Lokal«, erinnert sich Willi. Von einem Streit berichtet er nichts. Ausgelassen haben sich die jungen Männer ein bestimmtes Lied gewünscht.

Die deutschen Soldaten wollen ein russisches Stück? Damit sie mitsingen können? Die Musiker schütteln die Köpfe, blicken auf zwei NS-Amtsverwalter in Uniform. Die Diskussion wird lauter, lebhafter, wie ein anderer erzählt, der dabei war.

Plötzlich spielt Hans Scholl mit seiner Pistole, die vor ihm auf dem Tisch gelegen hat. Er zielt nicht direkt, verhält sich aber betont provokant, bis zahlreiche Gäste das Lokal verlassen und schließlich das gewünschte Lied erklingt. Ist es Übermut? Unvorsichtigkeit? Oder eine Folge von Hans Scholls Beschluss, radikaler zu werden?

Sowjetunion, Deutsches Reich. Nach einer knappen Woche Fahrt erreichen sie endlich ihr Ziel. Verlaust und schmutzig kommen die Studenten am 6. November 1942 in München an.

Bei der Abfahrt haben die Soldaten vier Stunden am Bahnhof herumgestanden, jetzt raffen sie, die Urlauber und Heimkehrer, ihr Gepäck zusammen und zerstreuen sich: Jeder will möglichst schnell nach Hause, zu seiner Freundin, zu seiner Frau, zu seiner Familie, die alle schon sehnlichst auf ihre Männer warten. Wie verabschiedet man sich von seinen Kameraden, mit denen man Fronterfahrungen teilt?

Es ist 22.30 Uhr, genauso spät wie damals in Wjasma, als der Mond auf die zerbombten Ruinen schien. München ist während ihrer Abwesenheit von Luftangriffen erschüttert worden. Kann Hans so spät nachts noch zu den Eltern nach Ulm fahren? Oder aus der Stadt hinaus nach Solln, zu Professor Muth, dem er von unterwegs geschrieben hat? Soll er mit Willi Graf in eine Pension gehen?

Alexander Schmorell lädt Hans ein, bei sich in Harlaching zu übernachten und – das muss unendlich guttun nach einer solchen Reise – vorher gründlich zu baden. Äußerlich streifen sie Russland ab, mit Entlausen, Zwangsrasur und einem ausgiebigen Bad. Doch das, was sie erlebt und gesehen haben, wird sich nicht so einfach abwaschen lassen.

Zur selben Zeit ist Adolf Hitler ebenfalls auf dem Weg in die »Hauptstadt der Bewegung«, in den Löwenbräukeller. Wie jedes Jahr will er anlässlich des Putschversuchs von 1923 eine Rede halten. Mitten im Thüringer Wald hält der Sonderzug an einem kleinen Bahnhof: Die Alliierten landen in Nordafrika! Damit wird eine weitere Front eröffnet, und das ausgerechnet jetzt, während der militärischen Krise im Osten. In Bamberg steigt Außenminister Ribbentrop in den Sonderzug. Ob man eventuell mit Stalin verhandeln sollte? Hitler lehnt dies ab. Am Abend bekräftigt er in seiner Rede vor den Parteigenossen der ersten Stunde: »Von uns gibt es keine Friedensangebote mehr.« Denn in diesem Krieg gehe es um die nackte Existenz des deutschen Volkes! Kompromisse könne und dürfe es nicht mehr geben.

Als seien die Freunde nie fort gewesen, beginnt in München die neue Woche. Während Hitler mit französischen und italienischen Vertretern verhandelt und dann die Besetzung Südfrankreichs anordnet, treten die Mitglieder der Studentenkompanie am Montag, dem 9. November 1942, zum Appell in der Kaserne an. »Es ist der gleiche Betrieb, der neue Kompanieführer hält eine höchst blöde Rede«, notiert Willi Graf ernüchtert. Wenigstens essen sie nicht in der Kaserne, sondern leisten sich anlässlich ihrer Rückkehr etwas: Willi und Hans speisen »großfürstlich« im Restaurant Humplmayr. Ihre während der Frontfamulatur entstandene Verbindung wird sich auch in München bewähren.

Gerade hat an der Universität das neue Semester begonnen, doch die Russland-Heimkehrer bekommen drei Wochen Urlaub genehmigt. Jetzt wäre Zeit für Konzertbesuche, eigene und gemeinsame Lektüre, das Gespräch mit den älteren Mentoren. Doch Hans reist nach Ulm, und Alexander Schmorell begleitet ihn. In ihr altes Leben, das ist ihnen unmissverständlich klar, werden sie nicht zurückkehren können. Denn: Es gibt nichts Vernünftigeres, als so zu leben, wie man im Innersten glaubt, leben zu müssen. Alles andere ist müde Feigheit.

»In diesen Wochen habe ich eine größere Aufgabe empfangen, die meine Gedanken selten loslässt.«
Die Suche nach Mitstreitern für den Widerstand

Während Alexander Schmorell und Hans Scholl an der Ostfront sind, dort Verwundete versorgen und gelegentlich Kontakt zur russischen Bevölkerung suchen, bringt Sophie Scholl in Ulm einer 16-jährigen Russin regelmäßig belegte Pausenbrote vorbei. Seite an Seite arbeitet sie mit jungen Mädchen aus der Sowjetunion, die als Zwangsarbeiterinnen nach Deutschland verschleppt worden sind. Wenn Sophie weiterstudieren möchte, dann muss auch sie, die Studentin, acht Wochen Kriegshilfsdienst für die Rüstungsindustrie ableisten. In der Schraubenwerkfabrik muss sie für einen Feldzug arbeiten, den sie verabscheut.

Der Krieg muss enden, davon ist Sophie Scholl überzeugt. Genau wie Hans und Alexander ist sie radikaler und entschlossener geworden. Durch die Briefe, die ihr der Freund von der Ostfront schreibt, hat sie das Gesicht des Krieges kennengelernt. Sie liest von Flugabwehr und MG-Feuer, von tausend Verwundeten an einem einzigen Tag. Sie liest von der Hungersnot in der Ukraine. Von einem Bauern, dessen eines Kind verhungert und dessen anderes Kind beim Streit um ein Stück Brot erschossen worden ist. Sie liest von Gefangenen am Wegesrand, zusammengebrochen vor Erschöpfung und Hunger, erschossen von denen, die sie bewachen sollten.

Sie liest von einem feuchtfröhlichen Kasinoabend, bei dem Fritz Hartnagels Kommandeur ins Plaudern gerät. Mit »zynischer Kaltschnäuzigkeit« berichtet er von der Abschlachtung sämtlicher Juden im besetzten Russland und zweifelt dabei nicht einen Moment an der Gerechtigkeit dieser Maßnahme. Sie liest von kargen und üppigen Mahlzeiten, die Fritz bekommt (theoretisch sollen die deutschen Truppen mit Nahrungsmitteln aus den bereits eroberten Gebieten versorgt werden), und sie erfährt von den ausgeplünderten Gärten, von dem restlos abgeschlachteten Viehbestand. Russland mit seinen Extremen. Im August hat Sophies Freund noch bei 42 Grad im Schatten geschwitzt, bereits Ende August lag er nachts frierend in seinem Schlafsack. Im November ist die Temperatur auf minus 20 Grad gefallen.

Sie liest vom Ausbau der Winterquartiere in der Stalingrader Gegend. Von den Erdbunkern, die die Soldaten für sich bauen – und für ihre Kartoffelvorräte. Sie erfährt von der Trostlosigkeit in Stalingrad, wo Fritz Hartnagel vergeblich versucht, Feuerholz für den Winter zu beschaffen; stattdessen hat er Tausende von Flüchtlingen gesehen, ohne Unterkunft, ohne Essen. Dieses Elend, »das doch auch das unsrige sein muß«, rührt ihn an. Überwältigt schreibt er seiner Freundin: »Es ist so viel Grauenhaftes, daß Stunde für Stunde Millionen von Soldaten auf beiden Seiten in ständiger Gefahr stehen, nur damit beschäftigt, sich gegenseitig zu töten, und nur für diesen Zweck denken und arbeiten wieder Millionen, werden Familien getrennt und in tiefes Leid gestürzt. Die Not der Bevölkerung in dieser unfruchtbaren Gegend ist furchtbar.«

Wer ist gefallen? Wer ist verwundet? Wer kommt auf Urlaub? Wer muss wieder an die Front? Auch zu Hause in Ulm bleibt der

Krieg das Hauptgesprächsthema. Gelegentlich haben die Scholls Übernachtungsgäste, und auch diese berichten vom Krieg. Unter den Gästen sind ein Mann und seine Ehefrau; er muss gemeinsam mit 800 Sanitätern nach Frankreich. Eine Frau, so alt wie Inge, deren verwundeter Mann im Lazarett liegt. Er ist gelernter Baumeister, war aber dann mit der Organisation Todt – Lina Scholl notiert »Tod« – in Russland. Lidice, Dünaburg, Gschatsk – immer wieder begegnen ihnen daheim die Orte an der Front und dahinter. Dort, wo sich das Grauen abspielt.

Die Menschen sind nicht mehr Herr über sich und ihre Taten, so kommt es der 21-jährigen Sophie vor. In der Rüstungsfabrik sind ihr die Maschinen wie dämonisch erschienen. Wenigstens für eine Zeitlang möchte sie die Menschen und ihre Werke »aus den Augen haben«. Es zieht Sophie in die Einsamkeit der Berge, in ein verlassenes Bauernhaus.

Doch daraus wird nichts. Ihr Vater wird vorzeitig aus der Haft entlassen, und ihr Bruder kehrt von seiner Frontfamulatur heim. Sophie hat Hans und ihrem gemeinsamen Freund Alexander Schmorell, der ebenfalls mit nach Ulm gekommen ist, viel zu erzählen. Denn sie ist in diesen mehr als drei Monaten Zwangspause nicht untätig gewesen.

»Wie wird unser nächstes Zusammentreffen sein?«, hatte Sophie Scholl im Juli 1942 überlegt, als sich ihr Bruder und fast alle gemeinsamen Freunde auf ihre Abreise an die Ostfront vorbereiteten. »In diesem Jahr wird noch eine Entscheidung fallen«, hatte sie bekräftigt. »Mit jeder Fiber unseres Wesens wartet man auf sie.« Nach dem Abschied war Sophie allein nach Ulm gefahren.

Als der Heimtücke-Prozess gegen Vater Scholl anstand, kehrte sie nach München zurück. Sie wollte aus ihrem Zimmer in der Mandlstraße und aus Hans' Zimmer in der Lindwurmstraße 13 wegräumen, was verdächtig erscheinen mochte. Ihre

Freundin Traute Lafrenz, die von den Flugblättern wusste, hatte ihr dabei geholfen. Wieder einmal hatte Sophie die Korrespondenz für Hans Scholl übernommen. Anstelle von Hans hatte sie Max Schwarz, dem strafversetzten Pfarrer aus Grattersdorf bei Passau, geantwortet und erklärt, warum ihr Bruder sich überhaupt nicht mehr meldet. Auch mit Professor Muth in München-Solln hatte sie Kontakt gehalten.

Jetzt kann sie erzählen, dass sie die Flugblattidee weiterverfolgt hat. Mit dem 50-jährigen Eugen Grimminger, der während ihres Vaters Haftzeit im Büro aushalf, hatte Sophie Gespräche geführt, um seine politische Einstellung einschätzen zu können. Den Mann einer Jüdin, deren Verwandte bereits in den Osten deportiert sind, hat sie als möglichen Finanzier für weitere Aktionen ins Auge gefasst.

Fast jeden Mittag war Sophie zur Pfarrersfamilie Hirzel zum Essen gegangen. (Ein knappes Jahr ist es her, dass deren Sohn Hans mit Hans Scholl über die Gräuel an der Ostfront gesprochen hatte. Am Abend vor ihrem Abtransport nach Russland war der Ulmer Schüler plötzlich in München aufgetaucht und hatte von den Scholls wissen wollen, woher die ersten vier Flugblätter stammen.)

Wenn die Diskussionen bei ihren Leseabenden hochgekocht waren, hatte Sophie zumeist geschwiegen. Nun war ihr Bruder weit weg, und sie hatte sprechen müssen. Hatte sie sich während der monotonen Fabrikarbeit Argumente überlegt? Um Formulierungen gerungen? Offenbar hatte sie ihre Worte gut gewählt. Inzwischen war Hans Hirzel bereit, bei neuen Flugblattaktionen mitzuarbeiten. Für das Geld, das Sophie ihm gab, hatte der Gymnasiast unter falschem Namen einen gebrauchten Vervielfältigungsapparat gekauft, dazu Matrizen und Abzugspapier.

Sie kann auch erzählen, dass sie eine neue Wohnung für Hans und sich gefunden hat. Endlich würden sie in München zusammenwohnen können! Ihre neue Studentenbude ist ein kleines Gartenhaus mit zwei Zimmern, mitten in Schwabing. Sie hat schon begonnen, es herzurichten. Damals ist sie auch in die Buchhandlung am Maximiliansplatz gegangen, um sich nach Literatur zu erkundigen – »Sie können natürlich an Büchern haben, was Sie interessiert«, sicherte ihr der Buchhändler Josef Söhngen zu, der mit Hans befreundet ist. Post von Hans aus Russland sei übrigens noch keine eingetroffen. »Ach«, verteidigt sie ihn, »er schreibt so wenig«, und der Buchhändler findet es rührend, wie sie ihren Bruder in Schutz nimmt. Doch dabei bleibt es nicht: Umgehend hatte Sophie nach Gschatsk geschrieben und Hans gerügt, dass er sich weder bei ihr noch Herrn Söhngen noch bei weiteren Freunden gemeldet habe (der Sanitätssoldat wird die Feldpost und die Partisanen verantwortlich machen). Für einen Moment blitzt das Geschwisterverhältnis auf, das sich zwischen den beiden entwickelt hat: Nach außen hin schützt Sophie ihren Bruder, fordert aber zugleich von ihm ein, was sie für richtig hält.

Indem sie einen Vervielfältigungsapparat mit allen Materialien, einen neuen Mitarbeiter und einen möglichen Finanzier vorweisen kann, hat die junge Frau Tatsachen geschaffen und sich damit ihren Platz in der Widerstandsgruppe der Münchner Studenten erarbeitet. Sie hat die Infrastruktur aufgebaut, die die beiden Männer in den folgenden Wochen mit Inhalten füllen sollen.

Hans Scholl und Alexander Schmorell greifen bereitwillig auf, was Sophie vorbereitet hat: Dem Ulmer Schüler Hans Hirzel skizzieren sie ihren Plan, eine andere Regierungsform herbeizuführen. In Stuttgart sprechen sie bei dem Buchprüfer Eugen Grimminger wegen finanzieller Unterstützung vor. Langsam erweitern die beiden den Kreis, mit dem sie die Widerstandsaktionen durchführen wollen – wenngleich ihr Urlaub in Ulm auch eine Erholungspause darstellt. Bestimmt werden sie gemeinsam Hans' Geburtstag nachfeiern, vielleicht auch Alex', der ebenfalls im September geboren ist. In Hans Scholls Elternhaus wird der Halbrusse wie selbstverständlich empfangen. »Seine Schwestern, die Eltern, die ganze Familie – alle sind sie eine Ausnahmeerscheinung, wie auch er selbst«, notiert Schurik beeindruckt. Als der Vater verbotenerweise ausländische Sender im Radio hört, sitzt Alexander Schmorell dabei. Hier erfährt man etwas über die Kriegsentwicklung! Über die alliierten Truppen, die sich vor Gibraltar sammeln und einen Angriff in Nordafrika planen. Über britische U-Boote im Mittelmeer. Über den Beginn der sowjetischen Offensive im Osten, wo sich Werner immer noch befindet; nur selten meldet er sich.

Was erzählen Hans und Alex von ihrer Zeit in Gschatsk? Was die Scholl-Frauen von den Ereignissen des Sommers? Erwähnt die Mutter den ständigen Druck vonseiten der Gestapo und der Gefängnisleitung? Dass man ihr beiläufig gedroht hat, ihr Mann müsse möglicherweise sein Büro schließen? Um dieser »Berufs-Kaltstellung« – so formuliert es Inge – zuvorzukommen, haben die Scholls ihre Beziehungen aktiviert, auch zu Nazi-Politikern. Für sie steht die Existenz auf dem Spiel.

Wie beengt haben sie in der Kernerstraße gelebt, nachdem Robert Scholl sich in das Treuhandbüro eingekauft hatte und sie gerade nach Ulm gezogen waren. Die erste Wohnung in Ulm lag am äußersten Stadtrand, wo man das Münster nur von weitem sehen konnte. Später hatten sie sich am Rand der Altstadt eingemietet, in der Olgastraße, die nun Adolf-Hitler-Ring heißt. Seit Mai 1939 bewohnen sie das dritte Stockwerk eines repräsentativen Hauses am Münsterplatz; inzwischen arbeiten Inge und ein neues Schreibfräulein im Büro mit. Hier, mitten in der Ulmer Altstadt, haben sie das Gotteshaus mit dem höchsten Kirchturm Deutschlands ständig vor Augen. Die Tauben fliegen zu ihnen ans offene Fenster. Manchmal wehen Orgelklänge herüber und der tiefe, satte Klang der Glocken. Abends sehen sie über alle Dächer hinweg, wie die Sonne untergeht.

Während seiner Zwangspause im Gefängnis hat der Vater gelitten, das haben Lina, Sophie und Inge gesehen. Sie haben sich ähnlich wie Hans aufgerichtet: Irgendeine Bedeutung wird diese Leidenszeit haben! Ob auch Robert Scholl davon überzeugt gewesen ist, als er in seiner Zelle gefroren hat? Als er magerer und magerer geworden ist? Trotz allem hat die Haftzeit die Familie enger zusammengeschweißt. Das »Wir stehen geschlossen bei Vater und untereinander, es mag kommen, was will« vom Februar gilt weiterhin.

Ergibt sich in diesen Tagen auch ein Gespräch zwischen Vater und Sohn, die beide als Sanitäter an der Front waren, im Ersten und im Zweiten Weltkrieg? Die nun beide einen Gefängnisaufenthalt hinter sich haben?

Aus Russland hatte Hans geschrieben, der Vater werde die Haft bestimmt unbeschadet überstehen: »Weil er stark ist, wird er noch stärker aus der Gefangenschaft in die Freiheit treten.«

Als er selbst Anfang 1938 in seiner Stuttgarter Zelle einsaß, hatte sein Vater sich bittere Vorwürfe gemacht, weil er Hans nicht genug Kamerad und Freund gewesen sei. Dankbar für allen Zuspruch notierte Hans nach der Entlassung in Schönschrift: »Allen Gewalten zum Trotz sich erhalten«; eine Zeitlang hing dieser Goethe-Spruch bei den Scholls im Wohnzimmer. Wie sehr die Szenen sich gleichen. Jetzt, wo sein Vater wieder bei ihnen ist, murmelt dieser gelegentlich »Allen!« vor sich hin.

Das normale Familienleben, die Arbeit im Büro gehen ihren Gang. Mit der Vertretung, Eugen Grimminger aus Stuttgart, bespricht der Vater, was anliegt. Doch dann zerstört ein Brief alle

Normalität: Der Oberfinanzpräsident von Württemberg teilt ihnen in knappen Worten mit, dass man Robert Scholl die Zulassung als Steuerberater entzieht. Er wird seinen Beruf nicht mehr ausüben dürfen.

So erleben Hans und Alexander Schmorell während ihrer Urlaubstage in Ulm, wie die bürokratischen Schlingarme des NS-Staates die ganze Familie Scholl gefangennehmen, ohne dass ihr Vater wieder inhaftiert wird.

Mit der gerichtlichen Strafe hat dieses Berufsverbot nichts zu tun; der NS-Rechtswahrerbund habe es auf Veranlassung der Partei erlassen, erklärt Sophie umständlich. »Das ist natürlich wieder ein Schlag«, kommentiert sie diese Nachricht. Allenfalls als Buchhalter kann ihr Vater noch arbeiten, und wie sollen sie damit für alle sieben Familienmitglieder den Lebensunterhalt bestreiten? Eine Münchner Studentenwohnung für Sophie und Hans bezahlen, überhaupt das Studium finanzieren? Alle Pläne für die kommenden Monate können sie vergessen.

In der Familie sind sie sich einig: Die schöne Wohnung wollen sie im Hinblick auf das baldige Kriegsende nicht aufgeben, »wegen diesem Jahr oder wie lange es noch gehen mag«, notiert Sophie Scholl. Allen Gewalten zum Trotz. Wieder organisiert sie, statt zu lamentieren. Noch am selben Tag bittet sie ihren Freund Fritz, der inzwischen zum Hauptmann befördert worden ist, brieflich um Geld. Zwar kommt sie sich dabei »lächerlich und fast unverschämt« vor, aber sie erinnert ihn an sein Angebot, die Familie finanziell zu unterstützen. Zugleich fragt sie ihn nach einem »Pack Briefumschläge« – ein Hinweis auf neue Flugblattaktionen.

Man wartet mit jeder Fiber seines Wesens auf eine Entscheidung. Nach all dem, was ihre Familie in diesem Sommer durchmachen musste, will die junge Frau nicht mehr warten. Sie ist entschlossen, bei Hans' und Alexanders Aktivitäten gegen das Regime mitzuarbeiten. Denn wenn Hitler und sein System gestürzt sind, dann könnte ihr Vater wieder seinem Beruf nachgehen, sie könnten studieren, und ihre Freunde und Mentoren wären endlich frei.

Alexander Schmorell und die beiden Scholl-Geschwister: Vorerst bilden diese drei den Kern der neuen Widerstandsgruppe, die sich nun nicht mehr »Weiße Rose« nennen wird. Zu dritt wollen sie von Ulm wegfahren, um ihre Pläne voranzutreiben. Doch dann halten Sophie Frauenpflichten zu Hause fest: Sie muss den Haushalt führen und ihre Mutter pflegen, die erneut erkrankt ist. Die beiden Männer brechen allein auf. Es ist keine Rede mehr davon, dass Hans etwas zusammen mit der ältesten Schwester Inge unternehmen will. Seine neue Aufgabe ist ihm nun wichtiger als ein paar Tage im Gebirge.

Doch plötzlich spricht Hans von einem Abstecher nach Leonberg. »Vielleicht, hoffentlich nicht, sucht Dich Hans auf«, warnt Sophie ihre beste Freundin Lisa Remppis vor. Möchte er seine erste Liebe treffen, die sich inzwischen mit einem anderen verlobt hat? Will er endlich eine Antwort auf seine beschwörenden Erinnerungsbriefe aus Russland?

Dass er die junge Frau in seine Widerstandspläne einweihen möchte, ist unwahrscheinlich. (Sophie wird die Freundin zu einem späteren Zeitpunkt fragen, ob sie Flugblätter verbreiten würde. Lisa sagt auf Anraten ihres Verlobten nein. Sie wollen leben, eine Familie haben …) Die Aufregung war umsonst: Wie vorgesehen, fährt Hans mit seinem Freund Alex nach Stuttgart, und dann die knapp 50 Kilometer weiter nach Murrhardt – zu seiner ehemaligen Freundin Rose Nägele.

Mindestens eine Nacht bleiben die beiden Münchner Studenten im Ferienhaus der Nägeles. Das kleine Refugium gefällt Alexander; er nennt es eine »Datscha«, »ein schönes, gemütliches hölzernes Häuschen«. (Es hat dem Künstler Reinhold Nägele, Roses Onkel, gehört. Da seine jüdische Frau, die Ärztin Alice Nördlinger, im Deutschen Reich nicht mehr praktizieren durfte und er aufgrund dieser Ehe massive berufliche Probleme bekommen hat, sind die beiden 1939 Hals über Kopf nach England emigriert, dann weiter in die Vereinigten Staaten.) Wie schon von den Scholls in Ulm ist Alex beeindruckt von der gastfreundlichen Familie. Und von der hübschen Rose. Die Tage kommen ihm vor wie »ein schöner, so schöner Traum. Als solcher wird er ewig in meiner Erinnerung bleiben und mit ihm – ganz besonders Ihr Antlitz«, wird er sich bei Rose bedanken. Die unterhält sich viel mit Alexander, dem »Menschen mit einer wundersam strahlenden Seele«, obwohl sie eigentlich lieber mit Hans sprechen würde.

Doch Hans ist nicht wegen seiner ehemaligen Freundin gekommen. Er möchte Roses Bruder, Hanspeter, für die Flugblattaktion gewinnen. Den 24-Jährigen hat er schon 1937 während der gemeinsamen Militärzeit bei der Kavallerie in Bad Cannstatt kennengelernt. Lose haben sie den Kontakt gehalten, sich gelegentlich über ihre Erfahrungen beim Medizinstudium ausgetauscht. Könnte er, der inzwischen im Elsass an der ›Reichsuniversität‹ in Straßburg studiert, eine neue Verbreitungszelle für Flugblätter einrichten? »Selbstmord«, kommentiert Hanspeter die Pläne: Er lehnt es ab mitzuarbeiten.

Rose merkt, dass bei Hans etwas nicht in Ordnung ist. Sie hätte ihn gern wachgerüttelt, einen wilden Tanz mit ihm aufgeführt. Zugleich hat sie Angst, ihm zu nahe zu kommen. Immerhin soll sie ja vergessen, was zwischen ihnen gewesen ist. So quält Rose sich durch die gemeinsame Zeit, spielt Theater, »phantastisch quälendes Theater«. Ein paar freundliche Worte will sie Hans erst ganz zum Schluss sagen. Plötzlich geht alles ganz schnell, und der Abschied wird »sehr häßlich«. »Auf dem

Bahnhof hättest Du mich noch einmal lieb ansehen müssen«, kritisiert sie ihn, als er fort ist, »wehr Dich nicht Hans, ich weiß daß Du noch die gleichen, ewiggleichen Augen hast und daß Du das kannst.«

Nun schreibt sie, was sie zu sagen verpasst hat: dass sie ihn aufrütteln wollte aus seiner Traurigkeit. Dass sie ihn noch liebt. Dass ihr das nicht gelingt – nur Freunde zu sein.

Auch Hans will ihr nach dem missglückten Abschied etwas erklären. »Was heisst schon verstehen – wer versteht die Seele eines Andern?«, antwortet er gleich, als er wieder bei seiner Familie in Ulm angekommen ist. Rose soll sich hüten, seinen Hemmungen und Missgriffen allzu große Bedeutung beizumessen, bittet er. Es klingt wie eine Entschuldigung: Nicht nur jetzt war ihr Abschied hässlich, sondern auch in seiner Vergangenheit liege manch hässlicher Zug.

Vielleicht erinnert sich der Medizinstudent an seinen Traum vom April 1941, als er in dem Hospital voller Behinderter eine zweistündige Operation durchführen sollte. Als jemand ihm den Befehl erteilte, rannte er hinaus und informierte Rose. Im Traum hatte Hans seine Freundin verlassen, um seine Pflicht zu tun. Auch jetzt richtet er den Blick nach vorn. »Ich habe in diesen Wochen eine grössere Aufgabe empfangen, wovon meine Gedanken selten loskommen. Ich hätte Dir gern davon erzählt, wenn ich mit Dir allein gewesen wäre. Auch habe ich zu meiner grössten Betrübnis entdeckt, dass ich den Wein allein trinken muss. Früher war das anders, und eines Tages wird es wieder so sein«, erklärt er, bevor er ihrem Verhältnis eine neue Richtung geben will. Ein Gefährte in bedrohter Stunde, das soll Rose künftig für Hans sein. Während der Zeit in Russland sehnte er sich nach seiner ehemaligen Geliebten. Bei Lisa hatte er sich gemeldet, bei Rose, bei Ute. Jetzt wird er überlegen: Wie oft hat er schon »meine Geliebte« geschrieben, »jahrelang, mit wehem

Herzen« – und hinterher ist es ihm immer nur als Täuschung erschienen?

Als Ute Borchers ihm schreibt (auf dem Bild, das Hans ihr geschickt hat, sehe er wirklich aus wie ein Russe; ob sie sich nicht zu einem gemeinsamen Skiurlaub in Bad Tölz treffen wollen?), antwortet er wohl nicht mehr. Auch bei seiner ehemaligen Freundin Traute geht er auf Abstand. Hat Russland die Männer verändert? »Ich weiß es nicht, ich weiß es nicht, ich weiß es nicht!«, antwortet Traute Lafrenz-Page Jahrzehnte später. »Hans hat sich, besonders von mir, zurückgezogen. Es herrschte plötzlich eine große Distanz zwischen uns. Wie soll ich sagen? Er war nach seiner Rückkehr nicht mehr so offen.«

Nein, es ist doch wirklich toll, alles ist verliebt in Scholl … – damit soll nun endgültig Schluss sein. Von seiner neuen Aufgabe will Hans sich nicht mehr ablenken lassen, weder durch Frauengeschichten und Familienausflüge ins Gebirge noch durch Skitouren oder Briefverpflichtungen. Und so beschließt er, alle Korrespondenz ruhenzulassen. Lediglich Otl Aicher will er noch schreiben, der als Soldat im Osten festhängt.

Womöglich hat sich Alexander Schmorell Ähnliches vorgenommen, denn er bricht den innigen, über Jahre geführten Briefwechsel mit seiner Freundin, Christoph Probsts Schwester Angelika, ab.

Allen Ballast von sich zu werfen und ohne Zagen, mächtig und frei auf das Eine zuzustreben: Das sei doch die Definition von Armut, hatte Hans kurz vor dem Verfassen der ersten Flugblätter notiert. Während sie über neue Flugblattaktionen nachdenken, schränkt sich der 24-Jährige massiv ein. Er, der Kontaktmensch, der Vielschreiber, der Charmeur, der Frauenschwarm.

Aber der Kelch muss bis zur Neige getrunken werden; das

hatte er einmal in einem *Windlicht*-Aufsatz über die Armut formuliert. Dasselbe Bild benutzt er nun, als er sich von den Frauen zurückzieht – er müsse den Wein allein trinken. Allein will er den Weg in den Widerstand gehen, um keine anderen Personen zu gefährden.

Bei Hans Scholls Unterlagen findet sich ein einzelnes Blatt mit Bleistiftnotizen zu den Gottesbeweisen von Leibniz, wahrscheinlich stammt es aus dem Sommersemester 1942. Der Student hat ein Gedicht auf die Rückseite gekritzelt: »Ich liebe es am Abend Dir ein Lied zu singen / das schwerer noch als pures Silber wiegt. / Doch diese Nacht hat nicht die leichten Schwingen, / Worauf die Seele mir zu Sternen fliegt. / Von graue[r] Dämmerung ist die Welt / Die einst mir Worte in die Seele schrieb / Die Melodie ist eh sie anhebt schon zerronnen / Nur diese Worte bleiben: Hab mich lieb.« In diesen November- oder Dezembertagen fügt er ein weiteres Gedicht hinzu.

»Alle Worte, welche ich ausspreche,
sind schon so verbraucht, dass
ich lieber schweige. Schweigen ist
schwer, aber wer es erträgt, über-
trägt dieses Gewicht auf sich selbst.
Wenn er dereinst nach langem Verzicht
zu reden anhebt, fallen seine Worte wie
Kometen vom Nachthimmel in die lauschende Welt.«

Der Sonderurlaub für Hans Scholl und Alexander Schmorell ist noch nicht zu Ende, und trotzdem kehren die beiden jungen Männer nach München zurück. Für sie beginnt das Studentenleben, zumindest nach außen hin. »Heute war ein ganz klarer Wintertag«, schreibt Hans am 23. November 1942. »Die Münchener Luft ist bekömmlich und regt den Geist an.« Er nutzt sein

Netzwerk, das er schon von Russland aus aktiviert hat. Bis die neue Wohnung in der Franz-Joseph-Straße 13 fertig ist, wohnt er wieder in der Lindwurmstraße bei seiner ehemaligen Vermieterin Frau Wertheimer, der Witwe des jüdischen Händlers. Frau Dr. Berrsche – Sophies ehemalige Vermieterin, die er aus Russland hat grüßen lassen – stellt ihm ihr Dienstmädchen zur Verfügung, mit dem er das kleine Schwabinger Gartenhaus für sich und Sophie herrichten will. Dann fährt er zu den katholischen Schwestern im Lazarett Schrobenhausen. Diese sind »ausser sich vor Freude«, dass sie der beliebte »Dr. Scholl« nach seiner Famulatur vom März und April 1942 einmal besucht. Sie bewirten Hans und seinen Begleiter – ist es Alexander Schmorell? – dermaßen gut und reichlich, »wir sind beinahe geplatzt«, berichtet er. Sie schenken Hans schwarzen Tee und »einen ordentlichen Schinken«, mehr können sie momentan nicht entbehren. Aber für den nächsten Besuch versprechen sie ihm weitere Lebensmittel.

Es dauert nur wenige Tage, bis Hans »das vertraute Leben wieder in seinen Kreis einschliesst und hält«, wie er Herrn Söhngen aus Russland angekündigt hat. Er sucht den befreundeten Buchhändler am Maximiliansplatz auf. Dessen Ladentür und alle Schaufenster sind mit Holz verschalt; das Geschäft ist beim Luftangriff auf München beschädigt worden. Nun kann Hans erzählen, was er nicht schreiben konnte. Wie schon in Ulm, Stuttgart und Murrhardt will der Medizinstudent jetzt in München Verbündete für ihre geplanten Widerstandsaktionen gewinnen. »Bei diesem Gespräch«, erinnert sich Josef Söhngen, »entwickelte H. S. seine Pläne in aller Ausführlichkeit und die gründliche Unterbauung seiner Gedanken aus seiner weiten und sicheren Schau und einer klaren, festgeformten religiösen Weltanschauung – als Gedankengänge, die vollkommen frei waren von kleinlichen Gesichtspunkten, bestimmten mich sofort und bedingungslos meine Mitarbeit und Mithilfe zuzusichern.« Langsam wächst der Kreis von Eingeweihten und potenziellen Helfern.

Wahrscheinlich am 25. November 1942 besucht Hans Scholl den Universitätsprofessor Huber zu Hause, oder aber er berichtet ihm nach einer Lehrveranstaltung von seinen Erlebnissen in Russland. Von dort aus hatte er in einem Brief an Huber »die verdammte Inaktivität in wesentlicheren Dingen, die Ausweglosigkeit, das Abgeschnittensein« beklagt; nun will er den beliebten Professor für ihre Flugblattaktionen gewinnen. Ein ehemaliger Schüler erzählt Kurt Huber von Judenerschießungen, die er auf der Krim selbst mit angesehen hat. Darüber ist der Gelehrte derart entsetzt, dass er laut aufschreit. Kurt Huber bestürzen solche Berichte, genau wie die fortschreitende Zerstörung der Städte, die Bombardierung der Städte im Rheinland und in Norddeutschland. Obwohl in den Wochenschauen immerfort der Sieg gegen die Sowjetunion beschworen wird, ist der Vormarsch an der Ostfront ins Stocken geraten. Die 6. Armee ist in Stalingrad eingekesselt – »vorübergehend«, wie Hitler es formuliert. Versorgt werden sollen die Soldaten durch eine Luftbrücke, die er gegen alle Einwände – die frappant fallenden Temperaturen! Der Eisnebel! Die geringe Zahl der Flugzeuge! Der gefrierende Regen, welcher die Tragflächen vereist! – favorisiert. Am Tag, als Alexander Schmorell und Hans Scholl nach München zurückgekehrt sind, hat Hitler sich für die Luftbrücke entschieden. Nun kehrt er zu seinem Führerhauptquartier ›Wolfsschanze‹ zurück; ewige zwanzig Stunden dauert die Fahrt. Um jeden Preis soll die 6. Armee unter der Führung von General Paulus ihre Stellung halten. Damit ist das Schicksal einer Viertelmillion Soldaten besiegelt.

Gerade Alexander Schmorell verfolgt die Kriegsentwicklung im Osten aufmerksam. In seinen Briefen erwähnt er immer wieder: Alles ziehe ihn in seine ›Heimat‹! Nur in Russland fühle er sich zu Hause!

Sonderbar, seltsam, fremd – so kommt ihm München jetzt vor. Die Stadt, in der er seit seinem dritten Lebensjahr wohnt. Gezielt baut er sich eine Parallelwelt auf. »Auch hier lebe ich ganz in russischer Umgebung«, schreibt er an Walja nach Gschatsk. »Samowar und russischer Tee, Balalaika, russische Bücher und Ikonen – selbst meine Kleidung ist russisch: das Hemd, meine russischen Stiefel – mit einem Wort – alles ist russisch. Auch meine Bekannten sind alle Russen.« Er verbringt seine Zeit mit Halbrussen und Zwangsarbeitern, liest einen Roman von Iwan Alexandrowitsch Gontscharow, besucht die orthodoxe Kirche, wo der Chor singt und der Pope beruhigend auf die Gemeindeglieder einspricht. In diesen Wochen ist er beschäftigt, denn in München und Oberbayern sind inzwischen über 100 000 solcher ›Ostarbeiter‹ eingesetzt, viele davon drängt es in die Kirche.

Alexanders alte Kinderfrau aus Orenburg kocht für ihren Schurik russische Speisen. Beide hängen in München fest und sehnen sich nach dem Osten – wenngleich unter völlig anderen Voraussetzungen: Alexander ist ja nur drei Jahre als Baby in der Sowjetunion gewesen, und als Erwachsener die drei Sommer- und Herbstmonate. Dagegen ist seine ›Njanja‹ schon 1921 mit den Schmorells nach München gegangen, aber in all den Jahren hat sie niemals Deutsch gelernt. Oft weint sie vor Sehnsucht nach ihrer Heimat. Einmal strickt sie Handschuhe für russische Zwangsarbeiter, Schurik sitzt neben ihr und verfasst Briefe. Gelegentlich schreibt er Freundinnen, die er während der Frontfamulatur kennengelernt hat, Walja und Nelly. Er schickt ihnen Strümpfe und eine Schweizer Uhr. Beharrlich weigert er sich, seine Stiefel zu putzen, als ob ihn das bisschen Gschatsker Erde erinnern soll an seine »weite, reiche, freie Heimat«.

Deutschen Freunden gegenüber beteuert Alexander, die Frontfamulatur sei die schönste Zeit in seinem sonst so freudlosen Leben gewesen. Vergessen sind der Regen und der Schlamm, die Mücken, seine Diphtherie und die langen Wochen in der Baracke. Er bekräftigt: »Es war das die schönste, reichste Zeit meines Lebens gewesen – diese drei Monate, sie erschienen mir lang, wie ein ganzes Leben. Wie waren sie reich!!! Jetzt lebe ich nur von Erinnerung und von Hoffnung an eine baldige Rückkehr – für immer. Mein Herz, meine Gedanken, meine Seele, sie sind drüben geblieben.« Aus seinen Briefen spricht eine feste Überzeugung, wohin er gehört. Warum bricht er nicht sofort wieder auf? »Aber noch muss ich in Deutschland bleiben«, rechtfertigt er sich vor Walja. Bei Nelly, der Lehrerin, wird er noch ausführlicher: »Ich würde es hier nicht mehr aushalten, hätte ich nicht hier einige Verpflichtungen. Nur diese geben mir das moralische Recht hier zu bleiben. Ich m u s s einstweilen noch hier bleiben. Sind diese Verpflichtungen beendet, so ist auch mein Verbleiben in Deutschland beendet. Dann erfüllt sich mein glühendes Verlangen, das ich schon mein ganzes Leben mit mir trage – dann kehre ich zurück nach Russland, in meine Heimat.«

»Mit der Herstellung und Verbreitung unserer Flugblätter wollten Hans Scholl und ich einen Umsturz herbeiführen«, wird Alexander später erklären. »Wir waren uns darüber im Klaren, dass unsere Handlungsweise gegen den heutigen Staat gerichtet ist und wir im Ermittlungsfalle mit den schwersten Strafen rechnen müssen. Wir haben uns aber trotzdem nicht davon abhalten lassen in der Weise gegen den heutigen Staat vorzugehen, weil wir beide der Ansicht waren, damit den Krieg verkürzen zu können.«

Er arbeite mit Wanja (das ist die russische Bezeichnung für Hans) und anderen gegen die Regierung, das wird er notieren.

Zwar besucht er noch Konzerte, aber für die Bildhauerei und das Zeichnen bleiben ihm kaum Zeit. Seine Gegenwelt, die vor der Frontfamulatur seine Tage ausgefüllt hat, bleibt ihm verschlossen; er hat sich für die Widerstandsarbeit entschieden.

Als er einmal eine Ausstellung besucht, fällt seiner Begleitung auf, wie blass und übernächtigt Alexander Schmorell wirkt, »von einer großen zehrenden Unruhe erfüllt«. An der Trambahn verabschieden sich die beiden, und der Medizinstudentin bleibt eine Bemerkung von ihm im Gedächtnis: »Man muss auch leiden können.«

Nicht nur Schuriks Alltag hat sich verändert, sondern auch der von Hans. Er hört sich noch Konzerte an (im Nachlass sind einige Eintrittskarten vom November und Dezember 1942 erhalten), organisiert aber keine weiteren Leseabende. Auch das Diskutieren per Brief hat er aufgegeben; ihren *Windlicht*-Rundbrief, für den er Artikel verfasst hat, gibt es ohnehin nicht mehr. Hans Scholl verstummt regelrecht. Deshalb ist unbekannt, welche Lektüre ihn in diesen kritischen Wochen beschäftigt. Die Parallelwelt, in die er sich vor der Frontfamulatur zurückgezogen hat, wenn ihm beim Militär alles zu viel wurde, hält ihn jetzt nicht mehr. Sogar seinen Mentor Carl Muth vertröstet Hans mehrfach wegen eines Treffens.

Dabei wartet der sehnlich auf seinen Schützling. »Hans schweigt!«, beschwerte Muth sich bei Inge Scholl in Ulm, als dieser sich nicht aus Russland meldete. Er leide etwas darunter. »Zögern Sie nicht, mich zu besuchen«, fordert er Hans wiederholt auf, »ich warte mit Spannung auf Sie und was Sie mir zu erzählen haben.« Der Russlandeinsatz seines jungen Freundes hat in Carl Muths Leben eine Lücke gerissen.

Nun kommt Hans zurück. Das stille Haus in München-Solln gibt es nicht mehr, so wie er es gekannt hat. Denn bei dem Fliegerangriff vom 19./20. September 1942 ist Muths Villa beschädigt worden. »Wer diese eine Stunde erlebt hat, vergisst sie im ganzen Leben nicht«, berichtet der alte Mann, der den Bombenabwurf als »weltuntergangsmässig« erlebt hat. Erst später hat Carl Muth begriffen, in welcher Gefahr er sich befand, weil er nicht in den Keller gegangen war. Wenige hundert Meter von seinem Haus entfernt fielen die Häuser um wie Schachteln. Vierzig Gebäude sind in seinem Stadtteil beschädigt worden, 15 Menschen ums Leben gekommen. Das Haus von Muths Nachbarn, dem Schriftsteller Werner Bergengruen, ist völlig zerstört; bei dem Professor hat das Chaos geherrscht. In jedem Zimmer drang eisige Luft durch die zersplitterten Fenster, die Türen, das Dach – wochenlang.

Zum Glück haben seine Bücher die Bombardierung überstanden! Aus Angst vor dem nächsten Angriff hat Muth die meisten Möbel und alles, was ihm wertvoll ist, ins Erdgeschoss schaffen lassen. Daraufhin sind seine Zimmer derartig vollgestellt, »daß man aller Aesthetik den Abschied geben müsse«, wie der Professor missmutig bemerkt. Das Zimmer, in dem Sophie und Inge gelegentlich übernachtet haben, ist komplett ausgeräumt; das Sofa steht nun in der Diele, das Gästebett sogar im Esszimmer. Arbeiten kann Muth zeitweise nur im Garten sitzend, wenn die Sonne scheint. Vor dem Winter fürchtet er sich. Nach der ganzen Anstrengung hat er mit gesundheitlichen Problemen zu kämpfen, leidet an Ohnmachten und Erschöpfung. Und doch kann Muth seiner Situation etwas Komisches abgewinnen, etwa als ein Parteifunktionär ihn trösten will und ihn dabei als »Bombenschädling« bezeichnet.

In München seien 20 000 Menschen obdachlos geworden, und es habe 60 Tote und zahlreiche Verletzte gegeben, das hören die Scholls in Ulm. Von Muths Schicksal haben sie ausgerechnet am 22. September 1942 erfahren, als sie eigentlich mit Geburtstagspost für Hans rechneten. Sophie und Elisabeth sind direkt nach München gereist, um dem Professor beim Auf- und Umräumen zu helfen. Zwei Flaschen Rotwein von ihrem Vater haben sie als Geschenk mitgebracht.

Womöglich wird es Hans überrascht haben, wie eng der Kontakt zwischen der Scholl-Familie und Carl Muth geworden ist. Denn nicht nur Sophie, sondern auch die älteste Schwester Inge hat während der Sommermonate etwas vorangetrieben, was ihr Bruder begonnen hatte. Während Hans' Abwesenheit hat sich die Älteste der Scholls sehr um Carl Muth bemüht. Ihm wie auch Theodor Haecker hat sie regelmäßig Pakete mit frischen Nahrungsmitteln geschickt: helles Brot, Tomaten, Bohnen und Birnen, Eier und Butter sowie eingewecktes Fleisch, per Expresssendung Forellen.

Nebenbei hat sie den katholischen Intellektuellen ihr Herz ausgeschüttet. Muth hat sie bisweilen so oft geschrieben, dass dieser kaum mit der Beantwortung ihrer Glaubensfragen hinterhergekommen ist. Für Inge ist es die arbeitsreichste Zeit seit langem gewesen, immerhin hat sie den inhaftierten Vater im Büro zu ersetzen versucht, so gut sie konnte. Doch die drohende Schließung ihres Steuerbüros, der Tod ihres Freundes Ernst an der Front – all das hat sie innerlich belastet. Wir haben ein Recht, Haecker – und auch Muth – in Anspruch zu nehmen, diesen Satz von Hans hat die 25-Jährige in die Tat umgesetzt. Gerade als das größte Leid über der Familie schwebte, hat Inge Scholl die Verbindungen nach München geknüpft. So ist es ihr gelungen, während Hans' Abwesenheit den Kontakt zu den beiden Intellektuellen aufrechtzuerhalten.

Von diesen Entwicklungen werden die ersten Gespräche in Muths beschädigter Villa gehandelt haben, nachdem Hans Scholl und der Professor ab Anfang Dezember 1942 wieder regelmäßig zusammen sein können. Der Kreis um Muth ist kleiner geworden: Alte Freunde sind gestorben, er selbst ist derart geschwächt, dass ihm sogar der Weg zur Kirche zu weit ist. Er zieht sich in die Welt seiner Erinnerungen zurück: Den ganzen Sommer und Herbst hat der katholische Publizist an einem Lebensbericht gearbeitet, und zwar »mit Hochdruck«. Seine ehemalige Redaktionssekretärin tippt für ihn die Texte. Dafür verbrauche er alle Zeit und Kraft. Das sei nötig, bekräftigt er, »wenn ich vor der Endkatastrophe 1943 damit fertig werden will«.

Berichtet Hans seinem Mentor von den Widerstandsaktionen, die sie planen? Bietet Muth Kontakte, religiöse Argumentationen, Textvorschläge? Erörtern sie gemeinsam Möglichkeiten zu handeln, wählen sie Verbindungsleute aus, während sie in seinem vollgestopften Wohnzimmer sitzen oder im Garten, wo zahlreiche Bäume gefällt worden sind?

Um den alten Mann zu schützen, haben die Scholls später ausgesagt, er sei ahnungslos gewesen. Weil von dieser Zeit an Hans' Briefe als Quellen weitgehend wegfallen, wissen wir nicht einmal, wie oft sich der Student überhaupt noch in Solln aufhält. Zumindest religiöse Impulse dürfte Hans sich bei seinem katholischen Mentor geholt haben. Womöglich sprechen sie über Muths Weggefährten Reinhold Schneider (Inge hat einmal ein mittlerweile verbotenes Buch von ihm in der Aulendorfer Buchhandlung ergattert). Der Freiburger Schriftsteller gilt bei den Nazis als ›unerwünschter Autor‹; nur mit Hilfe seiner Freunde kann er weiter publizieren.

Ein Gedicht, das Reinhold Schneider ihm geschickt hatte, sandte Muth weiter, auch an die Scholls in Ulm. Eine Strophe darin sei »einzig wahr«: »Allein den Betern kann es noch gelingen / Das Schwert ob unsern Häuptern aufzuhalten / Und diese Welt den richtenden Gewalten / Durch ein geheiligt Leben abzuringen.«

»Was kann uns trennen von der Liebe Christi?«, schreibt er

Hans auf Lateinisch einen Text aus dem Römerbrief ab. »Trübsal oder Verfolgung? Oder Schwert? Wie geschrieben steht: ›Um deinetwillens werden wir getötet, den ganzen Tag, wir sind geachtet wie Schlachtschafe.‹« Der 75-Jährige ist davon überzeugt, dass das Kriegsende bevorsteht. Er notiert in diesen Tagen: »Es wird übrigens alles so kommen, wie wir wünschen müssen, wenn wir unsere Heimat und unser Volk lieb haben. Die Entscheidung naht mit Riesenschritten.«

Hans Scholl ist schon seit einigen Tagen in München, nun kommt Sophie am Samstag vor dem ersten Advent 1942 aus Ulm nach. Zu Hause muss ihre Schwester Inge den großen Adventskranz allein aufhängen. Einen zweiten Adventskranz hat Sophie im Gepäck, den sie nun in die neue Wohnung in der Franz-Joseph-Straße 13 mitnimmt. Schon lange hat sie sich ihre gemeinsamen Tage mit dem Bruder ausgemalt, die wohl »fruchtbar« sein könnten. Ungetrübt freuen kann sie sich dennoch nicht. »Die Unsicherheit, in der wir dauernd heute leben, die uns ein fröhliches Planen für den morgigen Tag verbietet und auf alle die nächsten kommenden Tage ihren Schatten wirft, bedrückt mich Tag und Nacht, und verläßt mich eigentlich keine Minute«, schreibt sie ihrem Freund an die Ostfront. Sie schreibt ins Leere; aus der Gegend von Stalingrad erhält sie nur selten Post. »Wann wird endlich die Zeit kommen, wo man nicht seine Kraft und all seine Aufmerksamkeit immer nur angespannt halten muß für Dinge, die es nicht wert sind, daß man den kleinen Finger ihretwegen krümmt«, überlegt sie. »Jedes Wort wird, bevor es ausgesprochen wird, von allen Seiten betrachtet, ob kein Schimmer der Zweideutigkeit an ihm haftet. Das Vertrauen zu anderen Menschen muß dem Mißtrauen und der Vorsicht weichen. O es ist ermüdend und manchmal entmutigend.« Ihren Mut will sie sich aber nicht nehmen lassen.

Erneut gibt es ein Wiedersehen, erneut viel zu besprechen: Dieses Mal sammeln Hans und Sophie die jungen Leute um sich. Am 29. November 1942 wollen sie in ihrer neuen Studentenbude Einzug feiern. Willi Graf ist gekommen, und er hat seine Schwester Anneliese mitgebracht. Auch Christoph Probst ist da, mit dem sie im Frühjahrssemester oft zusammen gewesen sind.

Christl, wie er genannt wird, hat einen entspannten Sommer hinter sich, »eine reiche schöne Zeit«. Der junge Vater hatte keine Frontfamulatur absolvieren müssen, sondern war zu einer viermonatigen Praxisphase in das Kurlazarett Eibsee bei Garmisch-Partenkirchen abkommandiert worden. Dadurch konnte er fast jeden Tag mit seiner Familie zusammen sein, nicht wie bisher nur an den Wochenenden. Oft unternahm er Bergtouren, weil es in Eibsee nicht viel zu tun gab. Er hatte Zeit, russische Novellen zu lesen, Puschkin und Leskow; womöglich hat er auch seinen Russischunterricht weiterverfolgt. Wie auch mit den anderen Freunden und Mentoren hat Sophie während Hans' Abwesenheit den Kontakt zu ihm gepflegt. Ein paarmal hat sie Herta Probst und die Kinder besucht, für den kleinen Mischa ein Jäckchen geschickt.

Christoph hat seine Freunde Hans und Alex vermisst, die Gespräche unter Männern, den geistigen Austausch, »aber mehr noch [den] der Herzen«. Nun freut er sich auf einen gemeinsamen Gebirgswinter mit Skitouren und Unternehmungen in München.

Die Erfahrungen der letzten Monate könnten unterschiedlicher nicht sein: Bestimmend war – und Hans bedrängt sowohl das eine als auch das andere – bei den Scholls die Bedrohung ihrer Familie durch die Partei und den Krieg. Bei den Sanitätssoldaten waren es die Kriegserfahrungen in Russland, auf die nun übergangslos der militärische Drill in der Kaserne folgt.

Die Appelle, die immergleichen Reden der Vorgesetzten, der Alltag an der gleichgeschalteten Universität.

Alexander Schmorell bedrückt seine Sehnsucht nach Russland. Wie gerne würde er in sein Geburtsland zurückkehren! Seinem Freund Christl erzählt er derart ausführlich von den Menschen, den Birken, den Wäldern und Steppen, dem ewigen, freien Wind, sodass dieser überrascht notiert: »Alex hat es übrigens ungeheuer gut in R[ussland] gefallen. Er ist nur <u>ungern</u> nach Hause zurückgegangen. Auch so etwas kommt also vor.«

Während Hans, Alex und Willi sich während ihrer Sommermonate im Osten streckenweise wie »auf Fahrt« gefühlt haben, hat sich Christoph Probst mit seiner Familie häuslich niedergelassen. Gerade eine Woche ist sein Umzug in ein Bauernhaus in Lermoos her, einem kleinen Ort hinter Garmisch-Partenkirchen, etwas über 100 Kilometer von München entfernt, und er wird mit Sicherheit davon erzählen. Ganz begeistert ist er von der ruhigen, dörflichen Umgebung, von der freundlichen Nachbarin, von der frischen Milch, die sie dort bekommen können, und von der sensationellen Sicht auf die Berge. Bestimmt geht es an diesem Abend auch um seine Frau, die ein weiteres Baby erwartet, und um seine Kleinen: Vincent, der schon in seinem Kinderwagen aufsteht, und Mischa, der gerade zu sprechen beginnt. Wie im Frieden kommt ihm sein Leben gerade vor, »eine richtige Erholung«. Zwar muss sich die Familie beim Essen und Heizen einschränken – aber wer muss das nicht?

Den Krieg hat Christoph nicht direkt erlebt, nur die Verletzungen seiner Patienten im Kurlazarett vermitteln ihm einen Eindruck davon. Von Luftangriffen ist Lermoos bisher verschont geblieben. Die Entwicklung an den Fronten hat er dennoch genau verfolgt; den Einmarsch der Amerikaner in Nordafrika und der deutschen Truppen ins unbesetzte Frankreich. Die

Situation an der Ostfront. Schon seit mehreren Monaten glaubt Christoph, dass Deutschland den Krieg verlieren muss, damit das Hitlerregime verschwindet. »Ich halt das nicht mehr aus. Wenn niemand etwas tut, dann tu ich was!«, soll er zu seinem Halbbruder Dieter Sasse gesagt haben, als die beiden einmal im Kasernenhof von Garmisch stehen. Aber ist nicht das ganze Land ein riesiger Kasernenhof geworden?

Ganz plötzlich ist Christophs 18-jähriger Halbbruder zu den Gebirgsjägern eingezogen und nach Frankreich verlegt worden. In seinem Bekanntenkreis fallen junge Männer im Krieg, und solche schlechten Nachrichten häufen sich.

Einmal hat Christoph Probst Kriegszerstörungen gesehen, als er im September 1942 zu einem kurzen Besuch in München war. In den Nächten zuvor hatte die Royal Air Force zahlreiche Bomben über München abgeworfen; es waren die bisher heftigsten Angriffe auf die bayerische Stadt. (Vielleicht werden die Scholls, wenn er davon erzählt hat, ergänzt haben: Während dieser Bombennächte ist auch Professor Muths Villa in Solln beschädigt worden.)

Vor einem Trümmerhaufen in Schwabing war der 23-Jährige stehen geblieben, am Elisabethplatz. Laut polternd beseitigte ein Bagger die Überreste eines Hauses. Seit drei Tagen und drei Nächten waren die Aufräumarbeiten im Gange. »Gewaltige Balken starrten aus dem Schutt«, berichtet er später. »Man hatte eben 2 Menschen herausgezogen, eine Frau, die 4000 M[ark] im Brustbeutel bei sich trug. Im Keller liegen aber noch 25 – 30 tote Menschen! Welchen Todes mögen die gestorben sein – eine unsagbar grauenvolle Vorstellung.« Das Gartenhaus von Hans und Sophie, in dem Christoph und die anderen Freunde ihren Wiedersehensabend feiern, ist keine 600 Meter von der Unglücksstelle entfernt. Der Krieg dringt in ihr Leben, in die gewohnte Umgebung, hält sie gefangen in Angst. Gerade Christoph entwickelt eine heftige Sorge um seine Familie, um sein Land, und das bleibt Hans Scholl nicht verborgen.

Mit wem Hans auch spricht: Alle beklagen, ihre Situation sei schlechter geworden. Die Eltern, seine Geschwister, die Kommilitonen und Mentoren. Jeder sehnt das Kriegsende herbei, von dem sie sich Freiheit versprechen. Die ersten Tage in München werden den Medizinstudenten darin bestärkt haben, ihre Widerstandsaktionen so rasch wie möglich in die Tat umzusetzen. »Von dem Kreis, welchen ich hier zusammengebracht habe, wirst Du schon gehört haben«, schreibt er in einem der seltenen Briefe an den Freund Otl Aicher. »Du würdest Deine Freude an diesen Gesichtern haben, wenn Du sie sehen könntest. Alle Kraft, die man dort verschwendet, fliesst unvermindert zurück ins eigene Herz.« Um diese Gruppe zu formen, schränkt Hans Scholl sich ein, schiebt die Sehnsucht nach Einsamkeit beiseite, die ihn seit der Frontfamulatur beseelt. »Versteh mich recht«, bittet er Otl in einem anderen Brief. »Ich bin über meine Einsamkeit hinaus ein geselliger Mensch. (Besser würde man die umgekehrte Reihenfolge wählen). Ich habe hier einen Kreis Menschen um mich, an denen Du Deine Freude hättest. Und es wäre eine schöne und verlockende Aufgabe, einen solchen Kreis zu erweitern und immer mehr zu vertiefen, wenn nicht gegenwärtig dringendere Aufgaben vor der Tür stünden.«

Ihr Kreis, mit dem sie diese dringenden Aufgaben anpacken wollen, setzt sich aus Christoph Probst und Alexander Schmorell zusammen, deren Freundschaft seit der gemeinsamen Schulzeit gewachsen ist. Im Sommer 1941 ist Hans Scholl zu den beiden gestoßen, und die Wochen im Osten haben sie enger mit Willi Graf zusammengeschweißt.

Ihr Zusammensein vom Adventssonntag markiert den Beginn von zahlreichen Treffen in der neuen Wohnung von Hans und Sophie, welche ebenfalls an den Aktionen mitarbeiten will.

In der Abgeschiedenheit des Hinterhäuschens fühlen sich die jungen Leute sicher. Wenn sie nun darangehen, den Kreis der Helfer aktiv zu erweitern, begeben sie sich in große Gefahr. Denn schon eine unterlassene Anzeige, die Mitwisserschaft kann einen ins Gefängnis bringen. Schließlich wollen die Münchner Studenten nichts weniger, als das bestehende Regime stürzen. Hochverrat, Feindbegünstigung, Wehrkraftzersetzung sind die offiziellen Bezeichnungen für das, was die Anfang Zwanzigjährigen planen.

Wie wird das wirken, wenn in dem straff organisierten Deutschen Reich massenhaft Flugblätter auftauchen, die Hitlers Sturz fordern? Im Deutschen Reich, wo seit zehn Jahren ein Diktator regiert und ein Propagandaministerium die Nachrichten kontrolliert. Wo das Papier für die Druckereien rationiert ist. Wo Verlage geschlossen werden, wenn sie missliebige Meinungen publizieren. Wo Bücher auf den Index gesetzt werden. Wo die Kritik am »Führer« als Heimtücke bezeichnet wird. Wo Gefängnisstrafen und Berufsverbote alltäglich geworden sind.

Wie wird das wirken, wenn sich eine subversive Kraft meldet inmitten der völkischen Propaganda?

»Wir wollen sie gar nicht mehr loslassen«, hat Adolf Hitler als Ziel für die deutsche Jugend festgelegt: Zuerst sollten sie in der Hitlerjugend nationalsozialistisch erzogen werden und sich dann in die unterschiedlichen Partei-Organisationen einreihen. Nun sollen die Flugblattaktionen beweisen, dass diese Indoktrination misslungen ist. Die Münchner Bewegung zeige, so hat es die Publizistin Inge Jens einmal treffend formuliert, »wie es einigen unter ihnen gelang, die über das Land verhängte geistige Quarantäne durch Lektüre, Meditation und Gespräch unter Freunden zu durchbrechen und am Ende aus der nur im Privaten als Gegenmuster wirkenden Theorie eine politische Praxis zu entwickeln, die auf die allgemeine und öffentliche Befreiung abzielte.«

Wie wird dies erst im Ausland wirken, wenn Deutsche von sich aus versuchen würden, ihre Freiheit zurückzuerlangen und die Nationalsozialisten zu beseitigen? Da sie ihre Ziele nicht allein verwirklichen können, hofft Hans Scholl auf die Engländer. Alles hängt vom Kriegsverlauf ab. Ihm geht es um ein demokratisches Europa, um die Errichtung einer Demokratie in Deutschland, eventuell sogar um die Bildung einer württembergischen Regierung, da sich in ihm eine Abneigung gegen Berlin und alles Preußische regt.

Seine Ideen entwickelt der 24-Jährige im Gespräch, und dabei bemüht er sich um eine theoretische Fundierung ihres Vorhabens. Er ringt um Staatstheorien, die christliche Weltordnung, die Legitimität des Tyrannenmords. Dagegen scheint Alexander Schmorell nichts an solchen ewigen Diskussionen zu liegen. Gelegentlich wird er während ihrer Debatten aufstehen und gehen (Hans reagiert darauf, indem er seinen Freund nicht jedes Mal mitnimmt). Schurik ist überzeugt, dass der Krieg enden muss. Dass die Ausbeutung, die Zerstörung seines russischen Heimatlands aufhören müssen. Dass der Massenmord an den Juden aufhören muss, genau wie die Gewaltherrschaft in Deutschland. Dass die deutschen Soldaten nicht mehr sinnlos geopfert werden sollen in einem längst verlorenen Krieg. Dafür will der Halbrusse, der sich als Russe fühlt, kämpfen. Seine Vorstellungen, was eigentlich nach der Beseitigung des Nazi-Regimes kommen soll, sind weniger ausgereift. Und seine Schwärmerei für die Sowjetunion mag auf andere bisweilen kommunistisch wirken.

Gleichwohl ist er derjenige, der ihr Flugblattprojekt entscheidend vorantreibt: Alexander wird eine neue, bessere Vervielfältigungsmaschine kaufen. Er finanziert die Widerstandsaktionen – zusammen mit den Zahlungen, die Sophie Scholl von ihrem Freund »für einen guten Zweck« erbittet, und den 500 Reichsmark, die Hans von dem Stuttgarter Buchprüfer Grimminger bekommt.

Während dicke Schneeflocken die Stadt München einhüllen, verteilen die Studenten untereinander Aufgaben, lösen logistische Probleme. Nach und nach besorgen sie Papier, Briefmarken, Umschläge, Druckerschwärze und Materialien zum Vervielfältigen, immer nur kleine Mengen, um sich nicht verdächtig zu machen.

Gezielt suchen Hans und Alex Kontakte zu anderen Widerstandsgruppen in Berlin. Viel versprechen sie sich von einem Gespräch mit Dr. Falk Harnack, dessen Bruder bei der sogenannten Roten Kapelle gegen die Nazis kämpft (eine Gruppe mit zahlreichen Untergruppen und Zellen in ganz Europa, die NS-Verbrechen dokumentieren und kriegswichtige Entscheidungen an die Sowjetunion weitergeben). Den Kontakt hat eine Freundin von Alexander hergestellt, Lilo Berndl. Eigentlich dürfen sie als Soldaten ihren Wehrkreis nicht verlassen, also wird ihre Fahrt nach Chemnitz zum Spießrutenlauf. Polizeistreifen durchkämmen regelmäßig die Reichsbahnwaggons, aber die beiden scheinen unbehelligt angekommen zu sein. Das genaue Datum ihres Treffens ist unbekannt; sicher ist nur, dass die Münchner Studenten Dr. Harnack ihre ersten vier Flugblätter zeigen. Gleichzeitig formulieren sie ihre neuen Ziele: Künftig wollen sie sich an die breite Masse wenden, nicht mehr an bestimmte Zirkel von Intellektuellen, was im Sommer 1942 offensichtlich wirkungslos geblieben ist. Und sie wollen sich mit anderen Widerständlern austauschen. Doch Falk Harnack scheint sie zu vertrösten.

Parallel dazu knüpfen sie Kontakte zu Studenten in anderen Universitätsstädten. Getarnt in der kollektiven Heimwärtsbewegung vor den Feiertagen, will Willi Graf weitere Verbündete anwerben. Er selbst entscheidet, wen von seinen Bekannten er auswählt; so bleibt ihr Kreis von Mitwissern überschaubar.

Auch Hans Scholl reaktiviert Kontakte von früher. Beispielsweise meldet er sich bei seinem Freund aus dem ersten Semester, Hellmut Hartert, dem er zu Weihnachten ein Buch schickt. »Es nähret das Leben vom Leide sich«, schreibt er hinein. Womöglich soll Hartert in Berlin eine ›Zelle‹ aufbauen, um dort Flugblätter zu versenden.

Hans' ehemalige Freundin, die Medizinstudentin Traute Lafrenz, verbreitet die Flugblätter vom Sommer 1942, ohne dass sie jemand dazu aufgefordert hat. In ihrer Heimatstadt Hamburg wird sie einem oppositionell eingestellten Zirkel von Studenten ein Flugblatt zeigen. Bei einem Verwandtenbesuch in Wien berichtet sie von den Flugblättern, später versucht sie, einen Vervielfältigungsapparat zu bekommen. Als sie in München einmal von den Schriften erzählt, ist ihr Gesprächspartner beeindruckt. Und er überlegt laut: Welche Organisation könnte dahinterstecken? Die Texte findet er »irrsinnig wagemutig«. Über diese Rückmeldung möchte Traute Hans informieren – und der reagiert »eiskalt«. »Solche Unterhaltungen sollte man nie erlauben, die gefährden nur«, erwidert er, »die muss man im Keim ersticken. Thomas More ist unser Beispiel, der hat mit niemandem seine Ansichten besprochen und dadurch niemanden belastet.« Thomas Morus, der Lieblingsheilige von Carl Muth. Ganz kurz blitzt auf, dass Hans mit seinem katholischen Mentor über die Flugblätter gesprochen hat, wenigstens in Andeutungen. Doch er verteilt das Wissen um ihre geplanten Aktionen auf unterschiedliche Schultern. Mit dem pensionierten Beamten Furtmeier sprechen sie beispielsweise über den Tyrannenmord, sogar sehr konkret. Von den Flugblättern erfährt dieser jedoch nichts.

Als Alexander Schmorell es einmal nicht mitbekommt, bittet Hans ihren Freund Christoph Probst: Kann er nicht einmal zu den Tagesereignissen Stellung nehmen? Und es für ihn aufschreiben? Das Thema sollte sein, »dass uns vor dem Verlust des Krieges nur eine Annäherung an die angloamerikanischen Staaten und England retten kann«. Es soll ein Manuskript werden, das dem deutschen Volk die Augen öffnet.

Auch wenn Christophs Anteil an der Widerstandsarbeit nicht mehr ganz geklärt werden kann: Gemeinsam mit den Münchner Freunden beginnt er, die Flugblattlogistik zu planen, davon ist die Probst-Biographin Christiane Moll überzeugt. Am 12. Dezember 1942 notiert er: »In München war ich einige Male bis in die Nacht hinein mit Alex u. Hans zusammen, das war nach der langen Trennung wenigstens ein kleines Wiedersehen.« Es bleibt bei den wenigen Abenden: Ganz unvermittelt wird seine Kompanie (er ist bei der Luftwaffe, nicht in der Kaserne in der Bergmannstraße stationiert wie seine Freunde) geteilt. Er lässt sein leerstehendes Zimmer in München zurück, seine neue Wohnung in Lermoos. Nun ist er getrennt von den Münchner Freunden, getrennt von seiner Frau und seinen kleinen Kindern.

Man versetzt den jungen Familienvater nach Innsbruck, über 150 Kilometer von München entfernt. Seinen Antrag, dass er nicht schon wieder den Ort und damit die Universitat wechseln möchte (nach einem klinischen Semester in Straßburg, dann einem in München), hat man auf seiner Dienststelle »völlig ignoriert«. Dass Menschen ohne Begründung hin und her verschoben werden, ist im Krieg alltäglich geworden, auch in seiner Familie. Dem Ehemann seiner Schwester, Bernhard Knoop, droht die Einberufung zum Militär; überdies soll die Schule, die er leitet, verstaatlicht werden. Auf diese Eingriffe des NS-Staates in sein Umfeld reagiert Christoph Probst mit Sorge.

Etwas Trost findet er im christlichen Glauben, der ihm durch seinen Schwiegervater Harald Dohrn nahegebracht worden ist, wahrscheinlich auch durch den Kontakt mit Hans Scholl. Denn Christoph schreibt nun immer wieder vom Leid, das ertragen werden muss, damit man für das Leben stark wird.

Seit dem 8. Dezember 1942 befindet er sich in Innsbruck. Die Stadt ist von Umgesiedelten und wegen Bombengefahr Evakuierten völlig überfüllt. Zum Glück beteiligt sich das Militär an seiner Miete, denn er hat nur mit Mühe ein überteuertes Pensionszimmer gefunden. Der schwangeren Herta Probst geht derweil in ihrer gerade erst bezogenen Wohnung eine ukrainische Haushaltshilfe zur Hand, eine 17-jährige Zwangsarbeiterin. Doch diese wenigen Vergünstigungen, die sie dem Militär und dem Krieg abgewinnen, können die Angst nicht aufwiegen. »Ach Hans«, hatte Christoph Probst nach Russland geschrieben, »wenn man dann so dasitzt, im mollig geheizten Zimmer, ein Kleiner schaukelt im Wagen, der andere krabbelt einem auf den Schoß, dann geht einem das Herz auf und man zweifelt ob man sich so viel Glück und Gnade verdient hat. Mit den Kindern zusammensein zu können, ist ein so großes Glück, dass oft die Besorgnis in mir erzittert, ob so etwas denn dauerhaft sein könnte.« Für ihn ist es »überwältigend«, dass er mit diesen kleinen Wesen Freud und Leid teilen kann und dass er mit ihnen eine Fülle von Jahren verbringen wird.

Einstweilen planen die Münchner Freunde ohne Christoph Probst weiter. Nur gelegentlich fährt er nach München, Willi Graf wird er beispielsweise nur ein oder zwei Mal treffen.

Willi ist spät zu diesem Freundeskreis gestoßen. Erst nachdem er lange mit sich gerungen hat, entscheidet er sich, bei den Flugblattaktionen mitzuarbeiten. Am 2. Dezember 1942 hat er in sein Tagebuch notiert: »Bei Hans sitzen wir spät und lange zusammen, denn Christl wird jetzt wegfahren. Gespräche über den Aufbau, manche Gedanke sind mir neu.« In knappen Worten dokumentiert er die Entwicklungen während der nasskalten Dezembertage: »Am Abend bin ich bei Hans. Wir reden und planen, was zu tun sei. Balalaika- und Klampfenspiel. Die Nacht ist schön«, heißt es für den 10. Dezember 1942. Willi Graf wird zum Chronisten dieser Widerstandsbewegung.

Immer wieder ist Willi mit Hans unterwegs: Sie führen »Gespräche über Bücher und Menschen«, sie kaufen gemeinsam in der Stadt ein, sie singen mit zwei russischen Mädchen und dem Maler Geyer, sie besuchen tagsüber ihre Medizinvorlesungen. Kriegschirurgie des Kiefers, Toxikologie der Kampfstoffe. Solche Lehrveranstaltungen erinnern die Russlandheimkehrer an den vergangenen Sommer. Wehrhygiene, Kriegsneurologie, Kriegsorthopädie. Heeresärztlich wichtige Untersuchungsmethoden, Therapie der Kampfstoffverletzungen. Auch in den Hörsälen begegnet ihnen immer wieder die Front.

Andere Medizinerkollegen aus ihrer Studentenkompanie, die nicht im Osten gewesen sind, büffeln momentan für ihr Examen. Wer seine Prüfungen besteht, der muss direkt in ein Lazarett an der Front, wahrscheinlich in die Sowjetunion. Wer durchfällt, der bekommt noch einmal acht Wochen Frist in München und überdies noch Urlaub bewilligt. »Barras, deine Wege sind dunkel«, kommentiert der Examenskandidat Josef Gieles verbittert.

Ihm hatte Hans aus Gschatsk geschrieben. Auch Josefs Vater ist in diesem Jahr vom Dienst suspendiert worden (als Schulrektor habe er seine Schule nicht nationalsozialistisch genug geführt). Gemeinsam haben sie im Februar 1942 Claudels *Seidenen Schuh* gelesen, und Hans Scholl hatte den jungen Katholiken zu Carl Muth mitgenommen. Inzwischen hat Josef auch Theodor Haecker für sich entdeckt und mehrfach *Was ist der Mensch?* durchgearbeitet. Willi Graf wird Josefs Zimmer in der Mandlstraße Ib am Englischen Garten übernehmen, wo Hans und

Sophie auch schon einmal gewohnt haben. In diesem Wintersemester singen sie gemeinsam im Bachchor.

In den Briefen nach Hause macht Josef Gieles seinem Ärger Luft. Die Nationalsozialisten hält er für das personifizierte Böse, und er bezeichnet sie als *malum*. Bisweilen ist er sarkastisch (»Wir leben nun mal im Krieg. Haben nichts zu fressen und lassen uns Bomben auf die Köpfe werfen + jubeln unserm Führer zu als gute Deutsche, bis alles in Trümmern liegt«), doch oftmals sind seine Überlegungen stark auf Gott bezogen. Auch er will als Christ das Leid aushalten. Während er zugleich die Doktorarbeit, seine Doktorprüfung und das Examen vorbereitet, ist er froh um jede Stunde, die er *nicht* gelernt hat: »Im Hinblick auf unsere beschissene Lage u[nd] unsere noch viel mehr beschissene Jugend hätte man das bißchen, was einem im Vergleich zu früher an Freiheit und Freuden geblieben ist, noch viel mehr ausnutzen sollen, denke ich jetzt«, gesteht Josef seinen Eltern. »Ich bin froh um jede Stunde Musik, die ich erlebt, für jedes Buch, das ich gelesen, für jede Wanderung, die ich gemacht habe. Wir alle werden eine lange Zeit davon zehren müssen als von einem unwiederbringlichen Gut. Das Leben, an sich schon nicht gnädig im 20. Jahrhundert, greift mit gierigen Händen nach uns und nimmt uns unbarmherzig in seine unentrinnbaren Tretmühlen und zehrt heuer besonders in Bälde unsere besten Kräfte auf.«

Falls sich in diesen Wintertagen ein Gespräch ergibt, könnten Hans, Alexander und Willi von Gschatsk erzählen. Hans Scholl könnte hinzufügen, was er von den Militärärzten weiß: Dass Roses Vater bei 40 Grad Kälte ein Lazarett in Minsk geleitet hat. Dass sein ehemaliger Vorgesetzter über fünfzig Stunden lang Amputationen durchgeführt hat, ohne zu schlafen. Immer dieselben geraden Schnitte; für anderes blieb keine Zeit.

Womöglich berichten Josef und die anderen Mediziner im

Gegenzug vom Tod zweier Kollegen aus der Kompanie. Sie sind während der Luftangriffe auf München gestorben. »Ein unrühmlicher Soldatentod«, so nennt es Josef Gieles. Allein wenn sie das Vorlesungsverzeichnis aufschlagen, sehen sie die langen Namenreihen von gefallenen Studenten und Dozenten, so viele Nennungen wie noch nie. »Im Kampf für Deutschlands Größe und Zukunft starben den Heldentod« …

Nach dem Examen wird man sie umgehend an die Front versetzen. »Das Vaterland ruft, es will seine Opfer haben«, notiert Gieles dazu. Selbst wenn sie aus dem Krieg heil nach Hause kommen – als fertige Ärzte erwarten sie die Zwangsmitgliedschaft in der NS-Berufsvereinigung, die Vorschriften der Partei. Auch Aufgaben wie die Einhaltung der Rassehygiene, die von oben verordnete Sterilisierung behinderter Frauen? Durch Alexander Schmorells Vater mit dessen Praxis in Harlaching haben die Münchner Freunde einen Einblick in die aktuellen Entwicklungen, eventuell auch über den neuen Ehemann von Christoph Probsts Mutter, Dr. Kleeblatt. Was ist unter den Studenten bekannt von der Mitwirkung der Ärzte bei der Euthanasie, der gezielten Tötung geistig Behinderter (darüber ist in ihrer Studentenkompanie ja im vergangenen Jahr diskutiert worden)? Den vergasten Juden brechen Zahnärzte die Goldzähne heraus, bevor sie verbrannt werden. Was ahnen die Münchner Studenten von der Selektion in den KZs? Den medizinischen Versuchsreihen in den Konzentrationslagern, den Operationen ohne Narkose, den Kälte-Experimenten an Juden, Zigeunern, Missliebigen? Was haben sie flüstern hören?

»Wenn wir den Krieg gewinnen, was Gott verhüten möge, kommen furchtbare Zeiten für uns«, davon ist Josef Gieles überzeugt. Während die einen in Gschatsk waren, kursierte unter den daheimgebliebenen Mitgliedern der Studentenkompanie ein Papier mit NS-Plänen. Das Leben für die Deutschen soll weiter vereinheitlicht werden; die Rede ist von Einheitswohnungen, Gemeinschaftshäusern und einem straff organisierten Bezugsscheinsystem für Kleidung, Volksempfänger und Volkswagen. Ärzte sollen vom Staat angestellte »Gesundheitsbeamte« werden; um eine Praxis zu eröffnen, muss man eine staatliche Genehmigung beantragen. Ob diese Informationen auch zu Hans Scholl gedrungen sind, wissen wir nicht. Und doch finden sich bei ihm grundsätzliche Gedanken zum Arztberuf – gerade jetzt.

»Ich habe eigentlich nie so richtig gewusst, warum ich Medizin studiere«, überlegt Hans in einem Brief an Rose Nägele. »Was mich zu diesem Entschluss brachte, mich diesem Fach zu widmen, war zunächst eine Liebe zu den Naturwissenschaften, eine Neigung zu möglichst allgemeiner Ausbildung und nicht zuletzt eine gewisse Verlegenheit. Was sollte man auch tun? Philosophie gibt es augenblicklich keine. Staatswissenschaft auch nicht. Freiheit sowohl in der Berufswahl als auch im Studium war mein höchstes Prinzip. So wählte ich und wusste nicht warum.«

Der Alltag an der gleichgeschalteten Universität, das enge Korsett der Studentenkompanie hat sein Verlangen nach Freiheit noch stärker werden lassen. Seine Mitstreiter sind in ganz ähnlichen Situationen: Alexander Schmorell wollte Bildhauer werden; Medizin – das vermuten seine Freunde – hat er eher dem Vater zuliebe gewählt, der selbst Arzt ist. Und Willi Graf hat fast sein ganzes Studium in Frontfamulaturen zugebracht. Er bittet seinen Vater, nach dem Krieg noch Philologie studieren zu dürfen.

Als Hans Scholl sich für das Medizinstudium entschieden hat, versprach er sich davon eine kürzere Militärzeit. Wäre es nicht zum Krieg gekommen, könnte er schon sein Examen haben. Doch jetzt, wo sich die Lage an allen Fronten täglich verschlechtert, wird man die Kompaniestudenten keinesfalls entlassen.

»Die Reaktion konnte nicht ausbleiben«, erklärt Hans weiter. »Nach dem Physikum hatte ich eine Abneigung gegen alles, was mit Medizin zu tun hatte. Allein in der Philosophie glaubte ich mein Heil zu finden. Daraufhin folgte eine Zeit intensivster Beschäftigung mit staatswissenschaftlichen und politischen Problemen. Erst heute überfällt mich eine Liebe zur Heilkunst. Ich sehe, dass ich hier das Höchste erreichen kann. Ich sehe, dass ein Arzt Philosoph und Politiker sein *muss*. So waren also die verflossenen Jahre eher ein Gewinn als ein Verlust. Denn was ich an rein fachlichem Wissen verloren habe, werde ich rasch nachgeholt haben. Dafür kann ich aber den Menschen, der immer im Mittelpunkt des ärztlichen Denkens steht, in die Welt und in den Staat einordnen. Ich liebe das Spezialistentum nicht. Ein grosser Dilettant weiss mehr um den eigentlichen Sinn der Dinge als ein grosser Spezialist.«

Philosoph und Politiker. Mit zwei Worten charakterisiert Hans Scholl seine gegenwärtige Aufgabe, die er sich mit den Flugblättern selbst gestellt hat. Das Studium wird er für den Moment vernachlässigen, damit er später einmal alle Freiheit hat, Arzt zu sein.

Wir müssen das Böse dort angreifen, wo es am mächtigsten ist, und es ist am mächtigsten in der Macht Hitlers, das hatten die Medizinstudenten im vierten Flugblatt geschrieben. Ihr Unternehmen ist waghalsig, das wird allen Beteiligten klar gewesen sein. Christoph Probst und er hätten immer versucht, ein wenig zu bremsen, wird sich der Kommilitone Hubert Furtwängler später erinnern. Vielleicht ist das der »gute Einfluss« von Christl auf Hans, den Sophie in diesen Wintertagen lobt? Andererseits spricht auch die zarte Sophie Scholl, die es sonst kaum übers

Herz bringt, eine Maus zu töten, von Waffengewalt. Freunden, die an die Front mussten, hat sie einmal das Versprechen abgenommen, niemals zu schießen. Nun sagt sie: »Wenn jetzt Hitler daherkäme, und ich eine Pistole hätte, würde ich ihn erschießen.« Und sie fügt bekräftigend hinzu: »Wenn es die Männer nicht machen, dann muß es eben eine Frau tun.«

Wie könnte man Hitler am besten umbringen? Wenn der »Führer« nach München kommt, wenn er sich in der Osteria Bavaria in der Schellingstraße aufhält? Darüber habe er mit Hans und Sophie Scholl gesprochen, erinnert sich später Josef Furtmeier, einer von Hans' älteren Bekannten. Anscheinend sind die Scholl-Geschwister bereit, für ihre Ziele Waffengewalt einzusetzen: In Russland habe er sich eine Pistole ›organisiert‹, wird Hans zu Protokoll geben; anderen Quellen zufolge hat ihm die Waffe ein Kollege aus der Studentenkompanie besorgt. Willi Graf hat einen Bekannten ins Spiel gebracht, der als Sanitätssoldat in einem Reservelazarett arbeitet. Der könnte doch den Verwundeten Waffen abnehmen, ohne dass es auffiele. Außerdem könne er Urlaubs- und Militärfahrscheine fälschen.

Hans Scholl durchlebt während dieser Planungswochen die unterschiedlichsten Stimmungen. Bisweilen ist er niedergeschlagen, an anderen Tagen geradezu beschwingt. Mit dem ihm typischen Schwung reißt er andere mit. In Stuttgart sucht er erneut den Buchprüfer Eugen Grimminger auf. Dieser ist beeindruckt, wie »phantastisch« der junge Mann die Umsturzpläne schildert: ihre Aktionen und die neue demokratische Regierung in Württemberg, in der für ihn, den 50-jährigen Stuttgarter, sogar ein Posten vorgesehen sei. Nachdem Grimminger ihm 500 Reichsmark gegeben hat, läuft Hans wie im Rausch von dessen Büro zum Café Rosenstöckl in der Calwer Straße, wo er mit Sophie verabredet ist. Die hat gleichzeitig die Flugblattaktionen vor ihrer Freundin Susanne Hirzel erwähnt, deren jüngeren Bruder sie ja bereits gewinnen konnte. »Bald werden es die Spatzen von den Dächern pfeifen, dass wir von Verbrechern regiert werden«, bekräftigt Hans, während er sich im Café den Kirschkuchen schmecken lässt. Er scheint in einer wahren Euphorie: »Wenn es viele, sehr viele einsehen, könnte daraus eine Tat entstehen und die Fackel, die wir werfen, könnte eine neue Fackel entzünden.«

Wie ein Mahner verbreitet der 24-Jährige seine Botschaft von der Freiheit, vom Licht. Es seien immer noch Hüter da, die das Feuer entfachen, hatte der Sanitätssoldat in Russland notiert. Diese geben das Feuer von Hand zu Hand weiter, bis der Wolkenschleier gleichsam zerrissen werde von der Sonne eines neuen religiösen Erwachens. Dafür setzt Hans Scholl all seine Fähigkeiten ein.

Er, der früher Heimabende für das Jungvolk organisiert hat, plant Gesprächsabende mit den Studenten; gelegentlich kommen ältere Mentoren hinzu. Als Halbwüchsiger hat er die Aktivitäten von 160 Hitlerjungen koordiniert, jetzt kümmert er sich darum, dass ihre Bewegung an Dynamik gewinnt. Früher hat er Fahrten in den Böhmerwald und nach Schweden organisiert, nun reisen Alexander Schmorell und er zu Sondierungsgesprächen mit potenziellen Mitarbeitern.

Der Kontaktmensch, der sich mit seinen Jungs regelmäßig an Mutproben gestählt hat, spricht couragiert ihm völlig Fremde an: Bei Eugen Grimminger fühlt er wegen einer Geldspende vor, Dr. Falk Harnack bittet er um Widerstandskontakte in Berlin – und jedes Mal geht er das Risiko ein, an die Gestapo verraten zu werden.

Er, der Härte gegen sich selbst gewöhnt ist, schont sich nicht. »Ich glaube nicht, dass er im Winter 1942/43 jemals richtig geschlafen hat«, vermutet sein Freund Furtmeier. »Es war dies die Zeit, wo sich das Schlafen für ihn von selbst verbot.« Schlafmangel kennt der Sanitätssoldat aus den Klinik-Nachtdiensten, die körperliche Überforderung aus den französischen Lazaretten und vom Hauptverbandsplatz in Russland. Jetzt scheut er sich nicht, Aufputschmittel zu nehmen, damit er funktioniert. Im Sinne von Armut und Läuterung ist er bereit, sich selbst einzuschränken, zu leiden, damit etwas Neues, Besseres entstehen kann.

Er, der monate-, jahrelang um die Wahrheit gerungen hat, strahlt eine Überzeugung aus, mit der er andere auf seine Seite ziehen kann. In unzähligen Debatten mit seinen Freunden und den älteren Mentoren hat er seine Redekunst perfektioniert. Wenn er argumentiert, schöpft er aus dem umfangreichen theoretischen Wissen, das er sich durch die Lektüre der letzten Jahre angeeignet hat. Alles scheint bis ins letzte Detail durchdacht.

Die Studentin Gisela Schertling wird im Dezember 1942 neu zu diesem Kreis hinzustoßen. »Sie waren so klug«, sagt sie später halb resigniert, »hatten ein solches Geschichtswissen und arbeiteten mit Beweisen und Tatsachen, dass ich oft wohl wusste, sie haben da nicht recht, das kann gar nicht sein, das kann ich nicht glauben, aber ich konnte es ihnen nicht in der Art beweisen, wie sie es mir bewiesen.« Hans Scholl und seine Schwester verbreiten in diesen Wochen eine Entschlossenheit, die mitreißend gewirkt haben muss – und bisweilen auch enorm abschreckend.

»Hans hatte sicherlich die Fähigkeit, andere zu begeistern, aber immer gab es diese Distanz, weil er sich für etwas Besseres hielt«, erinnert sich Willi Grafs Schwester Anneliese. Schwingt hier mit, dass Hans Scholl sich als Teil einer Elite versteht? Die sich abgrenzt gegenüber den Massen? Der pensionierte Beamte Josef Furtmeier hat ihn anders erlebt: »Hans verhandelte, er hatte eine eigene Gabe, Menschen zu erkennen«, charakterisiert er den 24-Jährigen. »Es war, als ob ihm eine reale Vision seines

Gegenübers auf den ersten Blick zur Verfügung stände.« Dieser junge Mann sieht das Potenzial in den Menschen, und er prüft: Wie kann diese oder jener für ihre Bewegung nützlich sein?

Er erkennt die gewachsenen Kontakte bei Willi Graf, die Popularität von Professor Huber, die aus der Sorge um seine Familie resultierende Entschiedenheit bei Christoph Probst, letztlich auch die Radikalität bei seiner Schwester Sophie: Auch wenn diese ›nur‹ eine Frau ist, bezieht Hans sie in die Planungen mit ein, denn sie nützt ihrer Sache. Ihr gemeinsames Gartenhäuschen ist das neue ›Hauptquartier‹ für die Widerstandsaktionen. Alexander besitzt einen Schlüssel dazu und übernachtet manchmal in der Franz-Joseph-Straße 13. Bei den beiden Männern laufen die Fäden zusammen, wenngleich Hans bisweilen allein ›vorprescht‹. Während sie langsam ein Netz an Verbündeten spannen, zieht Hans Scholl die Fäden an sich.

Ihm gelingt es, sich selbst interessant zu machen und zugleich andere für ihre Idee zu interessieren. Gezielt scheint er Namen zu erwähnen (und dabei gelegentlich zu übertreiben), um neue Mitstreiter zu gewinnen. Zu dem Schüler Hirzel sagt er, der Münchner Physiker und Universitätsprofessor Arnold Sommerfeld sei »bei uns«, außerdem wolle er den Schriftsteller Werner Bergengruen gewinnen.

Der eloquente, der charismatische, der fanatische junge Mann umgibt sich mit Gleichgesinnten; sie alle wollen andere aufrütteln, etwas bewegen. Ihr Kreis soll überschaubar bleiben und zugleich ausgedehnt werden. So gehen sie auf die Suche nach neuen Verbündeten – immer in dem Bewusstsein, dass der Nächste, den man anspricht, sie alle verraten könnte. Denn wenn einer von ihnen die falsche Person anwirbt, dann ist ihr ganzer Kreis, ihr ganzes Unternehmen in Gefahr.

Während Hans gemeinsam mit Alexander die Flugblattaktionen vorantreibt, organisiert Sophie ihr Zusammenleben. Sie übernimmt es, die neue Studentenwohnung einzurichten. Von den Eltern hat sie eine Wolldecke erbeten, eine Tischdecke und die Milchkarte. Dann noch eine zusätzliche Kochplatte und das Kabel für den elektrischen Kocher. Eine Sofadecke bekommt sie von ihrer Vermieterin Frau Schmidt. Mittags isst Hans auswärts, doch für das gemeinsame Frühstück und das Abendessen ist Sophie verantwortlich. Seitdem sich die jungen Leute vermehrt bei ihnen im Gartenhäuschen treffen, muss sie sich als Gastgeberin um das Essen kümmern. Die Lebensmittelmarken reichen ohnehin nicht, also versucht sie, markenfreie Ware aufzutreiben, und das kostet sie viel Zeit.

Der 21-Jährigen fehlt manchmal eine Freundin in diesem männerdominierten Kreis, wo sie ständig mit Hans und Alex zusammen ist und mit den anderen jungen Sanitätssoldaten wie Hubert Furtwängler, Christoph Probst und neuerdings Willi Graf. Auch bei den älteren Mentoren, die sie trifft, handelt es sich ausnahmslos um Herren: Muth, Geyer, gelegentlich Söhngen, Eickemeyer, Furtmeier, Haecker. Ihre Kommilitonin Traute Lafrenz, mit der sie bis zum Juli 1942 vieles gemeinsam unternommen hat, wird nicht mehr oder nur noch ganz selten in die neue Wohnung nach Schwabing kommen.

Mit Willi Grafs jüngerer Schwester, die gerade Ende November 1942 nach München übergesiedelt ist, wird Sophie nicht recht warm. (Nichtsdestotrotz kann Anneliese für vier Tage bei den Scholls unterkommen, bis ihr Zimmer bezugsfertig ist. Die Studentin der Sprachen hat sich sogar gegen ein Auslandssemester in Genf entschieden, um gemeinsam mit Willi zu studieren. Anneliese nimmt nicht nur an der Einzugsfeier im Gartenhaus teil, sondern auch an zahlreichen Lese- und Diskussionsabenden. Von den geplanten Widerstandsaktionen ahnt die 21-Jährige gleichwohl nichts.) Daher fragt Sophie ihre Freundin Gisela, ob sie zusammen weiterstudieren wollen. Die beiden haben sich im Reichsarbeitsdienstlager Krauchenwies angefreundet und stehen seitdem in Briefkontakt.

Nach zwei mäßigen Semestern in Jena und Freiburg hat Gisela Schertling schon überlegt, ob sie das Studieren ganz lassen soll; doch dann zieht sie auf Sophies Vorschlag hin tatsächlich nach München und immatrikuliert sich für Deutsch, Geschichte und Kunstgeschichte. Sie stammt aus einer stramm national-sozialistisch eingestellten Familie – ihre Mutter ist Zellenleiterin in der NS-Frauenschaft. Ihr Vater, ein Druckereibesitzer, organisiert als »Orts-Volksbildungswart« Vorträge, Dichterlesungen, Gesprächsabende und Konzerte für die Deutsche Arbeitsfront, die damals eine Art NS-Einheitsgewerkschaft bildet. Gisela stört sich bisweilen an Sophies radikalen Meinungen, wenn diese den Staat, den »Führer« und den Nationalsozialismus kritisiert. Den Rüstungseinsatz, gegen den Sophie innerlich rebelliert hat, empfand Gisela zwar als anstrengend, aber letztlich notwendig für ihr Land. Einmal notiert sie: »Wenn jeder an seiner Maschine stand und alles mit Hochdruck arbeitete, war es für mich ein befriedigendes, direkt glückliches Gefühl, hier täglich eingereiht zu sein.« Trotz der Unterschiede scheinen sich die beiden jungen Frauen arrangiert zu haben. Ihre Freundschaft ist ihnen wichtiger als solche politischen Diskussionen. Von nun an werden sie fast jeden Tag zusammen sein. Und Gisela wird Sophies Bruder kennenlernen, von dem ihr die Freundin schon im R.A.D.-Lager andauernd vorgeschwärmt hat.

Nach der nasskalten ersten Dezemberwoche wird es in Bayern plötzlich milder, und Hans Scholl verlässt die Stadt. Er will an den Ammersee. 35 Kilometer südwestlich von München kann man an der Uferpromenade flanieren oder zum Kloster Andechs wandern. Einen Tag Pause will er sich gönnen an diesem 13. Dezember 1942, dem dritten Advent. Er nimmt keinen seiner Kameraden mit – sondern Sophies Freundin Gisela.

Weiß Hans in jenen Tagen, dass Gisela Schertlings Vater Zeitungs- und Zeitschriftenverleger ist? Rückblickend ist man schnell versucht, etwas in diesen Kontakt, der sich anbahnt, hineinzudeuten.

Will Hans Scholl über die junge Frau an Materialien für ihre Aktionen herankommen? Ist er auf Papier aus? Oder sehnt er sich bei all den anstrengenden Aktivitäten nach einer Frau, mit der er gerade *nicht* philosophieren kann? Kein Wort findet sich dazu in seinen Dokumenten (von ihm ist nur ein einziger an Gisela gerichteter Brief erhalten, in dem er sie noch siezt). Als er über diesen Adventsausflug berichtet, erwähnt er die junge Frau nicht einmal. Er spricht von Muscheln, die das Wasser an den Strand geworfen hat. Von bunten Steinen. Vom Nebel über dem Moor und vom schwachen Aufglimmen des Abendsterns. Frierend haben sie Lieder gesungen, während ein Schiff langsam auf das andere Ufer zusteuerte und das Wasser in breiter Linie teilte.

Wollen sie nicht öfter etwas zusammen unternehmen, hat er Gisela gefragt. Im neuen Jahr vielleicht? Sie könnten Konzerte besuchen, gemeinsam ins Theater gehen. Und sie könnten Ski fahren! Jeden Sonntag! Nur Gisela und er.

Die junge Studentin reist zurück nach Hause, weil sie mit ihrer Familie Weihnachten feiern will. Extrem gut gelaunt kommt sie im thüringischen Pößneck an, sodass die Schertlings sich wundern. Es sieht so aus, als lohne sich der Umzug: München bietet ihr den Neustart an einer anderen Universität. Zeit mit Sophie, die sich dort schon gut auskennt. Und vielleicht einen neuen Freund?

Gisela ist beeindruckt von Sophies Bruder, der ihr sogar das Gepäck zum Bahnhof getragen hat. Der beteuert hat, er wolle ihrem Zug nicht mehr nachschauen, weil »diese moderne Maschinerie« etwas Brutales an sich habe, »wie sie den Menschen herbringt und geschwind wieder wegnimmt«. Der ihre Muschel vom Ammersee aufbewahrt, die sie bei ihm vergessen hat. Der ihr ein kleines Geschenk zu Weihnachten geschickt hat und einen Brief. *Nein, es ist doch wirklich toll, alles ist verliebt in Scholl …*

Eigentlich wollte Hans seine Korrespondenz ja stark einschränken. Nun bringt Gisela seinen Vorsatz ins Wanken, und er schreibt ihr. Dann reißt er aus demselben Kollegblock ein Blatt heraus, um einer weiteren Frau zu schreiben – Rose. Vor ihm liegen zwei Briefe von seiner Exfreundin, die er beantworten muss.

Rose Nägele grämt sich wegen ihres letzten Treffens, bei dem Hans so abweisend war. Sie schwärmt von Schurik, den sie »Alex Bobbiowitsch« getauft haben. Ihn hat die komplette Nägele-Familie während der Novembertage im Häuschen liebgewonnen, »als einen Menschen mit einer wundersam lachenden, strahlenden Seele«. Könnte Hans sich nicht an der Natürlichkeit seines Freundes ein Beispiel nehmen?

Hans wehrt ab. Ruhiger, natürlicher werden? Im Gegenteil! Gerade in diesen bedrückenden Monaten will er sich noch mehr mit rein Geistigem beschäftigen: »Ich pflege daher aus begreiflichen Gründen gegenwärtig gerne den Umgang mit älteren Menschen, denen das bürgerliche Denken aber die Türangeln noch nicht hat verrosten lassen, wo man noch Eingang findet zu den Tiefen und Höhen menschlichen Denkens.« Einen kleinen Seitenhieb auf Roses Bruder kann er sich nicht verkneifen, wenn er diesen als naiv bezeichnet; anscheinend hat er Hanspeter Nägeles Ablehnung nicht verwunden. Nur in Andeutungen schreibt er von seinen Erlebnissen am Ammersee (natürlich ohne Gisela zu erwähnen). »Manch schönes Wort bleibt in unserem Munde verschlossen, weil Unheil drohend über uns liegt«, beendet er seinen Brief abrupt.

In diesen Dezembertagen ist es Hans Scholls Hauptaufgabe, andere mit Worten zu überzeugen. Für die geplanten Flugblattaktionen wirbt er um neue Mitarbeiter. Er hält die bereits bestehende Gruppe zusammen, sie reden und planen. Zugleich entwickelt sich in ihm ein Widerwille gegen das geschriebene Wort. Er leidet unter der »Inflation der Sprache«. Spätestens seit dem Heimtücke-Vorwurf gegen ihren Vater liest die Gestapo alle Scholl-Briefe mit. Fürchtet Hans, dass er zu viel verraten könnte? Der einstige Vielschreiber hadert mit dem geschriebenen Wort, und er verstummt in diesen Tagen beinahe. *Alle Worte, welche ich ausspreche, sind schon so verbraucht, dass ich lieber schweige.*

Das wenige, was er zu Papier bringt, wirkt fahriger als bisher. Wo er sonst elaborierte Argumentationen ausbreitet, wechselt er nun jäh die Themen, bricht Gedankengänge einfach ab. Ihm selbst erscheinen seine Briefe »als rechte Halbheiten«. Ein weißes Blatt sei ihm am liebsten, weil noch keine Lüge darauf stehe. Fortwährend betont er, dass er lieber mit seinen Briefpartnern (es sind Otl Aicher und Rose Nägele) sprechen würde, anstatt ihnen zu schreiben.

Womöglich erscheint ihm sein Brief vom 14. Dezember 1942 etwas zu kurz für Rose, und er fügt ein Gedicht von Paul Verlaine hinzu. »Das ist Musik!«, bekräftigt er. »Schöner als Rilke.« Wie in den ersten Tagen ihrer Beziehung lenkt er das Gespräch auf französische Literatur: *Le ciel est par-dessus le toit, si bleu, si calme! / Un arbre, par-dessus le toit, berce sa palme. / La cloche, dans le ciel qu'on voit, doucement tinte; / Un oiseau sur l'arbre, qu'on voit chante sa plainte. / Mon Dieu, mon Dieu, la vie est là, simple et tranquille, / Cette paisible rumeur-là vient de la ville. /*

Qu'as-tu fai, ô toi que voilà pleurant sans cesse, / Dis, qu'as-tu fai,
toi que voilà, de ta jeunesse?[1]

Vier Tage später wendet Hans sich erneut an Rose, und er will
einiges geraderücken. Immerhin möchte er ihre neue Form des
Briefgesprächs fortführen. Sie soll ja seine Gefährtin in bedrohter Stunde sein. Wenn sie sich gegenseitig beraten, sei das er-
tragreicher als die bisherigen Gefühlsäußerungen, betont er.
Schwierig sei jedoch, dass man beim Schreiben erst jedes Wort
definieren muss: Was versteht Rose unter dem Begriff ›Natur‹?
Meinen sie denn überhaupt dasselbe?

Dann lenkt er ein: Ja, Rose hat recht, und ja, er wollte
ihr nicht widersprechen bezüglich der Natürlichkeit. Letztlich
kommt es doch nur darauf an, das richtige Verhältnis von Natur
und Geist auszumachen! Beides sei von Gott geschaffen, aber
in der göttlichen Hierarchie nimmt der Geist den Vorrang ein.
»Aber Du darfst nicht vergessen, dass der Mensch <u>wesentlich
intellektuell erschaffen ist</u>«, appelliert er an die Freundin. »Er

---

1 »Der Himmel ist, dort überm Dach
ganz blau, ganz ohne Gewölk, es wieget überm Dach
ein Baum die Krone.
Es tönt im Blauen, das man sieht,
ein Glöcklein leise,
ein Vöglein, das im Baum man sieht,
singt seine Weise.
Mein Gott, mein Gott, das Leben dort
ist klar und hat
es gut, das stille Summen dort
kommt von der Stadt
– Was hast du nur gemacht, du da,
durch Tränen lugend?
Sag, was hast du gemacht, du da,
mit deiner Jugend?«
Übersetzt von Hannelise Hinderberger, Heidelberg 1959.

kann also nicht, wie die Pflanzen oder das Tier, ohne es zu wissen unbekümmert natürlich dahin leben, weil ihm sein Geist keine Ruhe lässt, weil er um die Zweideutigkeit dieser Welt weiss, weil er um den Tod, der ihm droht, weiss.« Schließlich greift er einen Vergleich auf, den sein Vater vor langer Zeit einmal an Sophie geschrieben hat – die Nationalsozialisten setzt er mit Bestien gleich: »Wenn die wilden Tiere ihren Gewahrsam gesprengt und unters Volk gelaufen sind, muss eben Jeder, der einen starken Arm hat, nach der Waffe greifen, gleichgültig welchen Standes und welcher innerer Berufung er ist.« Ein Jahr ist vergangen, seit er geschrieben hat: Wer zum Schwert greift, wird durch das Schwert umkommen.

Bevor sie sich wegen der Weihnachtstage trennen, sucht Hans Scholl noch einmal gezielt Kontakt zu seinen älteren Mentoren. Jedes Mal ist er mit jemand anderem unterwegs. Sophie und er verbringen einen ganzen Sonntag bei Professor Muth. Dann trägt Theodor Haecker im kleinen Kreis vor. Der seit Jahren mit Lese- und Schreibverbot belegte Schriftsteller liest aus dem Büchlein *Der Antichrist* von John Henry Newman, das er übersetzt hat. Neben Hans und Sophie hört auch Christoph Probst zu, der an diesem Abend aus Innsbruck angereist ist. »Der Antichrist ist schon da!«, appelliert Hans Scholl in dieser Runde. Und man müsse ihn bekämpfen! Er besucht den ehemaligen Redakteur des *Hochlands*, Dr. Friedrich Fuchs, den er aus Russland kontaktiert hat. Das Christentum, klagt er, »Sie, Ihr, unser gesamtes Christentum« untersage ihnen, Hitler zu töten, während zu dieser Stunde Zehntausende Soldaten ihre »Feinde« töteten. Am 19. Dezember 1942 besucht Hans noch einmal Theodor Haecker, wahrscheinlich in dessen Wohnung in der Möhlstraße. Der Weggefährte von Carl Muth zeigt sich beeindruckt von den jungen Leuten, die sich so eingehend mit Leid und Schuld auseinandersetzen. »Meine Jugend drang nicht bis zur letzten Frage des Petrus vor: Wohin wollen wir gehen?«, gibt er zu. »Eine gewisse bürgerliche Sicherheit bot uns zu viele Ausflüchte. Heute ist das doch anders, wenigstens für denkende junge Menschen.« Sie lebten den Glauben unbeschwerter von den inneren Zweifeln – den eigentlichen Hindernissen –, eben weil der äußere Druck durch das politische System so groß sei. Das Leid als Katalysator, welches zu Gott hinführt.

Gemeinsam mit Alexander sucht Hans den Universitätsdozenten Kurt Huber auf. Dabei geben sich die beiden – bestimmt eine Genugtuung für Hans Scholl – als Urheber der Weiße-Rose-Flugblätter vom Sommer 1942 zu erkennen. Hat der Professor bereits bei diesem Treffen signalisiert, dass er mitarbeiten wird? Zumindest haben die Studenten den Kontakt zwischen dem beliebten Dozenten und ihrem Kreis herstellen können, bevor sie zu ihren Familien aufbrechen.

»Dann bei Scholls«, notiert Willi Graf am 17. Dezember 1942 in sein Tagebuch. »Sehr interessantes Gespräch mit Huber. Nachher sitzen wir noch lange zusammen.« Drei Tage später vermerkt er: »Spät noch zu Hans und Alex. Wir trinken Tee und Cognac, reden und planen.«

Einer nach dem anderen aus der Münchner Studentengruppe fährt nach Hause, um Weihnachten zu feiern. Bei zwei Mitstreitern verfestigt sich während der Feiertage, was sich bereits abgezeichnet hat. Christoph Probst erlebt den Weihnachtsgottesdienst wie eine christliche Offenbarung. Immer deutlicher tritt seine Sehnsucht nach Frieden hervor. Zugleich verstärkt sich die Sorge um seine Familie: Immerhin ist seine Frau Herta hochschwanger. Christoph Probst wünscht sich so sehr, dass seine Kinder in einer friedlichen Welt aufwachsen. Während der Feiertage liest er Reinhold Schneider (dessen Gedicht *Allein den Betern kann es noch gelingen* hatte Carl Muth abgeschrieben und verbreitet).

In Saarbrücken liest Willi Graf zum Christfest ebenfalls Reinhold Schneider. Bei einem Spaziergang bittet er seinen Vater, ob er noch ein zweites Studium absolvieren darf, wenn der Krieg vorbei ist. Dabei sprechen sie auch über die politische Lage. Man muss Widerstand leisten, beschwört Willi seinen Vater. Nein, man müsse Kompromisse eingehen, entgegnet dieser. Doch der Student lässt sich nicht von seiner Überzeugung abbringen: »Es muss doch etwas getan werden, auch wenn es den Kopf kosten sollte.«

Bei Alexander Schmorell hat sich die Sehnsucht nach Russland verstärkt. Das sei das letzte Mal, dass er Weihnachten in einem fremden Land feiere, kündigt er an. Mit seinen russischen Freunden hat er in München Heiligabend und danach ein wildes, ausgelassenes Silvester gefeiert: mit viel Wodka. Sie hätten getanzt, gesungen, gelacht. Aber es sei ein verzweifeltes Lachen gewesen.

In seiner Heimat, der Sowjetunion, gehen die Kämpfe zwischen Deutschen und Russen weiter. Nach den immerwährenden Siegesparolen folgt nun verräterisches Schweigen. Die Deutschen beginnen zu ahnen, dass sich in Stalingrad eine Niederlage abzeichnet.

Hans und Sophie verbringen den Heiligabend bei ihrer Familie in Ulm. Die Stimmung ist gedrückt – wieder einmal. Ausgerechnet zwei Tage vor Weihnachten haben die Scholls ein amtliches Schreiben erhalten: Der Vater soll tatsächlich seine Zulassung verlieren, und damit steht alles, was er sich in den letzten Jahren beruflich aufgebaut hat, auf der Kippe.

Sie hätten überhaupt nichts gespart, offenbart Inge Scholl ihrem Freund Otl Aicher unter dem Siegel der Verschwiegenheit;

stets sei alles in die Ausbildung der fünf Kinder und ins Büro geflossen. Vielleicht können sie das Berufsverbot ein wenig hinausschieben? Ansonsten wollen sie beantragen, dass die Zulassung als Bücherrevisor auf sie übertragen wird. Wenn alle Stricke reißen, will sich Inge eben eine neue Stelle suchen, wo sie Geld verdienen kann. Nach außen hin versucht sie, tapfer zu klingen; im Innern ist sie verzagt, kein Wunder bei der Ungewissheit. Überdies sorgt sich die 25-Jährige um Otl Aicher, der im Lazarett liegt, um ihren Bruder Werner und Sophies Freund Fritz, die das Christfest an der Ostfront verbringen müssen. Auch Ernst Redens Tod belastet sie noch.

Kriegsweihnacht, nun zum vierten Mal. Für die Scholls wird es ein karges Fest. Nach der Bescherung ziehen Hans und Inge allein los. Schon bald haben sie die Häuser hinter sich gelassen und biegen in das kleine Gehölz am Kuhberg ein. Dort, wo von 1933 bis 1935 Gegner des Nationalsozialismus in einem »Schutzhaftlager« untergebracht waren, vorrangig KPD- und SPD-Anhänger, wollen sie spazieren gehen. Für Inge klingt ihr Bruder froh und ernst zugleich, als er von seinen Zukunftsplänen erzählt. Er will später verreisen. Ägypten! Das weite Meer! Nur Himmel und Wasser! China nennt er auch, das ihn schon in Gschatsk beschäftigt hat. Seine in Russland geschmiedeten Pläne hat er nicht vergessen, sondern nur hintangestellt. Der Zukunft darf man nicht nur mit Pessimismus oder Achselzucken entgegensehen, davon ist Hans fest überzeugt. »Man müsste eben den Menschen etwas Greifbares sagen«, bekräftigt er, »etwas in die Hand geben, woran sie sich halten können, damit sie einen Weg sehen aus dem Dunkel.«

Plötzlich spricht Hans von Widerstand. Er hat Gerüchte aus Mannheim gehört; dort hätten sich ehemalige Kommunisten politisch betätigt. »Ich sehe das deshalb mit Sorge an, weil ich es im Hinblick auf das Ende betrachte«, erklärt er seiner erstaunten

Schwester, die nichts von den Münchner Plänen ahnt. »Wenn nicht auch von christlicher Seite ein starkes Gegengewicht da ist, könnten die nachher ihren Kopf erheben und sagen: Wir haben uns gewehrt, und nun sind wir es, die wollen …« Damit blitzt auf, was Hans Scholl zu seinen Aktionen antreibt: Wer später mitgestalten will in Deutschland, der muss jetzt dafür den Grundstein legen.

Aktiver Widerstand? Jetzt? Inständig bittet Inge, er soll die Finger davon lassen. Und Hans verspricht es ihr.

Ungeachtet dessen treibt Hans mit seiner anderen Schwester die illegale Arbeit voran. Er übergibt eine größere Menge Briefumschläge an Hans Hirzel. Sophie sagt dem Gymnasiasten, er solle bald selbständig Flugblätter herstellen. Allerdings hat der Schüler in der Zwischenzeit kalte Füße bekommen und den erstandenen Vervielfältigungsapparat in der Donau versenkt. Den Scholls gegenüber bedient er sich einer Ausrede: Das Gerät sei kaputt.

Der Medizinstudent besucht auch den Maler Wilhelm Geyer, den sein neuer Auftrag nach München führen wird. Ob Geyer nicht eine Unterkunft braucht? Hans bietet an, ihm etwas vermitteln zu können, er kenne da einen Maler (den Architekten Eickemeyer meint er), der just im Januar beruflich unterwegs sei. Wenn das klappen würde, hätten sie ein ideales Versteck für ihren Vervielfältigungsapparat.

Vor der Familie halten Hans und Sophie ihre Widerstandsaktivitäten geheim. Erst viel später werden die einzelnen Bemerkungen und Gesprächsfetzen Sinn ergeben. Auch dem liebsten Menschen brauche man nicht alles zu sagen, wenn es nicht notwendig sei, das hat Hans einmal an seine Freundin Rose geschrieben. So vergehen die Weihnachtstage in Ulm. Der 24-Jährige liest viel, und im Stillen wartet er auf Rose, seine frühere Freundin. Gerne würde er in Gesprächen mit ihr weiterdiskutieren, was sie brieflich begonnen haben. Rose kommt nicht, aber sie schickt ein Buch von Werner Bergengruen.

Soll er Rose wieder einen Rilke-Band schenken? Doch da Hans seinen einstigen Lieblingsdichter jetzt teilweise ablehnt, sucht er ein Buch von Theodor Haecker aus, das er für dessen wichtigstes hält: *Schöpfung und Schöpfer*. Er wird es ihr nicht mehr persönlich geben können.

Zum Jahreswechsel notiert Hans: »Uns beseelt nur ein Wunsch, glücklicher aus dem kommenden [Jahr] hervorzugehen, als es uns aus dem alten vergönnt war.« Als hätten sie es geahnt, verbringen die Scholl-Geschwister ihr letztes Silvester nicht auf einer Hütte oder mit den Münchner Freunden, sondern bei den Eltern. Als sie ihr Glas auf Werners Wohl erheben, macht Hans ein ganz »ernstes, feines Gesicht«, das fällt der Mutter und dem Vater auf.

Ihr jüngerer Bruder befindet sich immer noch in der Gegend vor Moskau. Seitdem Hans, Alexander und die anderen aus der Studentenkompanie abgereist sind, ist der 20-Jährige dort »wieder auf eigene Füße gestellt«. Unaufhaltsam ist der russische Winter gekommen, und Werner ist froh, wenn er am warmen Ofen sitzen kann. Er sehnt sich nach Freiheit und hofft auf ein »schnelleres Kriegsende«. Die ewiggleiche Wiederholung der Tage quält ihn, überhaupt das Militär und die Untätigkeit des Geistes. Wie in einem Nachtland fühlt er sich gefangen, und ungeduldig wartet er darauf, dass es wieder zum »Abendland« wird. Nach Hause schreibt er nur selten. Kaum ein Wort vom Schnee, der unter den östlichen Winden erstarrt, von den Stürmen und der furchtbaren Kälte. Kaum ein Wort vom Heiligen Abend, den er allein verbringt. Auch von Fritz Hartnagel, Sophies Freund, kommt in diesen Tagen Post von der Ostfront. Sein kurzer Brief ist das einzige Weihnachtsgeschenk für die Scholls. Aus Stalingrad kann er keine Pralinenschachteln schicken.

Am selben Tag, als Hans und Alex nach den gemeinsamen Urlaubstagen in Ulm zurück nach München gefahren sind, erhielt Fritz Hartnagel den Auftrag, aus den restlichen Einheiten in seinem Abschnitt ein neues Infanteriebataillon zusammenzustellen. Sechs Stunden Zeit bekam er, der inzwischen dienstälteste Offizier, für diese Aufgabe, dann musste die neu formierte Truppe unter seiner Führung einen Verteidigungsabschnitt übernehmen. Zwei Wochen lang standen sie den Russen gegenüber, »und es waren oft furchtbare Tage«, berichtet er knapp. Die Granatwerfer, der Kriegslärm, die endlosen Gespräche, wann sie denn aus diesem Kessel befreit werden. Sein Infanteriebataillon gerät unter heftigen Beschuss. Von den 1000 Soldaten bleiben nur um die 150 übrig.

Sophie Scholl an ihren Freund Fritz Hartnagel
in Stalingrad am 1. Januar 1943
»Ich schlafe mit Hans im oberen Stüblein, und da fallen vor dem Einschlafen in weiten Abständen noch einzelne Worte, Früchte eines Rückblicks auf den Tag, oder Fragen, die durch Gespräche oder Gelesenes neu aufgetaucht sind. So sagte Hans gestern abend (weil ich gerade die Theodizee Leibniz' lese), Leibniz habe als erster die Allmacht Gottes beschränkt, weil Gott nur Gutes, nichts Böses verbringen könne. Hierauf stellte ich anstatt des ›können‹ ›wollen‹. Doch mußte ich dies gar bald fallen lassen und brachte zu meiner Hilfe den Vergleich: Gottes Unfähigkeit, bös' zu sein, ist genau wie die Unfähigkeit eines Klugen, dumm zu sein.

Hans wollte diesen Vergleich zwar nicht gelten lassen, doch leuchtet er mir jetzt immer mehr ein. Wäre Gott nicht gut, so wäre er nicht weise, und umgekehrt. Sein Mangel ist es, keinen Mangel haben zu können. Doch wie wird Dir dieses Geschriebene alles in Deinem Kriegslärm vorkommen?«

Im vergangenen Jahr haben Sophie und Hans mit ihren Freunden und Geschwistern auf der Skihütte Silvester gefeiert, Novalis-Gedichte und Psalmen gelesen. In diesem Jahr diskutieren nur Hans und Sophie miteinander. Sie denken sich in philosophische Probleme hinein, die sie dann in die Gruppe ihrer Freunde weitertragen. Zur selben Zeit studiert Propagandaminister Joseph Goebbels in Wandlitz bei Berlin die Akten eines Gerichtsprozesses: die des Fliegeroffiziers Harro Schulze-Boysen und seiner Spionageorganisation Rote Kapelle. Es geht um Vorbereitung zum Hochverrat. Kriegsverrat. Zersetzung der Wehrkraft und Spionage. Und das, während die deutschen Truppen bei Stalingrad ums Äußerste kämpfen!

Über 120 Personen sind in Zusammenhang mit der sogenannten Roten Kapelle verhaftet worden. Zwölf kamen vor Gericht, darunter Dr. Arvid Harnack und seine Frau Mildred. Ein Galgen stand schon bereit, bevor der 2. Senat des Reichskriegsgerichts in Berlin überhaupt die Urteile verkündete. Die meisten Verhafteten, merkt der Minister an, entstammten einem »kleinen Kreis von Halbgebildeten«, den »so genannten intellektuellen Kreisen«, und er folgert: »Man muss hier ein blutiges Exempel statuieren, um ähnlichen Tendenzen einen Riegel vorzuschieben. Gnade wäre hier ganz falsch am Platze.«

Hat Hans Scholl die Zeitungsartikel gelesen? Wurden die Hinrichtungen in irgendwelchen Radiosendungen erwähnt, die er heimlich gehört hat?

In zwei Briefen ist die Unruhe des Medizinstudenten greifbar, etwa als er Otl Aicher kontaktiert. Als er seinem Freund, dem Buchhändler Söhngen, nach München schreibt, hadert er erneut mit dem geschriebenen Wort, philosophiert über Geist und Natur. Ihn mag etwas anderes beschäftigen. Was wird nun aus den Kontakten nach Berlin, die er bereits in die Wege geleitet oder zumindest ins Auge gefasst hat?

Brief von Hans Scholl an Josef Söhngen zum Jahreswechsel
»Lieber Herr Söhngen,

das neue Jahr bedeutet zwar keinen neuen Anfang (die bürgerliche Konvention hat es auch zu einer Begrüssungszeremonie gemacht), aber ehe ich die Änderung einer Jahreszahl als ein geschichtliches Faktum anerkenne, bleibt mein schweres Gemüt an der alten hängen und vermag nicht sich von ihr leichtfertig loszusagen. Die Stille des Hauses, in welcher ich in diesen Tagen ruhe, bringt es wohl mit sich, dass meine eigene Natur sich mir aufdrängt und alles Fremde von sich trennen will.

Wenn diese Natur wenigstens identisch mit mir wäre! Aber ich sehe sie oft vor mir, gleich einem Spiegelbild, welches mich anblickt, Grimassen schneidet, lacht und weint. Die Gedanken sind nach rückwärts gerichtet, sie erfassen das Vergangene und wollen es nicht loslassen, das sie doch noch nicht ganz ergriffen haben, das immer noch den unwiderstehlichen Reiz des Unbekannten beherbergt. Was hat ein Vierteljahrhundert Leben aus mir gemacht!

Aus solcher Reflektion entsteht das Wort, das allein fähig ist, das Fliehende festzuhalten, ohne ein Bleibendes aus ihm zu machen. Ich will Ihnen heute nicht viel mehr schreiben und noch eines: Ich denke dankbar an Sie.

Ihr Hans«

»Das Leben ist zu einer ständigen Gefahr geworden.«
Neue Flugblattaktionen

Als Hans Scholl am 4. Januar 1943 nach München fährt, klingt er wieder gewohnt gefestigt. »Was ich Dir zuletzt geschrieben habe«, teilt er Otl Aicher mit, »ist jetzt überwunden, und über dunkler Vergangenheit steht die Gegenwart in einem anderen Lichte.«

»Mich hat die Münchner Luft wieder mächtig angeregt, so sehr, dass ich heute die ganze Nacht wach im Bett gelegen bin«, schreibt Hans an seine Gefährtin Rose Nägele. »Aber ich liebe diese Übergangszeiten. Sie fördern den Geist, so schwer sie auch zu ertragen sind. Das ist derselbe Trieb, welcher mir den Aufenthalt auf grossen Durchgangsbahnhöfen so reizvoll macht. Ich kenne einen Menschen, der überall, wo er hinkommt, man möchte sagen: den Mantel nicht auszieht, der immer der fremde Gast bleibt, obgleich er nicht schweigt und kein geheimnisvolles Wesen an den Tag legt. Wenn man mit ihm spricht, könnte man meinen, er könne nach jedem Satz ganz unverhofft die Uhr aus der Tasche ziehen und sagen: Es ist Zeit. Dieser Mensch ist mir sympathisch.«

Es ist Zeit, den geistigen Krieg voranzutreiben. Die Studenten sind ständig unterwegs. Christoph Probst muss nach Innsbruck, dafür kehrt Willi Graf nach München zurück. Schon im Dezember hat er versucht, Münchner Bekannte aus der katholischen Jugendbewegung für ihre Sache zu gewinnen – vergeblich. Über Weihnachten und Silvester ist er nach Saarbrücken, Bonn und Freiburg gefahren, um Freunde von früher von ihren Plänen zu überzeugen. Bisher hat er keine festen Zusagen, aber vielleicht kann er es Ende Januar noch einmal versuchen?

Derweil organisiert Hans einen großen Versammlungsraum. Wilhelm Geyer aus Ulm kann, solange der Architekt Eickemeyer nicht in München ist, dessen Atelier bewohnen. Könnte er denn einigen Kommilitonen Geyers Bilder zeigen? Auch hierfür erhält Hans eine Zusage, und der Student wird dies ausdehnen bis *ultimo*: Hans Scholl wird das Atelier in der Leopoldstraße, wo sie bereits den Abschiedsabend im Juli 1942 gefeiert haben, als Raum für neue Leseabende nutzen. Auch die Materialien für ihre Widerstandsarbeit werden sie hier im Kohlenkeller verstecken.

Als er dies vereinbart, nimmt er keinen seiner Freunde mit, sondern Sophies Freundin Gisela Schertling. Irgendwann in diesen Tagen zeigt er ihr seine Bibliothek. Das hier, das sollte jeder gelesen haben! Von den meisten dieser Bücher hat die Literaturstudentin noch nie etwas gehört. Überhaupt beeindruckt Hans sie durch sein reiches Wissen und Schilderungen von seinen Fahrten und sportlichen Leistungen. Eigentlich hat er keine Zeit für eine neue Freundin.

Gisela Schertling über Hans Scholl
Gestapo-Verhörprotokoll vom 1. April 1943
»Er [Hans Scholl] verstand es in jeder Hinsicht meine Sympathie zu gewinnen und erwies mir so manche Gefälligkeit. Schon einige Tage nach Weihnachten, als ich vom Urlaub zurückkam, lud er mich zum gemeinsamen Besuch von Veranstaltungen ein. Am 6. Januar 1943 besuchte ich mit

ihm ein Konzert im Bayerischen Hof und anschließend Eickemeyer in der Leopoldstraße. Es wurde dann schon ziemlich spät und als ich äusserte, dass ich die Straßenbahn nicht mehr erreichen würde, lud er mich ein mit ihm in die Wohnung zu kommen. In seiner Überredungskunst ist es ihm auch tatsächlich gelungen, dass ich ihm in die Wohnung folgte und ich mich ihm in dieser Nacht auch hingab. Ich unterlag eben seiner Verführungskunst, die ja Hans Scholl besonders gegeben war. Ich hatte mich an diesem Abend überhaupt nicht mehr in Gewalt.

Zu einem richtigen Geschlechtsverkehr ist es aber an diesem Abend noch nicht gekommen. In diesem Zusammenhang muss ich aber noch erwähnen, dass mir Hans Scholl eine Morphiumspritze reichte; was er eigentlich damit bezwecken wollte, weiß ich nicht. Er sagte mir, dass er nur ausprobieren wollte, wie die Spritze auch wirken würde. In der Folgezeit bin ich auch nicht mehr von Hans losgekommen und er ist mir auf Schritt und Tritt gefolgt. So kam er anfangs Januar auch in meine Wohnung und zeigte sich dort weiter recht aufdringlich. Es ist auch um diese Zeit so richtig zum Geschlechtsverkehr gekommen, was sich in der Folgezeit in der Regel wiederholte. Ich machte mir dann schwere Vorwürfe, weil es zwischen uns beiden so gekommen ist und machte Hans Scholl auch darauf aufmerksam, dass das nicht so weitergehen könne. Hans Scholl verstand es aber meine Bedenken zu zerstreuen und versprach mir, mich zu ehelichen.«

Fünftes Flugblatt der Münchner Studenten, Januar 1943
»Aufruf an alle Deutsche!
Der Krieg geht seinem sicheren Ende entgegen. Wie im Jahre 1918 versucht die deutsche Regierung alle Aufmerksamkeit auf die wachsende U-Boot-Gefahr zu lenken, während im Osten

die Armeen unaufhörlich zurückströmen, im Westen die
Invasion erwartet wird. Die Rüstung Amerikas hat ihren
Höhepunkt noch nicht erreicht, aber heute schon übertrifft
sie alles in der Geschichte seither Dagewesene. Mit mathe-
matischer Sicherheit führt Hitler das deutsche Volk in den
Abgrund.

Hitler kann den Krieg nicht gewinnen, nur noch verlän-
gern! Seine und seiner Helfer Schuld hat jedes Maß unend-
lich überschritten. Die gerechte Strafe rückt näher und näher!
Was aber tut das deutsche Volk? Es sieht nicht und es hört
nicht. Blindlings folgt es seinen Verführern ins Verderben.
Sieg um jeden Preis! haben sie auf ihre Fahne geschrieben.
Ich kämpfe bis zum letzten Mann, sagt Hitler – indes ist der
Krieg bereits verloren.«

»Je radikaler und totaler wir den Krieg führen, um so schneller
kommen wir zu einem siegreichen Ende«, verkündet zur selben
Zeit Propagandaminister Goebbels. Er wettert gegen »Nichts-
tuer«, »Faulenzer« und »Parasiten«, und er folgert: Nur die To-
talisierung kann noch den Sieg bringen! Über Monate hinweg
hat er ein Programm zur ›totalen Kriegführung‹ ausgearbeitet.
Wir brauchen die Arbeitsdienstpflicht für Frauen! Wir müssen
teure Lokale und Luxusgeschäfte schließen! Darauf dringt er
bei einer Sitzung, an der unter anderen Bormann, Keitel, Sau-
ckel und Speer teilnehmen. An diesem 8. Januar 1943 fordert er
500 000 bisher im zivilen Leben »unabkömmlich« Gestellte für
den »Führer« an. Menschennachschub für Rüstungsindustrie
und Wehrmacht.

Am selben Tag kommt Sophie Scholl nach München. Ihr älterer Bruder fängt sie am Bahnhof ab und nimmt sie mitsamt
ihrem Gepäck in ein Beethovenkonzert. »Das war ein schöner
Anfang«, findet sie. Einen Tag darauf schreibt die 21-Jährige

ihren wöchentlichen Brief an die Eltern, während Hans, ganz satt gegessen von den Würstchen aus Ulm, auf der Couch liegt. Doch die Ruhe täuscht. Hans ist in Gräfelfing gewesen. Gemeinsam mit Willi Graf – ihr Freund Alexander Schmorell ahnt nichts von dem Treffen – hat er Professor Kurt Huber von Kontakten ins Rheinland erzählt, von Verbindungen nach Berlin und Norddeutschland. Ob der Dozent nicht doch Texte formulieren könnte für ihre Flugschriften?

Sophie Scholl fügt sich nahtlos ein in die Flugblattvorbereitungen. Erneut hält sie Hans den Rücken frei, übernimmt komplett die Korrespondenz. Im Namen ihres Bruders bedankt sie sich für Nahrungsmittel, Zigaretten, Tabak, »der ihm ausgezeichnet schmeckte«, für Post und Pakete. Zugleich kann sie vor der Familie in Ulm den Anschein wahren, dass sie ernsthaft studieren. »Hans sei sehr vielseitig im Hören«, rekapituliert die Mutter, was Sophie ihr erzählt hat. »In erster Linie das medizinische, das sind namentlich in der Woche 3 × schon von 8 Uhr an die Stunden belegt; nachmittags so von 5 Uhr an hört er Wissenschaftliches nach Herzenslust. Auch [abends] kommen sie zusammen, da spricht mal Geyer über Kunst.« Hans verstummt nun fast völlig.

Von nun an berichten andere Stimmen über die Münchner Entwicklungen. Das meiste, was wir erfahren, stammt aus den Verhörprotokollen der Gestapo, die unter Druck entstanden sind, wohl auch unter Androhung von Folter. Wer später von der Zeit berichtet, erzählt nicht selten auf das tragische Ende hin, und bisweilen verzerren sich dabei die Ereignisse im Rückspiegel der Erinnerung.

Hans Scholl treibt die Flugblattproduktion voran. Darüber hinaus organisiert er wieder Leseabende und Diskussionen, bei denen sie über Literatur sprechen, über religionsphilosophische und musikalische Themen. Und über Politik. In Bruchstücken ist überliefert, worum es bei ihren Treffen geht, wenn sich Mitstreiter, Mitwisser, nicht eingeweihte Freunde, flüchtige Bekannte zusammenfinden. Bisweilen sind es 15 bis 35 Leute. Die Wohnung der Geschwister Scholl ist dafür längst zu klein geworden, also versammeln sie sich im Atelier in der Leopoldstraße 38, zu dem Hans den Schlüssel aufbewahrt.

Einmal bittet Hans den Architekten Eickemeyer, der bald wieder ins Generalgouvernement fahren muss, von seinen Erlebnissen im Osten zu erzählen. »Dieser berichtete fast den ganzen Abend von den Vernichtungslagern und der Vergasung von Menschen«, erinnert sich ein Freund von Willi Graf aus der bündischen Jugend, Walter Kastner. »Es war furchtbar deprimierend, und es war schwer, den Haß auf die, die zu solchem fähig waren, zu bändigen. Gleichzeitig spürte ich die Gefahr, sie lag in der Luft, bei solchen Gesprächen von Spitzeln überrascht zu werden.«

Ein anderes Mal lädt Hans Scholl den Maler Geyer ein, um über Kunst zu sprechen. Zugleich hat er Harald Dohrn gebeten, einen Vortrag über Claudels Bühnenwerk *Verkündigung* vorzubereiten – was er jedoch nicht mehr erwähnt. Er verwickelt Dohrn, den Schwiegervater seines Freundes Christoph Probst, in ein Gespräch. Der wettert gegen das Preußentum und dass der Nationalsozialismus die Freiheit der Kirche einschränke. Die Kirche müsse aktiv werden gegen Hitler! Das vertritt Hans, als Dohrn erneut bei ihnen ist. Allein die Härte und Grausamkeit des Krieges! Die Judenverfolgung! Es sei doch ein Gebot der christlichen Nächstenliebe, hier etwas zu unternehmen. Das ist doch nicht die Aufgabe der Kirche, wendet Harald Dohrn ein: Dafür ist der einzelne Gläubige verantwortlich. Die Diskutierenden sind sich uneinig: Darf man denn als Christ für seine Belange protestieren, selbst wenn es einem das Leben kosten würde? Unbeirrt folgt Hans Scholl seiner Mission, der Bekämpfung Hitlers. Denn: Der Antichrist ist schon da! Und man muss ihn bekämpfen! Seinen Freunden gegenüber deutet er Verbindungen zu anderen Widerstandskreisen an, vor allem nach Berlin. Zur Reichswehr.

Der Krieg ist verloren, das bekräftigt der Student an einem dieser Abende. Er sehnt den Moment herbei, wenn die Engländer in Deutschland einmarschieren! Die werden dann alles bestens ordnen!

Von dem Buchhändler Söhngen wissen wir, wie rastlos Hans Scholl in diesen Januarwochen wirkt. Mitten in der Nacht ruft er den älteren Freund an, um Textentwürfe zu besprechen. Gelegentlich soll er den Vervielfältigungsapparat im Keller von Söhngens Buchhandlung am Maximiliansplatz versteckt haben. Von der Scholl'schen Wohnung läuft man immerhin eine halbe Stunde durch die verdunkelte Stadt. Einmal ist es Mitternacht, als Hans bei Söhngen auftaucht. Sonst redet er unentwegt über die Flugblätter, über die geplante württembergische Regierung, die nach dem Sturz der Nazis die Regierungsgeschäfte übernehmen soll. In dieser Nacht bittet er nur: »Lassen Sie mich eine halbe Stunde hier sitzen, das wird mir wieder Gleichgewicht geben.«

Weitere kurze Treffen verbringen sie schweigend bei einem Glas Wein. Ihre Gespräche drehen sich um Kleist, um irgendwelche religiösen Fragestellungen, und sie haben jetzt etwas Gehetztes, so empfindet es der Buchhändler. Spätestens ab Mitte Januar 1943 fühlt sich der Student verfolgt. Ist ihnen die Gestapo schon auf den Fersen?

Oft geht Hans Scholl nach solchen Besprechungen zu Gisela Schertling. Er hat ihr sein altes Zimmer in der Lindwurmstraße vermittelt, bei Frau Wertheimer, der Witwe des jüdischen Händlers. Eigentlich wollte er den Weg in den Widerstand frei und ohne Bindungen beschreiten. Nun hat er doch eine Affäre mit ihr begonnen. (Es ist nicht das erste Mal, dass er – siehe Lisa Remppis – mit der besten Freundin seiner Schwester anbandelt oder der Freundin eines Kollegen.) Was ist die Beziehung für Hans? Wir kennen nur Gisela Schertlings Version – aus den Gestapo-Protokollen, in denen sie bemüht ist, sich als irregeleitetes Mädchen darzustellen.

Schon bevor Gisela nach München gekommen ist, hat sie sich bei Sophie beschwert über radikale politische Meinungen. Nun merkt die Thüringerin, dass nicht nur Sophie, sondern auch ihr neuer Freund und sein Kreis gegen Hitler eingestellt sind. »Sie haben da nicht recht, das kann gar nicht sein, das kann ich nicht glauben«, soll sie sich oft gesagt haben. Doch über Politik spricht Hans mit Gisela kaum. Sie sei in diesen Tagen immer müde gewesen, erklärt sie rückblickend, denn Hans Scholl habe sie körperlich sehr in Anspruch genommen. »Er sagte immer, er hätte schon sehr viel erlebt und wäre schon über sein Alter hinaus reif. Er wäre eine ausgesprochene Herrschernatur und müsste immer einen Kreis haben, den er beherrsche.«

Auch andere nehmen den Medizinstudenten als tonangebende Instanz wahr. »Hans Scholl war nach außen hin der Führer dieser Gruppe«, wird Josef Furtmeier später bestätigen, »wenn auch nach innen das geistige Gewicht Hubers das bedeutendere war.« Scholl sei derjenige gewesen, der verhandelt und neue Mitarbeiter rekrutiert habe. Ähnliches berichtet der Buchhändler Söhngen: »Bei ihm liefen, soweit ich orientiert bin, die Fäden zusammen.« Und: »Es war eine Taktik von H. S., möglichst wenig Menschen, die in diese politische Sache verwickelt waren, miteinander bekannt zu machen. Es sollte nur ein ganz kleiner Kreis sein, der miteinander Berührung hat, damit bei einem Eingreifen der Gestapo nur eben dieser kleine Kreis von Menschen erfaßt werden konnte.«

Im Sommer 1942 wurden die Flugblätter in Alexander Schmorells Elternhaus hergestellt. Jetzt hält sich Alex eher in der Franz-Joseph-Straße bei den Scholl-Geschwistern auf. In ihrem Gartenhaus besprechen sie die Textentwürfe, hier fertigen sie die Flugblätter an, treffen den potenziellen Verbindungsmann nach Berlin, Falk Harnack. Ihre Leseabende, zu denen Hans befreundete Studenten und Mentoren einlädt, finden unweit von ihrer Wohnung im Atelier Eickemeyer statt, zu dem er den Schlüssel verwahrt, wenn Eickemeyer und Geyer nicht in München sind. »Von dem Kreis, welchen ich hier zusammengebracht habe, wirst Du schon gehört haben«, schreibt er und nimmt damit für sich in Anspruch, die treibende Kraft dieser Treffen zu sein. »Du würdest Deine Freude an diesen Gesichtern haben, wenn Du sie sehen könntest. Alle Kraft, die man dort verschwendet, fliesst unvermindert zurück ins eigene Herz.« Hans Scholl ist selten allein in diesen Tagen. In ihrer kleinen Wohnung in der Franz-Joseph-Straße 13 halten sich regelmäßig auf: Alexander, Willi und, wenn er nicht arbeitet, der Maler Geyer. Nachts schläft Hans bei Gisela oder sie bei ihm.

Wie in einem Kaleidoskop ist die Münchner Studentengruppe ständig in Bewegung. Plötzlich schillern neue Facetten auf. Spontan reagieren die verschiedenen Akteure, Unterstützer und Mitwisser auf aktuelle Entwicklungen. Neue Freunde stoßen zu ihnen.

Der Maler Geyer bringt einmal den Sohn eines befreundeten Kunstdozenten mit ins Atelier, weil er ihm seine Bilder zeigen will: Gerhard Feuerle, Jahrgang 1918 wie Hans Scholl. 1940 Einsatz im Westfeldzug gegen Belgien und Frankreich, wie Hans Scholl, ab 1941 Soldat an der Ostfront. Im August 1942, während die Münchner im Gschatsker Lazarett tätig gewesen sind, ist Feuerle verwundet worden. Durchschuss des linken Mittelfußes. Daher darf er an der Münchner Akademie weiterstudieren. Sein Studiensemester hat er mit Schwung begonnen, oft bis in die Nacht hinein gearbeitet. Doch die Fronterlebnisse verfolgen ihn. Innerlich zerreißen ihn Widersprüche, »Schwindel« und »Lüge« in Deutschland: Während der Krieg weiterläuft, will man sie in dem friedlich wirkenden München zu Künstlern ausbilden, zu deutschen Künstlern. Das sei Wahnsinn. »Diese Begegnung mit Geyer«, notiert der 24-jährige Kunststudent. »Das Vordringen mit seiner Hilfe in meinen jetzigen Freundeskreis. Befreiende Gespräche. Weitsicht und Entschlossenheit. […] Sophie Scholl hat mich in meinen Auseinandersetzungen mit dem Leben bestärkt. Aber auch sie weicht mir aus. Gerade sie!« Berührungspunkte gibt es einige zwischen ihm und den Freunden um Hans und Sophie. Gerhard orientiert sich an als »entartet« geltenden Künstlern wie Vincent van Gogh und Emil Nolde (Christoph Probst ist als Kind von Nolde porträtiert worden und besitzt eines von dessen Bildern, das er in seiner neuen Lermooser Wohnung aufgehängt hat). Er hat mit Wasserfarben experimentiert, mit Pastellkreide, Ölfarben, Bronze- und Betonguss, wie Alexander Schmorell und Sophie Scholl. Er modelliert auch Porträts, was Sophie gerade sehr interessiert. Er hadert mit dem fast friedensmäßig organisierten Universitätsbetrieb, mit der linientreuen Studentenschaft, genau wie Willi Graf nach seiner Rückkehr von der Front.

Gelegentlich nimmt Gerhard Feuerle an den Gesprächsabenden im Atelier teil (in die Flugblattaktionen weihen ihn seine neuen Bekannten nicht ein). Was wird der junge Maler im Atelier erzählt haben? Die grausamen Bilder verfolgen ihn. Winterschlacht bei Leningrad. Die Zeit am Wolchow als Melder beim Kompanietrupp. Zweieinhalb Monate war er mit seiner Einheit eingeschlossen, und für ihren Stützpunkt an einer Rollbahn gab es keine Verpflegung, keine Bekleidung. Der Winter war streng, 25 bis 40 Grad Kälte. Von den 500 Mann seines Ersatzbataillons lebten Ende März 1942 noch 25. Von seiner Kompanie blieben fünf, darunter er. Obwohl schwer krank, musste er dennoch zur Frühjahrsoffensive, bis zu seiner Verwundung. Als »ein wortkarger, trauriger, stiller Mensch« ist er heimgekehrt.

Um das Gesehene zu verarbeiten, hat Gerhard Feuerle gemalt. Mit Bleistift zeichnete er ein Selbstbildnis auf ein Stück abgerissene russische Tapete. Ob er den neuen Münchner Freunden seine Bilder gezeigt hat? Bei minus 30 Grad schuf er Aquarelle – mit Schnee: die verschneiten Ruinen in Peterhof bei Leningrad, die Kirche von Alt-Peterhof, davor einen Stacheldraht. Er zeichnete die vermummten, frierenden Soldaten auf Posten, die sich an ihre Gewehre schmiegen. Ein verzerrtes Soldatengesicht unter dem Stahlhelm, Todesangst in den tiefliegenden Augenhöhlen. Und immer wieder skizziert er, wie der Schnee schmilzt und den Blick auf Hunderte Leichenteile und Totenköpfe freigibt. Der Kriegseinsatz hat Gerhard Feuerle nicht nur die Verwundung seines Fußes, sondern auch die Verkrüppelung seines Talents beschert. Durch ihn erhält die Gruppe neue Eindrücke von der Front. Sie sehen, wie jemand durch den Krieg innerlich zerstört worden ist, weil er sich nach Freiheit sehnt. Sie hören, was ihnen droht, wenn sie zur kämpfenden Truppe an die Front versetzt werden.

In diesen Januartagen 1943, während die deutschen Soldaten in ihren Erdbunkern erfrieren, ist Gerhard Feuerle der Verzweiflung nahe. Seine Hand gehorcht ihm nicht. Die Kunst ist ihm keine Hilfe mehr. »Mein ewiger Pessimismus. Die Scholls haben recht. So findet man keinen Ausweg«, beharrt er. So flüchtet er sich ins Varieté, in die Unterhaltung, obwohl Sophie Scholl ihn dafür mit einem missbilligenden Blick bedenken wird.

Nur gelegentlich erlauben sich Hans und Sophie Atempausen. Mindestens ein Wochenende verbringen sie außerhalb von München, im Schnee. Eine kleine Weile Freiheit in den Bergen, in der Natur. Mit ihren Skiern gehen sie auf Tour. Von allen Seiten reflektieren die weißen Hänge das Licht. Wie seit den Kindertagen gelingt es Hans Scholl, in der Natur alles zu vergessen, was ihn belastet: die Verpflichtungen, ihre Aufgabe, das Tempo der Großstadt, die Angst vor Verfolgung und vor dem Scheitern. »Wir sind eben aus dem Gebirge zurückgekommen, braungebrannt und voll neuen Mutes«, schreibt er am 19. Januar 1943 an Otl Aicher. »Am Sonntag kann ich aus Gründen, die ich Dir lieber erzähle als schreibe, nicht aus München wegfahren. Du kommst doch bald! Viele Grüsse! Dein Hans«. Einer der wenigen Briefe aus dieser Zeit, rasch mit Bleistift dahingekritzelt.

Sophie erlebt den Tag völlig anders. »Jetzt liegt Schnee im Gebirge, und die Sonntage verbringen wir in der herrlichen Sonne«, berichtet sie einem Freund aus Ulm. »So geht es uns unverdient gut. Doch wie anders könnte man dies alles erleben, wenn nicht der ewige Druck des Krieges auf einem lasten würde. Oft scheint es mir schwerer zuzusehen, wie andere leiden, als selbst zu leiden.« An vielen Abenden nimmt sie sich die Zeit, um den Freunden an der Front zu schreiben. Unentwegt denkt sie an Fritz in Stalingrad. Von ihm hat sie zuletzt an Weihnachten Post erhalten. Wie mag es ihm gehen?

Während Hitler die Kapitulation der 6. Armee verbietet, beendet die Münchner Studentengruppe gerade die letzten Vorbereitungen für ihre neue Flugblattaktion, voll neuen Mutes. Mindestens vierzehn Tage lang haben sie Adressen herausgesucht, Umschläge beschriftet, im Gartenhaus Flugblätter abgezogen und kuvertiert. Über 6000 Stück – vielleicht sogar 9000.

Dieses Mal wollen Hans, Alexander, Willi und Sophie die Schriften nicht mehr nur in München versenden. Ihr »Aufruf an alle Deutsche!« soll, wie geplant, gleichzeitig in den verschiedensten deutschen Städten auftauchen. Einen Teil versenden sie per Post, einen Teil bringen sie in andere Städte, das ist zwar riskanter, aber erheblich billiger als das Porto auf den weiten

Strecken. Die Kurierfahrten nach Salzburg, Linz und Wien übernimmt Alexander Schmorell, und das trotz der verschärften Kontrollen in den Zügen. Er scheint nicht zu wissen, dass eine weitere Gruppe in Stuttgart Flugblätter absenden soll; dafür ist Sophie verantwortlich. Willi Graf ist in seiner Heimatstadt Saarbrücken unterwegs, ohne seine Eltern aufzusuchen. Er übernimmt die riskantesten Fahrten: ins Rheinland, nach Freiburg und Ulm. Als Soldat bewegt er sich weit außerhalb seines Wehrkreises, wahrscheinlich ist er mit einem gefälschten Urlaubsschein unterwegs. Er trägt Flugblätter bei sich und transportiert sogar eine Hektographiermaschine quer durch Deutschland, auf der weitere Schriften vervielfältigt werden sollen. Zwar bewältigt er alle organisatorischen Probleme, doch eines schafft er nicht: neue Mitarbeiter zu gewinnen.

Während die anderen zu ihren Missionen aufbrechen, bleibt Hans Scholl in München. Sobald Alexander Schmorell aus Wien zurück ist, streuen die beiden mehr als 2000 Flugblätter in der Innenstadt von München aus.

Die Staatspolizeileitstelle München an das Reichssicherheitshauptamt Berlin
Betr. Flugblätter der ›Widerstandsbewegung in Deutschland‹
»*Die Zahl der hier aus der Streuaktion vom 28./29. Januar 1943 erfassten Flugblätter beläuft sich nunmehr auf rund 1300 Stück. Um einen Überblick über die gebietemässige Ausdehnung der Streuaktion innerhalb der Stadtgebiete zu gewinnen, wurde ein Übersichtsplan erstellt. Daraus ergibt sich, das[s] sich der Hauptbahnhof München ziemlich genau im Mittelpunkt der Aktion befindet, bezw. dass sich die Streuaktion von hier etwa in gleicher Ausdehnung in nördlicher und südlicher Richtung erstreckt. Aus dieser Tatsache könnte*

gefolgert werden, dass der oder die Täter mit der Eisenbahn von auswärts kamen (am 27. Januar 1943 traten sie in Wien in Erscheinung) und hier vom Bahnhofe aus mit der Verbreitung der Flugblätter begannen. Um 18,50 u. 0.20 [Uhr] kommen Züge aus Wien an. [...] Nach dem erwähnten maßgerechten Übersichtsplan erstreckte sich die Streuaktion von Norden nach Süden über ein Stadtgebiet von etwa 4,5 km Ausdehnung.

Die gesamte Wegstrecke durch alle in Mitleidenschaft gezogenen Strassen beläuft sich auf etwa 15 – 18 km. Das ausgestreute, d. h. bisher in München erfasste Propagandamaterial hat, aufeinandergeschichtet eine Höhe von 25 cm. Dabei wurde nicht berücksichtigt, dass jedenfalls eine große Anzahl von Flugblätter[n] nicht erfaßt wurden, bezw. nicht zur Ablieferung gelangten. Zur unauffälligen Beförderung der Flugblätter wären demnach mindestens 3 normale Aktentaschen notwendig gewesen. [...] Da den Umständen nach anzunehmen ist, dass es sich im vorliegenden Falle um reisende Täter handelt, die in Zukunft auch an anderen Orten Süddeutschlands in Erscheinung treten, habe ich mit Schreiben vom 1. Februar 1943 die Kriminalpolizei(leit)stellen München, Stuttgart, Karlsruhe, Nürnberg, Augsburg, Regensburg und Würzburg von dem wesentlichen Inhalt der bis jetzt getroffenen Feststellungen verständigt und im Rahmen der Kriegsfahndung (Zugkontrolle) um Mitfahndung gebeten.«

Am Freitag, dem 29. Januar 1943, klingelt der Fernsprecher bei Kriminalobersekretär Robert Mohr im Wittelsbacher Palais, dem Münchner Hauptquartier der Geheimen Staatspolizei. Mohr soll sofort zu seinem Chef kommen! Sein Vorgesetzter, Oberregierungsrat Schaefer, weist ihn auf einen Papierstapel hin. Diese Flugblätter hat man in der Stadt eingesammelt!

Das deutsche Volk, so der Grundtenor der »Hetzschrift«, soll sich angesichts der drohenden Niederlage vom National-sozialismus trennen. Rechtzeitig! Sonst würde dem deutschen Volk dasselbe passieren wie den Juden! Denn die gerechte Strafe komme! Außerdem spielen die Verfasser auf Propaganda-Aussagen an, wie man sie in feindlichen britischen Radiosendern hören kann. Sie plädieren für einen »vernünftigen Sozialismus«, für ein föderalistisches Deutschland, für ein neues Europa. Und sie fordern »Freiheit der Rede, Freiheit des Bekenntnisses, Schutz des einzelnen Bürgers vor der Willkür verbrecherischer Gewaltstaaten, das sind die Grundlagen des neuen Europa«.

Kriminalobersekretär Mohr soll umgehend die Fahndung aufnehmen. Mit mehreren Beamten! Wochenende hin oder her: Die Flugblätter haben für Unruhe gesorgt, daher fordern »die höchsten Stellen von Staat und Partei« eine rasche Aufklärung. »Maßgebende Persönlichkeiten«, erinnert sich der Kriminalobersekretär, werden sich immer wieder nach dem Fortgang der Ermittlungen erkundigen.

Die Staatspolizeileitstelle München an das Reichs-sicherheitshauptamt Berlin
Betr. Flugblätter der ›Widerstandsbewegung in Deutschland‹
»Inzwischen hat sich eine in München wohnende Studentin gemeldet, die einen der Täter am Abend des 28. Januar 1943 um 23 Uhr im Hofraum ihrer Mietgeberin, Kaulbachstr. 24, beim Ausstreuen der Flugblätter gesehen hat und eine verhältnismässig gute Personenbeschreibung abgeben konnte.
Beschreibung: Etwa 40 Jahre alt, 1.70 gross, schlank bis untersetzt, kleiner rundlicher Kopf, etwas lässige Haltung, hellen bis mausgrauen Gabardinmantel – Raglanschnitt – und führt Aktenmappe bei sich, in welcher er die Flugblätter

verwahrt hatte. Diese Personenbeschreibung wurde sofort
den Kriegsfahndungsstellen Süddeutschlands zur Ergänzung
des obigen Fahndungsersuches zugeleitet.«

Nicht im Schutz der Nacht, sondern am helllichten Tag ist
Sophie Scholl unterwegs. Sie streut Ende Januar und Anfang
Februar 1943 die Flugblätter auf parkende Autos und in Telefon-
kabinen, legt sie in den Gängen der Universität aus, steckt sie in
die Mäntel an den Garderoben. Auch in den Büchern aus der
Universitätsbibliothek findet sich der »Aufruf an alle Deutsche!«.

Sie, die einzige Frau innerhalb der Kerngruppe, wagt mehr
als ihre Freunde. Ausgerechnet sie, die während ihrer Diskus-
sionsrunden schweigt, traut sich die gefährlichen Kurierfahrten
zu. Sie verwaltet die Finanzen der Gruppe, darüber hinaus liefert sie ihrem Bruder neue Ideen für die Widerstandsarbeit. In
diesen Tagen denkt sie laut über Wandanschriften nach. Erst
jetzt entsteht zwischen Hans und Sophie Scholl das Verhältnis,
wie wir es aus Büchern und Filmen kennen: die »Geschwister
Scholl« als treibende Kraft der Münchner Widerstandsgruppe.
Sowohl Sophie als auch Hans werden waghalsiger, geben ihre
Deckung mehr und mehr auf.

Das Semester endet in wenigen Tagen. Die 21-Jährige rechnet
fest damit, dass sie wieder zum Kriegshilfsdienst muss. Solange
sie noch in Freiheit ist, will sie ein Zeichen setzen gegen die
Nationalsozialisten, gegen den Krieg.

Die Staatspolizeileitstelle München an das Reichs-
sicherheitshauptamt Berlin
Betr. Flugblätter der ›Widerstandsbewegung in
Deutschland‹
Anlagen: 2 Briefumschläge, 4 Vergleichsbriefumschläge und
10 Flugblätter

»Hinsichtlich der zu Postversand verwendeten Briefumschläge
[…] konnte hier durch Nachfrage in den einschlägigen Fach-
geschäften mit Sicherheit festgestellt werden, dass diese zwei
Formate im Laufe des letzten Jahres in grösseren Mengen von
Münchner Papiergroßhandelsfirmen an Einzelhändler (Fach-
geschäfte) in München, Ober-Niederbayern und Schwaben
verkauft wurden.

Die Briefumschläge aus rosa Papier, Leinenprägung,
Grösse 162 × 112 mm, stammen von der Papiergroßhandlung
Otto Heck in München, Karlstr. 40. […] Die [aus der Kuvertfabrik Pasing] gelieferten 77 000 Briefumschläge, mit Briefpapier in gleicher Farbe, habe er […] an seine Kunden in
Südbayern verkauft, (Kundenliste wird zur Verfügung gestellt): Bemerkenswert ist, dass nach Darstellung des [Firmen-
inhabers] von diesen Briefumschlägen, entweder in der ›Kuvertfabrik Pasing‹, oder auf dem Transport zur Firma Heck
etwa 10 000 Briefumschläge der obigen Art von bis jetzt
unbekannten Tätern gestohlen wurden. Anzeige wurde nicht
erstattet, da die ›Kuvertfabrik Pasing‹ Schadenersatz leistete.
Nachforschungen zur Feststellung der am Transport beteiligten Personen sind eingeleitet.

gez. [Oberregierungsrat Oswald] Schäfer«

Während die Gestapo zu ermitteln beginnt, bereiten die Münchner Freunde die nächste Flugblattaktion vor. Ihr normales Studentenleben wechselt ab mit intensiven Arbeitsphasen, und sie
schwanken zwischen Übermut und Übermüdung, Angst und
Hoffnung. Voll neuen Mutes organisiert Hans Scholl weitere
Gesprächsabende im Atelier. Dass bei diesen Abenden seine
aktuelle und die verflossene Liebe aufeinandertreffen, scheint
für ihn kein Problem zu sein.

Zwar versichert Gisela Schertling, Hans sei sehr abweisend

zu Traute gewesen, doch ungeachtet dessen lädt der Medizinstudent seine Exfreundin zu den gemeinsamen Abenden im
Atelier ein. Und Traute Lafrenz hat weiterhin Kontakt zu Inge,
plant sogar Besuche bei der Familie Scholl in Ulm. Dagegen ist
Gisela dort noch nicht als Freundin vorgestellt worden.

(Nebenbei bemerkt: An den Abenden im Atelier und den
Treffen in der Scholl'schen Wohnung nimmt noch eine andere
junge Frau teil, die sich einer »gewissen Beunruhigung des Herzens« nicht erwehren kann. Willi Grafs Schwester Anneliese ist
ebenso beeindruckt von »dem schönen Hans«, wie sie ihn über
60 Jahre später noch nennt. Der 24-Jährige sei »die Attraktion
dieser Wohnung« gewesen, während Sophie geschwiegen habe.
»Er war ironisch, und zugleich durfte man ihm nicht zu nahe
kommen – das war eine Mischung, die ihn ungeheuer anzie-
hend machte.«)

Auch wenn zwischen Traute und Hans der Kontakt nicht
mehr so innig ist wie im Sommer 1941, verbringt die Medizinstudentin Zeit mit dem Freundeskreis um die Scholls. Mindestens einmal ist Traute dabei, als Sophie Briefumschläge kauft,
und sie weiß über die Flugblattaktionen Bescheid – Gisela nicht.

Voll neuen Mutes regt Hans Scholl die Beschäftigung mit
Literatur an. Genau ein Jahr ist es her, dass sie Paul Claudels
Werk *Der seidene Schuh* mit mehreren Studenten gelesen haben.
Nun soll es am 20. Januar 1943 wieder um Claudel gehen: Der
französische Lektor von der Universität wird sprechen. Er sei
nationalsozialistisch eingestellt; also wird nicht »politisiert«.
(Viel später wird Traute Lafrenz anmerken, gerade bezüglich
dieser Treffen sei ja alles ganz anders gewesen, als man sich das
heute vorstellt.) An diesen Abenden, notiert Sophie, würde sie
oft mehr lernen als aus Büchern oder Vorlesungen. Jeder Tag ist
ausgefüllt.

Sechstes Flugblatt der Münchner Studenten, verfasst von Professor Kurt Huber

»Erschüttert steht unser Volk vor dem Untergang der Männer von Stalingrad. Dreihundertdreißigtausend deutsche Männer hat die geniale Strategie des Weltkriegsgefreiten sinn- und verantwortungslos in Tod und Verderben gehetzt. Führer, wir danken dir!

Es gärt im deutschen Volk: Wollen wir weiter einem Dilettanten das Schicksal unserer Armeen anvertrauen?

Wollen wir den niedrigsten Machtinstinkten einer Parteiclique den Rest unserer deutschen Jugend opfern? Nimmermehr! Der Tag der Abrechnung ist gekommen, der Abrechnung der deutschen Jugend mit der verabscheuungswürdigsten Tyrannis, die unser Volk je erduldet hat.«

Am Abend des 31. Januar 1943 ist Christoph Probst auf der Durchreise in München. Vom Bahnhof aus ruft er Hans Scholl an, erzählt: Vor zehn Tagen ist ihr Mädchen geboren worden. Komm doch vorbei, schlägt der Freund vor, das feiern wir! Er könne bei ihnen übernachten.

Den 23-jährigen Sanitätsfeldwebel hat es »furchtbar mitgenommen und erschüttert«, wie man Tausende von Soldaten »so einfach dem Tode oder der Gefangenschaft preisgegeben hatte«. Vielleicht kann Hans ihn aufmuntern? Etwa eine Stunde sind die beiden Männer allein in der Scholl'schen Wohnung – und ihr Gespräch dreht sich um Stalingrad.

Noch einen Tag zuvor hat Reichsmarschall Göring Stalingrad mit der Schlacht bei den Thermopylen gleichgesetzt. Auch für Deutschland werde es einmal heißen: »Kommst Du nach Deutschland, so berichte, Du habest uns in Stalingrad kämpfen gesehn, wie das Gesetz für die Sicherheit unseres Volkes es befohlen hat!« In den *Münchner Neuesten Nachrichten* ist die

349

»Stunde von Stalingrad« mit einem Entscheidungskampf wie dem »Türkenjahr von Wien« verglichen worden. Wieder und wieder hat Hitler verfügt, dass die 6. Armee ausharren soll – bis zum letzten Mann und zur letzten Patrone. Hat die militärische Führung richtig gehandelt? Christoph zweifelt daran.

Ihnen hat jemand von dort geschrieben, erwidert Hans. In dem Luftpostbrief – er stammt von Sophies Freund Fritz – sei die »Aussichtslosigkeit« im Kessel »in kras[s]ester Weise« geschildert.

Fast zwei Monate ist es her, dass Hans seinen Freund gebeten hat, einen Text mit tagespolitischem Inhalt zu verfassen; damals war die 6. Armee gerade wenige Tage eingekesselt. Nun, als sich im Deutschen Reich die Gerüchte von der drohenden Niederlage im Osten verdichten, hat Christoph tatsächlich etwas aufgeschrieben. Unter dem Eindruck von BBC-Sendungen, die er in der Wohnung seiner Mutter im Radio hört, hat er einen Aufruf an das deutsche Volk verfasst. »Da schau mal an«, sagt er. Hans erwidert etwas Unbestimmtes, nimmt aber das Blatt an sich.

Als Sophie und Elisabeth mit Gisela in die Wohnung kommen, beenden sie ihre Überlegungen. »Politisch wurde überhaupt im Beisein der Mädchen nichts gesprochen.« »Weiter unterhielten wir uns noch über Philosophie und andere belanglose Dinge«, wird Christoph später bei der Gestapo aussagen. Er übernachtet bei Hans, bevor er wieder nach Innsbruck fahren muss.

»Aller Augen richten sich jetzt auf Stalingrad«, notiert auch Lina Scholl an diesem 31. Januar 1943. Während Hans und Sophie Besuch von Christoph haben, schreibt die Mutter in Ulm an ihren Jüngsten nach Russland, an Werner. »Was da gelitten wird, bleibt wohl zeitlich dem Menschen verborgen. Wer aus dieser Hölle herauskommt, u. auch wie, wird wie ein Wunder sein. Wie fest denken wir an Fritz, u. mit welchen Gefühlen.« Ihre Hoffnung als Christin hat sie dennoch nicht verloren: »... er ist trotz allem Leiden fest bei Gott, der wiederum auch ihn nicht verlassen wird. Wie viele Seufzer und Gebete für ihn jetzt zu Gott emporsteigen.«

Zwar fängt die Postprüfungsstelle des Heeres Feldpostbriefe aus Stalingrad ab, in denen die Soldaten über die Zustände im Kessel berichten, aber manche Briefe erreichen die Familien dennoch. Berichte von Fronturlaubern machen die Runde, auch in Ulm. Mutter Scholl notiert für Sophie und Hans, was sie hört. Sie schreibt von Soldaten, die mit ihrem Urlaubsschein von der Ostfront bis nach Warschau gekommen sind, wo es dann »Kommando zurück!« heißt: Alle Urlauber müssen umkehren. Zurück an die Front! Manche Männer hätten geweint. Wer weiß, wie viele nun erfroren sind? Verhungert? Erschossen oder in russischer Gefangenschaft? Sie schreibt von Ulmer Bekannten: In der Kernerstraße, wo die Scholls ab 1932 gewohnt haben, warten acht Frauen auf Nachricht von ihren Männern, die im Osten sind. Keine weiß, ob ihr Partner noch lebt. Ob Werner auf Urlaub nach Ulm kommen kann? Die Mutter hofft es – und korrigiert sich direkt: Jetzt, in der gegenwärtigen Kriegslage, sei das ja so gut wie aussichtslos.

Während die Lage der deutschen Truppen in der Sowjetunion immer kritischer wird, meldet sich der Jüngste der Scholls etwas häufiger als sonst. Zwar erwähnt er die Schneestürme und die furchtbare Kälte, minus 30 Grad, doch grundsätzlich will er seine Familie beruhigen. Er beschreibt die Eisblumen an den Fenstern, berichtet von der kristallenen Kruste aus Reif und Flocken, die alles bedeckt: Bäume, Hütten, Pferde und Menschen. Er erzählt von ihrer Hauptbeschäftigung, dem ewigen Kartoffelschälen! Denn: »Bei uns rührt sich immer noch nichts, was nach Krieg aussehen will.« Mit dem Kommiss würde man am ehesten fertig, wenn man ganz entschieden darauf pfeift. Nur manchmal regt er sich auf über das »Affenstadium« seiner Soldatenkameraden: Diejenigen, die als Kinder mit Bleisoldaten gespielt hätten, hätten auch als Erwachsene kein Herz. In einem Brief schildert er, wie er mit den Skiern durch den unberührten Neuschnee gleitet. Vorbei am Gefangenenlager, wo gerade im Freien ein Pferd geschlachtet worden ist. Die Insassen, blutige Hände, blutige Gesichter, braten das Fleisch. Der Hunger und der Stacheldraht haben sie zu halben Tieren gemacht. Vorbei am Friedhof, wo schon über 2000 Menschen liegen, an Krankheit und Hunger gestorben, »ein paar Massengräber zwischen dem Unterholz«, auf dem Hügel das Kreuz der orthodoxen Kirche. Er habe, steht in Werners Brief nach Hause, ein russisches Liedchen gepfiffen und sei im Schnee zwischen den Bäumen zurück zu ihrer Unterkunft gefahren. Nach dem 4. Februar 1943 wird er den Eltern einen kurzen Gruß schicken, damit sie wissen, dass es ihm gut geht. »Der Eindruck, den Stalingrad auch hier hinterlassen hat, ist ungeheuer. Wie banal diese Katastrophe jetzt ausgeschlachtet wird, ist grauenhaft. Wie gut ist es, dass über dem Vaterland noch Gott und Gerechtigkeit ist, aber auch die Gnade.«

Wie oft ruft Sophie in Ulm bei den Eltern an: Ist Post von Werner da? Habt ihr Nachricht von meinem Freund? Nach und nach kommen die Briefe an, die Fritz im November und Dezember geschickt hat. Jedes Mal versichert Fritz, wie sehr er sie liebe. Sophie soll alle grüßen, »Deine und meine Lieben«, ihre Geschwister und die Freunde, denn er rechnet mit dem Tod. Jeder Brief ist ein Abschiedsbrief.

Brief von Fritz Hartnagel an seine Freundin Sophie Scholl
aus Stalingrad

»Am Morgen griff der Russe dort mit einer Heftigkeit an, die
selbst für unsere Infanteristen ungewöhnlich war. Die Erde
bebte und kochte den ganzen Tag unter dem Artilleriefeuer,
so daß man glauben konnte, es würde kein Leben mehr
übrigbleiben auf diesem Stückchen Erde. Die Verluste waren
auch derart, daß von meinem Bataillon gerade noch die
Stärke einer Kompanie übriggeblieben ist.

So hart und schrecklich diese Tage auch sind, sie machen
mich leicht und frei von allen irdischen Wünschen, wo täglich ihre Vergänglichkeit mir vor Augen steht. Auch der Tod
verliert allmählich seinen Schrecken.«

Brief vom 17. Januar 1943, den Sophie Scholl
am 29. Januar erhält

»Wir haben sehr schlimme Tage hinter uns. Seit acht Tagen
sind wir in ständigem Rückzug auf Stalingrad. Seit acht
Tagen sind wir bei 30 Grad Kälte im Freien gelegen, ohne
eine Möglichkeit uns aufzuwärmen. Mein Btl. [Bataillon]
ist vollkommen aufgerieben.

Ich selbst habe beide Hände erfroren, davon zwei Finger
mit Erfrierungen 3. Grades. Ich war nun eben auf dem Weg
zum Hauptverbandsplatz, um in ärztliche Behandlung zu
gehen. Aber dort werden nur Schwerverwundete angenommen. Nun habe ich endlich einen gastfreundlichen Offz.
gefunden, der mich wenigstens in seinen warmen Bunker
aufgenommen hat. Ich weiß nicht, wie nun alles weitergehen
wird.

Die Lage hier ist ziemlich hoffnungslos. Wenn mich nicht
ein anderes Schicksal ereilt, vor dem ich mit Gottes Hilfe
oft auf wundersame Weise bewahrt worden bin, dann bleibt

vielleicht nur noch die russische Gefangenschaft. […] Sei von
ganzem Herzen und in inniger Liebe gegrüßt, meine liebe
gute Sophie. Grüße Deine Eltern, Deine Geschwister, und
auch um einen Gruß an meine Angehörigen möchte ich Dich
bitten, falls ich nicht mehr dazu kommen sollte. Ich bleibe
Dein Fritz«

Am 2. Februar 1943 läutet bei Hans und Sophie der Fernsprecher: Fritz ist gerettet! Lina Scholl hat dies von Frau Hartnagel
erfahren und will die gute Nachricht gleich an Sophie in München weiterleiten. Zwar hat Fritz Erfrierungen an Händen und
Füßen, doch er ist der Eishölle von Stalingrad entkommen. Erst
eine ganze Weile später wird er an seine Freundin schreiben,
wie er ausgeflogen worden ist: mit einem von drei (!) Flugzeugen, die noch in Stalingradski landen konnten und direkt
wieder starteten. Grausame Szenen spielten sich dabei ab: Die
Verletzten stürmen die Flugzeuge, Schwerverwundete haben
ohnehin keine Chance in der Hektik und dem Chaos. Damit
der Start überhaupt möglich ist, stößt die Flugzeugbesatzung
mit Gewehrkolben durch den offenen Bombenschacht diejenigen herunter, die sich an die Fahrgestelle der Heinkel HE 111
klammern. Fritz wird nach Stalino gebracht, von dort aus in einem Viehwaggon weitertransportiert, durchnässt vom Regen,
eng an eng mit anderen – ohne ärztliche Betreuung. Im Lazarett
von Lemberg amputiert man ihm zwei Finger der linken Hand.
Er wird an diesem Tag 26 Jahre alt.

Vorläufig wird Fritz in einem Sanatorium in Polen bleiben
müssen, denn Stalingrad-Soldaten dürfen nicht ins Deutsche
Reich. Durch ihre Berichte, das vermutet der junge Hauptmann
zu Recht, würde die Bevölkerung wohl noch mehr in Aufregung
versetzt.

Notat von Theodor Haecker

*»Kundgebung. Nun hört man schon deutlicher das Heulen
und Winseln der Dämonen in ihren kraftlosen Phrasen. Es
ist das Keuchen der Amokläufer vor dem Ende. Aufforderung
zum Haß! Die letzte Offenbarung der abgefallenen Geister,
die Logik der Auflösung. Wenn es früher hieß: Ich habe alles
einkalkuliert und vorbereitet, ergo werden wir siegen, so war
das ja auch kein zwingender Schluß; nun aber heißt es:
1) Wird der Krieg verloren, verliere ich meine Herrschaft
2) Meine Herrschaft will ich aber auf keinen Fall verlieren
ergo: gewinne ich den Krieg und da werden vielleicht sogar
einem deutschen Leutnant Zweifel an der Korrektheit dieses
Schlusses kommen, es sei denn, es sei denn er sei sturer An-
hänger der Propagandathese, daß der Krieg von uns längst
gewonnen sei und die andern in ihrer Stupidität das noch
nicht gemerkt haben. Zu unserem großen Glück, fährt diese
mirakulöse Propaganda weiter, und mögen sie noch lange
in dieser Ungewißheit ihrer Niederlage bleiben! Dann reiben
sie sich immer weiter auf und unser Endsieg wird umso
vollkommener sein.«*

Indessen treibt Propagandaminister Goebbels sein Projekt der
»totalen Kriegführung« voran. Auch die Gauleiter sollen die
Mobilisierung der Deutschen befördern – obwohl unter denen
so manche Stimme laut wird, man dürfe der gebeutelten ›Heimatfront‹ nicht zu viel zumuten. »Die Heimat hat kein Recht, in
Frieden zu leben, wenn die Front ungeheure Lasten und Gefahren auf sich nehmen muß«, argumentiert Goebbels für seine
Radikalisierungspläne, für die er beim zehnten Jahrestag der
Machtergreifung in Berlin wirbt. »Sie muß in einem Umfang
aktiviert werden, von dem wir im Augenblick noch keine Vorstellung haben.« Das ganze Reich – so der Plan, den der Minis-

ter mit Hitlers Einverständnis umsetzt – muss wie ein Mann zusammenstehen und in fanatischer Weise für den Endsieg kämpfen, auch wenn die aktuellen Kriegsentwicklungen nicht erfolgreich verlaufen.

»Unter der Hakenkreuzfahne, die auf der höchsten Ruine von Stalingrad weithin sichtbar gehißt wurde, vollzog sich der letzte Kampf. Generale, Offiziere, Unteroffiziere und Mannschaften fochten Schulter an Schulter bis zur letzten Patrone. Sie starben, damit Deutschland lebe.« Das ertönt am 3. Februar 1943 um vier Uhr nachmittags aus den deutschen Volksempfängern.

Wie Hunderttausende deutsche Soldaten ist der Befehlshaber der 6. Armee, Generalfeldmarschall Friedrich Paulus, in russische Gefangenschaft gekommen (Selbstmord, den »ehrlichen Soldatentod«, welchen Hitler und Goebbels von ihm erwartet haben, wählt er nicht). Es zeichnet sich ab, dass der Krieg nicht mehr gewonnen werden kann. Die Deutschen haben das Vertrauen in die Führung verloren – und in den »Führer«. Die Ungewissheit lähmt die Menschen. Sie wissen nicht, wie es weitergehen wird. Die Meldung von der Niederlage bei Stalingrad löst im deutschen Volk »eine Art Schockwirkung aus«, stellt Goebbels fest. Er will die Deutschen auf seine neue Linie einstimmen: Gerade jetzt, im Angesicht der Niederlage, sei doch der totale Krieg auf allen Gebieten »das Gebot der Stunde«. Diese Katastrophe, das beschwört der Propagandaminister, schweiße das Volk enger zusammen. Durch das gemeinsame Leiden, durch den gemeinsamen Hass.

Die Oberstaatsanwaltschaft beim Landgericht München
Mitteilung an das Reichsjustizministerium in Berlin
Betr. ›Staatsfeindliche Umtriebe in München‹
»In der Nacht vom 3. auf 4. Februar 1943 wurden in München

*an mindestens 20 Stellen der Stadt München mit Blech-
schablone und Teerfarbe Inschriften angebracht, die lauten:
›Freiheit‹ oder ›Nieder mit Hitler‹; daneben ist ein durchgestrichenes Hakenkreuz angebracht.*

*Inschriften dieser Art wurden festgestellt an Anschlags-
säulen in der Ludwigstraße, an der Universität, in der
Amalienstraße, in der Gegend der Salvatorstraße und am
Altheimereck. Die Täter sind unbekannt. Die Hauseigen-
tümer wurden angewiesen, die Inschriften zu entfernen.«*

Die Staatspolizeileitstelle München an das Reichs-
sicherheitshauptamt Berlin
Betr. Flugblätter der ›Widerstandsbewegung in
Deutschland‹
*»In der Nacht vom 3./4. Februar 1943 wurde im Stadtgebiet
München an mehreren Stellen an Häuser, Säulen usw. mittels
Schablone und schwarzer Ölfarbe die Hetzparole ›Nieder mit
Hitler‹ in der Größe 25 × 15 cm angeschmiert. Ob diese
Schmieraktion mit der sogenannten ›Widerstandsbewegung
in Deutschland‹ in Verbindung gebracht werden kann, steht
vorerst nicht fest.«*

Sonnig und warm ist der Morgen nach der Stalingrad-Nach-
richt. Es fühlt sich an, als ob der Frühling kommt. Schau mal,
macht Hans seine Freundin auf einige Wandanschriften aufmerksam, als sie in die Stadt gehen. Er betrachtet sie »sehr bei-
fällig«, schweigt aber dann.

Auch die Medizinstudentin Traute Lafrenz liest die Parolen,
als sie zu ihren Vorlesungen geht. Sogar am Haus der Reichsleitung der NSDAP steht: »Nieder mit Hitler«, und das in der
»Hauptstadt der Bewegung«! Überall sind Männer und Frauen
beschäftigt, die Farbe mit Kratzeisen, Scheuerbesen und Klebe-

streifen zu entfernen, mehr oder weniger eifrig. Da kommt Hans mit großen Schritten auf Traute zu. An den Leuten, die auf den Schriftzug an der Universität deuten – »Nieder mit Hitler«, immer wieder –, geht er einfach vorbei. Vorbei an den Reinemachefrauen, vorbei an deren Eimern, an den Besen und Bürsten, und sie sieht ihn lächeln. Den Eingang zur Universität säumt links und rechts ein Wort: »Freiheit«. Jeder, der heute ins Gebäude geht, muss hindurch.

»Habt ihr das schon gesehen?«, ruft ihnen ein Student aufgeregt zu. In dem Moment lacht Hans laut heraus. »Nein, was ist denn?«, entgegnet er. Das nervöse Herausplatzen, die Übermüdung. »Er hielt sich schlecht in der letzten Zeit«, findet Traute. Plötzlich fügt sich für die Medizinstudentin einiges zusammen. Sie ahnt, dass Hans es nicht bei den Flugblattaktionen belassen hat. »Und von dem Moment fing ich an, wahnsinnige Angst um ihn zu haben.«

Es ist Zeit. Sie brauchen Kontakte ins Ausland! Bei dem Buchhändler Söhngen dringt Hans Scholl darauf, dass dieser Verbindungen nach Italien herstellen soll, wenn möglich noch in andere Länder.

Sie müssen neue Mitstreiter in anderen Städten finden! Willi Graf soll ein Fechtturnier organisieren, im persönlichen Gespräch werden sie die Freunde bestimmt überzeugen können! Ein Kommilitone soll für Hans den Kontakt zu dem Freiburger Historiker Gerhard Ritter herstellen, dessen Buch *Machtstaat und Utopie* ihn beeindruckt hat.

Wir brauchen Kontakte zu anderen Gruppen! Wahrscheinlich soll über Professor Huber der Kontakt zum Widerstandskreis um Pater Alfred Delp hergestellt werden, doch dies verschiebt sich immer wieder.

Gemeinsam mit Alexander Schmorell, Willi Graf und Sophie Scholl stellt Hans das fünfte Flugblatt her, und sie verbreiten es in mehreren tausend Exemplaren.

Für Hans Scholl rauscht der Februar wie im Fieberwahn vorbei. Jedenfalls wirken die Berichte so, als fände in München ein Ein-Mann-Bühnenstück statt – mit dem 24-Jährigen in der Hauptrolle und wechselnden Besetzungen als Statisten. Wie viel davon ist wahr? Er selbst schweigt – und die meisten Verhörprotokolle entstehen erst, als Hans bereits hingerichtet ist. Wer konnte, belastete die toten Freunde, um sich selbst zu entlasten.

Einerseits versucht Hans Scholl, ihren Widerstand auf eine breitere Basis zu stellen, andererseits treiben sie die Aktionen in München voran, vor Ort. An einem Morgen kommt Geyer zum Frühstück in die Scholl'sche Wohnung, wie immer von Dienstag bis Freitag, wenn er in München arbeitet. Er wundert sich, weil Geschirr und Speisereste herumstehen, auch Weinflaschen. Sophie ist in Ulm und kann sich nicht um den Haushalt kümmern, doch so etwas hat er bisher nie gesehen. Als er Hans darauf anspricht, verteidigt dieser sich: Sie hätten nachts noch in die Frauenklinik gemusst, zu einem medizinischen Notfall. Und Alexander habe danach noch etwas mit ihm gegessen.

Während der ersten Flugblattaktionen von Hans und Alex, im Sommer 1942, hat Theodor Haecker eine Lesung abgehalten. Nun liest er wieder, während neue Aktionen vorbereitet werden. Am 4. Februar sind ungefähr 25 Bekannte anwesend, darunter viele, die uns bereits begegnet sind. Neben Hans und Sophie deren Schwester Elisabeth aus Ulm, Willi Graf und seine Schwester Anneliese, der Buchhändler Josef Söhngen, der Ulmer Maler Wilhelm Geyer, wahrscheinlich auch Josef Furtmeier, den Sophie den »Philosophen« nennt, und Harald Dohrn, der Schwiegervater von Christoph Probst, mit dem die Studenten über die Verpflichtung der Kirche und die Verpflichtung des Einzelnen diskutiert haben.

Susanne Hirzel aus Ulm, Sophies Freundin aus Kindertagen, ist verhindert. Grogo, der bei der Silvesterwoche auf der Skihütte dabei gewesen ist und an den *Windlicht*-Rundbriefen mitgearbeitet hat, ist gekommen. Ebenfalls dabei: der Buchhändler Josef Rieck aus Aulendorf, der die Versandbuchhandlung in Oberschwaben betreibt; auch er hat im Sommer 1942 die ersten vier Flugblätter zugesandt bekommen. Der Verleger Dr. Ellermann, der bereits während ihrer Diskussionen vom Sommer 1942 anwesend war (Hans Scholl hatte ihn als Verleger für Geyers Werke gewinnen wollen). Der französische Lektor, der einige Tage zuvor über Claudel gesprochen hat. Nach Haeckers Lesung bleiben einige Leute noch länger; sie trinken Wein, reden. Auf einmal schläft Hans ein – Sophie lächelt und macht eine ironische Bemerkung über die gestrige Nacht. Daraufhin wird dem Maler Geyer schlagartig klar, wer ein paar Stunden zuvor die Parolen in München an die Wände gemalt hat.

»Freiheit!«

Das haben sie im Schutz der Dunkelheit an die Wände geschrieben.

Freiheit für alle Jugendlichen, die nicht studieren dürfen. Für alle, die im Reichsarbeitsdienst festhängen, beim Kriegshilfsdienst schuften müssen.

Freiheit für die Mädchen und Jungen, die in den HJ- und BDM-Schulungen »narkotisiert« werden.

Freiheit für die Schriftsteller, die nicht schreiben dürfen. Für die Verlagsleiter, deren Verlage geschlossen worden sind. Für die Mitarbeiter in den Redaktionen, deren Zeitschriften verboten worden sind. Für die Beamten, die man des falschen Parteibuchs wegen entlassen hat. Freiheit für diejenigen, denen Berufsverbot droht, die wegen Heimtücke, Rundfunkverbrechen und bündischer Umtriebe im Gefängnis sind.

Freiheit für die Juden. Für diejenigen, die mit einem Juden

oder einer Jüdin verheiratet sind. Für deren Kinder, die »Mischlinge«, die zwangssterilisiert werden sollen.

Freiheit für die Soldaten, die in den Unterkünften kaserniert sind. Die im Militär nur eine Nummer sind, sonst nichts. Für die Soldaten, die in Stalingrad erfrieren müssen.

Freiheit für alle, die ins Exil gehen mussten.

Freiheit für die Studenten. Freiheit der Lehre! Für die Dozenten, denen ihre wissenschaftliche Karriere versagt geblieben ist, weil sie die falsche politische Einstellung haben.

Freiheit für die Zwangsarbeiter, die aus den eroberten Ländern nach Deutschland verschleppt worden sind und hier für die Deutschen schuften müssen.

Freiheit für die Ärzte, die keine Approbation erhalten haben, die keinen Doktor machen durften.

Für die Juden und alle anderen, die in den Lagern, Irrenanstalten und Gefängnissen einsitzen, denen die Gaskammern drohen.

Freiheit für die Völker, die unter dem deutschen Eroberungskrieg leiden.

Auf ihre Flugblattaktion haben sie keinerlei Rückmeldung erhalten. Hans Scholl vermutet, dass die Post vieles abgefangen hat, und er beschließt: Dann wollen sie andere Wege finden, um ihre Botschaft zu verbreiten! Und so hat Alexander Schmorell Teerfarbe besorgt, eine Schablone angefertigt. »Nieder mit Hitler«, daneben ein durchgestrichenes Hakenkreuz. Einen Pinsel und grüne Teerfarbe haben sie sich in Eickemeyers Atelier genommen. Als sie losziehen wollten, tauchte Willi Graf auf. Der stille Saarländer, der eigentlich immer gebremst hat. (Wieder weiß Alexander nicht, dass Hans Willi eingeweiht und zur Mitarbeit aufgefordert hat.)

Andere, wenige Münchner werden ebenfalls Parolen an die Wände kritzeln, mit Kreide, mit Farbstiften. In roter Schrift steht »Nieder mit Hitler« an der Dresdner Bank. Immer wieder »Nieder mit Hitler« und »Freiheit«, sogar am Braunen Haus der Nationalsozialisten.

Mitten in der Nacht vom 8. auf den 9. Februar 1943 kommt Hans Scholl nach Hause. Er geht ins Badezimmer, wäscht sich die Hände, schrubbt die Arme sauber, bis die Farbe endlich entfernt ist. Seine Freundin ist aufgewacht!

Sie sind allein im Gartenhaus. Sophie pflegt in Ulm ihre erkrankte Mutter, Hans' Schwester Elisabeth hat sich nach ihrem Besuch wieder auf den Heimweg gemacht, und es ist gerade einmal kein Übernachtungsgast anwesend.

Ist dies der Moment, da sich Gisela beschwert? Hans hat ihr doch versprochen, dass sie jeden Sonntag Ski fahren! Sie könnten verreisen, solange Schnee liegt. Nur für ein paar Tage. Nur sie beide. Schließlich hat sie doch am 9. Februar Geburtstag!

Ausgerechnet jetzt fragt sie danach, in der heißen Phase der Widerstandsaktivitäten. Der 24-Jährige hat absolut keine Zeit für Zweisamkeit. Dann werde sie eben allein verreisen, beharrt Gisela. Doch als Hans sie bittet zu bleiben, »er würde es schon irgendwie einrichten«, bleibt sie bei ihm.

Zweimal treffen sich die Münchner Studenten – nur die Männer – mit Dr. Falk Harnack, der ihnen helfen soll, Widerstandskontakte nach Berlin zu knüpfen. (Die Angaben von Harnack können nicht durch zweite Angaben überprüft werden; alle seine Gesprächspartner sind hingerichtet worden.) Sie sprechen über weitere Flugblattpläne, wahrscheinlich machen sie auch ein Treffen in Berlin aus. Klaus und Dietrich Bonhoeffer könnten ihnen Kontakte zum militärischen Widerstand vermitteln … Auf einmal hören sie ein Geräusch.

Wer ist denn noch in der Wohnung?, will Harnack wissen. Sollten etwa »Unberufene« ihr Gespräch belauscht haben?

Das ist nur meine Freundin, erwidert Hans Scholl. Hören könne sie bestimmt nichts!

Für ein zweites Gespräch bitten die Studenten Professor Huber hinzu. Die Diskussionen werden bald konkret: Wie könnte es nach dem Sturz der Nazis weitergehen? Welche Regierungsform böte sich an? Welche Wirtschaftsform? (Falk Harnack wird später notieren: »Ausgesprochen entsetzt aber war ich von der Leichtsinnigkeit, mit der sie ihren illegalen Kampf führten. So befanden sich in der Wohnung in der Franz-Joseph-Straße nicht nur die Manuskripte der Flugblätter, der Abzugsapparat, die Adressenverzeichnisse, sondern gleichzeitig traf sich hier der Münchner Freundeskreis fast täglich.«) Ärgerlich verlässt der Professor das Treffen, weil ihm Harnacks und Alexanders Vorschläge zu kommunistisch scheinen.

Später kehrt er zurück: Er hat nun doch einen Flugblatttext verfasst. Und zwar, wie Hans ihm einmal vorgeschlagen hat, aus der Perspektive eines Studenten, der die Zwangserziehung der Nazis durchlaufen hat: Hitlerjugend, Arbeitsdienst, Wehrdienst, Pflichtdienste. Der Text müsste viel aggressiver sein, meinen die Studenten beim ersten Durchlesen. Und überhaupt: »Stellt Euch in die Reihen unserer herrlichen Wehrmacht«: Das muss gestrichen werden!

Das letzte Mal hatten Huber und Hans die Vorschläge von Alexander abgelehnt, dann einen grundsätzlich neuen Text formuliert. Nun ist es umgekehrt: Professor Huber verlässt die Wohnung. Machen Sie damit, was Sie wollen, soll er gerufen haben. Hans und Alex streichen den Absatz mit der Wehrmacht – und vervielfältigen das Flugblatt. Zeichnen sich hier Differenzen innerhalb der Gruppe ab? Auch Willi Graf verschwindet für ein paar Tage zum Bergwandern und Skifahren, während Hans und Alexander weiterarbeiten.

An einem dieser Abende betritt Gisela das Zimmer ihres

Freundes. Auf dem Schreibtisch befinden sich gefaltete Blätter, daneben beschriftete Kuverts. Der Vervielfältigungsapparat steht ebenfalls noch herum.

»Da du die Sachen nun einmal hier liegen siehst, muss ich dich doch davon unterrichten«, sagt Hans zu ihr. Diese Flugblätter wollen sie an die Studenten versenden und in der Universität auslegen. Die Wandanschriften in der Stadt hat Gisela ja schon gesehen. Die stammen auch von ihnen. Aber wenn die Polizei sie verhören sollte, dann darf sie unter keinen Umständen etwas sagen! Gisela soll einfach behaupten, dass sie überhaupt nichts weiß!

»Das ist ja furchtbar radikal und scharf«, wendet sie ein, als sie eines der Flugblätter liest, »richtig zum Fürchten!«

Sie könne das nicht beurteilen, soll Hans geantwortet haben. Später sagt Gisela: »Ich wusste auch, dass es völlig sinn- und zwecklos gewesen wäre, wenn ich es versucht hätte, Hans Scholl von der Absicht, die Flugblätter zu verbreiten, abzubringen.« Und sie hilft ihm, die Papierstöße im Schreibtisch zu verstauen.

»Kommilitoninnen! Kommilitonen!«, appelliert das Flugblatt an die Studenten. Sie sollen *con-milites*, ihre Mitstreiter, werden im Kampf gegen den Nationalsozialismus. Es ist keinen Monat her, dass die Münchner Studenten bei einer Rede des Gauleiters Paul Giesler aufbegehrt haben: Als dieser Stimmung machte gegen die Frauen unter den Studenten – sie drückten sich vor ihren eigentlichen Aufgaben wie dem Kinderkriegen –, verließen einige den Saal. Anschließend war es zu Verhaftungen und Schlägereien mit dem Aufsichtspersonal gekommen.

Potenzial zum Aufruhr, das glauben Hans Scholl und seine Freunde, ist bei den hiesigen Studenten also vorhanden. Willi hat keine weiteren »Außenstellen« in anderen Städten einrichten können, und nun liefert Huber ihnen einen Textentwurf, der sowohl auf die Situation der Münchner Studentenschaft zutrifft als auch Stalingrad behandelt. Sich erst einmal auf München zu konzentrieren scheint also nur folgerichtig.

München, den 11. Februar 1943

Die Staatspolizeileitstelle München an das Reichssicherheitshauptamt Berlin (nachrichtlich an sämtliche süddeutschen Staatspolizei(leit)stellen, einschliesslich Ostmark, sowie Staatspolizeistelle Frankfurt/Main und SC-Leitabschnitt München.)

»Geheim! Eilt sehr!

Betreff: Hochverräterische Umtriebe in München. Die im Stadtgebiet München am 4. Februar 1943 unter Beteiligung aller verfügbaren Stapo- und Kriminalbeamten und unter Einschaltung der Ordnungspolizei, Bahnpolizei usw. durchgeführte Grossfahndung nach [...] dem Flugzettelverteiler ist ergebnislos verlaufen. [...]

Auf das Inserat, das am 5. Februar 1943 in die im Stadtgebiet un[d] in verschiedenen Orten Oberbayerns erscheinenden Zeitungen eingerückt wurde und das die Bevölkerung unter Bekanntgabe der Täterbeschreibung und unter Aussetzung einer Belohnung von 1000 R[eichsmark] zur Mitfahndung nach einem ›Gewaltverbrecher‹ aufforderte, liefen sieben Meldungen ein, von denen sechs von vornherein als unbrauchbar ausschieden. Ein aufgrund einer dieser Meldungen festgenommener Tscheche musste nach Überprüfung entlassen werden. [...] Sämtliche Inhaber hiesiger Hotels, Gasthöfe, Fremdenheime usw. sind durch ein Rundschreiben zur Mitfahndung unter Einschaltung des gesamten Personals veranlasst worden. Die Überholung der Hotelpassantenzettel, die Ermittlungen mit den Reisebüros, beim Adressbuchverlag udgl. führten bisher zu keinem Ergebnis. [...]

Die Schmierereien ›Nieder mit Hitler‹ und ›Freiheit‹ sind
neuerdings in der Nacht vom 8./9. Februar 1942 am Universi-
tätsgebäude angebracht worden. Bei sämtlichen Schmierereien
wurde die gleiche Ölfarbe, diesmal in Grün, verwendet, so-
dass bei beiden Schmierereien der oder die gleichen Täter am
Werke waren. Die chemische Untersuchung der benützten
Ölfarbe wurde veranlasst. Da es der oder die Täter offenbar
gerade auf das Universitätsgebäude abgesehen haben, wurde
dieses unter entsprechende Bewachung gestellt.

Anhaltspunkte dafür, dass die [...] geschilderten Vorgänge
nicht nur zeitlich zusammenfallen, sondern organisatorisch
in einem Zusammenhang stehen, bestehen zunächst nicht. [...]
gez. [Oswald Schäfer]«

Nach den anstrengenden Tagen verbringen Gisela und Hans
endlich wieder einmal einen Tag zu zweit. Am Sonntag schlafen
sie aus, und erst nach zehn Uhr brechen sie zu einem Spaziergang im Englischen Garten auf. Im Seehaus am Kleinhesseloher
See essen sie zu Mittag. Anschließend fahren sie nach Grünwald
hinaus, um in der Natur zu wandern. Die Luft ist herrlich, fast
frühlingshaft, und sie genießen die Stunden. Um 19.30 Uhr geht
es zurück nach München, noch einmal essen die beiden in einer
Gaststätte, bevor sie zum Bahnhof aufbrechen müssen: Sophie
kommt an diesem Abend aus Ulm zurück und erzählt von ihrem Aufenthalt dort, also ist es mit der Zweisamkeit vorbei.

Zehn Tage lang hat Sophie die kranke Mutter gepflegt (sie
und Inge litten unter Brechdurchfall), im Haushalt geholfen, mit
Ton modelliert. Jeden Abend hat sie am Klavier gespielt und
dazu gesungen, weil sie findet, »dass man das muss«. Die Lage
daheim hat sich seit Weihnachten nicht gerade entspannt: Die
Mutter sorgt sich um Werner, und der Vater findet nachts keinen Schlaf wegen der Entwicklung an der Ostfront. Zwar ist

das drohende Berufsverbot gegen ihn erst einmal bis zum Juli vertagt worden. (»Was kann bis dahin nicht alles anders sein!«, hat Carl Muth dies in seiner typischen Art kommentiert und wieder auf das bald erwartete Kriegsende verwiesen.) Doch angesichts der Totalisierungsmaßnahmen ist unsicher, ob Robert Scholls Firma als »kriegswichtig« eingestuft wird oder ob er schließen muss und für irgendeine Bürotätigkeit eingeteilt wird.

Sophie hat den Eltern auch von den Freiheitsparolen berichtet und dem Vater ein Flugblatt gezeigt – natürlich ohne ihre Beteiligung zu erwähnen! Er sei sehr beeindruckt gewesen. Erneut habe sie ihren Bruder in Schutz nehmen müssen, weil dieser in München geblieben sei. »Hans kann nicht, es sei so strenger Dienst und Kontrolle«, rekapituliert die Mutter. Er hat eine Taufe verpasst, für die Lina Scholl extra gebacken hat. Wenigstens hat sie etwas Kuchen mitgeschickt.

Während Sophie sich daheim um Haushalt und Krankenpflege gekümmert hat, hält sich Inge für einige Tage in München auf. Zusammen mit Otl Aicher hat sie Carl Muth und Theodor Haecker besucht. Ein Treffen mit Hans ist nicht zustande gekommen. Der hatte für einen Abend Konzertkarten besorgt, wie er Inge am Telefon sagt. Nun sei er eben allein hingegangen, und am Nachmittag könne er nicht; er habe etwas Dringendes vor. »Aber das nächste Mal«, bittet er, »wenn du wieder nach München kommst, mußt du bei uns wohnen und einmal so recht unser Gast sein, hörst du! Übrigens sehen wir uns ja bald daheim. Ich muß einmal wieder nach Hause.« Herzlich klingt er, fast jungenhaft, findet die 25-Jährige. Es sind die letzten Worte, die sie von ihrem Bruder hört.

Gemeinsam vervielfältigen die Studenten Professor Hubers leicht veränderten Text, bereiten den Versand vor. Wie zu besten Trabantenzeiten füllen sie ihre Rucksäcke, ziehen nachts los, nur dass sie jetzt ihre Flugblätter tragen. Wenn Gisela sie stört, schickt Hans sie fort: Sie soll sich doch mit ihrem Studium beschäftigen. Wir gehen Flugschriften einwerfen, sagt Hans in der Nacht vom 15. auf den 16. Februar 1943 zu Sophie. Dann malen er und Alexander Parolen an die Wände.

»Nieder mit Hitler«, streicht der Halbrusse zwischen zwei Schaufenster der Firma Hugendubel in der Salvatorstraße, und Hans Scholl schreibt in großen Buchstaben: »Massenmörder Hitler«. Die Nacht ist sehr hell gewesen – hat sie jemand gesehen?

Am frühen Abend des 16. Februar läutet es am Eingang des Gartenhauses in der Franz-Joseph-Straße. Hans und seine Schwester wagen es nicht, die Tür zu öffnen. Im Dunkeln stehen sie gemeinsam im Flur. Plötzlich drückt jemand die Klinke herunter. »Ach, es ist ja Herr Geyer«, sagt Sophie erleichtert. Sie knipsen das Licht an. Ob der Maler schon zu Abend gegessen hat? Zu dritt gehen sie in ihre Stammkneipe, und Wilhelm Geyer empfindet die Stimmung als unruhig-gespannt. Wieder einmal dreht sich das Gespräch darum, was nach den Nationalsozialisten kommen solle. »Wenn die Geschichte vorbei ist, mache ich eine freie Presse«, beschließt Hans, »und Sie werden Präsident der Akademie!«

Der Medizinstudent besucht Herrn Söhngen, anschließend übernachtet er bei Gisela. Im Atelier geht Geyer spätabends in den Keller und holt sich Kohlen, damit er es in der Nacht warm hat. Die Schablonen und die Farbe, die dort versteckt sind, sieht er im flackernden Kerzenschein nicht.

Hans und Sophie sind in ständiger Bewegung zwischen Atelier und dem Gartenhaus. Dazwischen essen sie mit Gisela oder dem Maler Geyer in einem ihrer Stammlokale, zumeist im Bodega in der Theatinerstraße oder im Seehaus im Englischen Garten. Sophie trifft Otl Aicher, der in München Urlaub macht, sie gehen spazieren. Sophie und Alexander Schmorell besuchen Konzerte.

Kannst du mir ein paar Mark leihen, will Hans von seiner Freundin wissen. Er möchte nach Stuttgart fahren (wahrscheinlich zu Eugen Grimminger, um neues Geld zu beschaffen). Hans, Sophie und Alexander kaufen neue Briefmarken, werfen Kuverts in diverse Briefkästen. Einmal ist Gisela dabei, sie hält für Sophie die Verschlussklappe auf. Sie ahnt, was in den Umschlägen ist. Sophie erwähnt es mit keinem Wort, und Gisela fragt nicht. Ihre stille Abmachung, nicht über Politik zu reden, hält sie sowohl bei Hans als auch bei Sophie durch, ihrem Freund und ihrer besten Freundin in München. Ändern kann sie ohnehin nichts.

München, den 17. Februar 1943

Gutachten von Professor Richard Harder

»Vor einigen Stunden wurden mir zwei Flugblätter übergeben. Im Interesse der Beschleunigung der Untersuchung stelle ich sofort zusammen, was eine geisteswissenschaftliche Untersuchung in der Kürze der Zeit ergeben konnte. […] Die beiden Machwerke zeigen ein außergewöhnlich hohes Niveau. Es spricht ein Mensch, der die deutsche Sprache vollends meistert, der seinen Gegenstand bis zur letzten Klarheit durchdacht hat. Der Mann weiß genau, was er will; er verfügt über detaillierte Kenntnisse. Er ist ein Deutscher. Und zwar nicht Emigrant, sondern ein Deutscher, der seit Jahren bis heute die politischen Ereignisse hier im Lande miterlebt. Er ist genauestens über die politischen und personalen Verhältnisse orientiert, insbesondere in München. […] Ferner kennt er genau die Personalverhältnisse an der Universität.«

»Ich bezeichnete den Verfasser als Intellektuellen. Das kommt in dem neuen Material wieder deutlich heraus. Der

Verfasser bringt weithin unbekannte Zitate von Goethe und Schiller; ferner Novalis, Aristoteles, Laotse. [...] Der Verfasser schreibt einen hervorragenden deutschen Stil, wie ihn nur ein Mensch schreiben kann, der in längerem Umgang mit deutscher Literatur steht, also vermutlich entweder ein Geisteswissenschaftler oder ein Theologe. Zusammenfassend stellt sich der Verfasser als ein begabter Intellektueller dar, der seine Propaganda auf akademische Kreise, insbesondere die Studentenschaft abstellt. Trotz eines gewissen Schwungs der Sprache und der Entschlossenheit des politischen Wollens sind seine geistigen Erzeugnisse aber letzten Endes Schreibtischprodukte; [...] dazu ist ihre Sprache zu abstrakt; sie will (und kann) in breiteren Kreisen der Soldaten oder Arbeiter keinen Widerhall finden.«

Das sechste Flugblatt, verfasst von Professor Kurt Huber mit Änderungen Hans Scholls
»Kommilitoninnen! Kommilitonen!
[...] Im Namen des ganzen deutschen Volkes fordern wir vom Staat Adolf Hitlers die persönliche Freiheit, das kostbarste Gut der Deutschen zurück, um das er uns in der erbärmlichsten Weise betrogen hat.

In einem Staat rücksichtsloser Knebelung jeder freien Meinungsäußerung sind wir aufgewachsen. HJ, SA und SS haben uns in den fruchtbarsten Bildungsjahren unseres Lebens zu uniformieren, zu revolutionieren, zu narkotisieren versucht. ›Weltanschauliche Schulung‹ hieß die verächtliche Methode, das aufkeimende Selbstdenken und Selbstwerten in einem Nebel leerer Phrasen zu ersticken. Eine Führerauslese, wie sie teuflischer und zugleich borbierter nicht gedacht werden kann, zieht ihre künftigen Parteibonzen auf Ordensburgen zu gottlosen, schamlosen und gewissenlosen Ausbeu-

tern und Mordbuben heran, zur blinden, stupiden Führergefolgschaft. Wir ›Arbeiter des Geistes‹ wären gerade recht,
dieser neuen Herrenschicht den Knüppel zu machen. [...] Es
gibt für uns nur eine Parole: Kampf gegen die Partei! Heraus
aus den Parteigliederungen, in denen man uns politisch
weiter mundtot halten will! Heraus aus den Hörsälen der
SS-Unter- und -Oberführer und Parteikriecher! Es geht uns
um wahre Wissenschaft und echte Geistesfreiheit! Kein Droh-
mittel kann uns schrecken, auch nicht die Schließung unserer
Hochschulen. Es gilt den Kampf jedes einzelnen von uns um
unsere Zukunft, unsere Freiheit und Ehre in einem seiner
sittlichen Verantwortung bewußten Staatswesen.

Freiheit und Ehre! Zehn lange Jahre haben Hitler und seine
Genossen die beiden herrlichen deutschen Worte bis zum
Ekel ausgequetscht, abgedroschen, verdreht, wie es nur Dilettanten vermögen, die die höchsten Werte einer Nation vor
die Säue werfen. Was ihnen Freiheit und Ehre gilt, das haben
sie in zehn Jahren der Zerstörung aller materiellen und geistigen Freiheit, aller sittlichen Substanz im deutschen Volk
genugsam gezeigt. Auch dem dümmsten Deutschen hat das
furchtbare Blutbad die Augen geöffnet, das sie im Namen
von Freiheit und Ehre der deutschen Nation in ganz Europa
angerichtet haben und täglich neu anrichten. Der deutsche
Name bleibt für immer geschändet, wenn nicht die deutsche
Jugend endlich aufsteht, rächt und sühnt zugleich, ihre Peini-
ger zerschmettert und ein neues geistiges Europa aufrichtet.
Studentinnen! Studenten! Auf uns sieht das deutsche Volk!
[...]

Unser Volk steht im Aufbruch gegen die Verknechtung
Europas durch den Nationalsozialismus, im neuen gläubigen
Durchbruch von Freiheit und Ehre!«

Parallel zu den Flugblattvorbereitungen machen sich Hans Scholls Mentor Carl Muth und sein jüngerer Freund Otl Aicher Gedanken um den Freund. Ein Brief verrät, welches Ziel sie sich setzen: Nachdem sie die Scholl-Geschwister mit den Werken katholischer Autoren vertraut gemacht haben, wollen sie die ganze Familie für den katholischen Glauben gewinnen.

Mit Wilhelm Geyer aus Ulm, der ihn derzeit malt, spricht Muth über die Scholls: »Der Vater ist ein fortschrittsgläubiger Rationalist, von gutem Herzen und ebenso untadeligem Charakter«, resümiert der Professor seltsam kühl, »aber weit vom Verstehen seiner Kinder entfernt. Die Mutter ist mit ihrer frühen Jugend und dem Diaconissenleben noch so verknüpft, daß es noch große Erschütterungen braucht, wenn sie den Kindern folgen wollte, falls diesen die Gnade der Heimkehr zur *Una Sancta* zuteil würde.« Zu der Einen Kirche – der katholischen. Inge sei noch am ehesten zu einem solchen Schritt bereit, glaubt Geyer. Und Muth notiert: Sophie sei für ihn immer etwas undurchschaubar, »Hans ist bis jetzt nur mit dem <u>Kopf</u> soweit, das Herz folgt noch nicht.«

Wie könnte man Hans Gott näherbringen? Diese Aufgabe hatte sich die Älteste der Scholl-Geschwister, Inge, im Herbst 1941 gestellt. Sie und Otl Aicher haben den Kontakt zu Professor Muth in die Wege geleitet. Daraus ist eine intensive Beschäftigung mit den Werken katholischer Intellektueller entstanden. Viele davon sind selbst erst spät zum katholischen Glauben konvertiert.

Auch Inge möchte in diesen Wintertagen wieder auf Hans' Entwicklung einwirken. Doch das sei schwierig: Die große Unfähigkeit, seine Seele zu öffnen, verberge ihr Bruder hinter einer Gewandtheit und einem Schwung. »Die meisten Menschen, die sich so sehr von ihm angezogen fühlen, lieben gar nicht das, was an Hans das Liebenswerteste ist: seine Seele«, glaubt sie.

»Daher seine Verletzbarkeit, seine Wanderungen von Mensch zu Mensch und vielleicht: eine große Einsamkeit inmitten von einem Schwarm von Freunden und Bewunderern.« Sie appelliert an Otl Aicher und an sich selbst: »Man muss ihn lieben ohne Resignation (o, nun manchmal versage ich hier), indem man ihm zeigt, wie sehr man ihn, seine Seele, braucht, denn er hat eine große Hingabefähigkeit [...]. Ich möchte seine ganze Unstetigkeit, Unruhe, Zerstreutheit sammeln in meiner Liebe.« Zugleich betont sie, man müsse Hans manchmal in die Enge treiben, damit er sich zu etwas entschließt!

Was immer Inge, Otl Aicher und Carl Muth für den 24-Jährigen planen: Hans Scholl ist ihnen längst entglitten. Sein Ringen um Gott richtet sich nicht nach innen, sondern nach außen. Er hat sich entschieden zu handeln.

Während der Monate an der Ostfront hat er auf der einsamen Ebene Gott gegenübergestanden und sich für die Widerstandsarbeit entschieden. Zurück in Deutschland, hat sich eine Gruppe von Freunden um ihn geschart, die die Sehnsucht nach Freiheit teilen. Seinen Schwung und seine Gewandtheit nutzt er, um ihren Kreis zusammenzuhalten und zu vergrößern. Seine große Hingabefähigkeit hat er in die Flugblätter gesteckt. Die Unruhe, Unstetigkeit, Zerstreutheit verwandeln sich in neue Ideen gegen die nationalsozialistische Diktatur, die Hans in beinahe aktionistischer Weise plant. Sein Schwung, seine Gewandtheit, seine Hingabefähigkeit fließen, wie auch seine Unruhe, in die illegalen Aktionen der Münchner Freundesgruppe.

Seit den Januartagen denkt Alexander Schmorell über eine Flucht nach. Stets trägt er sein ganzes Geld bei sich, und ihn quält die Unruhe. »Ob es aber das Richtige ist?«, notiert Willi Graf. »Manchmal glaube ich es, manchmal zweifle ich daran ...« Als sie mit den Planungen begannen, schrieb Sophie Scholl, sie habe diese Angst in sich, nichts als Angst. Es sei erschreckend lächerlich, »wenn ein Versinkender, anstatt um Hilfe zu rufen, beginnt, über irgendein wissenschaftliches, philosophisches Thema sich auszulassen, dieweil die unheimlichen Schlingarme der Wesen auf dem Meeresgrunde ihm Beine und Arme umklammern und die Wogen über ihm zusammenschlagen«. Womöglich richtet sich diese Kritik an ihren Bruder, der Unsicherheiten bisweilen mit Eloquenz überspielt.

Einzig Hans Scholl scheint nicht an ihren Aktionen zu zweifeln. Bis in diese anstrengenden Tage hinein funktioniert sein Ausgleich: Er holt sich Kraft in der Natur, bei Konzertbesuchen, seinen Gesprächen mit Freunden und den älteren Mentoren. Falls Hans Ängste plagen, verbirgt er sie hinter neuen Ideen. Weil ihm sein Geist keine Ruhe lässt. Weil er um die Zweideutigkeit dieser Welt weiß. Weil er den Tod, der ihm droht, vorausahnt. Ohne Zagen, mächtig und frei drängt es ihn vorwärts.

Fast auf den Tag genau zwei Jahre zuvor hatten Hans und Rose mit ihrem Briefwechsel begonnen. Damals schrieb sie ihm von einem Hund, der überfahren wurde – und der Hans hieß. Sie tröstete sich: Sie habe ja noch »den großen Hans«, und sie wollte nach München kommen, um den Studenten »gründlich zu stören«. Die beiden wurden ein Paar, waren gemeinsam Ski fahren, wandern am Bodensee. »Kommt all ihr Qualen, ich liebe –!« Was Rose im Scherz geschrieben hat, ist inzwischen zur bitteren Wahrheit geworden. Ihr Freund hat sich von ihr zurückgezogen und die Beziehung nach langem Hinhalten beendet.

Fast acht Monate sind seitdem vergangen. Endlich, endlich möchte Rose Nägele die Gründe für Hans' Entscheidung erfahren. Sie wendet sich an Inge: Weiß sie etwas? Warum soll sie Hans nur noch als einen Freund unter vielen betrachten?

Die Älteste der Scholl-Geschwister schreibt sofort zurück:

Sie wolle Rose helfen, aber sie brauche Zeit. Sie sei verreist gewesen (dass sie sich in München aufgehalten und Hans nur knapp verpasst hat, erwähnt sie nicht). In der Zwischenzeit hat Rose sich bei Hans gemeldet.

»Dein letzter Brief hat mich traurig gemacht«, antwortet ihr der Student. »Ich las ihn und sah Deine Tränen durch die Worte schimmern und ich kann sie nicht trocknen. Warum schreibst Du nur so? Lebe ich auch im steten Wechsel von Gestern zu Heute und Morgen, so bleibt doch die Schönheit des Vergangenen unberührt und ungemindert schön. Und ein Abglanz jenes vergangenen Sommers leuchtet bis in die Gegenwart hinein. Soll der Schatten der Traurigkeit dieses Licht auslöschen?«, beschwört er seine frühere Freundin. Wieder schlägt er vor, sie sollten sich nicht so sehr die Reflexionen ihres Herzens, sondern eher die ihres Verstandes mitteilen. Mit zahlreichen anderen Freunden hat er den Kontakt abgebrochen, nur den zu ihr nicht.

Doch eine Erklärung wird Rose nicht bekommen. »Heute muss ich so sein, wie ich bin«, lenkt Hans wieder eloquent ab. »Ich bin äusserlich wie innerlich fern von Dir, aber niemals fremd. Noch nie war meine Achtung vor Deinem reinen Herzen grösser als in diesen Tagen, da das Leben zu einer steten Gefahr geworden ist. Aber weil ich die Gefahr selbst gewählt habe, muss ich frei, ohne Bindung, dorthin steuern, wo ich es haben will. Irrwege bin ich schon viele gegangen«, gesteht er, »und ich weiss es.« Hans schiebt den Brief ins Kuvert, versieht es mit der Adresse, klebt eine Briefmarke darauf: Handgriffe, die er in diesen Tagen Hunderte Mal ausgeführt hat.

Wenige Stunden später, während der Münchner Professor Harder alle Flugblatttexte für die Geheime Staatspolizei analysiert, verhören die Ulmer Gestapo-Beamten Hans Hirzel. Der Gymnasiast, den Sophie für ihre Sache gewonnen hat, ist verraten worden. Am Abend vor seiner Abitur-Mathematikklausur versucht er, die Scholls in München über deren Schwester Inge zu warnen. Ob Otl Aicher an diesem 17. Februar 1943 telefonisch ein verabredetes Codewort für »Gefahr« an Hans durchgegeben hat, ist ungeklärt.

»Abgründe tun sich auf, tiefste Nacht umgibt mein suchendes Herz – aber ich stürze mich hinein. Wie gross ist das Wort Claudels: *La vie, c'est une grande aventure vers la lumière.*« Das Leben, schreibt Hans an Rose, ist ein großes Abenteuer hin zum Licht.

Freitag, der 18. Februar 1943. Morgens gegen halb elf schließen Hans und Sophie Scholl die Tür ihres Gartenhauses hinter sich. In ihrem Koffer haben sie um die 1800 Exemplare des sechsten Flugblatts. Wie viele Male sind sie die Strecke zur Universität schon gegangen? Zufällig treffen sie Traute Lafrenz und Willi Graf, verabreden sich für den Nachmittag. Sie gehen bis zu den Hörsälen, und ihre Schritte hallen eigentümlich in den langen Fluren. Nach und nach legen sie ihre Flugblätter aus. Anschließend laufen sie zum Hintereingang, unweit von Hans Scholls erster Münchner Wohnung, in der Amalienstraße hinaus. Geschafft!

Plötzlich hasten sie wieder die Treppen hinauf, zur Empore. Ein paar Blätter sind noch übrig. Hans sieht, wie seine Schwester einen Flugblattstapel von der Brüstung stößt. Also hebt auch er seinen Koffer hoch, schüttet mit Schwung die restlichen Papiere heraus. Sie segeln in den Lichthof hinab.

Da! Ein Hausmeister. »Ich verhafte Sie!«

»Lächerlich, so etwas«, erwidert Hans, »es ist eine Unverschämtheit, einen in der Universität herinnen festzunehmen!«

Der Traum.

Erst nachdem ich lange träumend geschaut, gewahrte ich eine übermäßig hohe, über das Tal gespannte Eisenbahnbrücke. Ohne zu zögern schritt ich auf dieselbe zu, und als ich einmal einen scheuen Blick in die Tiefe wagte, kam ein leichtes Schwindelgefühl in den Kopf. Dennoch schritt ich rüstig weiter. Mir wurde plötzlich klar: Diese Brücke mußt du überschreiten, und koste es dein Leben.

Da begann sich das eiserne Gefüge unter meinen Füßen mit einem Mal vornüber zu neigen, wurde steiler und steiler und hing bald senkrecht in den Abgrund. Mir blieb nur noch zu klettern. Ruhig und mit sicherem Griff stieg ich Stufe um Stufe; da ich im Klettern geübt war, bereitete mir dies Unternehmen keine Schwierigkeiten.

Schwierig erschien mir nur, wie ich einigen Männern entwischen sollte, die am Fuße dieser phantastischen Leiter auf meine Ankunft warteten, um mich sogleich zu verhaften. Ich überlegte, was zu tun sei. Es gibt keinen Ausweg, sagte ich zu mir selbst, und als ich am Boden angelangt war, gab ich mich freiwillig in Gefangenschaft.

Abgründe tun sich auf, und Hans Scholl stürzt sich hinein. Der im Klettern Geübte. Der Sportliche. Der HJ-Führer, der andere verprügelt hat. Während ihrer Mutproben hat er Staketenzäune überwunden und sich rückwärts von einer Fichte fallen lassen. Er, der Soldat mit einer Rose in der Brusttasche. Der Eloquente, der immer und mit allen diskutiert hat.

Es gibt keinen Ausweg. Weglaufen können sie nicht mehr. Widerspruchslos lassen sich Hans und Sophie von dem Mann, es ist der Hausschlosser Jakob Schmid, ins Zimmer des »Abwehrbeauftragten« führen. Die Geheime Staatspolizei wird herbeitelefoniert.

Der Zettel! Christoph hat ihm doch einen Flugblattentwurf gegeben! Hans hat ihn in der Rocktasche. Unauffällig beginnt er, das Blatt zu zerreißen. Wohin mit den Schnipseln? Einige lässt er auf den Boden fallen. Aber Schmid bemerkt es. Die Papierfetzen werden sichergestellt. Von jetzt an ist alles Beweismaterial.

Blitzschnell verbreitet sich das Gerücht an der Universität. Zwei Studenten sind verhaftet worden! Ein junger Mann und eine junge Frau! Während einer Stillarbeit flüstern sich die Studenten im Romanischen Seminar die Neuigkeit zu. Willi Grafs Schwester Anneliese kommt aus ihrer Vorlesung und hört es, ebenso wie Gisela Schertling.

Ein ganzer Trupp Gestapo-Männer riegelt das Gebäude ab. Für Stunden ist die Universität ein großes Gefängnis, das keiner verlassen darf. Nur die Geschwister Scholl führt man ab.

»Alex ist zu Hause, sag ihm, ich werde heute Abend nicht kommen«, raunt Hans gerade so laut, dass seine Freundin in der Menge der Wartenden es hören muss. Doch Gisela Schertling wird ihm nicht mehr helfen.

Fast einen halben Tag lang werden Beamte die Universität durchkämmen. Wann erfährt Professor Huber, dass sein Text auf Tausenden Blättern vervielfältigt worden ist? Dass Hans und Sophie diese ausgestreut haben – und man sie verhaftet hat? Als er seine Doktorandin Katharina Schüddekopf trifft, sagt der Professor erbost über die Scholls: »Die bringen uns alle ins Grab!«

Wie die Szenen sich gleichen: Ein Jahr und zwei Tage ist es her, dass Gestapo-Beamte die Wohnung der Familie Scholl am Ulmer Münsterplatz durchsuchten und den Vater wegen seiner Hitler-Beleidigungen verhafteten. Eine Stunde ist es her, dass Hans und Sophie von zu Hause weggegangen sind. Um 11.30 Uhr öffnen zwei Kriminalobersekretäre und ein Kriminalsekretär die Tür des Gartenhauses in der Franz-Joseph-Straße 13. Systematisch durchsuchen sie die Wohnung nach »Schmiermaterial«, »Schriften« und »Aufzeichnungen hochverräterischen Inhalts«.

Rasch werden die Beamten fündig. Sie entdecken einen Briefumschlag, in dem 140 Acht-Pfennig-Marken stecken. Auf Sophies Schreibtisch liegt ein Heft mit Adressen aus Augsburg und München. In ihrem Zimmer befinden sich eine Reiseschreibmaschine und Munition. Sie suchen nach der entsprechenden Waffe und entdecken sie in Hans' Schreibtisch. Weil die Pistole geladen ist, folgern sie, »mit an Sicherheit grenzende[r] Wahrscheinlichkeit« habe Scholl die Waffe »bei seinen hochverräterischen Unternehmen« mit sich geführt und davon Gebrauch gemacht.

In diese Durchsuchung platzt Otl Aicher hinein, vermutlich weil er den Geschwistern eine Warnung von den Ulmer Schülern übermitteln soll. Auch er wird vorerst verhaftet. Nach einer Stunde brechen die Beamten ihre Sichtung vor Ort ab und bringen das beschlagnahmte Material zur Sonderkommission, sämtliche Papiere, Aufzeichnungen und die Armeepistole mit den 201 Patronen. Die Gestapo-Mitarbeiter gehen daran, die einzelnen Hinweise wie Mosaiksteine zusammenzusetzen, um die Münchner Widerstandszelle zu überführen.

Zugleich breitet sich die Nachricht von der Inhaftierung bei Freunden und Mitwissern aus. Hastig beginnen sie zu beseitigen, was verdächtig erscheinen könnte. Hans' und Sophies Alleingang hat alle überrascht.

Der französische Lektor, der in ihrem Freundeskreis ein-, zweimal bei den Leseabenden dabei war, berichtet, wie sie Hans abgeführt haben. Und eine Frau, *une jeune fille, petite et noire …* Sophie! Traute Lafrenz hört dies, und ihr fällt als Erstes der pensionierte Josef Furtmeier ein. Der hat eine politische Vergangenheit! Ihn wird die Gestapo bestimmt einbestellen! Sie informiert ihn, anschließend fährt sie nach Ulm, um den Scholls von der Verhaftung zu erzählen.

In Josef Söhngens Buchhandlung am Maximiliansplatz 13 klingelt der Fernsprecher. »Hans ist plötzlich weg«, sagt jemand, jetzt sei größte Vorsicht geboten. Es ist die Stimme von Alexander Schmorell, daraufhin sortiert der Buchhändler Hans Scholls Briefe aus. Er weiß nicht, dass die Gestapo an diesem Tag ganz in seiner Nähe einrückt: Am Maximiliansplatz 18 wird in der Pension Abbazia das Zimmer von Karl von Metternich durchwühlt – »ohne Erfolg«. Er war derjenige, der Hans am nächsten stand, als dieser seine Warnung äußerte: »Alex ist zu Hause, sag ihm, ich werde heute Abend nicht kommen …« Obwohl der Oberleutnant beteuert, den Sanitätsfeldwebel Scholl überhaupt nicht zu kennen, wird er vorläufig festgenommen.

Die Münchner Studentenkompanie tritt in der Kaserne in der Volksschule an der Bergmannstraße außerplanmäßig zum Appell an, wie unzählige Male zuvor. Als man die einzelnen Mitglieder namentlich aufruft, antwortet Hubert Furtwängler für seine fehlenden Kollegen mit »Hier!«. Der ›Chef‹ befiehlt: »Scholl, kommen Sie nachher zu mir!« Und wieder ruft Furtwängler »Jawohl Herr Oberstabsarzt!« für den Freund.

Der wird zu diesem Zeitpunkt schon seit Stunden befragt, und Alexander Schmorell befindet sich auf der Flucht. Ein Kommilitone aus der Studentenkompanie, Jürgen Wittenstein, sucht die Arztpraxis von Alexanders Vater auf. Es gelingt ihm tatsächlich, an der Gestapo vorbei ins Sprechzimmer und mit einem falschen Verband wieder hinauszugelangen; so warnt er die Familie Schmorell. Willi Graf ist zu Verwandten gefahren; die Gestapo wird ihn und seine Schwester in der Nacht festnehmen.

Nur Gisela Schertling geht zur Franz-Joseph-Straße 13, ins Gartenhaus von Hans und Sophie. Was, wenn Alex nicht dort ist? Was hat Hans überhaupt gemeint mit »zu Hause«? Sie weiß nicht einmal, wo Alexander wohnt …

Die Polizisten verhören sie umgehend. Wer ist denn hier so aus und ein gegangen? Und wer ist dieser Alex, den sie warnen sollte? »Der Name des Alex beginnt mit Sch«, verhaspelt sich die 20-Jährige ängstlich. »Der volle Name fällt mir nicht ein. Ich sage ihn sofort, wenn er mir einfällt.« Auf eine solche Situation hat ihr Freund sie nicht vorbereitet.

Allein wollte Hans Scholl den Weg in den Widerstand gehen. Dann hat er sich doch wieder verliebt. Seine Schwäche für die Frauen wird ihm und seinem Kreis jetzt zum Verhängnis. Denn Gisela hat mehr mitbekommen, als Hans dachte.

Die Scholls sind ins Wittelsbacher Palais in der Brienner Straße gebracht worden, ein neogotisches Gebäude mit Türmchen und unzähligen spitzbogigen Fenstern. Einst wohnten darin die bayerischen Könige Ludwig I. und Ludwig III. Während der Räterepublik im April 1919 tagten darin der Bayerische Bauernbund, SPD und USPD. Jetzt befindet sich hier das Dienstgebäude der Geheimen Staatspolizei mit dem »Hausgefängnis«.

Von nun an greifen die Mühlräder der Gefängnisbürokratie systematisch ineinander: Leibesvisitation der verdächtigen Personen. Herausgabe der Effekten, wie die eigenen Sachen hier heißen. Anfertigung erkennungsdienstlicher Fotos.

Vielleicht wandere ich ein zweites Mal ins Gefängnis, vielleicht ein drittes und viertes Mal. Ein Gefängnis ist noch lange nicht das übelste, vielleicht ist es sogar etwas vom besten.

Taghell knallt der Blitz. Sophie blickt direkt in die Linse des Fotoapparats. Hans schaut dagegen am Betrachter vorbei. Er scheint magerer als sonst; seine dunklen Augen sehen erschöpft aus, aber fragend-intensiv wie immer.

Schließlich beginnt die Befragung durch die Gestapo. Sophie

muss zu Kriminalobersekretär Mohr, der an der Hausdurchsuchung teilgenommen hat. Hans verhört ein Kriminalsekretär der Hochverratsabteilung, Anton Mahler aus Augsburg, der es gemeinhin mit kommunistischen ›Gegnerkreisen‹ zu tun hat. Sowohl Sophie als auch Hans leugnen zunächst, dass sie irgendetwas mit den Flugblättern zu tun haben.

Immer wieder dieselben Fragen. Wer hat von den Flugblättern gewusst? Wer war an den Schmierereien beteiligt? Wer hat Geld gegeben?

Eine halbe Stunde lang hört der Vorgesetzte von Mahler und Mohr, Oswald Schaefer, bei der Vernehmung zu. »Herr Scholl saß dem Beamten straff aufgerichtet gegenüber. Er wirkte sehr konzentriert. Unvergeßlich sind mir seine glänzenden, von innerer Anspannung kündenden Augen. Äusserlich wirkte er ruhig; nur an der etwas nervösen Art, wie er eine Zigarette rauchte, konnte man merken, daß er sich zu dieser Ruhe durch Selbstbeherrschung gezwungen hatte.« (Acht Jahre liegt das Geschehen zurück, als Schaefer dies niederschreibt – und es ist eine Aussage, die man mit Vorsicht betrachten muss. Immerhin scheint der ehemalige Oberregierungsrat Entlastungen für sein Spruchkammerverfahren zu sammeln. Er soll für die Misshandlungen von inhaftierten Polen und Kommunisten verantwortlich sein, und eine Entlastung durch die Familie Scholl wäre für ihn nur förderlich.) »Verhandlungstaktisch verhielt er sich geschickt«, notiert Schaefer also im Jahr 1951. »Er antwortete auf die gestellten Fragen zwar vollständig, aber stets nur kurz, und vermied damit, durch längere Ausführungen dem Vernehmenden neue Anhaltspunkte zu geben. Seine Antworten kamen nicht wie ›aus der Pistole geschossen‹, sondern stets nach einer kurzen Pause. Zur Taktik des vernehmenden Beamten gehörte es offenbar, seine neue Frage jeweils sehr schnell nach der letzten Antwort zu stellen. Herr Hans Scholl ließ sich das Tempo jedoch nicht aufzwingen, sondern blieb bei seiner kurzen Überlegungspause.«

Bisweilen gibt Hans süffisante Antworten: Ob er Schreibmaschine schreiben kann? Ja, aber nur sehr langsam, mit zwei Fingern. Es wird Abend, es wird Nacht, und die Verhöre gehen weiter.

Wer hat bei den Flugblattaktionen geholfen? Wer war an den Schmierereien beteiligt? Wer hat Geld gegeben?

Nach der Abwurfaktion in der Universität ist Alexander Schmorell auf der Flucht wie ein gejagtes Tier. Bei ihm zu Hause haben sich Gestapo-Leute einquartiert und alles durchsucht. In seinem Zimmer in Harlaching haben sie 50 Bögen Saugpapier gefunden, außerdem unbeschriebene Matrizen, Kohlepapier und fast 100 Briefmarken der Deutschen Reichspost. Damit gilt er als einer der Hauptverdächtigen. Gisela Schertlings Hinweis, Hans und Alex seien beste Freunde, sowie Hans Scholls Ausruf, Alex solle nicht auf ihn warten, festigen diese Annahme. Schurik will fliehen, entweder in die Schweiz entkommen oder untertauchen in einem Lager für sowjetische Kriegsgefangene bei Innsbruck. Eine Nacht wird er im Englischen Garten verbringen. Er wartet auf Willi Graf, doch dieser kommt nicht mehr.

Die Münchner Gestapo-Beamten verbuchen schon am 18. Februar 1943 erste Erfolge. Kurz vor Mitternacht werden Willi und seine 21-jährige Schwester Anneliese verhaftet. Obwohl völlig ahnungslos, gilt die Studentin gegenwärtig als Mitglied der illegalen Gruppe. Auch die beiden Geschwister werden ins Wittelsbacher Palais gebracht.

Für einen kurzen Moment können sie Hans sehen, dessen Gesicht von Scheinwerfern grell erleuchtet ist. Er wirkt bleich, und seine Augen stechen dunkel hervor.

»Was wollt ihr denn mit denen da?«, ruft er, und seine

Stimme klingt verächtlich. Mit einer Ohrfeige und Gebrüll wird er zum Schweigen gebracht. Jahrzehnte später ist Anneliese Knoop-Graf immer noch beeindruckt von dieser Geistesgegenwart, wie der Freund ihnen damit signalisiert hat: Eure Namen habe ich nicht genannt.

Wer war an den Schmierereien beteiligt? Wer hat von den Flugblättern gewusst? Wer hat Geld gegeben? Der Gestapo-Beamte Anton Mahler soll über Hans Scholl gesagt haben, diesen Beschuldigten könne man nicht mit ›Bluffs‹ oder Versprechungen zum Reden bringen. Man müsse sich ihm über dessen logische Denkweise nähern: Nur dann würde er seine eigene Rolle wahrheitsgemäß zugeben.

Inzwischen hat die Kriminaltechnische Untersuchungsstelle festgestellt, dass die Beschriftungen der Kuverts auf einer Erika-Klein-Schreibmaschine Nr. 507540/6 geschrieben worden sind. Konfrontiert mit dem belastenden Material aus ihrer Wohnung, gesteht Hans, dass sie die Urheber der Wandanschriften und der Flugblätter sind – auch die der Weiße-Rose-Schriften vom Sommer 1942. Er belastet sich selbst, aber auch Alexander Schmorell sowie Christoph Probst, der ihm den Flugblattentwurf gegeben hat. Sophie schließt sich seinem Geständnis an. Anton Mahler will bedauert haben: Leider könne er nach der Sachlage nichts für Scholl tun. Und das angesichts einer solchen Intelligenz, wie sie ihm in dieser prägnanten Form noch nicht begegnet ist. So jemanden könnten sie vielleicht in Zukunft notwendig brauchen, denn Scholl sei ein ›Volksführer‹. Es sei fürchterlich, dass solche Leute sterben müssten. (Nachprüfen lässt sich diese Behauptung freilich nicht. Als eben jener Anton Mahler die Familie Scholl knapp zehn Jahre später kontaktiert, ist keine Rede von Hans Scholls Intelligenz.)

Über Tage ziehen sich die Verhöre hin. Irgendwann hört auch einmal der Münchner Polizeipräsident zu, Freiherr von

Eberstein. »Sauhund!«, so tituliert er Hans. Genau so hat man ihn schon einmal beschimpft: als er, der arrogante, fanatische Hitlerjugend-Führer, in Ulm Andersdenkende verprügelte.

Sein Versuch, das Hitler-Regime zu bekämpfen und den Krieg zu verkürzen, ist missglückt. »Der Beschuldigte Scholl Hans Fritz ist der gemeinschaftlichen Vorbereitung eines hochverräterischen Unternehmens, der gemeinsch. Feindbegünstigung und der gem. Wehrkraftzersetzung, begangen durch dieselbe Handlung[,] dringend verdächtig«, verliest ein Beamter den Haftbefehl, während sie ihn weiter befragen. »Die Haft wird angeordnet, weil bei der Schwere der Tat Fluchtgefahr besteht.« Man verhört Sophie bis Freitag, Hans sogar bis zum Samstag.

München, den 20. Februar 1943
Geheime Staatspolizei, Staatspolizeileitstelle München
Verzeichnis der Beweisgegenstände
»3 Exemplare des Flugblattes der Widerstandsbewegung in Deutschland auf weissem Papier
3 Exemplare der Widerstandsbewegung in Deutschland auf blauem Papier
3 Exemplare des Schreibens: Kommilitonen! Kommilitoninnen
1 Exemplare des gleichen Schreibens mit der Aufschrift: Deutsche Studentin! Deutscher Student!
4 Exemplare der Schrift ›Weisse Rose‹
4 Exemplare der Wurfsendung, so wie diese teils an die Adressaten gelangten, teils von der Post zurückgehalten wurden.
140 Stück 8-Pfennig-Briefmarken,
1 Kontophot der Dauerschablone ›Nieder mit Hitler!‹
1 Photoalben mit Lichtbildern der Schmiererein vom 3./4. Februar 1943

6 einzelne Lichtbilder der Schmierereien vom 8./9. Februar
1943 mit Bezeichnungen auf der Rückseite, sowie vom
15./16. Februar 1943
1 Photoalben mit Lichtbildern des Tatortes im Lichthof
der Universität
1 Erika-Schreibmaschine (Nr. 50 75 40/6),
1 Remington-Portable-Schreibmaschine (Nr. NL 82 533 M),
1 Vervielfältigungs-Apparat (Marke Roto-Präziosa Nr. 13 101)
mit Wachstuchüberzug, 1 Fangkorb für Abzüge und 1 Reserve-
gummiabziehwalze.
1 Armeepistole 08 (Nr. 2950) mit Pistolentasche und
201 Schuss Munition,
1 Rucksack (Marke ›Tauern‹),
1 brauner Handkoffer (Lederimitation)
1 Studentenverzeichnis der Universität München – Winter-
halbjahr 1941/42 –
   Geissen, Krim. Sekr.«

Sitzung vom 21. Februar 1943
»Der Student Hans Fritz Scholl wird wegen staatsfeindlicher
Betätigung mit dem dauernden Ausschluß vom Studium an
allen deutschen Hochschulen bestraft.
   Der Rektor der Universität
   Wüst«

»Ich bestätige hiermit heute, den 22. Februar 1943 den Ent-
scheid der Ludwig-Maximilians-Universität München vom
21. Februar 1943 über den dauernden Ausschluß vom Studium
an allen deutschen Hochschulen erhalten zu haben: Laut
Unterschrift: Hans Scholl.«

Es soll kein Militärgericht über das Strafmaß befinden, sondern der Volksgerichtshof – ein Sondergericht für Verfahren wegen Hoch- und Landesverrats. Deswegen entlässt man die Sanitätssoldaten extra aus der Wehrmacht. Welche Ironie, dass Hans Scholl erreicht, was er sich immer gewünscht hat: herauszukommen aus dem Heer.

In vorauseilendem Gehorsam wird die Münchner Universitätsleitung aktiv: Während einer außerplanmäßigen Sitzung werden Hans und Sophie Scholl nicht nur von der hiesigen, sondern gleich von allen deutschen Universitäten ausgeschlossen. Noch am Tag der Verhandlung muss Hans die entsprechende »Zustellungsbestätigung« quittieren. Seinen Namen schmiert er regelrecht auf das Formular.

Die Studenten wollte er aufrütteln. Er weiß nicht, dass zahlreiche Kommilitonen eine Kundgebung an der Universität München planen, bei der sie sich von dem Flugblattabwurf distanzieren wollen. Danach soll an der Hochschule und überhaupt in der »Hauptstadt der Bewegung« wieder Ruhe einkehren.

Schreiben des Gauleiters Paul Giesler aus München
an Reichsleiter Bormann in Berlin
»Anbei übermittle ich den Bericht über ein hochverräterisches Unternehmen, das längere Zeit hindurch in Süddeutschland durch Flugzettelverteilung und Strassenverschmierung ausgeübt wurde. Täter sind 4 Studenten und eine Studentin, vielleicht auch noch eine weitere Studentin. Die Studenten sind Wehrmachtsangehörige. Da die Straftaten zu einer starken Beunruhigung der Zivilbevölkerung geführt haben, ist eine schnelle Aburteilung unerlässlich. Diese ist aber im Hinblick auf die Beteiligung weiblicher Zivilpersonen nur möglich, wenn auch das Verfahren gegen die Wehrmachtsangehörigen vor dem Volksgerichtshof stattfindet. Ich bitte deshalb, eine

Weisung des Führers herbeizuführen, dahingehend, dass das
Reichskriegsgericht das Verfahren gegen die vier Studenten
sofort an den Oberreichsanwalt beim Volksgerichtshof abzu-
geben hat. Auf die beschleunigte Durchführung des Verfah-
rens durch den Volksgerichtshof werde ich selbst hinwirken.
  gez. Giesler
Anmerkung. Um 17 Uhr teilt Gauleiter Giesler fernmündlich
mit, dass Generalfeldmarschall Keitel die beteiligten Soldaten
aus der Wehrmacht entlassen hat und mit ihrer Aburteilung
durch den Volksgerichtshof einverstanden ist. Der Gauleiter
bittet, die Aburteilung in den nächsten Tagen hier und die
Vollstreckung alsbald darauf vorzunehmen.«

Wenn Hans Scholl nicht befragt wird, bringt man ihn in seine
Zelle. Nachdem man ihm stundenlang ins Gesicht geleuchtet
hat, kann er für einige Zeit innehalten. »Das Leben ist ein großes Abenteuer hin zum Licht …« Es ist keine Woche her, dass
Hans dies formuliert hat.

»Und manchmal sprach er lustige Verse oder sagte Dinge,
die ich nicht recht verstehen konnte«, erinnert sich sein Mithäft-
ling Helmut Fietz, der ebenfalls wegen eines politischen Verge-
hens einsitzt. »Zum Beispiel: ›Die Sonne prallt.‹ Als ich ihm
daraufhin widersprach: ›Die Sonne prallt doch nicht, sie scheint‹
[…], sagte er übermütig und triumphierend: ›Wenn ich dir sage,
sie prallt, dann prallt sie.‹ Und dann zog er sich zu dem hoch-
liegenden kleinen Gitterfenster empor und verrenkte sich den
Hals, um einen Strahl Sonne oder ein Stückchen Himmel zu
erhaschen.« Die übermütigen Momente wechseln ab »mit ernsten Stunden«, und manchmal bittet Hans darum, nicht zu reden.
Er, der seine Ideen im Sprechen entwickelt, muss sich sammeln
für die nächste Befragung. Bisweilen weckt man ihn nachts, um
ihn weiter zu verhören. Auch in der Zelle brennen unentwegt

die gleißenden Lampen, so ist das üblich bei denen, die mit dem Tod bestraft werden sollen. Und Hans rechnet fest mit dem Todesurteil.

Sogar im Gefängnis kümmert sich Sophie um Hans' Wohlergehen. Sie soll ihm Essen zugeschickt haben und eine Zigarette, auf die sie ein Wort geschrieben hat: »Freiheit«.

Manche Freiheiten lässt sich Hans nicht nehmen. »Nun, wir wollen uns jetzt verabschieden, solange wir noch allein sind«, schlägt er vor und reicht Helmut Fietz feierlich die Hand. Es ist ganz still, als er mit einem hereingeschmuggelten Bleistift etwas an die Mauer schreibt. Kaum ist er fertig geworden, rasselt der Schlüssel im Schloss, und die Kommissare holen ihn. Sophie ist schon fort, dann bringt man Hans gefesselt zu einem Wagen. Zurück bleibt Helmut Fietz, wie die vielen anderen politischen Häftlinge, jeder in seiner Zelle, und er liest die Worte an der Gefängniswand.

»Allen Gewalten zum Trotz sich erhalten.«

Während man die Scholls verhört hat, reisen zwei Gestapo-Beamte nach Innsbruck. Dort freut sich Christoph Probst auf ein freies Wochenende – mit seiner Frau, dem Baby und den beiden Jungs. Als er Urlaubsschein und Sold abholen will, ruft ihn der Kompaniechef ins Zimmer. Seit drei Wochen hat Christoph nichts von seinen Münchner Freunden gehört. Dass die Scholls und die Grafs verhaftet worden sind und Alexander Schmorell geflohen ist, weiß er nicht.

»Aus dem Chefzimmer ertönte kurz darauf großes Gebrüll«, erinnert sich ein Kamerad. »Worte waren jedoch nicht verständlich. Probst kam nach einiger Zeit in sehr verändertem Zustand, bleich und zusammengebrochen wieder heraus. Es wurde ihm bedeutet, in der Schreibstube zu warten. Nach einiger Zeit erschienen einige Gestapobeamte in Zivil mit einem Koffer und nahmen Probst mit sich in das Chefzimmer. Etwas später wurde Probst in Zivilkleidung (er hatte vorher Uniform getragen) und mit Handschellen gefesselt herausgeführt. Die Gestapobeamten bestiegen mit ihm zusammen ein Personenauto und fuhren davon.«

Vorbereitung zum Hochverrat, das wird ihm angelastet. Er ist einer der Hauptverdächtigen. Noch an diesem Samstag, dem 20. Februar 1943, verhört man Christoph Probst zum ersten Mal, und schon am Sonntagnachmittag erhält er die Anklageschrift. Als Antwort darauf formuliert der junge Vater eine handschriftliche Erklärung für den Richter. »Mein Freund Hans Scholl wusste im übrigen zu genau, dass mein Leben durch meine Familie und die Vorbereitung auf meinen Beruf völlig ausgefüllt war«, bekräftigt er darin, »als dass er mit der Erwartung, dass ich mich politisch betätigen sollte, sich an mich gewandt hatte. Auch kannte er meine Abneigung gegen jeden Aktionismus dieser Art.«

Am Montag, dem 22. Februar 1943, sieht er seinen Freund wieder: im Kraftwagen, der die beiden in den Justizpalast bringt, zur Gerichtsverhandlung.

Von den Münchner Entwicklungen ahnen die Scholls in Ulm nichts. Die ganze Familie ist krank gewesen, und die Mutter leidet noch immer unter Brechdurchfall.

Hans und Sophie sind schon einen Tag und eine Nacht lang verhört worden, da kommt Traute Lafrenz zu Besuch. Sie erzählt von der Verhaftung, aber Genaueres weiß sie nicht. Die Familie vereinbart: Elisabeth wollen sie vorerst nicht beunruhigen. Auch an Werner schreibt die Mutter einen Brief, der wie sonst klingen soll. Doch den abgehakten Sätzen merkt man die Unruhe an: Hier in Ulm sei es »fast Frühlingswetter«. Hans kriege keinen Urlaub am Sonntag. Also werde auch Sophie nicht kommen. Nachts um 23.00 Uhr heulen die Sirenen. Fliegeralarm. »Gut, daß wir noch auf sind«, solche Sätze notiert die Mutter.

Sie muss ihren Brief nicht mehr absenden. Denn am Samstag, dem 20. Februar, steht Werner plötzlich vor der Tür. Ganz überraschend hat er Heimaturlaub bekommen. Er ist gesund aus Russland zurück. Die Freude darüber mischt sich mit der Nachricht von Hans' und Sophies Verhaftung.

Sonntags klingelt das Telefon. Irgendjemand aus München ruft an: Morgen früh findet die Gerichtsverhandlung statt!

Schon morgen. Von offizieller Seite hat es niemand für nötig befunden, die Angehörigen zu informieren. So sitzen Lina, Robert und Werner Scholl am Montag, dem 22. Februar, mit Traute Lafrenz im Zug nach München. Wie oft sind Hans und Sophie diese Strecke gefahren? Die Mutter hat ihre Kinder gelegentlich in den verschiedenen Studentenbuden besucht, der Vater kein einziges Mal.

Ulm, Augsburg, München. Ein Kommilitone, den die Eltern nicht kennen, holt die Scholls am Bahnhof ab: Jürgen Wittenstein, der sie anonym benachrichtigt hat. Er ist ebenfalls Mitglied der Münchner Studentenkompanie. Nun begibt er sich in Gefahr, um die Eltern zu ihren des Hochverrats angeklagten Kindern zu bringen.

Müssen sie sterben?, will Lina Scholl von dem jungen Mann wissen.

Verbissen antwortet Wittenstein: »Ja.« Dann bricht es aus ihm heraus: Wenn er nur ein Maschinengewehr und ein paar Leute auftreiben könnte, er würde sie befreien. (Später, wenn er davon erzählt, wird es ein Panzer sein.) Sie eilen die wenigen hundert Meter zum Justizpalast, diesem monumentalen neobarocken Gebäude, und schon auf der Treppe stehen die Schaulustigen. Der Vater drängelt sich vor bis zur Tür des Schwurgerichtssaals, wird aber dann von Beamten aufgehalten: Hier kommt niemand mehr rein!

Er muss aber hinein, erwidert Robert Scholl. Es geht um seine Kinder! Wie die Scholls überhaupt in den Saal gelangt sind, in dem längst die Verhandlung läuft, ist ihnen hinterher selbst nicht klar. Die Sitzreihen seien gedrängt voll gewesen: Links bei den Angeklagten befanden sich zahlreiche Gestapo-Beamte, weiter hinten saßen junge Leute, offenbar Studenten, entsinnt sich der Vater nur noch schemenhaft. Neben seinen Erinnerungen gibt es zwei weitere Berichte vom Prozess, einen von Kriminalobersekretär Robert Mohr und einen von Leo Samberger, einem Jurastudenten, der Einlass erhalten hat, weil er als Referendar arbeitet. Die Gerichtsakten bestehen dagegen nur aus dürftig ausgefüllten Formularen.

Ablauf der Verhandlung gegen Hans und Sophie Scholl sowie Christoph Probst
»*Sodann trug der Oberreichsanwalt die Anklage vor.*
Die Angeklagten erklärten sich zur Sache. Die Flugblätter
a) Flugblatt Weiße Rose No. 1
b) Flugblatt Weiße Rose No. 3
c) Kommilitoninnen! Kommilitonen!
d) Aufruf an alle Deutsche
e) Stalingrad!
wurden verlesen und zum Gegenstand der Hauptverhand-lung gemacht. Im allseitigen Einvernehmen wurde auf die Vernehmung der Zeugen verzichtet. […]
Nach der Verlesung eines jeden Schriftstücks wurden die Angeklagten befragt, ob sie etwas zu erklären hatten. Sie erklärten sich. Die Beweisaufnahme wurde geschlossen.«

Der Präsident des Volksgerichtshofs Dr. Roland Freisler schreit, tobt und brüllt, gestikuliert mit den Armen, trommelt mit den Fingern auf der Tischplatte. Er beschimpft die Studenten als Diebe, die ihre Flugblätter in gestohlenen Kuverts versandt hätten.

Trotz allem seien die drei »ruhig, gefaßt, klar und tapfer« gewesen, erinnert sich Samberger. Christoph Probst, Sophie und Hans Scholl hätten dieselbe aufrechte Haltung gezeigt.

Kriminalobersekretär Mohr: »Besonders aufgefallen ist mir dabei, daß die Angeklagten kaum zu Wort kamen, während man einzelne Bemerkungen derselben mit bissigen Worten abtat.« Zeit für minutenlange Monologe, wie es etwa der Film *Sophie Scholl – die letzten Tage* suggeriert, hat Richter Freisler den Angeklagten nicht gelassen.

Auf die Weiße Rose trifft dasselbe zu wie auf die Rote Kapelle: Bevor überhaupt das Urteil verkündet ist, steht die Hinrichtung bereits fest, Gnade brauchen sie nicht zu erhoffen. Der Nazi-Staat statuiert an den jungen Intellektuellen ein blutiges Exempel.

»Scholl hat, wie der Volksgerichtshof aus eigener Wahrnehmung weiß, einen stark suggestiven, durch Nur-Intellektualität noch gesteigerten Einfluß«, wird Freisler später zu Protokoll geben. Vergeblich nimmt Hans die Schuld auf sich, entlastet seine Schwester und den Freund.

»Heute ist ganz Deutschland eingekesselt, wie es Stalingrad war«, wird Christophs rekonstruierter Text verlesen. »Soll dem Sendboten des Hasses und des Vernichtungswillens alle Deutschen geopfert werden! Ihm, der die Juden zu Tode marterte, die Hälfte der Polen ausrottete, Russland vernichten wollte, ihm der Euch Freiheit, Frieden, Familienglück, Hoffnung und Frohsinn nahm und dafür Inflationsgeld gab. Das soll, das darf nicht sein! Hitler und sein Regime muss fallen, damit Deutschland

weiterlebt.« Solche Äußerungen sind nach Stalingrad uner-
wünscht, die Erklärungsversuche des jungen Familienvaters
werden mit Beleidigungen abgetan. Seine Worte stehen gleich-
wertig neben den Worten und Taten der beiden Scholls, obwohl
sein Text überhaupt nicht vervielfältigt worden ist. Nur Hans
hat ihn gelesen! Und Christoph Probst war weder an den Ver-
breitungsaktionen noch beim Anmalen der Freiheitsparolen
beteiligt. »Entscheidet Euch, Stalingrad und der Untergang«,
hat er appelliert, »oder Tripolis und die hoffnungsvolle Zukunft.
Und wenn Ihr Euch entschieden habt, dann handelt.«

Hätte die Gestapo nicht den Zettel mit Christophs Entwurf
bei Hans gefunden, stünde er jetzt nicht hier. Vielleicht wäre er
als »guter Bekannter« der Geschwister Scholl verhört und möglicherweise angeklagt worden, aber wohl mit einer Haftstrafe
davongekommen. Noch an diesem Morgen hat sein Verteidiger
beantragt, das Verfahren abtrennen zu lassen. Nun verurteilt
der Richter ihn, der weniger Anteil an den Widerstandsaktionen
hat, zusätzlich »wegen Rundfunkverbrechens«.

*Das Leben ist zu einer steten Gefahr geworden. Abgründe tun
sich auf, und ich stürze mich hinein.* Hans Scholl springt, Sophie
folgt ihm, und sie werden den Freund mit sich reißen.

Robert Scholl notiert später: »Bei der Verhandlung […]
konnte ich wohl beobachten, wie schwer die Sache auf ihm lastete, nicht wegen sich und seines Lebens. Ihm lastete das Los
seiner jungen Schwester und des lieben Freundes, der Frau und
drei Kinder hatte, schwer auf der Seele. Als er das letzte Wort
erhielt, bat er ja nicht um Schonung für sich, sondern erklärte,
er trage die ganze Verantwortung, ihn treffe daher auch die
Schuld, man sollte dementsprechend Schwester und Freund
behandeln.« Während der Befragung durchläuft ein Schütteln
Hans' Körper, und er wird bis zur Ohnmacht blass. Übermüdung, Angst und Hunger setzen ihm zu. Er schließt die Augen,

doch dann fängt er sich wieder. Mit fester Stimme gibt er seine nächste Antwort.

»Bekannt ist mir noch«, heißt es in Mohrs Erinnerungsbericht, »daß Hans Scholl beim Schlußwort etwa ausführte, daß er rückhaltlos zu seiner Tat stehe und daß der Tag kommen werde, da jene auf der Anklagebank säßen, die sich heute als Richter aufspielen würden. Ich glaube fast, daß dieses Schlußwort noch drastischer war. Es hat vielleicht gelautet: ›Heute hängt ihr uns und morgen werdet ihr es sein‹, oder so ähnlich.« Die Sätze von Robert Mohr sind reichlich vage. Nur ein kurzer Eintrag offenbart Widerspruch. Denn Mohrs Gestapo-Kollege Schmauß kritzelt auf ein Aktenstück: »Meldung. Hans Scholl bezeichnete die heutige Verhandlung als ein Affentheater.«

Wann erblickt Hans seine Eltern – direkt, als sie hereindrängen? Seit Neujahr hat er sie nicht mehr gesehen. Und Werner, seinen Bruder, hat er zuletzt in Gschatsk gesprochen, Ende Oktober 1942.

Die Anwesenheit seiner Familie macht Hans zu schaffen, und er reagiert mit Zuckungen. Auch in diesem Punkt ist er gescheitert: Er wollte sie doch aus allem heraushalten!

Allen Gewalten zum Trotz, das hatten sie sich vorgenommen. Ein Jahr und wenige Tage ist es her, dass der Vater in Ulm wegen seiner Hitler-Äußerungen verhaftet worden ist. Sie beide, Hans und Robert Scholl, haben bei ihren Stuttgarter Prozessen Glück gehabt – heute sieht es anders aus. Sogar Hans' und Sophies Verteidiger beteuert: Er verstehe einfach nicht, wie Menschen Derartiges tun könnten! Dessen sollte man sich schämen! Robert Scholl ergreift das Wort: Dann wolle er seine Kinder selber verteidigen! Schließlich sei er schon rechtskundiger Bürgermeister in der Monarchie gewesen!

Kurzerhand verweist Richter Freisler ihn des Saales. Die Eltern warten auf dem Korridor – eine Stunde? Eine halbe? –, während ihre beiden Kinder drinnen zum Tode verurteilt werden. Etwas entfernt stehen mehrere Offiziere der Luftwaffe, und einer von ihnen erinnert den Vater an Sophies Freund Fritz. Es kommt ihm vor, als sähen die Offiziere sie »ganz lieb und mitleidvoll« an. Wortfetzen dringen nach draußen, und sie können nur warten.

Weiterer Ablauf der Verhandlung
»Der Vertreter des Oberreichsanwalts und die Verteidiger der Angeklagten erhielten nunmehr zu ihren Ausführungen das Wort. Der Vertreter des Oberreichsanwalts beantragte:
gegen Hans Scholl
Sophie Scholl
Christoph Probst: wegen Vorbereitung zum Hochverrat, Feindbegünstigung, Wehrkraftzersetzung, bei Probst auch wegen Rundfunkverbrechens
die Todesstrafe und Aberkennung der bürgerlichen Ehrenrechte auf Lebenszeit.
Die Verteidigung beantragte:
1.) Rechtsanwalt Klein
a) für Hans Scholl: ein gerechtes Urteil;
b) Sophie Scholl: eine mildere Strafe.
2.) Rechtsanwalt Seidl für Probst: eine mildere Strafe.
Die Angeklagte[n], befragt, was sie selbst noch zu ihrer Verteidigung anzuführen hatten, erklärten sich und hatten das letzte Wort. Der Vorsitzende schloß die Verhandlung; das Gericht zog sich zur Beratung zurück.«

Während der Pause bejubeln die Anwesenden den Hausmeister Jakob Schmid, der diese Hochverräter gefasst hat. Ihr kurzer Moment des Leichtsinns liegt nur vier Tage zurück. Um 12.45 Uhr verkündet Richter Freisler »Im Namen des Deutschen Volkes«

das Urteil: »Die Angeklagten haben im Kriege in Flugblättern zur Sabotage der Rüstung und zum Sturz der nationalsozialistischen Lebensform unseres Volkes aufgerufen, defaitistische Gedanken propagiert und den Führer aufs gemeinste beschimpft und' dadurch den Feind des Reiches begünstigt und unsere Wehrkraft zersetzt. Sie werden deshalb mit dem Tode bestraft. Ihre Bürgerehre haben sie für immer verwirkt.«

Irgendwie drängt sich Werner nach Schluss der Verhandlung an die Barriere. Es gelingt ihm, allen dreien noch einmal die Hand zu drücken. Der ältere Bruder legt ihm seine Hand auf die Schulter und sagt ruhig: »Sei stark«, so wird es Inge jedenfalls niederschreiben.

Als er aus dem Saal kommt und auf die wartenden Eltern zuläuft, findet sein Vater es »herzerbarmend«. Bald hat Werner die Fassung wieder errungen, und er jagt eine Frau von den Eltern fort, die sie belästigt. Überdies spricht sie der Pflichtverteidiger an. Sie hätten ihre beiden Kinder so schlecht erzogen! Insgesamt 180 Reichsmark wird der Rechtsanwalt ausgezahlt bekommen: für die wenigen Worte der Verteidigung und die knappen Vorbereitungsgespräche in den beiden Gefängniszellen. Er ist den Scholl-Geschwistern keine Hilfe gewesen.

Einer bietet der Familie seine Unterstützung an: der Jurastudent Leo Samberger.

»Was bleibt denn noch zu tun?«, fragt der Vater verzweifelt.

Reichen Sie ein Gnadengesuch ein, empfiehlt der junge Referendar. Er begleitet die Familie durch die endlosen Flure des Justizpalasts: durch die zweiflügeligen Türen, vorbei an den schmiedeeisernen Verzierungen und den geschwungenen hölzernen Handläufen, vorbei an Marmorsäulen und Stuckdecken. Womöglich sehen die Scholls auch die Kreuzgewölbe und die mächtige Kuppel, die dem Lichthof in der Universität so ähneln. Im Vorzimmer diktieren sie irgendeiner Sekretärin das Gesuch für den Generalstaatsanwalt: Christoph wie auch Hans und Sophie seien doch »arglose Idealisten«, »blutjunge Menschen ohne Lebenserfahrung«. Immer und überall hätten sie ihre Pflicht erfüllt. Was das jetzige Unglück über sie gebracht habe, sei allein der Umstand, »dass sie weltanschaulich andere Ideale hegten, als es heute gut tut«.

Hans sei der beste Soldat seiner Schwadron gewesen; dieses Zeugnis habe Rittmeister Scupin damals während der Militärzeit in Stuttgart-Bad Cannstatt ausgestellt. Während des Westfeldzuges habe ihr Sohn an der Seite des Obersten SA-Arztes gedient, der begeistert von ihm gewesen sei. Hans solle sich »freiwillig« an die Ostfront melden dürfen, schlagen sie vor, um »sich zu bewähren« und »als echt Deutscher« zu erweisen. Zugleich bitten sie darum, ihre Kinder sprechen zu dürfen.

»Die Sprecherlaubnis wurde gewährt«, das ist das einzige Zugeständnis an die Eltern. In einem Raum im Gefängnis Stadelheim treffen Robert und Lina Scholl auf ihren verurteilten Sohn. Sie können ihn durch ein Schalterfenster sprechen (Sophie dagegen soll an einer Heizung gelehnt haben). Hans trägt Sträflingskleidung. Abgemagert wirkt er und blass, doch er spricht sehr feierlich. Seine geliebten Bücher soll Werner erhalten. Es bekümmert ihn, dass Christoph Probst nun »wegen einer Bagatelle« zum Tod verurteilt worden ist. Doch er betont: Sie hätten alles, alles auf sich genommen.

Die Eltern sollen alle grüßen, auch seine Freundin Gisela. (Inge Scholl wird notieren, Hans habe dabei geweint; doch sie hat an dieser letzten Begegnung nicht teilgenommen. Die Mutter erwähnt jedenfalls keinerlei Tränen.)

»Gut«, ja sogar »vornehm« seien sie von der Gestapo behandelt worden, das berichten beide Scholl-Kinder unabhängig voneinander. Nur einer, der Polizeipräsident von Eberstein, habe ihn »gröblich beleidigt«, merkt Hans an. Der Vater solle sich seinen Namen notieren. Einen anderen, den Regierungsrat Marmon, halte er für einen guten Menschen. Er habe geistig mit ihm gerungen und ihn beinahe von der Verwerflichkeit des Nationalsozialismus überzeugen können. Vielleicht wird es dem Vater ganz gelingen? Noch in seinen letzten Stunden erteilt der 24-Jährige Aufträge, wie wenn er seine Mission, die Bekämpfung des Nazi-Systems, bis zuletzt ausführen will. Ob Hans Hass empfinde, will Lina Scholl schließlich wissen, und er verneint: »Nein, Mutter, ich habe gegen keinen Menschen einen Haß.«

Dem Vater dankt er für das reiche Leben, und die Mutter wird später ergänzen: Robert Scholl sei seinen Kindern gegenüber ja immer großzügig gewesen, und sie hätten sich viel mehr leisten können als andere Studenten. »Wie geborgen sah Hans aus, als Du ihn umarmtest, ich sah sein Gesicht«, erzählt Lina Scholl danach. Wenn sie an dieses kurze Treffen denkt, dann erinnert sie sich an »Sophies lächelndes Gesicht und Hansens ernste, gesammelte Gestalt«.

»Es gibt noch eine Gerechtigkeit!«, ruft der Vater, als sie aus dem Gefängnis laufen. »Es gibt noch eine Gerechtigkeit.« Dann hasten sie zum Telegraphen, um wenigstens ein kurzes Gnadengesuch für Christoph Probst abzusenden. Sie wissen nicht, dass die Urteile schon an diesem Nachmittag vollstreckt werden sollen, das hat Reichsjustizminister Thierack verfügt.

Als Hans nach dem Treffen mit den Eltern in seine Zelle zurückgeführt wird, trifft er im Flur den Kriminalobersekretär, der seine Schwester verhört hat. »Ungeachtet des Aufschers kam Hans Scholl auf mich zu«, erzählt Robert Mohr danach, »schüttelte mir die Hand mit den Worten, er habe eben seinen Eltern aufgetragen, mir den Dank dafür auszusprechen, daß ich seine Schwester so gut behandelt habe, nun sei er froh darüber, diesen Dank persönlich abstatten zu können. Ich war darüber derart gerührt, daß ich kein Wort sagen konnte, es sei denn, daß ich noch die Worte hervorbrachte: ›Seien Sie jetzt auch stark!‹« Keine zweite Quelle kann die Richtigkeit von Mohrs Erinnerungen bestätigen. Wenn sie stimmen sollten, zeigen sie: Bis zuletzt scheint Hans Scholl sich gewisse Freiheiten herausgenommen zu haben.

Auch den Gefängnisgeistlichen dirigiert er: Pfarrer Dr. Karl Alt ist unsicher, wie er den beiden Todeskandidaten in der knappen Zeit beistehen kann. »Bebenden Herzens« betritt er die Zelle. Hans Scholl grüßt den Pfarrer, drückt ihm fest die Hand und wünscht sich sogleich eine Bibelstelle: Den 90. Psalm, »Lehre uns bedenken, dass wir sterben müssen«, lesen die beiden laut. »Erfreue uns nun wieder, nachdem du uns so lange plagest, nachdem wir so lange Unglück leiden … Ja, das Werk unsrer Hände wollest du fördern!«

Hans erfährt, dass Christoph Probst sich in letzter Stunde katholisch taufen lassen will. Ob sie gemeinsam das Abendmahl einnehmen können?

Katholisch, evangelisch, orthodox – diese Trennungen haben in ihrem Freundeskreis keine Rolle gespielt. Doch im Gefängnis sind die Konfessionen streng getrennt. Und so feiern Hans und seine Schwester das Abendmahl mit dem evangelischen Pfarrer, hören die berühmte Stelle über die Liebe aus 1. Korinther 13. Sophie soll gefragt haben: »So schön scheint die Sonne und nun soll ich sterben?«

Irgendwo schlägt eine Uhr fünf Mal. Zuerst geht die Jüngste zur Hinrichtung, ohne jedes Zögern. Zwei Gehilfen des Scharfrichters bringen Sophie an die Fallschwertmaschine, die durch einen schwarzen Vorhang verdeckt ist. Sechs Sekunden später ist sie tot.

Schon zwei Minuten danach muss ihr Bruder in den fensterlosen Hinrichtungsraum treten.

Sind Sie Hans Scholl? Ja, Hans Scholl.

Das Sonntagskind soll an einem Montag sterben. Als er geboren wurde, empfing ihn die Welt mit Böllerschüssen. Ihn, den ersten Sohn des Bürgermeisters, hat man lautstark gefeiert, als die deutsche Monarchie in den letzten Zügen lag und das Kriegsende bevorstand. Nun stirbt er in einer stillen Gefängniskammer, während der Krieg an allen Fronten weitergeht. Keiner seiner Verwandten, keiner der Freunde und Mentoren weiß, dass er heute sein Leben verliert.

»Der Leiter der Vollstreckung stellte die Personengleichheit des Vorgeführten mit dem Verurteilten fest«, protokolliert man Scholls Tod in bürokratischer Manier, sekundengenau. »Die Gehilfen des Scharfrichters führten ihn an die Fallschwertmaschine, auf welcher er unter das Fallbeil geschoben wurde. Scharfrichter Reichhart löste sodann das Fallbeil aus, welches das Haupt des Verurteilten sofort vom Rumpf trennte. Der Gefängnisarzt überzeugte sich vom Eintritt des Todes. [...] Von der Übergabe an den Scharfrichter bis zum Fall des Beiles vergingen 07 Sekunden. [...] Nach der Abnahme von der Fallschwertmaschine wurden der Körper und das Haupt des Verurteilten in einen bereitstehenden Sarg gelegt und dem Polizeipräsidium München zur Verbringung in den Perlacher-Friedhof übergeben.«

Nur ein einziger Satz bricht das steril wirkende Protokoll auf: »Der Verurteilte war ruhig und gefasst«, heißt es plötzlich, nachdem bereits vom Todeseintritt die Rede gewesen ist, »seine letzten Worte waren ›Es lebe die Freiheit‹.«

Wer sollte diesen Ausruf hören? Der Scharfrichter? Dessen Gehilfen? Hans Scholls ärztlicher Kollege, der hier in Stadelheim den Tod verwaltet, statt Leben zu retten? *Wenn er dereinst nach*

*langem Verzicht zu reden anhebt, fallen seine Worte wie Kometen
vom Nachthimmel in die lauschende Welt.*

Freiheit! Es ist der letzte Aufschrei von einem, der sich seit
Monaten und Jahren wie im Gefängnis gefühlt hat.

Eine reichliche Stunde nach den Hinrichtungen geht im Justizpalast ein Telegramm an den Generalstaatsanwalt ein. »Schließe
mich für meinen Mann dem Gnadengesuch Scholl an. Ich bin
schwerkrank, schriftlihes [sic] Gesuch folgt. = Frau Chrstof
[sic] Probst. + 22. Februar 1943, um 18.16 Uhr.«

Die Scholl-Eltern ahnen nichts vom Schicksal ihrer Kinder
und von dem Christoph Probsts, der direkt nach Hans sein Leben verloren hat. Gegen 18.30 Uhr treffen sie sich im Restaurant
Humpelmayr mit Werner und Traute Lafrenz. Hier haben sich
Hans und seine Kollegen aus der Studentenkompanie gelegentlich ein Essen geleistet, so auch nach der Rückkehr aus Russland.

Die vier warten auf den jungen Gerichtsreferendar, der ihnen mit einem ausführlichen Gnadengesuch für Christoph helfen soll.

Zufällig trifft Leo Samberger einen Bekannten, erwähnt kurz,
warum er hier ist.

Aber die Todesurteile sind doch bereits vollstreckt worden,
erwidert dieser. Um fünf! Die Nachricht kam schon im Radio.

Der Jurist bringt es nicht fertig, den Scholls die Wahrheit zu
sagen. Noch einige Stunden sitzen sie zusammen, und es müssen lange Stunden gewesen sein.

Zur selben Zeit findet in der Universität eine Kundgebung
statt, die sich gegen die Flugblattaktionen richtet: Im Großen
Hörsaal sind mehrere tausend Studenten zusammengekommen,
um die Rede eines verwundeten Frontsoldaten zu hören, unter
Beifall und Jubel. Für den Direktor der Universität, Walther
Wüst, zeigen die Teilnehmer in »geradezu ergreifender Weise

zunächst ihre Verachtung gegen die Machenschaften jener vier Hochverräter, dann aber ihren entschlossenen Kampf- und Siegeswillen, ihre unerschütterliche Treue und Hingabebereitschaft für Führer und Volk«. Die Ansprachen werden sogar in den Lichthof übertragen: Dort, wo vor vier Tagen die Flugblätter heruntergeweht sind, ist die Studentenkompanie in Reih und Glied angetreten. Erneut lässt sich der Hausschlosser Jakob Schmid, die Hand zum Hitlergruß erhoben, wie ein Held feiern.

Gegen 22.00 Uhr wollen Robert und Lina Scholl zurück nach Ulm reisen. Wie wird ihnen am Bahnsteig zumute gewesen sein, wo sie der Medizinstudent Jürgen Wittenstein an diesem Morgen abgeholt hat? Sie müssen Elisabeth benachrichtigen und Inge, die daheim ahnungslos auf sie wartet, von der Verhandlung erzählen. Und vom Todesurteil.

Zur selben Zeit am selben Bahnhof warten auch Richter Freisler und seine Kollegen auf ihren Zug. Sie reisen erster Klasse, mit dem Schlafwagen über Nürnberg. Um 8.20 Uhr werden sie, wenn alles klappt, wieder in Berlin sein.

In der Nacht fahren Werner Scholl und Traute zu Christophs Frau Herta an den Tegernsee, damit diese das Gnadengesuch unterschreiben kann. »Wir waren wie benommen. Wie wir das gemacht haben, weiß ich bis heute nicht«, erzählt Traute Lafrenz viel später. »Ich weiß nur noch, als wir mit der Bahn vom Tegernsee nach München zurückfuhren, dass in diesem Moment die Sonne blutrot aufging. Wir schafften es dann noch, das Gnadengesuch vor neun einzureichen – bis dahin musste es nämlich eingegangen sein. Werner sagte noch, als er den blutroten Sonnenaufgang sah: ›Nun ist vielleicht alles schon zu spät.‹ Und das war es auch. Sie hatten alle drei schon längst hingerichtet.«

Bitter ist, dass Christoph Probst sich nicht einmal von seiner Familie verabschieden konnte. Seine Frau hat mit dem Wochen-

bettfieber gerade erst eine lebensbedrohliche Situation überstanden. Vor einem Monat und einem Tag wurde seine kleine
Tochter Katharina geboren. Erst wenige Tage zuvor hatte er geschrieben: Jetzt »erfüllt mich das in diese erschütterte Welt ge-
setzte neue Leben mit inbrünstiger Freude. Die Kinder werden
geführt, gesegnet und allein um ihretwillen wird die Welt genesen. Und wenn alles sehr düster ist zur Zeit, so ist es auch sehr
licht zugleich.« Als ihm einer der Kleinen auf den Schoß krab-
belte, sorgte er sich, ob sein Glück denn dauerhaft sein kann.
Wie gerne wollte er seine Kinder jahrzehntelang begleiten, hatte
er im Herbst an Hans geschrieben. Nun wird er sie nicht mehr
aufwachsen sehen.

Auf dem Gestapo-Foto, das für die Akten angefertigt wird,
sieht er verängstigt aus. Doch aus der Zelle schreibt er seiner
Mutter und seiner Schwester beruhigende Briefe. Er sei durch
»geradezu unwahrscheinliches Pech« in eine »unangenehme
Sache« verstrickt worden, »die mich an sich nichts angeht«. Die
Behandlung im Gefängnis sei gut, aber ihn bedrücke, dass er
ihnen Sorgen bereiten muss. Nichts, das betont er, sei so schwer,
dass man es nicht ertragen könne. Alles kommt, wie es kommen
müsse. Bei seiner Frau bedankt er sich für die herrlichen Ehe-
jahre. Sein größter Wunsch sei, »meinem Weib immer der beste
Mann zu sein und den Kindern der beste Vater«. Und er appelliert an Herta: »Ich bin so glücklich, dass Du tapfer und stark
bist. Wenn Du es immer bleibst, brauche ich mir keine Sorgen
um Dich zu machen.«

Bei Christophs Mutter Katharina Kleeblatt beschlagnahmt
ein Gestapo-Beamter das Radiogerät. Ihr Sohn habe »Feind-
sender« gehört, übrigens sei er inhaftiert. Erst am Montagnach-
mittag, dem 22. Februar 1943, erfährt sie von dem drohenden
Todesurteil. Darf sie Christoph besuchen? Und wohin könnte
man ein Gnadengesuch senden? In Stadelheim erhält sie keine

Auskunft. Vergeblich telefoniert die Mutter herum, bis sie schließlich vom Leiter des Landerziehungsheims Schondorf am Ammersee erfährt: Christoph ist schon tot. Der Vater eines Internatsschülers habe dies erzählt, nämlich der Münchner Polizeipräsident Friedrich-Karl Freiherr von Eberstein (eben jener, der Hans Scholl einen »Sauhund« nannte). Erst lange Zeit danach darf Katharina Kleeblatt kurz Christophs Abschiedsbrief lesen, während ein Gestapo-Beamter sie beaufsichtigt: Die Familie soll nicht um ihn weinen, er will ihnen im Himmel einen herrlichen Empfang bereiten. Als sie das Blatt umdreht, steht da in seiner lebhaft geschwungenen Schrift: »Jetzt hast ja drei neue kleine Christl.«

»Der Geist lebt!«, malt jemand in dieser Nacht an die Mauern der Universität München. Riesige weiße Buchstaben sind es. Und ausgerechnet auf dem Schaukasten des *Stürmers*, des antisemitischen Hetzblattes, ist mit Ölfarbe verzeichnet: »Es lebe die Freiheit!«

Inge macht sich am Morgen des 23. Februar 1943 auf den Weg nach München, ins Gefängnis Stadelheim. Sie will Sophie einen Brief von Fritz bringen. Die rötlichen Plakate an den Litfaßsäulen – »Wegen Hochverrats zum Tode verurteilt und hingerichtet: Hans Scholl, 24 Jahre alt. Sophie Scholl, 21 Jahre alt. Christoph Probst, 23 Jahre alt« – sieht sie nicht.

Eine Sekretärin klärt sie auf, dass ihre beiden Geschwister nicht mehr leben. Wie im Traum fährt Inge zurück nach Ulm, und sie glaubt, die Stimmen von Hans und Sophie zu hören.

Sie ist wahrscheinlich noch unterwegs, als schließlich die Eltern von der Hinrichtung hören. Am Vormittag hat die Mutter einen Brief geschrieben, in dem sie Fritz auffordert, ein Gnadengesuch einzureichen. Nachmittags bringt ihnen die Ehefrau eines Kunden eine Zeitung in die Wohnung am Münsterplatz.

»Angesichts des heroischen Kampfes des deutschen Volkes verdienen derartige verworfene Subjekte nichts anderes als den raschen und ehrlosen Tod«, steht darin.

»Das Urteil ist bereits vollstreckt«, liest die ahnungslose Elisabeth vom Tod ihrer Geschwister in der Zeitung, die sie zufällig in einem Ingolstädter Café aufschlägt.

Traute hört die Nachricht von Werner. Die beiden werden in diesen Tagen helfen, wo sie nur können. »Leichen abgekauft, um zu beerdigen«, notiert die Medizinstudentin in ihr Tagebuch. Robert Scholl hat die Formalitäten erledigt. Irgendwann zwischen acht und halb fünf war er beim Städtischen Bestattungsamt München und hat an Eides statt versichert, »dass d. Verstorbene weder Volljude noch Dreivierteljude im Sinne der Nürnberger Gesetze von 1935 war«. Hans' Bestattung kostet 183 Reichsmark, darunter 20 Mark wegen »Überstunden«, für Sophie fällt der Betrag etwas geringer aus. Die Scholls haben die Grabstätte gekauft, weitere 150 Reichsmark für 15 Jahre, und das trotz der unsicheren finanziellen Situation, trotz des drohenden Berufsverbots. Auch die Kosten des Gerichtsverfahrens müssen sie tragen.

Immerhin darf die Familie ihre beiden Kinder beerdigen, was nicht selbstverständlich ist; häufig gehen die Leichen an die Medizinische Fakultät, werden in den Anatomiekursen ›verwertet‹. Womöglich hat auch Hans als Medizinstudent an Hingerichteten Präparieren geübt?

Von der Hinrichtungsstätte, dem Gefängnis Stadelheim, sind es nur wenige Schritte bis zum Perlacher Forst. Oft ist Hans dort spazieren gegangen. Er hat die Ruhe der verschneiten Landschaft genossen, als er im Herbst 1940 aus Frankreich heimgekehrt war und sich in nur zehn Wochen auf sein Physikum vorbereiten musste.

Taub vor Schmerz, findet die Familie zusammen, um Hans und Sophie zu begraben. Gisela Schertling ist nicht gekommen, wohl aber Traute Lafrenz. Andere Freunde, Kollegen, Mentoren haben Angst, dass sie verhaftet und verhört werden, wenn sie sich hier blickenlassen.

Wieder schlägt eine Uhr fünf, dann wird es Viertel nach fünf. Lebten sie noch, wären die jungen Leute an diesem Mittwoch vielleicht Ski fahren gegangen, hätten in der fast frühlingswarmen Sonne gesessen oder ein Konzert angehört. Vielleicht wären sie zu Carl Muth hinausgefahren oder hätten sich zu einem Leseabend getroffen, wenn nicht in ihnen der Wunsch nach Freiheit gewachsen wäre, der so groß war, dass sie sich ganz darin verloren haben.

Am Horizont sieht man die weißen Gipfel des Zugspitzmassivs, und Pfarrer Karl Alt predigt über die Berge, von denen Hilfe komme. Er zitiert aus dem Hohelied der Liebe und dem 90. Psalm, was Hans sich vor seiner Hinrichtung gewünscht hat. Hinter einer Hecke verfolgen Gestapo-Leute die Zeremonie. Langsam geht die Sonne unter, und wieder leuchtet sie glutrot. Die Familie und Traute versammeln sich um das Grab. Zuerst wird der eine Sarg heruntergelassen, dann der zweite, und Mutter Scholl erklärt in ihrer stillen, bestimmten Art: »Jetzt trägt der Hans die Sophie.«

»Allen Gewalten zum Trutz sich erhalten.«
Weiterleben ohne Hans und Sophie Scholl

Als die Scholls und Traute am Abend des 24. Februar 1943 den Friedhof verlassen, begegnen sie den Angehörigen von Christoph Probst. Wenn Hans den Entwurf nicht in der Rocktasche gehabt hätte …? Wenn. Wenn. Manchmal gibt es nichts zu sagen.

Christoph Probsts Schwester Angelika wird sofort von der Geheimen Staatspolizei verhaftet; sie kommt in die Zelle, in der Christoph eingesessen hat. Als Schwester eines Hingerichteten und »Geliebte des Schmorell« steht sie unter dringendem Verdacht.

Nach der Beerdigung räumen Traute Lafrenz und Werner Scholl die Zimmer im Gartenhaus aus. Werner entdeckt auf Hans' Schreibtisch einen Spruch: »Kreuz, du bist noch lange das Licht der Erde.« Versteckt in Sophies Wäsche finden sie Druckmaterialien, tausend Adressen aus München und Frankfurt, die sie verbrennen. Während die Exfreundin die Scholls unterstützt, wo sie kann, ist die aktuelle Freundin von Hans bemüht, sich zu distanzieren.

Gisela Schertling war nicht bei der Beerdigung – sondern bei der Gestapo. Freiwillig hat sie ein Geständnis abgelegt. Sophie habe sich gelegentlich Briefe an Giselas Adresse zusenden lassen, die sie dann ungeöffnet weitergeben sollte. Die 20-Jährige hat gesehen, wie Alexander einmal um vier Uhr morgens ins Gartenhaus gekommen ist; die Flugblätter habe er gut untergebracht, hört sie ihn sagen. Sie hat gesehen, wie Alex Adressen aus einem Studentenverzeichnis abgeschrieben und auf Umschläge getippt hat. Sie hat gesehen, wie Hans mit einem gefüllten Rucksack fortgegangen ist, eine Reiseschreibmaschine in den Händen. Einmal hat sie die Briefkastenklappe aufgehalten, damit Sophie in Kuverts befindliche Flugblätter einwerfen konnte. Und sie hat das sechste Flugblatt gelesen. Nun gibt Gisela Schertling bei der Geheimen Staatspolizei an, »dass sich Scholl in seiner Freizeit mit der Herstellung und Verbreitung von staatsfeindlichen Schriften befasst hat«. (In den Tagen danach werden sich die beiden Freundinnen von Hans begegnen. Gisela erwähnt das Verhör. Und Traute wird entsetzt sein, wie viele Namen Gisela preisgegeben hat – was diese wiederum der Gestapo berichtet.)

Über 670 Kilometer weit entfernt wird eine weitere Exfreundin von Hans Scholl verhört. In Leonberg befragt die Gestapo Lisa Remppis, die erste Liebe von Hans und beste Freundin von Sophie. Wann sei diese denn zuletzt bei ihr gewesen? Im November, sagt Lisa. Was hat das denn alles zu bedeuten?, will sie wissen. Sophie habe sich, so die Antwort, »irgend etwas Schwerwiegendes zuschulden kommen lassen«, mehr könne man vorerst nicht sagen. Dass die beiden an diesem Tag begraben worden sind, erfährt Lisa nicht.

Der Begräbnistag von Hans, Sophie und Christoph Probst geht zu Ende, und Alexander Schmorell sucht eine Unterkunft für die Nacht. Seit der missglückten Flugblattaktion in der Universität ist er allein auf der Flucht. Nun will er bei einer Bekannten am Schönererplatz (heute Habsburgerplatz) unterschlüpfen,

ganz in der Nähe der Franz-Joseph-Straße und des Gartenhauses von Hans und Sophie. Obwohl er sich verzweifelt wehrt,
überwältigen ihn zwei Männer, während die Sirenen Fliegeralarm ankündigen. Kurz vor Mitternacht wird er ins Wittelsbacher Palais gebracht, zur Gestapo. Auch in Ulm endet dieser Tag
mit Fliegeralarm. Zweimal hintereinander müssen die Scholls
in den Keller. »Die Gefühle, die ich hatte, kann ich gar nicht
schildern. Ich hatte sie sonst noch nie im Leben«, berichtet der
Vater später. Mit aller Macht geht der Krieg weiter, und es sterben die Soldaten an der Front, die Menschen in den Luftschutz-
kellern.

Inge hat vor einer reichlichen Woche versprochen heraus-
zufinden, warum Hans mit Rose Nägele Schluss gemacht hat.
Strahlend seien Hans und Sophie in den Tod gegangen, schreibt
sie und tröstet Rose. Nun müssten sie, weil sie unter Beobach-
tung stünden, jeglichen Briefwechsel ruhenlassen. Die Familie
büßt für Hans' und Sophies Taten. Drei Tage nach dem Begräbnis werden die Scholls vom Frühstückstisch weg verhaftet.
Knappe Befehle, barscher Ton. Die Gefängniszellen sind so
kühl, dass manche Gefangene beim Hofgang ganz blau gefroren
sind. Der Vater kommt in eine Einzelzelle im Männerbau, die
Mutter mit Inge und Elisabeth in eine andere Zelle. Durch das
Gefängnisfenster sehen sie das verschneite Münsterdach und
die rötlich untergehende Sonne, sie hören die Glocken, genau
wie wenn sie zu Hause am Esstisch sitzen würden. Schon bald
darf Inge Scholl, begleitet von einem Gestapo-Beamten, in ihrem Büro neue Akten holen, die sie und der Vater dann im Gefängnis bearbeiten. In diesen Akten schmuggeln sie Zettelchen
hin und her. Gegenseitig erinnern sie sich an bestimmte
Momente mit Hans und Sophie. »Ach, was waren es doch für
schöne Jahre, Eure Kinderzeit in Forchtenberg, wo Ihr ganz
unbeschwert wart und Wiesen, Wald, Berge und Wasser Euch

erfreuten«, schreibt die Mutter. Manchmal haben sie Hans den »Heiland« genannt, weil er immer so auf Gerechtigkeit geachtet hat. Als kleiner Bub hat er die Bauklötze ausgeschüttet und gesagt: »Mutter, jetzt bau' ich«, dann war er stundenlang beschäftigt. Immer wieder betrachten sie die Fotos vom Münchner Ostbahnhof. Die Mutter notiert: »Wir, Vater und ich, hätten Christel [sic] und Willi Graf dem Gesicht nach nicht gekannt, wenn wir jetzt die Bilder nicht hätten.« Sie denken an Hans' letzten Aufenthalt daheim, als er in den Weihnachtsferien viel gelesen hat. »Ich glaube, da war er befriedigt«, meint die Mutter. Und Inge erinnert sich an den Spaziergang am Heiligabend 1942, als ihr Bruder von seinen Reiseplänen erzählte: Ägypten, China, das weite Meer … Als er seine Widerstandspläne andeutete und auf ihren Einwand hin sofort verstummte. Das letzte Treffen im Gefängnis Stadelheim, als Sophie lächelnd und Hans feierlich, ernst und gesammelt vor ihnen standen. Wie er sich immer vorgestellt hat, mit einer kleinen Verbeugung: »Ich heiße Scholl…« Gemeinsam weinen sie wegen Sophies Ausspruch: »So schön scheint die Sonne und ich soll sterben?« und Hans' Notiz aus seinem letzten erhaltenen Brief an Rose: »Das Leben ist ein großes Abenteuer hin zum Licht.« »Ach ja, es geht alles eine Zeitlang«, wiederholt Werner Hans' Worte vom vergangenen Sommer, als der Vater inhaftiert war, »auch wenn diese Zeit das ganze Leben wäre, so dürfte es uns doch nicht von unserem Weg abbringen.« Den Zettel von Hans' Schreibtisch trägt er seitdem immer bei sich: »Kreuz, du bist noch lange das Licht der Erde.«

Jeden Montag um fünf Uhr nachmittags denkt die Mutter an die Todesstunde ihrer Kinder: »Es gibt ein Auferstehen und ein Wiedersehen.« Gemeinsam lernen sie die Bibelstellen auswendig, die Hans sich vom Gefängnispfarrer gewünscht hat und die sie beim Begräbnis gehört haben. Jeden Tag lesen sie im

Neuen Testament und singen Kirchenlieder – ganz leise, »weil man hier nicht singen soll«. Dann beginnt die Mutter, das durchzuarbeiten, was ihre Kinder gelesen haben: Kierkegaard, Augustinus, Theodor Haecker. Sie beginnt, die Diskussionen zwischen dem Vater und seinen Kindern in anderem Licht zu sehen. An Silvester hatte sie geflickt, während ihr Sohn und ihr Mann stritten. Damals hat sie wenig verstanden, aber jetzt hat sie sich durch das Lesen eine eigene Meinung gebildet, die sie in ihren Briefen vertritt.

Der Vater denkt daran, wie er Hans im Gefängnis Stuttgart besucht hat. Damals hatte er sich vorgeworfen, dass er seinem Sohn nicht genug Kamerad und Freund gewesen sei. Jetzt bekräftigt er: »Hans war mir schon mehr als nur Sohn, er war mir zugleich auch Kamerad.« Und Sophie habe ihm als »eine Art geistige Kameradin« zur Seite gestanden.

»Die jetzige Leidenszeit bedeutet in meinem Leben den tiefsten Einschnitt«, notiert Robert Scholl, als er wie Hans die Sträflingskleider anziehen muss. »In vieler Hinsicht werde ich von da ab ein anderer sein als vorher [...]. Ich fange gewissermassen wieder an zu suchen, nach ewigen Werten zu suchen.«

Als er im Herbst 1942 wegen des ›Heimtücke‹-Vorfalls inhaftiert war, hatte Hans notiert: Im Gefängnis wird Vater sicher sein religiöses Erwachen finden. Doch erst jetzt besucht Robert Scholl den Gottesdienst – nicht nur, weil er dort die Mutter und Inge für wenige Minuten sprechen kann. Er, der dem christlichen Glauben bisher skeptisch gegenüberstand, tröstet sich wie seine Frau an religiösen Texten und freut sich auf das ewige Leben, wenn er Hans und »Sopherle« wiedersehen kann. Hans habe schließlich aus Russland geschrieben: »Vater ist stark, und weil er stark ist, wird er auch noch Schwereres tragen.« Kein Wort der Kritik äußern die Scholls an dem, was Hans und Sophie getan haben. Aus der Sippenhaft werden lange Monate, bis sie schließlich wegen Feindsenderhörens angeklagt werden. Einmal träumt Robert Scholl in seiner kalten Zelle, Hans sei gestorben und Sophie habe ihn mit ihrem Gesang getröstet. »Himmelan, nur himmelan, soll dein Wandel gehen«, singt sie für ihn, und er hört ihr zu, bis ihn sein eigenes Schluchzen aufweckt.

Das wird Wellen schlagen, hatten Hans und Sophie beim Abschied bekräftigt. »Wenn diese Wellen auch uns selbst schaukeln, so ist das nur natürlich. Wenn sie uns nur nicht verschlingen«, hofft Robert Scholl. Als Jugendlicher wäre Hans beinahe im eisigen Fluss ertrunken. Als der Krieg ausbrach, war er mit dem letzten Schiff über die Ostsee heimgekommen. In wie vielen Nächten ist Hans Scholl am Fluss spazieren gangen? Im Mondschein kamen ihm die Wellen der Donau vor wie gleißendes Silber. Wie oft hat er den Vater überredet, nicht zu arbeiten, sondern schwimmen zu gehen? »Ich habe Euch [...] noch nie gesagt, dass Hans mich einmal wahrscheinlich vor dem Tod errettet hat«, schreibt der Vater in diesen Gefängnistagen an die Familie. Als sie einmal im Donaukanal schwimmen gegangen seien, hätten ihn Herzprobleme geplagt. An der Uferböschung habe er sich nicht aus dem Wasser ziehen können. »Deshalb rief ich in meiner Not Hans. Er schwamm schnell zu mir und hielt meinen Körper, bis wir an einer Ufertreppe waren.« Beide sind vor dem Ertrinken gerettet worden, beide waren inhaftiert. »Dieses Hans eigene Freiheitsbedürfnis habe auch ich«, erklärt der Vater. »Nur bin ich von Natur aus zaghaft, schüchtern und daher fast feige, während Hans mutig, kühn und verwegen war.« Schon seit Hans 15 oder 16 Jahre alt war, hat sich der Vater Sorgen gemacht – nicht nur weil Hans auf den Bahngleisen herumgewandert ist. »Ein derartiges Freiheits- und Unabhängigkeitsbedürfnis in einem so starren Staate, dachte ich, kann zu manchem tragischen Zusammenstoss führen«, schreibt er auf. Gelegentlich hören sie Gerüchte aus München. Immer noch erzählen die Leute dort vom Flugblattabwurf in der Universität, von der hektischen Hinrichtung der drei Studenten. Über Umwege erfahren sie von einem jungen Mann, der eine Münchner Studentin nach Hans gefragt hat. Sind Sie von der Gestapo?, erwidert diese misstrauisch. Doch dann sagt sie: Dieser Hans Scholl sei ein phantastischer Kerl und solche Leute müssten sterben. Als ein Franziskanerbruder ins Ulmer Gefängnis eingeliefert wird, flüstert er Robert Scholl zu: Die Mönche hätten viel für dessen Familie gebetet. »Ich bewundere Sie als Mutter«, raunt eine Frau, als sie am »Führergeburtstag« Lina Scholl beim Hofgang begegnet. Hört ihr, appelliert diese an Robert Scholl und die Kinder, es dringt auch hinter Mauern. Und es wird Wellen schlagen!

Der Jüngste der Scholl-Geschwister, Werner, ist als Soldat nicht inhaftiert worden. Am 12. März 1943 muss er zurück an die Front. Traute hat ihm die Uniform gebügelt, dann besteigt er den Zug, der ihn in den Osten bringt. Acht Tage lang steht er am Fenster des Abteils, an der offenen Güterwagentür, betrachtet das Endlose der Wälder und der Ebene. In einem kleinen Dorf stößt er wieder zu seiner Einheit. In knietiefem Schlamm ist er wieder Soldat, bekommt morgens und mittags nur Kaffee und trockenes Brot, abends eine Suppe. Jeden Tag liest er in Hans' Bibel, die er mitgenommen hat. Wenn der Schmerz wegen seiner beiden Geschwister und Freunde übermächtig wird, richtet er seine Augen zum Himmel: Hinter Wolkenbergen stoße er an ein Luftschloss. »Dort schreit in einer Wiege ein kleines Kind, das Freiheit genannt wird.« Er wird nicht mehr aus Russland zurückkehren; seine Spur verliert sich im Mai 1944.

Die Scholls in ihren Ulmer Gefängniszellen wissen nicht, dass in München der gesamte Freundeskreis ihrer Kinder verhört worden ist, die älteren Mentoren von Hans, seine Kollegen von der Studentenkompanie. Der nicht mit den anderen abgestimmte Flugblattabwurf in der Universität. Das Beweismaterial im Gartenhaus. Hans' Bemerkung, Alex solle nicht auf ihn warten …

Sie wissen nicht, dass Alex Schmorell tagelang auf der Flucht gewesen ist. Die Gestapo-Männer durchstöbern Wohnung und Praxis, überwachen Dr. Schmorell sogar bei den Amputationen, und sie bekräftigen: Wenn er nicht gerade SS-Soldaten aus Stalingrad behandeln würde, dann, ja dann, hätten sie den Laden schon längst dichtgemacht! Schließlich kommt die Familie in Sippenhaft. Sie können ins Konzentrationslager eingeliefert werden!, drohen die Beamten Alexander Schmorell während der Verhöre. Womöglich drohen sie ihm auch mit Folter. »Wo sich gegenwärtig Christoph Probst und die Geschwister Scholl aufhalten könnten, weiss ich nicht«, antwortet er einmal, ein anderes Mal sagt er aus: »Vielleicht können darüber die Geschwister Scholl mehr angeben.« Dass seine Freunde schon tot sind, hat ihm niemand gesagt – und daher belastet er sich selbst.

Die Scholls in ihren Ulmer Gefängniszellen wissen auch nicht, dass eine Frau dem Kreis zum Verhängnis wird. Allein hatte Hans in den Weg in den Widerstand gehen wollen. Nicht einmal Rose, seine Gefährtin, wollte er einweihen. Dann hat er sich in Gisela verliebt.

Ihr hat der erste Satz gegolten, als er im Gestapo-Verhör mit seinem Geständnis begann: Seine Freundin habe mit der ganzen Sache nichts zu tun. Über Politik habe er mit ihr nie gesprochen!

Trotzdem ist sie als »die Geliebte des Hans Scholl« in großer Gefahr. Um ihre Tochter zu entlasten, verfolgt die Familie Schertling eine bestimmte Verteidigungsstrategie. Einerseits bezeichnen sie die 20-Jährige als labile Natur, die sich von geistig überlegenen Menschen stark beeinflussen lässt. Andererseits belasten sie den hingerichteten Medizinstudenten massiv.

Hans Scholl habe Gisela schon während der ersten gemeinsamen Nacht eine Morphiumspritze verabreicht und sie, als Sophie Scholl Anfang Februar 1943 in Ulm war, zehn Tage lang in seinem Gartenhaus eingesperrt. Die junge Frau sei, so ihr Anwalt, ein Opfer dieses Mannes geworden, »der, wie gerichtsseitig bekannt, geradezu faszinierend auf Frauen wirkte«. Nur deswegen sei sie in einen Kampf zwischen Liebe und ihrer Pflicht dem Vaterland gegenüber geraten. Der Plan geht auf: Gisela wird mit zwölf Monaten Zuchthaus davonkommen. Im Gegenzug nennt sie Namen über Namen. Sie macht Angaben zu Alexander Schmorell (»Man konnte feststellen, dass seine Sympathie ganz Rußland galt und hat auch die Bekanntschaft zu Russinnen gesucht. [...] Ob er ein Liebesverhältnis mit der Sophie Scholl unterhalten hat, weiß ich nicht. Ich selbst habe Schmorell nicht nahegestanden«), zu Willi Graf (»verschlossen«), zu Christoph Probst (dieser habe zwar an zwei Abenden mit politisiert, sei aber kein so sehr politischer Mensch gewesen: »Ich sah aber, daß Hans Scholl ihn überzeugen konnte«), zu Traute Lafrenz (sie habe immer noch großes Interesse an Hans gehabt, dieser habe aber nichts mehr von ihr wissen wollen) und zum Architekten Eickemeyer (er habe von Juden- und Polenerschießungen berichtet, was er grausam finde). Sie erzählt sogar, welche Briefe anderer Frauen sie im Zimmer ihres Freundes gefunden hat. Daraufhin wird Traute Lafrenz verhört, fast einen ganzen Vormittag lang, und es geht vor allem um ihr »Verhältnis mit Hans Scholl«. Ihr gelingt es jedoch, zahlreiche Betroffene zu warnen und in den Verhören möglichst wenig preiszugeben.

Dieses Mal streben die NS-Juristen keinen schnellen Schauprozess an. Sie verhören potenzielle Mitwisser, lassen sie wieder laufen und überprüfen anschließend, mit wem diese Kontakt aufnehmen. Auch die älteren Mentoren, Theodor Haecker und

Professor Carl Muth, müssen wiederholt Hausdurchsuchungen und Befragungen über sich ergehen lassen. Die Beamten überprüfen den Architekten Eickemeyer, den Buchhändler Söhngen, den Maler Wilhelm Geyer, den suspendierten Beamten Josef Furtmeier, den Buchhändler Rieck aus Aulendorf sowie Eugen Grimminger aus Stuttgart, der Geld für die Flugblattaktionen gegeben hat. Der Ulmer Freundeskreis der Scholls wird aufgerollt: Man befragt Otl Aicher. Freunde von früher aus Ulm. Hanspeter und Rose Nägele.

Schließlich werden die Kollegen aus der Studentenkompanie überprüft: darunter auch Hubert Furtwängler, Otmar Hammerstein, der katholische Medizinstudent Josef Gieles, dessen Vater als Schulrektor suspendiert worden ist und der mit Hans Scholl den *Seidenen Schuh* gelesen hatte. Seit dem Jahreswechsel ist er nicht mehr in München gewesen, hat von den Flugblattaktionen nichts mitbekommen. Doch seine Adresse ist in Hans Scholls Unterlagen entdeckt worden. Im April 1943 wird er aus Russland schreiben: »Gestern habe ich etwas furchtbares gehört. Von der Studentenkompanie sind 3 Mann erschossen worden wegen Hochverrats; 2 kannte ich gut, einen davon sehr gut: Hans Scholl, der mich mit Prof. Muth bekannt gemacht hat. Seine Schwester – Sofie – wird es wohl sein – wurde auch erschossen. Auch sie stand mir näher.« Sogar Josef Gieles an der Ostfront wird verhört, seine Sachen werden durchsucht, die Briefe überprüft. »Es ist immerhin interessant«, schreibt er an die Eltern, »wie genau man in der Art arbeitet, um jeden Widerstandsherd im Keim zu ersticken.« Auch den jungen Maler Gerhard Feuerle vernehmen die Beamten. Er wird inhaftiert, wieder und wieder befragt, zum Tode verurteilt. Er, der nur wenige Male an den Leseabenden teilgenommen hat, steht im Verdacht, an den Wandanschriften beteiligt gewesen zu sein. Während seiner Haftzeit muss er medizinische Präparate beseitigen, die aus den menschlichen Überresten seiner bereits getöteten Mitgefangenen bestehen! Völlig krank und entkräftet kommt er zurück an die Ostfront, in eine Strafkompanie der SS – so wie es die Eltern für Hans als Alternative zur Todesstrafe vorgeschlagen hatten. Es wird eine Hinrichtung auf Raten. »Wir haben versagt«, wird Gerhard Feuerle im Mai 1944 notieren. »Die denkenden und fühlenden Menschen Deutschlands haben versagt.« Fünf Wochen vor Kriegsende wird er fallen.

Gerade Willi Graf verhören die Beamten besonders oft und ausführlich, schließlich ist er derjenige, der die Kontakte zu anderen Universitäten herstellen sollte. Später hat Walter Jens einmal die Taktik des stillen Studenten charakterisiert: Professor Muth? Kenne er nur als Leser. Falk Harnack? Der sei nur ganz kurz in München gewesen. Professor Huber? Ja, man habe sich getroffen, um über die Zweckmäßigkeit von Flugblattaktionen zu sprechen. Aber Huber habe abgeraten, das Mittel an sich sei ungeeignet. »Man stelle sich einmal vor«, resümiert Jens, »da waren enge Kontakte geknüpft worden, hatte eine Vervielfältigungsmaschine den Besitzer gewechselt, waren Militärfahrscheine gefälscht, Offiziers- und Maschinenpistolen ›organisiert‹, Flugblätter gelesen und verteilt worden – und was kam heraus, von alledem? So gut wie nichts.«

Willi Graf belastet die toten Freunde, Christoph Probst und – vor allem: Hans Scholl. Dieser sei ihm »in jeder Hinsicht geistig überlegen« gewesen, ihm hätten »phantastische Pläne« vorgeschwebt, die jeder Durchführbarkeit entbehrten, das sei ihm jetzt klar geworden. Seine eigene Meinung habe nur noch eine untergeordnete Rolle gespielt, weil sich mit der Zeit »ein gewisses Abhängigkeitsverhältnis« gebildet hätte. Besonnen durchsteht er die Befragungen, wieder und wieder. Schließlich belastet er sich selbst. Seine Freunde, die er auf seinen Reisen um Mitarbeit gebeten hat, kann er weitgehend schützen.

Mehr als zehn Stunden dauert die Verhandlung am 13. April 1943. Mittags gehen die Juristen zum Essen, und die Angeklagten bekommen einen einzigen Maßkrug mit Wasser – gemeinsam.

Erst spät ist die Beteiligung Professor Kurt Hubers ans Licht gekommen. Für die Gerichtsverhandlung hat er eine Rede konzipiert, in der er seinen Flugblatttext verteidigt. Die Partei, das will er sagen, habe die Freiheit und sittliche Selbständigkeit der heranwachsenden deutschen Jugend restlos zerschlagen, das Erziehungssystem »bolschewisiert«, zugleich habe die deutsche Professorenschaft tatenlos zugesehen. Der Präsident des Volksgerichtshofes, Roland Freisler, lässt ihn kaum zu Wort kommen, wirft das Gesetzbuch quer durch den Saal. Mit ganzer Härte entledigt sich der NS-Staat seiner Bürger, die widersprechen. Bis zu seiner Hinrichtung wird Kurt Huber an seinem Leibniz-Buch arbeiten. In der Zelle verfasst der Professor für seinen kleinen Sohn ein Gedicht: *Sag unserm tapfern Buben, wenn er frägt / Ich sei für unser Vaterland gefallen, / Daß er ein stolzes Bild im Herze trägt / Vom Vater. Sag es ihm und sag es allen: Ich bin gefallen für die deutsche Freiheit, / Die Wahrheit und die Ehre.*

Vom zweiten Weiße-Rose-Prozess erfahren die Scholls in ihren Ulmer Gefängniszellen nur tropfenweise. Der Vater betrauert, »dass die 3 edlen Menschen in München hingerichtet sein sollen«. Er habe oft gebetet, Gott möge ihr Leben erhalten, mehrmals am Tag. »Oh diese unbarmherzige Zeit.«

»Wir stehen sehr unter dem Eindruck der Urteile dieser Woche«, notiert Magdalene Scholl am Karfreitag, dem 23. April 1943. »Herr Prof. Huber, Willi Graf und Alex reihen sich wohl droben neben Hans und Sofie [sic], bis Du diesen Brief hast. Stehe still und bete ein Vaterunser für sie und die Hinterbliebenen.« Im Telegrammstil gibt sie wieder, was sie über die Strafen weiß: »Hans Hirzel fünf Jahre, Suse [dessen Schwester Susanne,

Sophies Freundin] 6 Monate, einige Schüler [...] bekamen auch Strafen.« Willi Graf wird länger am Leben gelassen als Alex und Professor Huber, aber er schweigt. Als sein Vater ihn im Oktober 1943 besuchen will, ist er hingerichtet worden, ohne eine Nachricht an die Angehörigen.

Fritz Hartnagel steht zu der Familie seiner toten Freundin. Er hilft den Scholls, auch als seine Vorgesetzten beim Militär ihm dies verbieten wollen. Er bringt ihnen Lebensmittel in Gefängnis, zahlt die Wohnungsmiete für ein Jahr im Voraus, um eine Kündigung abzuwenden. In München spricht er mit einem Gärtner wegen der Grabbepflanzung für Hans und Sophie. Nach abschlägigem Bescheid – es fehle an Arbeitskräften, außerdem sollte zuerst der Opfer des letzten Fliegerangriffs mit Blumenschmuck gedacht werden – pflanzt er selbst Blumen, obwohl ihm dies mit seiner verstümmelten Hand schwerfällt. In München gießt niemand die Gräber. Wie gut, dass es in der Woche darauf regnet, so verdorren die Blumen nicht, freut sich die Mutter in ihrer Ulmer Gefängniszelle. Fritz Hartnagel nennt die Scholl-Eltern nun »Mutter« und »Vater«, und er leistet Elisabeth Gesellschaft. Sie beide, die Kinderpflegerin und der Hauptmann, sind in gewisser Hinsicht davongekommen. Elisabeth ist nicht mehr im Gefängnis und Fritz Hartnagel nicht mehr an der Ostfront. Er hat die Katastrophe von Stalingrad überlebt – und zur selben Zeit ist seine Freundin, mit der er sich ein gemeinsames Leben aufbauen wollte, hingerichtet worden. Nun muss Fritz mit ansehen, wie der NS-Staat diesen Fall in zynisch-bürokratischer Weise abwickelt. Ende März 1943 schickt die Gefängnisverwaltung Sophie Scholls persönliche Dinge nach Ulm. Während es draußen wärmer und wärmer wird, packt Fritz Hartnagel in der Wohnung die Wintersachen seiner hingerichteten Freundin aus. Den Mantel. Das Halstuch. Eine Schachtel mit neun Zigaretten. Eine Packung Streichhölzer.

In der Manteltasche findet er etwas Schokolade und die Plätzchen, die seine Freundin beim letzten Treffen von der Mutter bekommen hat. Sophie hat sie nicht mehr gegessen.

Am 1. April 1943 nimmt Fritz Hartnagel eine weitere Sendung aus München an: die »Effekten« des Strafgefangenen Hans Scholl, »verstorben« hat der Sachbearbeiter eingetragen. Aufgelistet sind: »1 Armbanduhr, 1 Mantel, 1 Schal, 1 Paar Socken, 1 Rock, 1 Wollweste, 1 Pfeiffe [sic], 1 Hose, 1 Hemd, 1 Paar Hosenträger, 1 Paar Handschuhe, 1 Paar Halbschuhe«. Ein Beamter der Ulmer Gestapo bringt die Uhr zu Robert Scholl in die Gefängniszelle. Professor Muth hat sie Hans geschenkt, dieser nahm sie mit an die Ostfront, trug sie während der Flugblattaktionen und schließlich im Gefängnis. »Vielleicht hat sie bis zuletzt den Pulsschlag Hansens aufgenommen«, tröstet sich der Vater.

In den vergangenen Jahren hat die Älteste der Scholl-Geschwister systematisch mit ihren Geschwistern Kontakt gehalten. Sie war diejenige, die Hans regelmäßig nach Frankreich schrieb, sie schrieb Sophie in das verhasste Arbeitsdienstlager, sandte Bücher und Gedichtbände, Aufsätze und Liedtexte. Sie stellte den *Windlicht*-Rundbrief zusammen, suchte den Kontakt zu den älteren Mentoren, hielt die schriftlichen Gespräche am Laufen. In diesen kritischen Sommer- und Herbsttagen 1943 beginnt Inge, alte Briefe von Hans und Sophie abzuschreiben und den Eltern, den Geschwistern und Freunden zu schicken. Sie bringt Vater das Russlandtagebuch von Hans ins Gefängnis. Fritz Hartnagel rät sie, seine Jahre mit Sophie aufzuschreiben. Werner schickt sie Briefe und Fotos nach Russland (seltsam, erwidert er, dass die beiden sich nicht mehr weiterentwickeln werden; immer werden sie deren Jugendbilder vor Augen haben).

Stundenlang nimmt Robert Scholl sich in seiner Zelle die Bayern-Landkarten vor, wie Hans als Kind seinen Atlas, und er plant: Wenn er wieder frei ist, will er alle Orte bereisen, von denen seine Kinder ihm erzählt haben. Bad Tölz, die Coburger Hütte, den Karwendel, den Ammersee, Grünwald, Solln und Harlaching. Inge bringt ihm ihren Aufsatz über die Tage in der Hütte vorbei, und tagelang beschäftigt er sich mit dem längst vergangenen Gespräch über den Hunger der Seele. Als Hans bekräftigt hatte: All die schönen Dinge – Musik, Literatur, Kunst – könnten doch nur hinweisen auf das Brot, auf Gott.

Wieder stehen die Scholls in Stuttgart vor dem Sondergericht. Wieder befindet Senatspräsident Cuhorst über sie: Der Vater wird wegen Feindsenderhörens ins berüchtigte Gefängnis von Kislau eingewiesen, Inge und die Mutter werden freigesprochen. In Ulm richtet Mutter Scholl die Wintersachen, bürstet auch die Skianzüge von Hans und Sophie aus. Mit Macht kommt die Erinnerung. Letztes Jahr am ersten Adventssonntag. Letztes Jahr am Heiligen Abend. Letztes Jahr zu Silvester. Letztes Jahr am 22. Februar. Eines der Jahre, die es dauere, bis sie sich im Himmel wiedersähen, sei schon vorbei, schreibt die Mutter an Fritz. Denn »die Mutterliebe ist so zäh, sie möchte keines missen und es schmerzt und schmerzt«.

Sie wissen nicht, dass der Lehrbetrieb an der Medizinischen Fakultät nur noch mühsam aufrechterhalten wird, teilweise in Privatwohnungen. Sie wissen nicht, dass in München der Lichthof der Universität zerstört wird und das Wittelsbacher Palais, in dem die Studenten von der Gestapo verhört worden sind.

Sie beherbergen Theodor Haecker in ihrem neuen Zuhause, dem Bruderhof auf der Schwäbischen Alb, nachdem dessen Münchner Wohnung bei einem Bombenangriff verwüstet worden ist. Inge tippt seine Aufzeichnungen für ihn ab; als sie sie ihm geben will, ist er gestorben wie sein Freund Carl Muth. Die Scholls verstecken Otl Aicher, den Soldaten, der trotz der Gefahr, standrechtlich erschossen zu werden, desertiert ist. Als Robert Scholl im Dezember 1944 endlich aus dem Gefängnis entlassen wird, befürchten sie, er könnte zum Volkssturm eingezogen werden.

Fritz Hartnagel hält um Elisabeths Hand an, sie wollen heiraten. Robert und Magdalene Scholl stimmen zu: Der junge Mann sei ihnen ein Stück Sophie und ein Ersatz für Hans! Auch wenn Inge immer noch fürchtet, ihre Mutter – die ehemalige Diakonisse – zu verletzen, erklärt sie den Eltern: Sie will zum katholischen Glauben übertreten. Ihr Freund Otl Aicher und die Mentoren Carl Muth und Theodor Haecker haben sie stark geprägt. Am 22. Februar 1945, dem zweiten Todestag ihrer Geschwister, konvertiert sie. Im Osten beginnt die sowjetische Großoffensive, und Millionen Deutsche flüchten in Richtung Westen. Die Amerikaner stürmen im März 1945 die Rheinbrücke von Remagen, erobern Frankfurt, Wiesbaden, Mannheim. Im April überschreiten die Franzosen den Rhein, die sowjetischen Truppen erobern Wien. Die britischen und amerikanischen Bomber laden Bomben über Bomben ab. Die Städte des Deutschen Reiches versinken in Schutt und Trümmern. Dresden, Kassel, Nürnberg, Magdeburg, Würzburg, Mainz, Düsseldorf, Potsdam, Hamburg und Berlin. In München schreibt wieder jemand Sprüche an die Häuserwände. An der Feldherrnhalle steht in großen Buchstaben: »Ich schäme mich, ein Deutscher zu sein«. Es ist Mai 1945, und die Kapitulation steht bevor.

In Nürnberg, wo Hans Scholl beim Reichsparteitag teilgenommen hat, finden Prozesse gegen die Kriegsverbrecher und hochrangige NS-Politiker statt. *Heute hängt ihr uns, und morgen werdet ihr es sein ...* Lisa Remppis wird heiraten, Rose Nägele wird heiraten, Gisela Schertling unverheiratet bleiben. Traute Lafrenz wird, genau wie der Medizinstudent Jürgen Wittenstein, der den Scholls in den kritischen Februartagen geholfen hat, in die Vereinigten Staaten auswandern. Er wird als

Herzchirurg arbeiten, sie mit ihrem amerikanischen Ehemann eine anthroposophische Schule aufbauen.

Dagegen kehren die Scholls, sobald es geht, nach Ulm zurück. Dort gibt es kaum intakte Wohnungen, kaum Lebensmittel, keinen Strom, kein Benzin. Die Innenstadt ist ein Ruinenfeld. Zerstört ist der Neue Bau, in dem Robert Scholl 1937 bei der Württembergischen Polizeidirektion vergeblich nach seinen inhaftierten Kindern gefragt hat. Zerstört ist Hans Scholls alte Schule, ihr ehemaliges Wohnhaus am Münsterplatz, fast die gesamte Altstadt. Die amerikanische Militärregierung wird Robert Scholl, den gescheiterten Schultheiß von Forchtenberg, ab dem 6. Juni 1945 übergangsweise als Bürgermeister einsetzen. Inge Scholl wird in Ulm eine Volkshochschule und später mit Otl Aicher, den sie heiratet, die Hochschule für Gestaltung aufbauen. Es sei »alles durchwoben von Sophie und Hans«, notiert sie einmal. Sie wird die Erinnerung wachhalten und das Bild der Weissen Rose stark prägen.

Lange, lange nachdem Lina Scholl aus dem Gefängnis entlassen worden ist, läuft sie an einem Kindergarten vorbei, und sie hört die Knirpse singen: »Hänschen klein ging allein in die weite Welt hinein … Doch die Mutter weinet sehr, hat ja nun kein Hänschen mehr.« Es will ihr schier das Herz zerreißen.

Ein einsamer Mensch, so hat Alexander Schmorell Hans einmal charakterisiert: den Soldaten wider Willen, der sich immer wieder in die Natur flüchtete, in neue Bekanntschaften, in rasch eingegangene Liebesbeziehungen. Allein wollte Hans Scholl nach der Wahrheit suchen und fand sie schließlich, begleitet von seinen Mentoren. Allein wollte er für seine Freiheit kämpfen, für die Freiheit der jungen Menschen, der Intellektuellen. Allein wollte er den Kelch trinken, für seine Überzeugung leiden. Allein – »Diese Brücke musst du überschreiten, und koste es das Leben!« – das Abendland und seine Kultur gegen den

Ungeist verteidigen. Doch den Weg in den Widerstand ist er gemeinsam mit seinen Freunden gegangen: zusammen mit Alexander Schmorell, Christoph Probst, Willi Graf, Traute Lafrenz und zahlreichen weiteren Weggefährten, zuletzt gemeinsam mit Sophie, seiner Schwester. »Du würdest Deine Freude an diesen Gesichtern haben«, hat er während der Flugblattaktionen notiert. »Alle Kraft, die man dort verschwendet, fließt unvermindert wieder zurück ins eigene Herz.«

Zitierte Quellen und Literatur

Eine kommentierte Auflistung der benutzten Quellen sowie der einzelnen Zitate finden Sie auf den Internetseiten des Verlags www.hoca.de und der Verfasserin www.barbara-ellermeier.de zum kostenlosen Download.

Institut für Zeitgeschichte München, Nachlass Inge Aicher-Scholl, ED 474, insbes. die Korrespondenz von Hans Scholl, Bde. 44 – 62, Scholl-Bibliothek, Fotosammlung. Die Briefe und Unterlagen der Familie sind in einem Findbuch paraphrasiert, vgl. www.ifz-muenchen.de/archiv/ed_0474.pdf; Staatsarchiv München, StAnw 12530; Bundesarchiv Berlin, ZC 13267, insbesondere die Flugblatttexte und die Verfahrensunterlagen; Archiv der Ludwig-Maximilians-Universität München, Studenten- und Vorlesungs-verzeichnisse, 1936 – 1944; Privatbesitz Prof. Dr. Judith Schlehe, Freiburg im Breisgau.

»… damit Deutschland weiterlebt«. Christoph Probst 1919 – 1943, hg. vom Christoph-Probst-Gymnasium, Gilching 2000.

Aicher-Scholl, Inge: Die Weiße Rose, Frankfurt/Main 112005.

Aly, Götz: Hitlers Volksstaat. Raub, Rassenkrieg und nationaler Sozialismus, Bonn 2005.

Bald, Detlef (Hg.): »Wider die Kriegsmaschinerie«. Kriegserfahrun-gen und Motive des Widerstands der »Weissen Rose«, Essen 2005.

Bassler, Sibylle: Die Weiße Rose. Zeitzeugen erinnern sich, Reinbek 2006.

Berdjajew, Nikolai: Die menschliche Persönlichkeit und die überpersönlichen Werte, Wien 1938.

Beuys, Barbara: Sophie Scholl Biographie, München 2010.

Bichlmayr, Anton: Kriegskieferchirurgie, München/Berlin [2]1944.

Chaussy, Ulrich: Biographische Notizen, in: Fred Breinersdorfer (Hg.): Sophie Scholl – die letzten Tage, Frankfurt/Main 2005.

Damskis, Linda Lucia: Zerrissene Biographien. Jüdische Ärzte zwischen nationalsozialistischer Verfolgung, Emigration und Wiedergutmachung, München 2009.

Ellermeier, Barbara: Harter Geist und weiches Herz. Das intellektuelle Umfeld der Weißen Rose, Darmstadt 2007.

Fröhlich, Elke (Hg.): Die Tagebücher des Joseph Goebbels, München 1993 – 1998.

Harrecker, Stefanie: Degradierte Doktoren. Die Aberkennung der Doktorwürde an der Ludwig-Maximilians-Universität während der Zeit des Nationalsozialismus, München 2007.

Hartnagel, Thomas (Hg.): Damit wir uns nicht verlieren. Briefwechsel Fritz Hartnagel – Sophie Scholl 1937 – 1943, Frankfurt/Main 2005.

Hirzel, Susanne: Vom Ja zum Nein. Eine schwäbische Jugend 1933 – 1945, Tübingen 2000.

Holler, Eckhard: Die Ulmer ›Trabanten‹. Hans Scholl zwischen Hitlerjugend und dj.1.11, puls 22, Dokumentationsschrift der Jugendbewegung, Stuttgart 1999.

Jens, Inge (Hg.): Hans und Sophie Scholl. Briefe und Aufzeichnungen, Frankfurt/Main [8]2003.

Jens, Inge / Anneliese Knoop-Graf (Hg.): Willi Graf. Briefe und Aufzeichnungen, Frankfurt/Main 1988.

Kanz-Gieles, Agnes / Heinrich Kanz (Hg.): Josef Gieles. Studentenbriefe 1939 – 1942, Frankfurt/Main 1992.

Kellner, Friedrich: »Vernebelt, verdunkelt sind alle Hirne.« Tagebücher 1939 – 1945, Göttingen 2011.

Kershaw, Ian: Hitler 1889 – 1945, München 2009.

Klemperer, Victor: Tagebücher 1933 – 1945, Berlin [2]1999.

Krämer, Torsten (Hg.): Gerhard Feuerle. Der Krieg traf ihn mitten ins Herz. Museum Schwäbisch Gmünd 1997.

Kraus, Elisabeth (Hg.): Die Universität München im Dritten Reich, München 2006 – 2008.

Longerich, Peter: Joseph Goebbels Biographie, München 2010.

Mitscherlich, Alexander, u. a. (Hg.): Medizin ohne Menschlichkeit. Dokumente des Nürnberger Ärzteprozesses, Frankfurt/Main [17]2009.

Moll, Christiane (Hg.): Alexander Schmorell, Christoph Probst. Gesammelte Briefe mit einer biographischen Einführung, Berlin 2011.

Moll, Christiane: Die Weiße Rose, in: Peter Steinbach/Johannes Tuchel (Hg.): Widerstand gegen die nationalsozialistische Diktatur, Bonn 2004, S. 375 – 395.

Murawski, Erich: Der Durchbruch im Westen. Chronik des holländischen, belgischen und französischen Zusammenbruchs, Oldenburg/Berlin 1940.

Rueß, Susanne: Stuttgarter jüdische Ärzte während des Nationalsozialismus, Würzburg 2009.

Siefken, Hinrich (Hg.): Theodor Haecker. Tag- und Nachtbücher 1939 – 1945, Innsbruck 1989.

Sonnenwald, Kerstin: Mit aller Liebe. Die Beziehungen der Lisa Remppis zu Sophie und Hans Scholl, in: Renate Dürr (Hg.): Nonne, Magd oder Ratsfrau. Frauenleben in Leonberg aus vier Jahrhunderten, Leonberg 1998, S. 215 – 228.

Spatz, Hans: Kriegschirurgischer Ratgeber, München/Berlin 1941.

Universitätsarchiv München (Hg.): Die Ludwig-Maximilians-Universität, Haar/München [2]2001.

Vinke, Hermann: Das kurze Leben der Sophie Scholl, Ravensburg 1991.

Zankel, Sönke: Die Weisse Rose war nur der Anfang. Geschichte eines
Widerstandskreises, Köln u. a. 2006.

Zankel, Sönke: Mit Flugblättern gegen Hitler. Der Widerstandskreis
um Hans Scholl und Alexander Schmorell, Köln u. a. 2008.

Dank

Für die freundliche Unterstützung bei meinen Recherchen bedanke ich mich bei Petra Mörtl, Alexander Markus Klotz und Dr. Klaus Lankheit (Institut für Zeitgeschichte München), Andreas Grunwald (Bundesarchiv Berlin), Barbara Seebald (Stadtarchiv München), Ursula Kaufmann (Weiße Rose Stiftung München), Sabine Schmidt (Stadtarchiv Ulm), Dr. Nicola Wenge (KZ-Gedenkstätte Dokumentationszentrum Oberer Kuhberg Ulm), Klaus Krischok (Städtisches Klinikum München/Harlaching), Dr. Antje Laumann-Kleineberg (Stadtarchiv Bad Sooden-Allendorf) und Dr. Ulrich Hunger (Universitätsarchiv Göttingen). Außerdem danke ich Katharina und Werner Fischer, Krystyna Bielawska-Ellermeier und Peter Ellermeier, Dr. Ernst Piper und Jens Petersen, Prof. Dr. Judith Schlehe, Rudolf Remppis, Rose und Dr. Oliver Michel, Manuel Aicher, Dr. Eugen Zanea-Wangler, Dr. Christine Hikel, Christiane Moll, Alexandra Kokkinis-Fellhauer, Petra Dischinger, Angelika Ratzel sowie Michael Kress, Jurenka Jurk, Thomas Nawrath, Titus Müller und Yvonne Malone.